여러분의 합격을 응원하는
해커스공무원의 특별 혜택

FREE 공무원 국어 특강

해커스공무원(gosi.Hackers.com) 접속 후 로그인 ▶ 상단의 [무료강좌] 클릭하여 이용

해커스공무원 온라인 단과강의 20% 할인쿠폰

7427F58A767C4C58

해커스공무원(gosi.Hackers.com) 접속 후 로그인 ▶ 상단의 [나의 강의실] 클릭 ▶
좌측의 [쿠폰등록] 클릭 ▶ 위 쿠폰번호 입력 후 이용

* 등록 후 7일간 사용 가능(ID당 1회에 한해 등록 가능)

합격예측 온라인 모의고사 응시권 + 해설강의 수강권

BDBAE2FBC5825BN7

해커스공무원(gosi.Hackers.com) 접속 후 로그인 ▶ 상단의 [나의 강의실] 클릭 ▶
좌측의 [쿠폰등록] 클릭 ▶ 위 쿠폰번호 입력 후 이용

* ID당 1회에 한해 등록 가능

해커스 매일국어 어플 이용권

483A1OMZLJKQLARL

구글 플레이스토어/애플 앱스토어에서 [해커스 매일국어] 검색 ▶ 어플 다운로드 ▶
어플 이용 시 노출되는 쿠폰 입력란 클릭 ▶ 쿠폰번호 입력 후 이용

* 등록 후 30일간 사용 가능(ID당 1회에 한해 등록 가능)
* 해당 자료는 [해커스공무원 국어 기본서] 교재 내용으로 제공되는 자료로, 공무원 시험 대비에 도움이 되는 유용한 자료입니다.

쿠폰 이용 관련 문의 **1588-4055**

단기 합격을 위한 해커스공무원 커리큘럼

입문
탄탄한 기본기와 핵심 개념 완성!

누구나 이해하기 쉬운 개념 설명과 풍부한 예시로 부담없이 쌩기초 다지기

TIP 베이스가 있다면 **기본 단계부터!**

기본+심화
필수 개념 학습으로 이론 완성!

반드시 알아야 할 기본 개념과 문제풀이 전략을 학습하고
심화 개념 학습으로 고득점을 위한 응용력 다지기

기출+예상 문제풀이
문제풀이로 집중 학습하고 실력 업그레이드!

기출문제의 유형과 출제 의도를 이해하고 최신 출제 경향을 반영한
예상문제를 풀어보며 본인의 취약영역을 파악 및 보완하기

동형모의고사
동형모의고사로 실전력 강화!

실제 시험과 같은 형태의 실전모의고사를 풀어보며 실전감각 극대화

마무리
시험 직전 실전 시뮬레이션!

각 과목별 시험에 출제되는 내용들을 최종 점검하며 실전 완성

PASS

* 커리큘럼 및 세부 일정은 상이할 수 있으며,
자세한 사항은 해커스공무원 사이트에서 확인하세요.

단계별 교재 확인 및 수강신청은 여기서!

gosi.Hackers.com

해커스공무원
매일
하프모의고사
국어 1

차례

매일 하프모의고사 교재 활용법　　　　4
합격을 위한 학습 플랜　　　　6

문제집

1일	하프모의고사 01	10	**11일**	하프모의고사 11	70
2일	하프모의고사 02	16	**12일**	하프모의고사 12	76
3일	하프모의고사 03	22	**13일**	하프모의고사 13	82
4일	하프모의고사 04	28	**14일**	하프모의고사 14	88
5일	하프모의고사 05	34	**15일**	하프모의고사 15	94
6일	하프모의고사 06	40	**16일**	하프모의고사 16	100
7일	하프모의고사 07	46	**17일**	하프모의고사 17	106
8일	하프모의고사 08	52	**18일**	하프모의고사 18	112
9일	하프모의고사 09	58	**19일**	하프모의고사 19	118
10일	하프모의고사 10	64	**20일**	하프모의고사 20	124

해커스공무원 매일 하프모의고사
국어 1

약점 보완 해설집 [책 속의 책]

1일	하프모의고사 01 정답·해설	2	**11일**	하프모의고사 11 정답·해설	40
2일	하프모의고사 02 정답·해설	6	**12일**	하프모의고사 12 정답·해설	44
3일	하프모의고사 03 정답·해설	9	**13일**	하프모의고사 13 정답·해설	48
4일	하프모의고사 04 정답·해설	13	**14일**	하프모의고사 14 정답·해설	52
5일	하프모의고사 05 정답·해설	17	**15일**	하프모의고사 15 정답·해설	56
6일	하프모의고사 06 정답·해설	21	**16일**	하프모의고사 16 정답·해설	60
7일	하프모의고사 07 정답·해설	25	**17일**	하프모의고사 17 정답·해설	64
8일	하프모의고사 08 정답·해설	28	**18일**	하프모의고사 18 정답·해설	68
9일	하프모의고사 09 정답·해설	32	**19일**	하프모의고사 19 정답·해설	72
10일	하프모의고사 10 정답·해설	36	**20일**	하프모의고사 20 정답·해설	76

 OMR 답안지 [부록]

매일 하프모의고사 교재 활용법

1 20일 동안 매일 하프모의고사를 풀며 문제풀이 감각 익히기

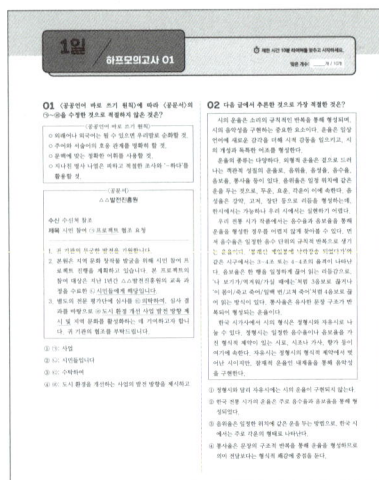
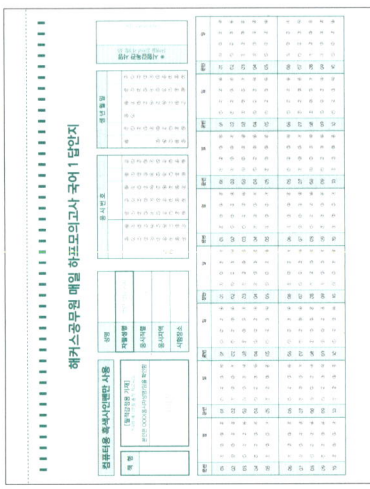

1. 문제집 맨 뒤에 수록된 OMR 답안지를 준비합니다.
2. 타이머를 '10분'으로 맞춥니다.
3. 제한 시간 10분 내 최대한 많은 문제를 정확하게 풀어 봅니다.
4. '바로 채점하기'를 통해 빠르게 채점하고 맞은 개수를 적습니다.

2 독해력 UP! 어휘 퀴즈로 어휘 완전 정복하기

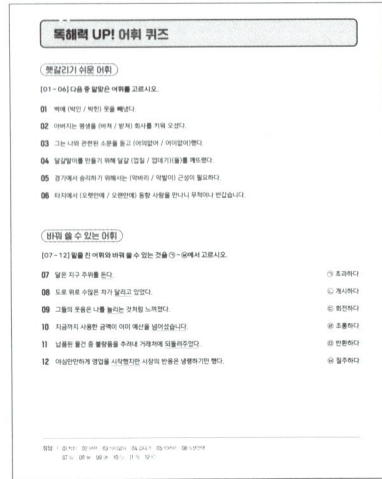

1. 하프모의고사 각 회차별 마지막 페이지의 '독해력 UP! 어휘 퀴즈'를 풀고 채점합니다.
2. 세트형 문제나 고쳐쓰기 문제에서 출제될 수 있는 헷갈리기 쉬운 어휘들과 바꿔 쓸 수 있는 어휘들을 정확히 파악합니다.
3. 틀린 문제들은 체크한 뒤 한 번 더 풀어보고 꼼꼼하게 암기합니다.

해커스공무원 매일 하프모의고사
국어 1

3 약점 보완 해설집으로 약점 극복하기

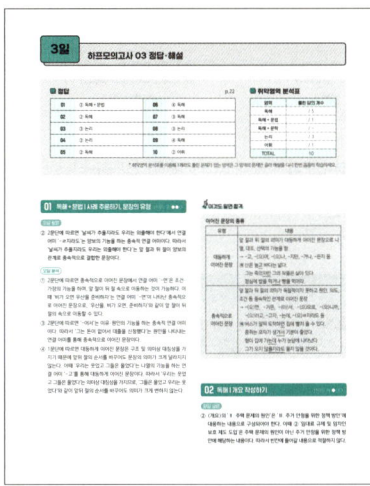

1. [약점 보완 해설집]의 '취약영역 분석표'를 활용하여 어떤 영역의 문제를 많이 틀렸는지 확인합니다.
2. 해설을 꼼꼼히 읽어보며 오답의 근거를 확인하고, 헷갈렸던 개념을 확실히 짚고 넘어가도록 합니다.
3. '이것도 알면 합격'을 통해 심화 개념까지 학습합니다.

4 합격을 위한 학습 플랜으로 목표 점수 체계적으로 달성하기

 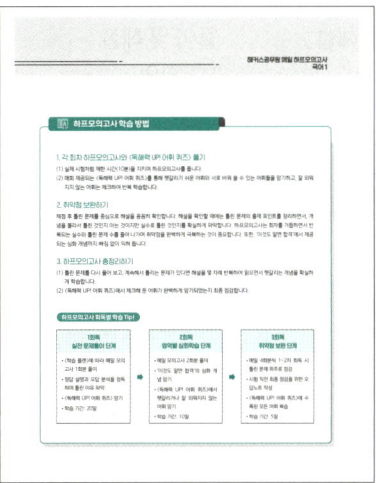

1. 20회분의 하프모의고사를 4주간 풀이하는 학습 플랜을 통해 체계적이고 지속적으로 학습합니다.
2. 문제풀이부터 영역별 심화학습과 취약점 보완까지 구체적인 방법을 제시한 '하프모의고사 학습 방법'을 통해 효율적으로 학습합니다.

매일 하프모의고사 교재 활용법 5

합격을 위한 학습 플랜

	1일	2일	3일	4일	5일
1주 차	하프모의고사 **01회** 풀이 및 해설 확인	하프모의고사 **02회** 풀이 및 해설 확인	하프모의고사 **03회** 풀이 및 해설 확인	하프모의고사 **04회** 풀이 및 해설 확인	하프모의고사 **05회** 풀이 및 해설 확인
	6일	7일	8일	9일	10일
2주 차	하프모의고사 **06회** 풀이 및 해설 확인	하프모의고사 **07회** 풀이 및 해설 확인	하프모의고사 **08회** 풀이 및 해설 확인	하프모의고사 **09회** 풀이 및 해설 확인	하프모의고사 **10회** 풀이 및 해설 확인
	11일	12일	13일	14일	15일
3주 차	하프모의고사 **11회** 풀이 및 해설 확인	하프모의고사 **12회** 풀이 및 해설 확인	하프모의고사 **13회** 풀이 및 해설 확인	하프모의고사 **14회** 풀이 및 해설 확인	하프모의고사 **15회** 풀이 및 해설 확인
	16일	17일	18일	19일	20일
4주 차	하프모의고사 **16회** 풀이 및 해설 확인	하프모의고사 **17회** 풀이 및 해설 확인	하프모의고사 **18회** 풀이 및 해설 확인	하프모의고사 **19회** 풀이 및 해설 확인	하프모의고사 **20회** 풀이 및 해설 확인

하프모의고사 학습 방법

1. 각 회차 하프모의고사와 〈독해력 UP! 어휘 퀴즈〉 풀기
(1) 실제 시험처럼 제한 시간(10분)을 지키며 하프모의고사를 풉니다.
(2) 매회 제공되는 〈독해력 UP! 어휘 퀴즈〉를 통해 헷갈리기 쉬운 어휘와 서로 바꿔 쓸 수 있는 어휘들을 암기하고, 잘 외워지지 않는 어휘는 체크하여 반복 학습합니다.

2. 취약점 보완하기
채점 후 틀린 문제를 중심으로 해설을 꼼꼼히 확인합니다. 해설을 확인할 때에는 틀린 문제의 출제 포인트를 정리하면서, 개념을 몰라서 틀린 것인지 아는 것이지만 실수로 틀린 것인지를 확실하게 파악합니다. 하프모의고사는 회차를 거듭하면서 반복되는 실수와 틀린 문제 수를 줄여 나가며 취약점을 완벽하게 극복하는 것이 중요합니다. 또한, '이것도 알면 합격'에서 제공되는 심화 개념까지 빠짐 없이 익혀 둡니다.

3. 하프모의고사 총정리하기
(1) 틀린 문제를 다시 풀어 보고, 계속해서 틀리는 문제가 있다면 해설을 몇 차례 반복하여 읽으면서 헷갈리는 개념을 확실하게 학습합니다.
(2) 〈독해력 UP! 어휘 퀴즈〉에서 체크해 둔 어휘가 완벽하게 암기되었는지 최종 점검합니다.

하프모의고사 회독별 학습 Tip!

1회독 - 실전 문제풀이 단계
- 〈학습 플랜〉에 따라 매일 모의고사 1회분 풀이
- 정답 설명과 오답 분석을 정독하며 틀린 이유 파악
- 〈독해력 UP! 어휘 퀴즈〉 암기
- 학습 기간: 20일

2회독 - 영역별 심화학습 단계
- 매일 모의고사 2회분 풀이
- '이것도 알면 합격'의 심화 개념 암기
- 〈독해력 UP! 어휘 퀴즈〉에서 헷갈리거나 잘 외워지지 않는 어휘 암기
- 학습 기간: 10일

3회독 - 취약점 보완 단계
- 매일 4회분씩 1~2차 회독 시 틀린 문제 위주로 점검
- 시험 직전 최종 점검을 위한 오답노트 작성
- 〈독해력 UP! 어휘 퀴즈〉에 수록된 모든 어휘 복습
- 학습 기간: 5일

해커스공무원학원 · 공무원인강
gosi.Hackers.com

해커스공무원
매일 하프모의고사 국어 1

매일 하프모의고사 1일~20일

 잠깐! 하프모의고사 전 확인사항

하프모의고사 풀이 전, 아래 상황을 점검하고 실전처럼 시험에 임하세요.

☑ 휴대전화는 전원을 꺼주세요.
☑ 연필과 지우개를 준비하세요.
☑ 제한 시간 10분 내 최대한 많은 문제를 정확하게 풀어보세요.

1일 / 하프모의고사 01

제한 시간 10분 타이머를 맞추고 시작하세요.
맞은 개수: _____개 / 10개

01 〈공공언어 바로 쓰기 원칙〉에 따라 〈공문서〉의 ㉠~㉣을 수정한 것으로 적절하지 않은 것은?

─〈공공언어 바로 쓰기 원칙〉─
○ 외래어나 외국어는 될 수 있으면 우리말로 순화할 것.
○ 주어와 서술어의 호응 관계를 명확히 할 것.
○ 문맥에 맞는 정확한 어휘를 사용할 것.
○ 지나친 명사 나열은 피하고 적절한 조사와 '-하다'를 활용할 것.

─〈공문서〉─
△△발전진흥원

수신 수신처 참조
제목 시민 참여 ㉠프로젝트 협조 요청

1. 귀 기관의 무궁한 발전을 기원합니다.
2. 본원은 지역 문화 창작물 발굴을 위해 시민 참여 프로젝트 진행을 계획하고 있습니다. 본 프로젝트의 참여 대상은 지난 1년간 △△발전진흥원의 교육 과정을 수료한 ㉡시민들에게 해당입니다.
3. 별도의 전문 평가단에 심사를 ㉢의탁하여, 심사 결과를 바탕으로 ㉣도시 환경 개선 사업 발전 방향 제시 및 지역 문화를 활성화하는 데 기여하고자 합니다. 귀 기관의 협조를 부탁드립니다.

① ㉠: 사업
② ㉡: 시민들입니다
③ ㉢: 수탁하여
④ ㉣: 도시 환경을 개선하는 사업의 발전 방향을 제시하고

02 다음 글에서 추론한 것으로 가장 적절한 것은?

시의 운율은 소리의 규칙적인 반복을 통해 형성되며, 시의 음악성을 구현하는 중요한 요소이다. 운율은 일상 언어에 새로운 감각을 더해 시적 감동을 일으키고, 시의 개성과 독특한 어조를 형성한다.

운율의 종류는 다양하다. 외형적 운율은 겉으로 드러나는 객관적 성질의 운율로, 음위율, 음성율, 음수율, 음보율, 통사율 등이 있다. 음위율은 일정 위치에 같은 운을 두는 것으로, 두운, 요운, 각운이 이에 속한다. 음성율은 강약, 고저, 장단 등으로 리듬을 형성하는데, 한시에서는 가능하나 우리 시에서는 실현하기 어렵다.

우리 전통 시가 작품에서는 음수율과 음보율을 통해 운율을 형성한 경우를 어렵지 않게 찾아볼 수 있다. 먼저 음수율은 일정한 음수 단위의 규칙적 반복으로 생기는 운율이다. '봉래산 제일봉에 낙락장송 되었다가'와 같은 시구에서는 3-4조 또는 4-4조의 율격이 나타난다. 음보율은 한 행을 일정하게 끊어 읽는 리듬감으로, '나 보기가/역겨워/가실 때에는'처럼 3음보로 끊거나 '이 몸이/죽고 죽어/일백 번/고쳐 죽어'처럼 4음보로 끊어 읽는 방식이 있다. 통사율은 유사한 문장 구조가 반복되어 형성되는 운율이다.

한국 시가사에서 시의 형식은 정형시와 자유시로 나눌 수 있다. 정형시는 일정한 음수율이나 음보율을 가진 형식적 제약이 있는 시로, 시조나 가사, 향가 등이 여기에 속한다. 자유시는 정형시의 형식적 제약에서 벗어난 시이지만, 잠재적 운율인 내재율을 통해 음악성을 구현한다.

① 정형시와 달리 자유시에는 시의 운율이 구현되지 않는다.
② 한국 전통 시가의 운율은 주로 음수율과 음보율을 통해 형성되었다.
③ 음위율은 일정한 위치에 같은 운을 두는 방법으로, 한국 시에서는 주로 각운의 형태로 나타난다.
④ 통사율은 문장의 구조적 반복을 통해 운율을 형성하므로 의미 전달보다는 형식적 쾌감에 중점을 둔다.

03 다음 대화의 (가)에 들어갈 말로 적절한 것은?

갑: 모든 부서장은 리더십이 있고, 리더십이 있는 모든 사람은 소통 능력이 뛰어나. 소통 능력이 뛰어난 모든 사람은 높은 업무 성과를 달성해. 그러니 부서장이 아닌 모든 사람은 높은 업무 성과를 달성하지 않아.

을: 모든 새가 날개가 있다고 해서, 날개가 있는 모든 것이 새는 아니잖아. "부서장이 아닌 모든 사람은 높은 업무 성과를 달성하지 않는다"라고 주장하려면 " (가) ."가 참이어야 해.

① 소통 능력이 뛰어난 모든 사람은 부서장이다
② 높은 업무 성과를 달성한 모든 사람은 부서장이다
③ 모든 부서장은 높은 업무 성과를 달성하지 않는다
④ 높은 업무 성과를 달성한 어떤 사람은 리더십이 없다

04 다음 글에서 추론한 내용으로 적절하지 않은 것은?

한글 맞춤법에서는 두음 법칙에 관한 규정을 여러 항목에서 다루고 있다. 첫째, 한자음 '녀, 뇨, 뉴, 니'가 단어 첫머리에 올 때에는 '여, 요, 유, 이'로 적는다. 둘째, 한자음 '랴, 려, 례, 료, 류, 리'가 단어 첫머리에 올 때에는 '야, 여, 예, 요, 유, 이'로 적는다. 셋째, 한자음 '라, 래, 로, 뢰, 루, 르'가 단어 첫머리에 올 때에는 '나, 내, 노, 뇌, 누, 느'로 적는다.

그런데 이러한 두음 법칙에는 적용되지 않는 몇 가지 예외가 있다. 먼저, 의존 명사인 '냥(兩)', '년(年)', '리(里)', '리(理)' 등은 두음 법칙을 적용하지 않고 본음대로 적는다. 이는 의존 명사가 독립적으로 쓰이기보다는 앞의 말과 연결되어 하나의 단위를 구성하기 때문이다. 따라서 '연도(年度)'가 명사일 때는 두음 법칙을 적용하여 '연도'로 쓰지만, '연도(年度)'가 의존 명사로 쓰일 때는 '년도'로 쓴다. 참고로 '연도(年度)'가 명사일 경우에는 '제작 연도'과 같이 '사무나 회계 결산 따위의 처리를 위하여 편의상 구분한 일 년 동안의 기간'을 뜻하며, 의존 명사일 경우에는 '1970년도 졸업식'과 같이 '일정한 기간 단위로서의 그해'를 뜻한다. 또한, 단어의 첫머리 이외의 위치에서는 두음 법칙이 적용되지 않아 '남녀(男女)', '개량(改良)', '쾌락(快樂)'처럼 본음대로 적는다. 그리고 'ㄴ', 'ㄹ'로 시작하는 한자어 형태소가 '어린이-난(欄), 어머니-난(欄), 가십(gossip)-난(欄)'과 같이 고유어나 외래어 뒤에 결합하는 경우에는 한자어 형태소가 하나의 단어로 인식되므로, '가시연(蓮), 구름양(量)'과 마찬가지로 두음 법칙이 적용된 형태로 적는다.

① '한식의 류행'의 '류행'은 '유행'으로 적어야 한다.
② '공란을 채우세요'의 '공란'은 두음 법칙의 적용을 받지 않는다.
③ '칼슘양 부족'의 '칼슘'은 외래어이므로 '칼슘량'으로 적어야 한다.
④ '이번 2025연도 출생자'의 '연도'는 의존 명사이므로 '년도'로 적어야 한다.

[05~06] 다음 글을 읽고 물음에 답하시오.

> 뇌는 우리가 생각하고, 느끼고, 행동하는 모든 기능을 ㉠맡는 핵심 기관이다. 과거에는 뇌의 구조와 기능이 성장 과정에서 결정되고 성인이 된 후에는 크게 변하지 않는다고 여겨졌다. 특히 뇌 손상이 ㉡일어나면 그 기능을 ㉢되찾기 어렵다는 관점이 지배적이었다.
>
> 그러나 1960년대부터 신경과학자들은 이러한 기존 관점에 의문을 제기하기 시작했다. 메르제니크와 그의 동료들은 원숭이의 손가락 일부를 자른 후 뇌가 어떻게 반응하는지 관찰했다. 놀랍게도 ㉣잘린 손가락에 해당하는 뇌 영역이 인접한 손가락을 담당하는 영역으로 재구성되었다. 이러한 발견은 뇌가 환경 변화나 경험에 따라 구조적, 기능적으로 자신을 재조직할 수 있다는 증거가 되었다.
>
> 이후 다양한 연구를 통해 (가)뇌 가소성 이론이 정립되었다. 이 이론에 따르면 뇌는 평생에 걸쳐 변화할 수 있으며, 학습과 경험에 의해 신경회로가 지속적으로 형성되고 수정된다. 뇌 가소성은 발달 과정뿐만 아니라 뇌 손상 이후의 회복 과정, 그리고 새로운 기술 습득 과정에서도 관찰된다. 이 이론은 신경 재활, 학습장애 치료, 인지능력 향상 프로그램 등 다양한 분야에 혁신적인 접근법을 제시하고 있지만, 여전히 그 한계와 범위에 관한 논쟁이 계속되고 있다.

05 윗글의 (가)를 약화하는 것으로 가장 적절한 것은?

① 시각장애인들이 점자를 읽을 때 본래 시각을 담당하던 뇌 영역이 촉각 처리에 활용된다는 연구 결과가 밝혀졌다.
② 노년기에 접어든 사람들이 인지훈련을 통해 정보처리 속도와 기억력을 향상하는 것이 불가능하다는 연구 결과가 밝혀졌다.
③ 언어와 관련된 뇌 영역이 손상된 후에도 다른 뇌 영역을 활용하여 저하된 의사소통 능력을 일부 회복한 환자의 사례가 확인되었다.
④ 택시를 10년 이상 운전한 기사들은 경력 1년 미만의 신입 기사들에 비해 공간 기억을 관장하는 뇌 부위가 더 발달되어 있었다는 연구 결과가 밝혀졌다.

06 ㉠~㉣과 바꿔 쓸 수 있는 유사한 표현으로 적절하지 않은 것은?

① ㉠: 담당하는
② ㉡: 발생하면
③ ㉢: 소실하기
④ ㉣: 절단된

07 〈개요〉의 빈칸에 들어갈 내용으로 적절하지 않은 것은?

〈개 요〉

○ 제목: 식품 안전 관리 체계 강화 방안

Ⅰ. 식품 안전 관리의 실태
　1. 수입 식품 안전관리 체계의 허점
　2. 식품 제조·유통 과정의 위생 관리 미흡
　3. 식품 안전사고 발생 빈도 증가 및 피해 규모 확대

Ⅱ. 식품 안전 문제 발생 원인
　1. 식품 안전 관련 법규 집행의 실효성 부족
　2. 식품 안전 검사 인력 및 기술 부족
　3. 식품 안전에 대한 기업의 책임의식 저하

Ⅲ. 식품 안전 관리 문제 해결 방안
　

① 식품 안전 관련 법규 정비 및 처벌 강화
② 식품 안전 검사 인력 확충 및 검사 기술 고도화
③ 기업의 식품 안전 책임의식 제고를 위한 인증제도 도입
④ 식품 산업 축소 방지를 위한 안전 규제 완화 정책 추진

08 다음 대화를 분석한 내용으로 가장 적절한 것은?

> 갑: 인공지능 챗봇이 학생들의 논술 과제를 대신 작성해 주는 상황은 심각한 학습 윤리 문제를 일으키고 있어. 이런 기술의 사용을 학교에서 전면 금지해야 한다고 생각해.
> 을: 금지보다는 적절한 활용 방침을 마련하는 것이 현실적이지 않을까? 스웨덴의 한 연구에 따르면 인공지능 활용을 허용하되 인용 원칙을 세운 학교의 학생들이 비판적 사고력 향상에서 더 좋은 결과를 보였대.
> 병: 나도 처음에는 금지해야 한다고 생각했어. 하지만 이 기술은 이미 우리 생활 깊숙이 들어왔고, 미래 사회에서는 인공지능 활용 능력이 중요한 역량이 될 거야. 오히려 적극적으로 활용법을 가르쳐야 하지 않을까?
> 갑: 그래도 아직은 기술이 불완전해서 인공지능이 만든 내용에 오류가 많아. 특히 역사적 사실이나 데이터 분석에서는 신뢰성 문제가 있지.
> 을: 그렇기 때문에 더욱 학생들에게 인공지능 결과물을 검증하는 방법을 가르쳐야 해. 디지털 기술 활용 교육의 핵심은 정보의 비판적 평가 능력이잖아.
> 병: 결국 중요한 것은 인공지능을 어떻게 활용하느냐의 문제야. 전면 금지는 문제 해결이 아니라 회피에 불과해. 일본의 여러 학교에서는 이미 인공지능 활용 교육을 정규 과정에 포함시켰고, 그 결과 학생들의 정보 활용 능력이 크게 향상되었어.
> 갑: 그렇구나. 인공지능의 사용을 완전히 금지하기보다는 단계적으로 활용하되, 활용법을 함께 교육하는 게 맞을 수도 있겠네. 다만 평가 방식도 함께 변화해야 할 것 같아.

① 해외의 사례를 통해 자신의 주장을 뒷받침하는 참여자는 없다.
② 다른 참여자의 반론을 수용하며 자신의 입장을 수정하는 참여자가 있다.
③ 상대방의 주장에서 논리적 모순점을 지적하며 반박하는 참여자가 있다.
④ 문제 상황을 여러 관점에서 분석하여 중립적 대안을 강요하는 참여자가 있다.

09 (가)와 (나)를 선제로 결론을 이끌어 낼 때, 빈칸에 들어갈 말로 가장 적절한 것은?

> (가) 건강에 신경 쓰지 않는 사람은 모두 규칙적으로 운동하지 않는다.
> (나) 건강에 신경 쓰지 않는 어떤 사람은 유기농 식품을 선호하지 않는다.
> 따라서 ☐

① 규칙적으로 운동하지 않는 사람은 모두 건강에 신경 쓴다.
② 유기농 식품을 선호하지 않는 사람은 모두 규칙적으로 운동한다.
③ 유기농 식품을 선호하는 어떤 사람은 규칙적으로 운동하지 않는다.
④ 규칙적으로 운동하지 않는 어떤 사람은 유기농 식품을 선호하지 않는다.

10 다음 글의 ㉠~㉢에 들어갈 말을 적절하게 나열한 것은?

문학 작품의 창작 과정은 영감, 구상, 표현으로 나눌 수 있다. 영감은 작가의 내면에서 작품의 씨앗이 싹트는 단계다. 이는 직접적인 체험일 수도 있고, 상상력이 만들어낸 가상의 경험일 수도 있다. 이 단계에서 작가는 자신의 감정, 생각, 관찰 등을 토대로 작품의 원초적 에너지를 얻게 된다. 구상은 영감을 구체적인 형태로 다듬는 과정이다. 작가는 인물, 배경, 사건 등을 설정하고 이들이 어떻게 유기적으로 연결될지 계획한다. 표현은 구상한 내용을 언어로 형상화하는 단계로, 작가의 문체와 기법이 핵심적 역할을 한다.

작가들의 일반적인 창작 과정을 살펴보면, 많은 작가들이 일상의 사소한 관찰에서 이야기의 단초를 발견한다. 오래된 사진 한 장, 길거리에서 스쳐 지나간 대화, 어린 시절의 기억 등이 작품의 ㉠ 이 되어 작가의 내면에서 성장한다. 작가가 자신만의 독특한 문체와 서술 기법을 활용해 이야기를 풀어내는 ㉡ 단계에서는 작품을 통해 독자와 만날 준비를 마친다. 그러나 때로는 수개월에 걸쳐 인물의 성격과 사연, 시대적 배경 등을 치밀하게 설계하는 ㉢ 단계를 거치기도 한다. 이 과정에서는 수차례 구상안을 수정하고 보완하며 이야기의 뼈대를 완성한다.

	㉠	㉡	㉢
①	영감	구상	표현
②	영감	표현	구상
③	구상	영감	표현
④	표현	구상	영감

독해력 UP! 어휘 퀴즈

헷갈리기 쉬운 어휘

[01~06] 다음 중 알맞은 어휘를 고르시오.

01 벽에 (박인 / 박힌) 못을 빼냈다.

02 아버지는 평생을 (바쳐 / 받쳐) 회사를 키워 오셨다.

03 그는 나와 관련된 소문을 듣고 (어의없어 / 어이없어)했다.

04 달걀말이를 만들기 위해 달걀 (껍질 / 껍데기)(을)를 깨뜨렸다.

05 경기에서 승리하기 위해서는 (악바리 / 악발이) 근성이 필요하다.

06 타지에서 (오랫만에 / 오랜만에) 동향 사람을 만나니 무척이나 반갑습니다.

바꿔 쓸 수 있는 어휘

[07~12] 밑줄 친 어휘와 바꿔 쓸 수 있는 것을 ㉠~㉥에서 고르시오.

07 달은 지구 주위를 <u>돈다</u>.   ㉠ 초과하다

08 도로 위로 수많은 차가 <u>달리고</u> 있었다.   ㉡ 개시하다

09 그들의 웃음은 나를 <u>놀리는</u> 것처럼 느껴졌다.   ㉢ 회전하다

10 지금까지 사용한 금액이 이미 예산을 <u>넘어섰습니다</u>.   ㉣ 조롱하다

11 납품된 물건 중 불량품을 추려내 거래처에 <u>되돌려주었다</u>.   ㉤ 반환하다

12 야심만만하게 영업을 <u>시작했지만</u> 시장의 반응은 냉랭하기만 했다.   ㉥ 질주하다

정답 | **01** 박힌   **02** 바쳐   **03** 어이없어   **04** 껍데기   **05** 악바리   **06** 오랜만에
       07 ㉢   **08** ㉥   **09** ㉣   **10** ㉠   **11** ㉤   **12** ㉡

2일 하프모의고사 02

01 〈공공언어 바로 쓰기 원칙〉에 따라 수정한 것으로 적절하지 않은 것은?

―〈공공언어 바로 쓰기 원칙〉―
○ 대등한 것끼리 접속한 경우
   – '-고', '-며', '-와', '-과' 등으로 접속되는 말에는 구조가 같은 표현을 사용함.
○ 조사·어미 등 생략 시 어법을 고려할 것
   – 조사, 어미, '-하다' 등을 지나치게 생략하지 않음.
○ 주어와 서술어의 호응
   – 능동과 피동의 관계를 정확하게 사용함.
○ 외국어 번역 투 삼가기
   – '~에 있다', '~에 있어서'와 같은 일본어 번역 투를 삼가야 함.

① "우리 단체의 목표는 환경 보호에 있습니다."를 "우리 단체의 목표는 환경 보호입니다."로 수정한다.
② "정부는 이 연구 결과를 정책 수립에 활용됩니다."를 "정부는 이 연구 결과를 정책 수립에 활용합니다."로 수정한다.
③ "시청은 주민 의견 수렴, 새로운 조례안을 마련했다."를 "시청은 주민의 의견을 수렴하여 새로운 조례안을 마련했다."로 수정한다.
④ "시설을 보수하고 환경을 개선하기 위한 예산을 편성했다."를 "시설 보수와 환경을 개선하기 위한 예산을 편성했다."로 수정한다.

02 (가)와 (나)를 전제로 할 때 빈칸에 들어갈 결론으로 가장 적절한 것은?

(가) 건강 검진을 받지 않는 사람 중 일부는 보험 가입자이다.
(나) 50세 이상인 직원들은 모두 건강 검진을 받는다.
따라서 _____.

① 보험 가입자는 모두 건강 검진을 받지 않는다
② 보험 가입자 중 일부는 50세 이상이 아닌 직원이다
③ 50세 이상이 아닌 직원은 모두 건강 검진을 받지 않는다
④ 50세 이상인 직원이면서 건강 검진을 받는 사람은 모두 보험 가입자가 아니다

03 다음 글의 ㉠~㉢에 들어갈 말을 적절하게 나열한 것은?

문학의 역사적 발전 과정에서는 시대에 따라 문학이 지향하는 가치와 목표가 변화해 왔다. 이는 문학의 세 가지 핵심 기능과 연관되어 있다. 먼저 인식적 기능은 문학이 세계와 인간에 대한 이해를 깊게 하며, 현실을 새로운 관점에서 바라보게 한다는 것이다. 또한 심미적 기능은 언어의 아름다움과 예술적 표현을 통해 감동과 즐거움을 선사하는 것이다. 마지막으로 실천적 기능은 사회 변화를 촉구하고 공동체의 가치관 형성에 기여하는 역할이다. 문학 작품은 이러한 기능의 상호작용을 통해 의미를 생성한다. 시대와 사회적 맥락에 따라 특정 기능이 더 부각되기도 하지만, 훌륭한 문학 작품은 대개 세 가지 기능이 조화롭게 어우러진 경우가 많다.

고대부터 중세 문학은 신화, 설화, 서사시 등을 통해 세계의 기원과 인간 존재의 의미를 탐구했는데, 이는 문학의 ㉠ 을 보여 준다. 르네상스와 낭만주의 시대에는 예술적 표현의 다양성과 언어의 음악성, 개인 감정의 섬세한 표현이 강조되었으며, 이는 문학의 ㉡ 이 강화된 현상이다. 20세기 이후의 현대 문학에서는 사회적 불평등, 정치적 억압 등 현실 문제를 고발하고 대안을 모색하는 작품들이 영향력을 발휘했는데, 이는 문학의 ㉢ 이 부각된 결과이다.

	㉠	㉡	㉢
①	인식적 기능	심미적 기능	실천적 기능
②	인식적 기능	실천적 기능	심미적 기능
③	심미적 기능	인식적 기능	실천적 기능
④	실천적 기능	심미적 기능	인식적 기능

04 (가)~(다)를 맥락에 맞게 순서대로 나열한 것은?

고대부터 도자기는 동아시아 지역의 주요 교역품으로, 특히 청화백자는 그 가치와 아름다움으로 인해 전 세계적으로 높은 평가를 받았다.

(가) 명나라 말기에 동인도회사가 아시아에 진출하면서 청화백자의 서구 수출이 급증했다. 네덜란드와 영국의 상인들은 중국의 도자기를 대량으로 유럽에 들여와 새로운 시장을 형성했다. 이 시기 유럽 왕실과 귀족들 사이에서는 중국 도자기를 수집하는 '차이나 매니아'가 유행하게 되었고, 이는 유럽 도자기 산업 발전의 촉매제가 되었다.

(나) 송나라 시기부터 시작된 청화백자 제작 기술은 원나라를 거쳐 명나라에서 정교화되었다. 명나라의 경덕진 요업은 황실 전용 청화백자를 생산하는 한편, 민간 수요도 충족시켰다. 이 시기 제작된 청화백자는 품질과 예술성이 뛰어나 '명청화'라 불리며 도자기 역사에서 황금기를 이루었다.

(다) 유럽에서는 수입된 청화백자의 영향으로 18세기 초 마이센에서 유럽 최초의 경질 자기 생산에 성공했다. 이후 프랑스의 세브르, 영국의 웨지우드 등 유럽 각지에서 도자기 공장이 설립되었다. 이들은 초기에 중국 도자기를 모방했지만, 점차 자신들만의 독특한 양식을 발전시켜 유럽식 도자기 문화를 형성하게 되었다.

① (가) - (나) - (다)
② (나) - (가) - (다)
③ (나) - (다) - (가)
④ (다) - (나) - (가)

[05 ~ 06] 다음 글을 읽고 물음에 답하시오.

현대 건축계에는 건축에 대한 ⓐ상반된 관점이 존재한다. 형태주의 건축가 A는 기하학적 형태와 곡선을 통해 예술 작품으로서 건축물의 새로운 가능성을 제시했다. 또한 A는 디지털 기술을 활용한 혁신적 디자인으로 독창적이고 창의적인 공간을 창출하기 위해 끊임없이 도전하였으며, 사용자에게 시각적으로 새로운 경험을 제공하는 것을 추구했다.

반면 기능주의 건축가 B는 A의 접근이 시각적 화려함에만 치중하고, 실용성과 건축물이 지어지는 곳의 지역적 맥락을 충분히 고려하지 않는 점을 비판했다. 그는 건축의 주된 의무가 사용자의 실질적 필요 충족과 공간의 효율적 활용에 있으며, 기이한 형태를 지닌 A의 건축물이 공간 효율성을 떨어뜨리고 비용을 증가시킨다고 주장했다.

이런 대립 속에서 C는 또 다른 의견을 ⓑ제시했다. 그는 건축을 기능주의와 형태주의의 균형을 추구하는 것으로 보았다. C는 사회와 사용자의 다양한 요구를 미리 고려하는 사용자 중심 공간성을 강조하였다. 또한 자연광과 지역에서 흔히 볼 수 있는 재료를 활용해 미적으로 훌륭하면서도 지역 주민이 편안함을 느낄 수 있는 공간을 창출했다. 그의 접근법은 ⓒ진정한 건축이 형태적 진보나 기술적 실험뿐만이 아닌 사회적 맥락과 사용자의 필요를 균형 있게 ⓓ반영해야 함을 시사한다.

05 윗글에 대해 평가한 내용으로 가장 적절하지 않은 것은?

① A의 혁신적인 디자인이 적용된 건축물이 화제를 불러일으켜 도시의 상징물로 자리 잡은 사실이 밝혀지면 A의 주장은 강화될 것이다.

② A가 자신의 건축물에 지역 재료와 문화적 요소를 적극적으로 활용했다는 사실이 밝혀진다면 B의 비판은 약화될 것이다.

③ B가 설계한 건물들이 효율성은 높지만 사용자 만족도가 낮다는 연구 결과가 나온다면 B의 주장은 약화될 것이다.

④ C의 건축물이 사회적 맥락보다는 형태적 아름다움을 우선시했다는 증거가 발견된다면 C의 주장은 강화될 것이다.

06 ⓐ~ⓓ와 바꿔 쓸 수 있는 유사한 표현으로 적절하지 않은 것은?

① ⓐ: 엇갈린
② ⓑ: 내놓았다
③ ⓒ: 참된
④ ⓓ: 불러와야

07 다음 글을 이해한 내용으로 적절하지 않은 것은?

언어학에서 형태소(形態素)는 '뜻을 가진 가장 작은 말의 단위'로, 형태론 연구의 기본 단위이다. '책가방'은 '책'과 '가방'으로, '먹었다'는 '먹-', '-었-', '-다'로 분석되며, 더 이상 쪼개면 의미가 사라진다.

형태소는 자립성의 유무에 따라 자립 형태소와 의존 형태소로 나뉜다. '산이', '물에서'에 대해, 자립 형태소는 '산', '물'처럼 단독으로 쓰일 수 있는 것에 해당한다. 의존 형태소는 '이', '에서'가 해당하며 다른 형태소와 결합해야만 쓰일 수 있다. 또한 형태소는 의미 특성에 따라 나눌 수 있다. '먹다'와 '크고'에서 구체적인 대상이나 동작, 상태와 같은 의미를 지니는 '먹-'과 '크-'는 실질 형태소, 문법적 의미를 나타내는 '-다'와 '-고'는 형식 형태소로 분류한다.

언어 발달의 측면에서 보면, 형태소에 대한 인식은 음운론적 인식 이후, 통사론적 인식 이전에 발달한다. 아동의 언어는 소리 구분(음운론), 형태소 인식(형태론), 문장 구조 이해(통사론) 순으로 발달하며, 형태소 분석 능력이 향상될수록 어휘력과 독해력도 함께 발달한다.

① 형태소는 의미를 가진 최소 단위로, 더 이상 분석하면 의미가 사라진다.

② 실질 형태소는 구체적 의미를 갖고, 형식 형태소는 주로 문법적 의미를 나타낸다.

③ 언어 습득 과정에서 통사론적 인식은 형태소에 대한 인식보다 먼저 발달하는 경향이 있다.

④ 자립 형태소는 독립적으로 사용 가능하며, 의존 형태소는 다른 형태소에 의존해야만 사용할 수 있다.

[08~09] 다음 글을 읽고 물음에 답하시오.

서양 미술과 동양 미술은 공간을 표현하는 방식에서 큰 차이가 있다. ㉠전자는 르네상스 시대부터 '원근법'이라는 기술을 사용했다. 이 방법은 멀리 있는 물체는 작게, 가까이 있는 물체는 크게 그려서 실제로 보는 것처럼 표현한다. 마치 창문을 통해 바깥 세계를 보는 것처럼 그림을 그리는 것이다. 이렇게 그리면 사람들이 그림을 볼 때 실제 풍경을 보는 것 같은 느낌을 받는다.

반면에 ㉡후자, 특히 산과 물을 그린 '산수화'는 다른 방식을 사용했다. 동양화가들은 한 그림 안에 여러 각도에서 본 모습을 함께 그렸다. 때로는 멀리 있는 산을 더 크게 그리기도 했고, 위에서 내려다본 모습과 정면에서 본 모습을 한 그림에 담기도 했다. 이렇게 하면 보는 사람이 그림 속에서 산과 강을 따라 여행하는 듯한 느낌을 받을 수 있다.

이런 차이가 나타나는 것은 서양과 동양의 생각하는 방식이 달랐기 때문이다. ㉢전자의 사람들은 인간과 자연을 분리해서 생각하며 자연을 관찰하는 대상으로 봤다. 하지만 ㉣후자의 사람들은 인간과 자연이 하나로 연결된다고 생각했다. 요즘 현대 미술에서는 이런 ㉤전자의 표현 방식과 ㉥후자의 표현 방식을 모두 사용해서 새로운 그림들을 만들어 내고 있다.

08 윗글에서 추론한 내용으로 가장 적절한 것은?

① 서양화가들은 과학적 지식이 부족했기 때문에 동양처럼 자유롭게 그림을 그리지 못했다.
② 동양 미술의 표현 방식은 시대가 지날수록 서양의 원근법을 받아들여 점점 사실적으로 변해왔다.
③ 앞으로 현대 미술에서는 서양 미술의 공간 표현 방식이 동양 미술의 공간 표현 방식보다 더 중요하게 여겨질 것이다.
④ 동양과 서양의 그림 그리는 방식이 다른 것은 좋고 나쁨의 차이가 아니라 서로 다르게 대상을 바라보는 방식 때문일 것이다.

09 윗글의 ㉠~㉥ 중 지시하는 바가 같은 것끼리 짝 지은 것은?

① ㉠, ㉣
② ㉢, ㉤
③ ㉡, ㉢, ㉤
④ ㉠, ㉣, ㉥

10 다음 대화의 빈칸에 들어갈 말로 가장 적절한 것은?

> 갑: 입장권이 매진되고 비가 오면 경기가 취소됩니다.
> 을: 경기에 출전하는 팀이 인기 팀이라면 입장권이 매진됩니다.
> 병: _____
> 정: 여러분들이 말씀하신 대로라면 오늘 경기에 출전하는 팀이 인기 팀이라면 이번 경기는 취소되겠군요.

① 지금 비가 오고 있습니다.
② 오늘 경기의 입장권은 매진되었습니다.
③ 비가 오고 입장권이 매진되지 않으면 경기가 취소되지 않습니다.
④ 입장권이 매진되지 않으면 경기에 출전하는 팀은 인기 팀이 아닙니다.

독해력 UP! 어휘 퀴즈

헷갈리기 쉬운 어휘

[01~06] 다음 중 알맞은 어휘를 고르시오.

01 까치가 (푸드덕 / 푸드득) 하늘로 날아갔다.

02 비에 몸이 젖어 (으시시 / 으스스) 한기를 느꼈다.

03 모닥불에 불을 붙이고 가마솥에 쌀을 (안쳤다 / 앉혔다).

04 퇴근 후에 가면 가게 문은 이미 (닫혔을 / 닫쳤을) 겁니다.

05 손님은 종업원에게 당장 주인을 불러오라고 (닥달했다 / 닦달했다).

06 점원은 자신이 실수했다는 것을 알고 (겸연쩍은 / 겸연적은) 표정을 지었다.

바꿔 쓸 수 있는 어휘

[07~12] 밑줄 친 어휘와 바꿔 쓸 수 있는 것을 ㉠~㉥에서 고르시오.

07 적진에 폭탄을 <u>떨어뜨렸다</u>.   ㉠ 투하하다

08 우리는 서로를 의지하며 고통을 <u>참아냈다</u>.   ㉡ 함유하다

09 일제는 우리 농민들에게서 땅을 강제로 <u>빼앗았다</u>.   ㉢ 저지하다

10 이 생수는 탄산을 <u>포함하고</u> 있어 물맛이 특이하다.   ㉣ 약탈하다

11 할아버지는 일평생 모으신 돈을 벽장 안에 <u>숨겨두시었다</u>.   ㉤ 인내하다

12 우리는 그녀의 말을 <u>막지</u> 못해 결국 창피를 당하고 말았다.   ㉥ 감추다

정답 | 01 푸드덕 02 으스스 03 안쳤다 04 닫혔을 05 닦달했다 06 겸연쩍은
07 ㉠ 08 ㉤ 09 ㉣ 10 ㉡ 11 ㉥ 12 ㉢

3일 / 하프모의고사 03

01 다음 글에서 추론한 내용으로 적절하지 않은 것은?

이어진 문장은 그 특성에 따라 '대등하게 이어진 문장'과 '종속적으로 이어진 문장'으로 구분된다. 대등하게 이어진 문장은 앞 절과 뒤 절이 대등한 관계로 결합한 문장으로, 구조 및 의미상 대칭성을 가지기 때문에 앞뒤 절의 순서를 바꾸어도 문장의 의미가 크게 달라지지 않는다. 예를 들어 "비가 오고 바람이 분다"라는 문장은 "바람이 불고 비가 온다"로 바꾸어도 의미가 크게 달라지지 않는다. 이때 대등하게 이어진 문장의 연결 어미는 기능에 따라 나열(-고, -며, -으며), 대조(-나, -으나, -지만), 선택(-거나, -든지) 등으로 구분된다.

반면 종속적으로 이어진 문장은 앞 절과 뒤 절의 의미가 대등하지 않고 종속적인 관계에 있는 문장이다. 이 때문에 종속적으로 이어진 문장은 앞 절과 뒤 절의 순서를 바꾸면 문장의 의미가 달라지거나 비문이 된다. 예를 들어 "봄이 오면 꽃이 핀다"라는 문장을 "꽃이 피면 봄이 온다"로 바꾸면 의미가 완전히 달라진다. 또한 앞 절이 뒤 절 속으로 이동하는 것이 가능하다. "봄이 오면 꽃이 핀다"는 "꽃이, 봄이 오면, 핀다"로 바꿀 수 있다. 이러한 특성 때문에 종속적으로 이어진 문장은 부사절을 안은 문장으로 볼 수도 있다. 이때 문장의 연결 어미는 조건·가정(-면, -으면, -거든), 이유·원인(-아서/-어서, -므로, -으므로, -니까, -으니까), 의도(-려고, -으려고, -고자), 배경(-는데), 양보(-ㄹ지라도, -을지라도) 등의 기능을 한다.

① '비가 오면 우산을 준비하자'에서 앞 절은 뒤 절의 속으로 이동할 수 있다.
② '날씨가 추울지라도 우리는 외출해야 한다'는 앞 절과 뒤 절이 대조의 관계로 대등하게 결합한 문장이다.
③ '그는 돈이 없어서 대출을 신청했다'는 원인을 나타내는 연결 어미를 통해 종속적으로 이어진 문장이다.
④ '우리는 웃었고 그들은 울었다'는 의미상 대칭성을 가진 문장으로, 앞뒤 절의 순서를 바꾸어도 의미가 크게 변하지 않는다.

02 〈개요〉의 빈칸에 들어갈 내용으로 적절하지 않은 것은?

─〈개 요〉─

○ 제목: 주택 문제와 주거 안정 정책

Ⅰ. 현대 사회의 주택 문제
  1. 주택 가격 상승 및 주거비 부담 증가
  2. 주거 환경 악화 및 주거 빈곤층 증가
  3. 지역 간 주택 시장 불균형

Ⅱ. 주택 문제의 원인
  1. _____
  2. 투기 목적의 부동산 매입 증가
  3. 주거 복지 정책의 미흡

Ⅲ. 주거 안정을 위한 정책 방안
  1. 공공 임대 주택 확대 및 주택 공급 정책 개선
  2. 부동산 투기 증가 방지를 위한 제도 정비
  3. 취약계층 맞춤형 주거 복지 프로그램 강화

① 주택 수요 증가와 공급 부족 간 불균형
② 임대료 규제 및 임차인 보호 제도 도입
③ 취약계층 대상 주거 지원 프로그램 부족
④ 부동산 투기 규제 제도의 허점 및 투기 단속 미흡

03 다음 대화의 빈칸에 들어갈 말로 가장 적절한 것은?

김 사원: 현재 회사는 경영 위기 상태입니다.
이 대리: 이 프로젝트를 수행하려면, 충분한 예산과 전문 인력이 모두 필요합니다.
홍 과장: _____.
박 부장: 그렇다면, 우리는 이 프로젝트를 수행할 수 없겠군요.

① 전문 인력이 없으면 프로젝트를 수행할 수 있습니다
② 경영 위기 상태라면 전문 인력을 확보할 수 있습니다
③ 경영 위기 상태라면 충분한 예산을 확보할 수 없습니다
④ 경영 위기 상태가 아니라면 충분한 예산을 확보할 수 있습니다

04 ㉠을 평가한 내용으로 적절한 것만을 〈보기〉에서 모두 고르면?

현대 사회에서 스마트폰 중독, SNS 부작용, 인공지능 윤리 문제 등이 사회적으로 논란이 되고 있다. 이러한 현상은 기술의 발전 속도와 사회적 적응 간의 괴리에서 비롯된 것으로 볼 수 있다. 사회학자 A는 이러한 현상에 주목했다. 그는 1920년대에 미국 사회에서 급격한 산업화로 기술 등의 물질 문화는 빠르게 변화했지만, 이에 비해 가치관이나 규범, 제도 등의 비물질 문화의 변화는 상대적으로 느리게 진행된다고 주장했다. 그러면서 그러한 사회의 물질 문화와 비물질 문화 간의 변화 속도의 차이는 사회적 부적응과 갈등을 야기한다고 강조했다. ㉠이러한 견해는 기술 발전과 사회 변화의 관계에 대한 중요한 통찰을 제공했으며, 사회학과 기술 철학 분야에서 많은 논의의 대상이 되어왔다.

〈보기〉
ㄱ. 핵기술이 발전한 후 핵에너지의 안전한 관리와 핵무기 통제를 위한 국제법과 제도가 뒤늦게 정비된 사례는 ㉠을 강화한다.
ㄴ. 인공지능 기술이 급속히 발전했지만 이와 관련된 윤리적 규범과 법적 체계가 아직 미비하여 사회적 혼란이 발생하는 현상은 ㉠을 강화한다.
ㄷ. 장애인을 위한 보조 기술이 발전함과 동시에 장애인에 대한 사회 인식도 함께 개선되어 장애인 복지 관련 예산이 곧바로 증액된 사례는 ㉠을 강화한다.

① ㄱ
② ㄱ, ㄴ
③ ㄴ, ㄷ
④ ㄱ, ㄴ, ㄷ

05 다음 글에서 추론한 것으로 가장 적절한 것은?

청소년 자기중심성은 청소년기에 나타나는 특징적인 사고방식으로, 자신의 생각과 감정이 타인보다 중요하고 특별하다고 여기는 경향이다. 이 현상은 심리학자 데이비드 엘킨드가 제안한 개념으로, 인지발달 과정에서 자연스럽게 나타난다.

청소년 자기중심성은 크게 두 가지 형태로 나타난다. '상상적 청중'은 모든 사람이 자신을 주시한다고 믿는 현상으로, 사소한 실수나 외모에 과도하게 집착하게 된다. '개인적 우화'는 자신의 경험과 감정이 독특하고 특별하다고 믿는 현상으로, 위험 행동이나 극단적 감정 표현으로 이어질 수 있다.

이러한 자기중심성은 15~16세를 기점으로 점차 감소하며, 사회적 경험이 쌓이고 인지 발달이 완성되면서 타인의 관점을 이해하는 능력이 향상된다. 청소년기의 자기중심성은 부정적인 측면만 있는 것이 아니라, 자아정체성을 형성하고 독립성을 키우는 데 중요한 역할을 한다.

① 청소년 자기중심성은 성인기까지 지속되는 성격적 결함이다.
② 15세 이하의 청소년은 타인의 관점을 완전히 수용하는 데는 한계가 있다.
③ 상상적 청중 현상이 나타나는 청소년은 개인적 우화 현상을 경험하지 않는다.
④ 청소년기의 자기중심성은 유아기 부모의 양육 방식에 따라 부정적인 결과를 낳기도 한다.

06 다음 글의 중심 내용으로 가장 적절한 것은?

국제법의 발전은 국가 간 관계를 규율하는 단순한 규범체계에서 전 지구적 문제 해결을 위한 협력 메커니즘으로 진화해왔다. 전통적으로 국제법은 주권 국가 간의 상호 존중과 불간섭 원칙에 기초했으나, 현대에 들어서면서 인권 보호, 환경 문제, 자원 관리, 국제 범죄 등 국경을 초월한 이슈들이 중요해짐에 따라 국제법의 영역과 권위도 확장되었다.

이러한 변화는 불가피하게 국가 주권에 대한 재해석을 요구한다. 절대적이고 배타적인 개념이었던 국가 주권은 이제 국제 공동체의 이익과 균형을 이루는 상대적 개념으로 변모하고 있다. 주권 국가들은 자발적으로 국제법의 규범적 틀 안에서 행동함으로써 더 큰 국제적 안정과 협력의 이익을 추구하게 된 것이다.

하지만 국제법의 발전이 국가 간 힘의 불균형을 완전히 해소하지는 못했다. 강대국들은 여전히 자국의 이익에 따라 선택적으로 국제법을 준수하거나 해석하는 경향이 있으며, 이는 국제법의 권위와 효력에 대한 근본적인 도전이 되고 있다. 또한 국제법의 집행 메커니즘이 상대적으로 약하다는 점도 한계로 지적된다.

미래의 국제법 체계는 보다 민주적이고 포용적인 방향으로 발전해야 한다. 다양한 국가와 비국가 행위자들의 목소리가 반영되는 의사결정 구조를 구축하고, 강제력을 갖춘 효과적인 이행 메커니즘을 개발하는 것이 중요하다. 이를 통해 국제법은 단순한 규범적 선언을 넘어 실질적인 문제 해결 도구로서의 역할을 수행할 수 있을 것이다.

① 국제법은 과거와 달리 국가 주권을 전적으로 보호하지 못하고 있다.
② 국제법은 국제 범죄를 단호하게 처벌할 수 있는 강력한 제도를 갖추어야 한다.
③ 국제법은 국가 간의 갈등보다는 국가 내부 문제를 해결하는 데 초점을 두고 있다.
④ 국제법은 시대 변화에 따라 주권 개념의 재해석과 실효성 있는 집행을 요구받고 있다.

07 다음 글을 이해한 내용으로 가장 적절한 것은?

미디어 리터러시는 단순히 미디어를 통해 정보를 얻는 능력을 넘어, 정보의 신뢰성과 타당성을 평가하는 비판적 사고력을 포함한다. 디지털 시대에는 정보의 홍수 속에서 검증되지 않은 정보와 가짜 뉴스가 빠르게 확산되고 있다. 이러한 환경에서 미디어 리터러시는 정보의 출처를 확인하고, 사실과 의견을 구별하며, 정보가 전달하는 메시지의 의도를 파악하는 능력으로 확장된다.

최근 연구에 따르면 미디어 리터러시 교육을 받은 사람들은 가짜 뉴스를 식별하는 능력이 향상되었으며, 정보를 비판적으로 분석하는 경향이 강해졌다. 반면, 미디어 리터러시 역량이 부족한 경우 정보의 사실 여부보다 자신의 기존 신념과 일치하는 정보를 더 신뢰하는 확증 편향에 빠지기 쉽다. 특히 소셜 미디어 알고리즘은 이용자의 기존 관점을 강화하는 정보를 우선적으로 노출해 필터 버블 현상을 심화시킨다.

따라서 미디어 리터러시 교육은 정보 접근성뿐만 아니라 정보 분별력을 키우는 데 초점을 맞춰야 한다. 정보 검증 기술, 다양한 관점을 고려하는 능력, 비판적 사고력을 함양하는 교육이 필요하며, 이는 민주 시민으로서의 역량을 강화하는 데 기여할 것이다.

① 디지털 시대 이전에는 가짜 뉴스가 생성되지 않았기 때문에 미디어 리터러시가 존재하지 않았다.
② 미디어 리터러시 교육의 핵심은 최대한 많은 정보에 접근할 수 있는 기술적 능력을 향상시키는 것이다.
③ 미디어 리터러시가 높은 사람은 자신의 신념과 일치하지 않는 정보도 객관적으로 평가할 가능성이 높다.
④ 소셜 미디어 알고리즘은 사용자에게 다양한 관점의 정보를 균형 있게 제공하여 미디어 리터러시 향상에 기여한다.

08 (가)~(다)를 전제로 결론을 이끌어 낼 때, 빈칸에 들어갈 말로 가장 적절한 것은?

(가) 기술 혁신이 이루어지거나 대규모 투자가 이루어진다.
(나) 기술 혁신이 이루어지면, 생산성이 향상되는 동시에 시장 경쟁력이 강화된다.
(다) 대규모 투자가 이루어지면, 고용이 증가하는 동시에 시장 경쟁력이 강화된다.
따라서 _____.

① 고용이 증가한다
② 생산성이 향상된다
③ 시장 경쟁력이 강화된다
④ 생산성이 향상되고 고용이 증가한다

[09~10] 다음 글을 읽고 물음에 답하시오.

전통적인 오프라인 매장은 물리적 공간의 제약을 받기 때문에, 진열할 수 있는 상품의 종류가 제한적이다. 이러한 환경에서 소매업자들은 '파레토 법칙'이라고도 불리는 80/20 법칙을 적용하여 매출의 80%를 창출하는 인기 상품 20%에 진열 공간을 집중적으로 할당한다. 즉, 다양성보다는 인기 상품을 충분히 확보하는 것이 효율적이다. 또한 오프라인 매장에서는 재고 관리 비용이 높아져 이익률이 감소하기 때문에, 회전율이 낮은 틈새 상품보다는 빠르게 판매되는 대중적 상품을 선호하게 된다. 이러한 이유로 오프라인 매장은 상품 구색을 제한적으로 유지하며, 종종 소비자의 다양한 취향을 모두 충족시키지 못하는 한계가 있다.

반면, 온라인 전자상거래는 물리적 진열 공간의 제약이 없어 인기 상품뿐만 아니라 틈새 상품까지 폭넓게 제공할 수 있다. '롱테일 이론'에 ㉠따르면, 소수의 인기 상품(헤드)이 높은 판매량을 보이는 반면, 다수의 틈새 상품들(테일)은 개별적으로는 판매량이 적지만 이들의 총합이 인기 상품의 판매량을 능가할 수 있다. 아마존과 같은 온라인 플랫폼의 연구 결과, 전체 매출에서 틈새 상품이 차지하는 비중이 상당히 높은 것으로 나타났다. 또한 온라인 플랫폼은 빅데이터와 알고리즘을 활용해 개인화된 상품 추천을 제공함으로써 소비자들이 자신의 취향에 맞는 틈새 상품을 발견할 가능성을 높인다. 따라서 온라인 판매자들은 상품의 다양성을 확대하는 데 주력하며, 이 과정에서 기존에는 접하기 어려웠던 독특한 상품들이 소비자에게 소개되는 경우가 많다.

09 윗글에서 추론한 내용으로 가장 적절한 것은?

① 파레토 법칙은 온라인 플랫폼에서 더 효과적으로 적용된다.
② 소비자들은 온라인보다 오프라인 매장에서 더 다양한 상품을 접할 수 있다.
③ 오프라인 매장은 재고 관리의 효율성을 위해 틈새 상품 위주로 진열 공간을 구성한다.
④ 온라인 전자상거래는 인기 상품에 집중하는 것보다 다양한 상품을 구비하는 것이 더 유리하다.

10 밑줄 친 표현이 문맥상 ㉠의 의미와 가장 가까운 것은?

① 그 아이는 유난히 나를 잘 따른다.
② 나는 그 일을 관련 법에 따라 처리했다.
③ 모든 일에는 언제나 책임이 따르는 법이다.
④ 아무리 노력해도 그녀의 춤 실력을 따를 수 없었다.

독해력 UP! 어휘 퀴즈

헷갈리기 쉬운 어휘

[01~06] 다음 중 알맞은 어휘를 고르시오.

01 (웬일 / 왠일)로 지각을 하지 않았니?

02 산허리에 눈썹 같은 (초승달 / 초생달)이 걸렸다.

03 그는 남에게 돈을 쓰기 싫어하는 (깍쟁이 / 깍정이)이다.

04 아이를 강가에 홀로 놔둔 것처럼 마음을 (졸였다 / 조렸다).

05 새로 산 신발이 발에 맞지 않아 (뒤꿈치 / 뒷굼치)가 다 까졌다.

06 격한 갈증으로 인해 물을 (들이켠 / 들이킨) 후에야 주변이 눈에 들어왔다.

바꿔 쓸 수 있는 어휘

[07~12] 밑줄 친 어휘와 바꿔 쓸 수 있는 것을 ㉠~㉥에서 고르시오.

07 법원에 팩스로 자료를 <u>보냈다</u>. ㉠ 전복되다

08 강한 풍랑으로 인해 배가 <u>뒤집혀</u> 버렸다. ㉡ 진전하다

09 배송 과정에서 <u>깨진</u> 상품은 교환해 드립니다. ㉢ 파손되다

10 약간의 차질이 있었으나 행사는 식순대로 <u>나아갔다</u>. ㉣ 극복하다

11 목표한 바를 이루기 위해 수많은 사람들이 <u>애쓰고</u> 있다. ㉤ 송신하다

12 지금의 위기를 <u>이겨내면</u> 분명히 좋은 기회가 찾아올 것이다. ㉥ 노력하다

정답 | 01 웬일 02 초승달 03 깍쟁이 04 졸였다 05 뒤꿈치 06 들이켠
07 ㉤ 08 ㉠ 09 ㉢ 10 ㉡ 11 ㉥ 12 ㉣

4일 하프모의고사 04

01 ⟨공공언어 바로 쓰기 원칙⟩에 따라 ⟨공문서⟩의 ㉠~㉣을 수정한 것으로 적절하지 않은 것은?

―――⟨공공언어 바로 쓰기 원칙⟩―――
○ 중복 표현을 삼갈 것.
○ 여러 뜻으로 해석되는 표현은 삼갈 것.
○ 생소한 외래어나 외국어는 우리말로 다듬을 것.
○ 대등한 것끼리 접속할 때는 구조가 같은 표현을 사용할 것.

―――⟨공문서⟩―――
과학기술정보통신부

수신 각 국공립대학
제목 ㉠첨단과학 컨소시엄 구성 안내

1. 귀 기관의 교육 연구 활동에 감사드립니다.
2. 본부는 ㉡4차 산업혁명 시대 대응과 첨단기술을 선도하기 위한 대학 간 협력체계를 구축하고자 합니다.
3. 이에 각 대학은 ㉢사전 예비 준비 계획서를 제출해 주시기 바랍니다.
4. 선발된 각 대학의 대표자들은 ㉣정부 관계자들과 인공지능 기술에 대해 논의할 예정입니다.

① ㉠: 첨단과학 연합체
② ㉡: 4차 산업혁명 시대에 대응하고 첨단기술을 선도하기 위한
③ ㉢: 예비 준비 계획서
④ ㉣: 정부 관계자들을 만나 인공지능 기술에 대해 논의할 예정입니다.

02 다음 대화의 (가)에 들어갈 말로 적절한 것은?

A: 이 섬에 들어가기 위해서는 배를 타거나 다리를 건너야 한다. 다리를 건너면 요금이 발생하지 않고, 현금을 준비했다면 요금이 발생한 것이다. 따라서 이 섬에 들어가는 C는 배를 탈 것이다.
B: 당신의 주장에는 논리적 비약이 있어요. "이 섬에 들어가는 C가 배를 탈 것이다"라고 주장하고 싶다면 " (가) ."라는 말이 사실이어야 합니다.

① C는 다리를 건넜다
② C는 현금을 준비했다
③ C는 현금을 준비하지 않았다
④ C에게 요금이 발생하지 않았다

[03~04] 다음 글을 읽고 물음에 답하시오.

페루의 나스카 사막에 그려진 거대한 지상화인 '나스카 라인'은 기원전 500년부터 서기 500년 사이에 만들어졌다. 1930년대에 항공기 조종사들에 의해 발견된 이후, 이 신비로운 지상화에 대한 다양한 해석이 제시되었다.

천문학자 A는 나스카 라인이 천체 관측과 관련된 천문 달력이라고 주장했다. A는 특정 선과 도형들이 계절적 변화와 별자리의 위치를 표시하는 정교한 시스템이라고 보았다. 물리학자 B는 이에 동의하며 자신의 연구를 통해 특정 도형들이 동지와 하지를 표시한다고 주장했다.

그러나 고고학자 C는 ㉠이들의 주장을 강하게 비판했다. C는 나스카 문명인들이 그런 정교한 천문학적 지식을 가졌을 리 없으며, ㉡이것은 단순히 물과 관련된 종교 의식을 위한 순례 경로였다고 주장했다. 이에 인류학자 D는 C의 편협한 시각을 지적했다. ㉢그는 나스카 문명인들이 속한 고대 안데스 문명인들이 흔히 생각하는 것보다 훨씬 발달된 지식 체계를 가지고 있었으며, 그들의 천문학적 이해가 과소평가되어 왔다고 반박했다.

현대 고고학자들은 이러한 극단적 해석보다 더 균형 잡힌 시각을 제시한다. ㉣그들이 일정 수준의 천문학적 지식을 가졌을 가능성은 있지만, 그것이 현대 천문학과 같은 체계성을 갖추었다고 보기는 어렵다는 것이다. ㉤이들은 자신들의 세계관과 종교적 믿음에 따라 지상화를 만들었을 것이며, 현대인의 논리로만 해석하는 것은 한계가 있다. 고대 문명을 연구할 때는 그 시대의 문화적 맥락을 충분히 고려해야 한다는 것이 오늘날 학계의 중론이다.

03 윗글에 대해 평가한 내용으로 가장 적절한 것은?

① 나스카 문명인들이 별자리를 묘사한 도자기를 제작했다는 증거가 발견된다면 A의 주장이 약화될 것이다.
② 나스카 라인의 목적이 단일하지 않으며 천문학적, 종교적, 실용적 기능이 복합적으로 작용했다는 것이 밝혀진다면 B의 주장이 강화될 것이다.
③ 나스카 라인 근처에서 물 의식과 관련된 종교 용품이 발견된다면 C의 주장이 약화될 것이다.
④ 나스카 지역에서 고대 안데스 문명의 천문학 문헌이 발견된다면 D의 주장이 강화될 것이다.

04 문맥상 ㉠~㉤ 중 지시 대상이 같은 것만으로 묶인 것은?

① ㉠, ㉡
② ㉡, ㉢
③ ㉢, ㉤
④ ㉣, ㉤

05 (가)와 (나)를 전제로 결론을 이끌어 낼 때, 빈칸에 들어갈 말로 가장 적절한 것은?

(가) 디지털 기기 활용도가 높지 않은 사람은 모두 정보 검색 능력이 뛰어나지 않다.
(나) 정보 검색 능력이 뛰어난 어떤 사람은 외국어에 능통하다.
따라서 _____.

① 외국어에 능통한 사람은 모두 정보 검색 능력이 뛰어나다
② 외국어에 능통한 어떤 사람은 디지털 기기 활용도가 높다
③ 외국어에 능통한 모든 사람은 정보 검색 능력이 뛰어나지 않다
④ 정보 검색 능력이 뛰어나지 않은 모든 사람은 외국어에 능통하다

06 〈개요〉의 빈칸에 들어갈 내용으로 적절하지 않은 것은?

─〈개 요〉─

○ 제목: 고령화 사회의 노인 복지 문제와 개선 방안

Ⅰ. 노인 복지의 현황
  1. 국내 노령 인구 증가율 통계
  2. 국내 노인 빈곤율 통계와 추이

Ⅱ. 노인 복지 문제의 원인
  1. 노후 소득 보장 제도의 미흡
  2. 고령자 맞춤형 의료 서비스 체계 부재
  3. 노인 소외와 우울증 등 정신 건강 문제

Ⅲ. 노인 복지 문제의 개선 방안

① 국민연금 제도 개선과 노인 일자리 창출
② 생산 인구 증대를 위한 출산 장려 정책 강화
③ 노인 맞춤형 의료 서비스 확대와 접근성 개선
④ 노인 공동체 활성화와 세대 간 교류 프로그램 확대

07 다음 글의 (가)와 (나)에 들어갈 말을 적절하게 나열한 것은?

국어 의미론에서 일반적으로 상하 관계와 부분 관계는 모두 포함 관계의 일종으로 볼 수 있으나 그 특성에는 차이가 있다. 첫째, 상하 관계는 의미의 범위에 따른 관계이다. 이것은 의미의 범위가 넓은 단어와 좁은 단어 사이의 관계로, 분류학적 체계와 유사하다. 이러한 상하 관계에서는 포괄적 개념과 구체적 개념 간의 관계가 성립한다. 예를 들어 '식물'과 '나무, 꽃', '음식'과 '빵, 떡볶이', '스포츠'와 '축구, 농구'의 관계가 여기에 해당한다. 이러한 관계에서는 구체적 개념이 포괄적 개념에 완전히 포함되며, "모든 나무는 식물이다"와 같은 논리적 명제가 성립한다. 둘째, 부분 관계는 구성적 측면에서의 관계이며, 하나의 대상과 그것을 구성하는 요소들 간의 관계를 말한다. 예를 들어 '학교'에 대하여 공간인 '교실', '교무실', 그곳에 존재하는 유기체인 '학생'의 관계가 이에 해당한다. 그러나 이 관계에서는 "교실은 학교이다"라는 명제가 성립하지 않는다는 점에서 앞서 언급한 상하 관계와 구별된다.

이러한 두 관계는 모두 포함의 의미를 내포하고 있지만, 그 성격이 다르다. (가) 는 물리적 포함 관계로 구성적 성격을 띤다. 반면 (나) 는 개념적 포함 관계로 분류학적 성격을 띤다. 또한 전자의 관계에서는 구성 요소들이 서로 이질적인 성격을 가질 수 있지만, 후자의 관계에서 하위 항목들은 서로 의미적 자질을 공유하는 경향이 있다. 한편, 이들과 구별되는 의미 관계로 유의 관계, 반의 관계 등이 있으며, 이들은 포함 관계가 아닌 별개의 어휘 관계에 해당한다.

	(가)	(나)
①	부분 관계	상하 관계
②	상하 관계	부분 관계
③	상하 관계	반의 관계
④	유의 관계	상하 관계

[08~09] 다음 글을 읽고 물음에 답하시오.

　에피쿠로스학파는 마음의 평화와 고요함을 진정한 행복으로 보았다. 이들에게 쾌락은 무절제한 향락이 아니라 고통과 불안이 없는 상태를 의미했다.
　에피쿠로스학파는 사람들이 불행한 이유를 죽음, 운명, 신에 대한 잘못된 두려움 때문으로 설명했다. 이들에게 있어서 죽음은 단지 감각의 상실일 뿐이며, 운명이 모든 것을 결정한다는 생각은 틀린 것이었다. 또한 그들은 신들이 인간사에 ⊙간섭하지 않는다고 여겼다. 따라서 에피쿠로스학파는 사람들에게 이런 두려움에서 벗어나야 한다고 가르쳤다.
　행복을 위해서는 욕구를 잘 관리해야 한다. 에피쿠로스학파는 욕구를 음식, 물, 잠과 같은 자연적이고 필수적인 욕구와 부, 명예, 권력, 사치품과 같은 불필요한 욕구로 나누었다. 그리고 필수적인 욕구만 최소한으로 ⓒ충족하고 불필요한 욕구는 ⓒ자제하는 소박한 삶을 살아야 한다고 주장했다. 또한 복잡한 사회생활보다 개인 시간을 중시하고, 가까운 친구들과 함께 지내며 서로 정의롭게 대하는 관계를 ⓔ중시했다.
　이 철학은 중세에는 오해받고 배척당했으나, 르네상스와 계몽주의 시대에 재평가되었다. 특히 근대 경험론과 공리주의는 에피쿠로스학파에서 많은 영향을 받았다.
　에피쿠로스학파의 한계는 지나친 개인주의적 성향을 보인 점과 쾌락을 최고 가치로 삼았다는 것이다. 그러나 단순한 삶과 마음의 평화를 통해 행복을 찾으려는 그들의 가르침은 오늘날에도 여전히 중요한 삶의 지혜로 남아있다.

08 윗글의 중심 내용으로 가장 적절한 것은?

① 에피쿠로스학파는 죽음, 운명에 대한 두려움은 필요악이라고 주장하였다.
② 에피쿠로스학파는 지나친 개인주의적 성향으로 인해 명백한 한계가 있다.
③ 마음의 평화와 고요함을 진정한 행복으로 보는 에피쿠로스학파는 욕구의 절제와 소박한 삶을 강조했다.
④ 신에 대한 두려움을 부정하는 에피쿠로스학파는 중세에 박해받았으나, 르네상스와 계몽주의 시대에 재평가되었다.

09 윗글의 ⊙~ⓔ과 바꿔 쓸 수 있는 유사한 표현으로 적절하지 않은 것은?

① ⊙: 끼어들지　　② ⓒ: 채우고
③ ⓒ: 참는　　　　④ ⓔ: 가늠했다

10 다음 글에서 추론한 것으로 가장 적절한 것은?

> 경기체가와 고려 가요는 비슷한 시기에 창작되었으나, 향유 계층과 표현 방식, 내용 면에서 뚜렷한 차이를 보인다. 이러한 차이는 당시 사회의 계층적 구조와 문화적 분화를 반영하는 중요한 문학사적 현상이다.
> 형식적 측면에서 경기체가는 3-3-4조의 음수율과 3음보 율격을 지니며 분연체로 구성되고 각 연마다 후렴구가 있다. 반면 고려 가요도 3음보의 율격을 가지나 음수율이 자유롭다.
> 표현 수단에서 경기체가는 한자 및 이두 표현이 주를 이루고 의문형 종결 어미를 확신과 단정 기능으로 사용한다. 고려 가요는 순수 우리말 표현이 중심이며 평서형 종결 어미로 정서를 직접 드러낸다.
> 내용 면에서 경기체가는 관념적이고 교술적 성격이 강하며 귀족층의 생활상과 흥취를 노래한다. 예를 들어 「한림별곡」은 고급문화 소재를 열거하며 신흥 사대부의 자긍심을 표현한다. 반면 고려 가요는 하층민의 보편적 정서와 일반 백성들이 공감할 수 있는 상황을 다룬다.
> 향유 계층도 구분되어 경기체가는 한문학에 능한 귀족과 사대부가, 고려 가요는 주로 평민들이 창작하고 향유했다. 경기체가는 조선 시대 가사 문학에 영향을 미쳤으며 철종 11년 민규의 충효가를 마지막으로 그 명맥이 끊어졌다.

① 경기체가의 의문형 종결 어미는 실제로 질문을 던지며 독자와 소통하려는 의도를 담고 있다.
② 경기체가에 사용된 이두 표현은 당시 귀족 계층과 평민 계층의 언어적 소통을 위한 장치였다.
③ 경기체가와 고려 가요는 모두 3음보의 율격을 지니지만, 음수율의 규칙성 여부에서 차이를 보인다.
④ 고려 가요는 경기체가보다 시간적으로 먼저 출현한 문학 갈래로, 향유 계층의 자긍심을 표출한다.

바로 채점하기

| 01 | ③ | 02 | ② | 03 | ④ | 04 | ④ | 05 | ② |
| 06 | ② | 07 | ① | 08 | ③ | 09 | ④ | 10 | ③ |

독해력 UP! 어휘 퀴즈

헷갈리기 쉬운 어휘

[01~06] 다음 중 알맞은 어휘를 고르시오.

01 (자제 / 자재)분께서 아주 장성했습니다.

02 그와 그녀는 영락없는 (쌍둥이 / 쌍동이)처럼 보였다.

03 상 위에 놓인 (장아찌 / 짱아찌)가 먹음직스러워 보인다.

04 병 안에 간장을 붓기 위해 (깔대기 / 깔때기)를 사용하였다.

05 무단횡단을 하던 사람이 자동차에 (받치는 / 받히는) 사고가 있었다.

06 내일이면 그녀를 다시 만날 수 있다는 생각에 마음이 (설렌다 / 설레인다).

바꿔 쓸 수 있는 어휘

[07~12] 밑줄 친 어휘와 바꿔 쓸 수 있는 것을 ㉠~㉥에서 고르시오.

07 감을 말려서 곶감을 만들었다.   ㉠ 정리하다

08 면접을 앞두고 지저분한 머리를 다듬었다.   ㉡ 넉넉하다

09 마을 잔치를 앞두고 음식을 충분하게 준비했다.   ㉢ 상승하다

10 이 식당에서는 전국 팔도의 진미를 즐길 수 있다.   ㉣ 건조하다

11 밤새 간호를 했지만 아이의 체온은 계속 오르고 있었다.   ㉤ 제압하다

12 아랫사람을 힘으로만 누른다면 존중받으며 일을 할 수 없다.   ㉥ 만끽하다

정답 | 01 자제   02 쌍둥이   03 장아찌   04 깔때기   05 받히는   06 설렌다
07 ㉣   08 ㉠   09 ㉡   10 ㉥   11 ㉢   12 ㉤

5일 하프모의고사 05

01 다음 대화를 분석한 내용으로 적절하지 않은 것은?

> 지수: 유명 미술작품이 경매에서 수백억에 팔리는 현상을 어떻게 생각해? 예술의 가치를 순전히 시장 경제 논리로 평가하는 게 맞을까?
>
> 민호: 작품의 가치는 궁극적으로 시장이 결정한다고 봐. 수요와 공급의 원리에 따라 가격이 형성되는 건 자연스러운 현상이야. 그 가격대로 거래된다면 그게 바로 그 작품의 실질적 가치인 셈이지. 결국 예술은 경제적 가치에 의해 결정된다고 생각해.
>
> 하연: 나는 반대야. 예술의 본질적 가치는 미적 경험과 문화적 영향력에 있어. 그러니 단순히 화폐 가치로 환산할 수 없지. 미술 시장의 가격은 투자 가치나 소유욕과 같은 외재적 요소에 의해 왜곡되기 쉽잖아.
>
> 지수: 내 생각도 하연이와 비슷해. 예술 작품의 가치를 단순히 돈으로 측정하는 것은 예술의 본질을 훼손하는 일이야. 게다가 값비싼 작품들이 소수 부유층에 독점되면 예술의 공공성도 위협받게 돼.
>
> 준영: 두 측면을 모두 고려해야 한다고 생각해. 예술은 분명 경제적 가치를 넘어선 문화적 의미가 있어. 하지만 현실적으로 예술가들의 생계와 예술 생태계 유지를 위해선 시장 가치도 불가피하게 인정해야 해. 이상과 현실 사이의 균형이 필요하지 않을까?

① 준영은 예술의 경제적 가치만을 긍정한다는 점에서 민호의 입장을 지지한다.

② 지수는 예술 작품이 소수에게 독점되는 현상에 대하여 부정적인 견해를 드러낸다.

③ 하연과 지수는 예술 작품의 가치가 시장에 의해 결정되는 것을 부정적으로 보는 점에서 견해를 같이한다.

④ 민호는 하연과 달리 작품의 가치가 시장의 수요와 공급 원리에 따라 결정된다고 주장하며 견해를 달리한다.

02 (가)~(다)를 전제로 할 때 빈칸에 들어갈 결론으로 가장 적절한 것은?

> (가) 전산팀이 보안 문제를 해결하거나 시스템이 업데이트 된다.
> (나) 시스템이 업데이트 되면 신규 프로그램이 설치되지 않는다.
> (다) 신규 프로그램이 설치되었다.
> 이를 통해 _____는 것을 알 수 있다.

① 시스템이 업데이트 되었다

② 전산팀이 보안 문제를 해결했다

③ 시스템이 업데이트 되거나 신규 프로그램이 설치되지 않았다

④ 전산팀이 보안 문제를 해결하지 않았고 시스템이 업데이트 되지 않았다

[03~04] 다음 글을 읽고 물음에 답하시오.

A 연구진의 연구에 따르면, 바다거북은 놀라운 항해 능력의 소유자이다. ㉠이들은 수천 킬로미터를 이동하면서도 정확히 자신이 태어난 해변으로 돌아온다. 특히 푸른바다거북은 브라질 해안에서 태어나 아프리카 연안까지 왕복하는 장거리 여행을 한다. ㉡그들은 15년간 여러 해변에서 바다거북의 이동을 위성 추적 장치로 관찰했고 연구를 통해 바다거북이 지구의 자기장을 감지해 위치를 파악한다는 사실을 밝혀냈다.

이에 따라 바다거북의 머리에는 작은 자석 입자들이 있어 나침반처럼 작용한다는 점 역시 밝혀졌다. ㉢이것들은 뇌의 특정 부위와 연결되어 지구 자기장의 미세한 변화도 감지할 수 있게 해준다. 또한 바다거북은 태양의 위치로도 방향을 찾는다. 흐린 날에는 빛의 편광 현상을 감지하여 태양의 위치를 간접적으로 파악하는 것이다. 그뿐만 아니라 ㉣그들의 눈은 바다의 파도 패턴을 인식해 해안선 방향을 파악하는 데에도 중요한 역할을 한다.

더욱 흥미로운 사실은 바다거북이 해수의 화학적 성분 차이도 감지한다는 점이다. 해류들은 지구를 순환하며 각기 다른 온도와 염분 농도를 가진다. 실제로 많은 바다거북이 북대서양 환류와 같은 거대한 해류 시스템을 따라 이동하는 모습이 관찰되었다. ㉤그들은 이러한 발견을 통해 바다거북이 어떻게 여러 감각을 복합적으로 활용하여 광활한 바다에서도 길을 찾는지 설명할 수 있었다. 이런 뛰어난 항해 능력은 수백만 년에 걸친 진화의 산물로, 바다거북 종족의 생존에 핵심적인 역할을 해왔다.

03 윗글에서 추론한 내용으로 가장 적절한 것은?

① 바다거북은 주로 밤에만 이동하여 포식자를 피할 것이다.
② 바다거북은 흐린 날에는 태양의 위치를 파악하지 못할 것이다.
③ 바다거북은 해류의 흐름 변화에 따라 이동 경로를 조정할 것이다.
④ 바다거북은 머리의 자석 입자들이 손상되어도 지구 자기장의 변화를 감지할 수 있을 것이다.

04 문맥상 ㉠~㉤ 중 지시 대상이 같은 것만으로 묶인 것은?

① ㉠, ㉡
② ㉠, ㉣
③ ㉡, ㉢
④ ㉣, ㉤

05 다음 글의 밑줄 친 결론을 이끌어 내기 위해 추가해야 할 것은?

> 금융 시장의 불안정성이 증가하면 중앙은행은 기준 금리를 인상한다. 기준 금리가 인상되거나 정부의 재정 지출이 감소하면 시중 유동성이 감소한다. 따라서 금융 시장의 불안정성이 증가하면 부동산 가격이 하락할 것이다.

① 시중 유동성이 감소하면 부동산 가격이 하락한다.
② 기준 금리가 인상되면 정부의 재정 지출이 감소한다.
③ 정부의 재정 지출이 감소하면 금융 시장의 불안정성이 증가한다.
④ 부동산 가격이 하락하면 금융 시장의 불안정성이 증가하지 않는다.

06 다음 글에서 추론한 내용으로 적절하지 않은 것은?

> 국어의 자음 체계는 조음 위치와 조음 방법에 따라 분류할 수 있다. 조음 위치에 따라 자음은 입술소리(양순음), 혀끝소리(설단음, 치조음), 센입천장소리(경구개음), 여린입천장소리(연구개음), 목청소리(후음)로 나눌 수 있다. 예를 들어, 양순음은 두 입술 사이에서 나는 소리로 'ㅂ, ㅃ, ㅍ, ㅁ'이 해당하고, 치조음은 혀끝이 윗니의 뒷부분이나 윗잇몸에 닿아서 나는 소리로 'ㄷ, ㄸ, ㅌ, ㅅ, ㅆ, ㄴ, ㄹ'이 포함된다. 그 외 'ㅈ, ㅉ, ㅊ'은 경구개음, 'ㄱ, ㄲ, ㅋ, ㅇ'은 연구개음, 'ㅎ'은 후음에 해당한다.
> 조음 방법에 따라 자음은 파열음, 파찰음, 마찰음, 비음, 유음으로 분류된다. 파열음은 허파에서 나오는 공기의 흐름을 일단 막았다가, 그 막은 자리를 터뜨리면서 내는 소리로 'ㅂ, ㅃ, ㅍ, ㄷ, ㄸ, ㅌ, ㄱ, ㄲ, ㅋ'이 여기에 속한다. 파찰음은 허파에서 나오는 공기를 막았다가 서서히 터뜨리면서 마찰을 일으켜 내는, 즉 파열음과 마찰음의 두 가지 성질을 모두 가지고 있는 소리로 'ㅈ, ㅉ, ㅊ'이 여기에 속한다. 마찰음은 입안이나 목청 사이의 통로를 좁히고, 공기를 그 좁은 틈 사이로 내보내 마찰을 일으키면서 내는 소리로 'ㅅ, ㅆ, ㅎ'이 있다. 그 외 'ㄴ, ㅁ, ㅇ'은 비음, 'ㄹ'은 유음에 해당한다.
> 또한 자음은 소리의 세기에 따라 예사소리, 된소리, 거센소리로 나뉜다. 예사소리는 'ㄱ, ㄷ, ㅂ, ㅅ, ㅈ'이고, 된소리는 'ㄲ, ㄸ, ㅃ, ㅆ, ㅉ'이며, 거센소리는 'ㅋ, ㅌ, ㅍ, ㅊ'이다. 예사소리와 비교할 때 된소리는 성대가 긴장되어 발음되며, 거센소리는 숨이 거세게 나오며 발음된다.
> 마지막으로, 목청의 울림 여부에 따라 자음은 울림소리(유성음)와 안울림소리(무성음)로 나뉜다. 발음할 때 목청이 울리는 자음인 'ㄴ, ㄹ, ㅁ, ㅇ'은 유성음에 해당하며, 그 외의 자음은 모두 발음할 때 목청이 울리지 않는 무성음이다.

① '소나기'의 두 번째 자음 'ㄴ'은 치조음이면서 발음할 때 목청이 울리는 소리다.
② '파도'의 두 번째 자음 'ㄷ'은 양순 파열음으로, 공기를 막았다가 터뜨려서 발음한다.
③ '채소'의 첫 자음 'ㅊ'은 경구개음이면서 파열음과 마찰음의 두 가지 성질을 모두 가지고 있다.
④ '바람'의 첫 자음 'ㅂ'은 된소리와 거센소리에 비해 발음할 때 성대가 긴장되거나 숨이 거세게 발음되지 않는다.

[07~08] 다음 글을 읽고 물음에 답하시오.

팬덤이란 특정 인물, 그룹, 작품 등을 열정적으로 좋아하는 사람들의 집단을 의미한다. 팬덤 문화에 대한 학계의 관점은 크게 두 가지로 나뉘어 왔다. 전통적으로는 (가) 팬덤을 수동적 소비자 집단으로 바라보는 관점이 지배적이었다. 이 관점에서는 팬들을 문화 산업이 제공하는 상품을 맹목적으로 소비하는 대중으로 간주했다. 특히 프랑크푸르트 학파로 대표되는 비판적 문화 이론가들은 팬덤을 대중문화 산업의 상업적 전략에 쉽게 포섭되는 수동적 존재로 평가했다. 이들에 따르면 팬덤 활동은 자본주의 체제가 제공하는 대리만족의 한 형태로, 진정한 문화적 주체성을 발휘하지 못하는 한계를 가진다.

그러나 1990년대 이후, (나) 팬덤을 능동적 문화 생산자로 재해석하는 관점이 등장했다. 이 관점은 팬들이 단순히 문화 콘텐츠를 소비하는 데 그치지 않고, 2차 창작물을 만들거나 독자적인 해석 공동체를 형성하는 등 적극적인 문화 참여자로 기능한다고 ⓐ본다. 헨리 젠킨스를 비롯한 학자들은 팬덤이 형성하는 '참여 문화'의 중요성을 강조하며, 팬들의 활동이 새로운 문화적 의미와 가치를 생산한다고 주장했다.

디지털 기술의 발달과 소셜 미디어의 보편화는 이러한 관점 변화에 결정적인 영향을 미쳤다. 과거에는 소수의 마니아 집단에 국한되었던 팬덤 활동이 온라인 공간을 통해 확장되고 가시화되었으며, 팬들은 콘텐츠 생산자와 직접 소통하며 문화 산업의 의사결정 과정에 영향력을 행사하게 되었다. 특히 K-팝 팬덤은 글로벌 차원의 조직적 활동을 통해 문화 콘텐츠의 생산과 유통, 소비 과정 전반에 개입하는 새로운 행위자로 부상했다.

07 윗글의 (가)와 (나)에 대해 평가한 내용으로 가장 적절한 것은?

① 팬들의 소비 활동이 자본주의 시스템 내에서 이루어진다는 사실은 (나)를 강화한다.
② 팬들의 자발적 기부활동이 사회적으로 의미 있는 변화를 이끌어 낸다면 (가)는 강화된다.
③ 미디어 기업들이 팬들의 요구를 콘텐츠 제작에 적극 반영하는 현상이 증가한다면 (나)는 강화된다.
④ 팬덤의 규모가 커질수록 팬덤이 기업의 마케팅 수단으로 전락하는 경향이 있다는 연구 결과는 (나)를 강화한다.

08 문맥상 ⓐ의 의미와 가장 가까운 것은?

① 그는 창밖을 보며 깊은 생각에 잠겼다.
② 그는 새해가 되자 점쟁이에게 운세를 보러 갔다.
③ 우리는 이번 회의에서 어느 정도 진전을 보게 됐다.
④ 나는 그들이 말한 내용이 모두 거짓말이라 보고 있다.

09 다음 글의 ㉠~㉣ 중 어색한 곳을 찾아 가장 적절하게 수정한 것은?

생태계 회복력(resilience)이란 외부의 교란이나 충격에도 불구하고 생태계가 본래의 기능과 구조를 유지하거나 신속하게 회복하는 능력을 의미한다. 지구 온난화, 산업화, 도시화 등으로 인한 생태계 파괴가 가속화되면서 이 개념은 환경 과학과 생태학에서 ㉠부수적인 위치를 차지하게 되었다. 생태학자들은 생태계 회복력이 생물 다양성, 에너지 흐름의 효율성, 영양소 순환의 복잡성 등 다양한 요소에 의해 결정된다고 본다.

특히 생물 다양성과 생태계 회복력 간의 관계는 ㉡명확하게 입증되고 있다. 다양한 생물종이 존재하는 생태계일수록 교란 후 안정 상태로 복귀하는 능력이 뛰어난 것으로 나타난 것이다. 이는 특정 기능을 수행하는 종이 사라지더라도 유사한 기능을 담당할 수 있는 대체 종이 존재하기 때문이다. 예컨대 북미 초원 지대에서 진행된 장기 연구에 따르면, 식물 종의 다양성이 높은 지역이 가뭄과 같은 기후 변화에 더 ㉢저항력이 강한 것으로 나타났다. 이러한 연구 결과는 생태계 보전 정책에 중요한 시사점을 제공한다.

생태계 회복력 강화를 위한 전략으로는 보호구역 설정, 훼손된 서식지 복원, 외래종 관리 등이 있다. 그러나 이러한 전통적 접근법만으로는 급속한 환경 변화에 대응하기 어렵다는 비판도 제기되고 있다. 최근에는 생태계 적응 관리(adaptive management)라는 개념이 주목받고 있는데, 이는 불확실성을 인정하고 지속적인 모니터링과 피드백을 통해 관리 방식을 ㉣유연하게 조정하는 접근법이다. 결국 인간 활동과 자연 생태계의 조화로운 공존을 위해서는 단순한 보전을 넘어 생태계의 역동성과 적응 능력을 고려한 통합적 관점이 필요하다.

① ㉠: 핵심적인
② ㉡: 아직 명확하게 입증되지 못하고 있다
③ ㉢: 취약한
④ ㉣: 일관성 있게 고수하는

10 다음 글을 이해한 내용으로 가장 적절한 것은?

가전이란 사물을 역사적 인물처럼 의인화하여 그 가계와 생애 및 개인적 성품, 공과를 기록하는 전기 형식의 글이다. 이는 인간사의 다양한 문제들을 의인화라는 간접적이고 우회적인 수법으로 비평하고 있기 때문에 강한 풍자성과 비판 의식을 수반한다.

임춘의 「국순전」과 이규보의 「국선생전」은 모두 술을 의인화한 가전으로, 관련 인물과 지명, 서술 방식이 유사하다. 그러나 두 작품은 주제 의식에서 차이가 있다. 「국순전」에서 국순은 임금의 총애를 받으며 향락과 부정을 일삼다가 버림받고 죽음을 맞이하는 부정적 인물형으로 그려진다. 이는 국순의 일생을 통해 간신배들과 방탕한 군주를 비판하고 풍자하려는 작가의 의도를 반영한다.

반면, 「국선생전」의 국성은 임금의 총애가 지나쳐 방종했으나 스스로 물러나 잘못을 뉘우치고 후에 백성과 함께하여 충성을 다하는 긍정적 인물형으로 그려진다. 이는 국성을 충성스러운 절개를 가진 모범적 신하로 형상화함으로써 사회적 교화를 의도한 것이다.

이처럼 두 작품은 모두 술을 소재로 하면서도, 「국순전」은 술의 역기능을, 「국선생전」은 술의 순기능을 강조하는 차이점을 보인다. 이와 같은 고려 가전 문학은 조선 시대에도 계승되어 「수성지」, 「천군연의」, 「천군본기」 등 술을 소재로 한 다양한 작품으로 발전하였다. 이는 사실성과 허구성을 적절히 조화시키면서 당대 사회의 모순을 비판하고, 새로운 가치관과 이상을 제시하는 데 기여했다.

① 가전 문학은 동일한 소재를 다루더라도 작가의 의도에 따라 다양한 주제 의식을 표현할 수 있다.
② 가전 문학은 역사적 인물의 전기를 기록하는 형식으로, 주로 직접적인 사회 비판 의식을 표현한다.
③ 「국순전」과 「국선생전」은 모두 사실과 허구를 조화시켜 표현함으로써 술의 긍정적 기능을 강조하였다.
④ 「국순전」과 「국선생전」 같은 가전 문학은 조선 시대에 계승되었으나, 이전과는 달리 작품의 비판적인 성격은 약화되었다.

독해력 UP! 어휘 퀴즈

헷갈리기 쉬운 어휘

[01~06] 다음 중 알맞은 어휘를 고르시오.

01 충주를 (걷혀 / 거쳐) 서울로 향했다.

02 (윗어른 / 웃어른)을 보면 정중히 인사를 해야 한다.

03 (감색 / 곤색) 정복을 입은 군인들이 줄을 맞춰 서 있다.

04 (매생이 / 메생이)는 칼슘과 철분이 풍부한 녹색 해조류이다.

05 국에 (고추가루 / 고춧가루)를 한 숟가락 넣으니 맛이 더 좋아졌다.

06 이 지역은 처음 와 본 곳이라 목적지를 찾지 못하고 (헤매였다 / 헤맸다).

바꿔 쓸 수 있는 어휘

[07~12] 밑줄 친 어휘와 바꿔 쓸 수 있는 것을 ㉠~㉥에서 고르시오.

07 이 고속도로는 부산으로 <u>통한다</u>.	㉠ 섭취하다
08 휴대전화를 책으로 <u>덮었지만</u> 소리가 울렸다.	㉡ 연결되다
09 음식을 골고루 <u>먹는</u> 것이 건강에 도움이 된다.	㉢ 질문하다
10 강대국은 무력을 사용해 약소국을 <u>지배하고</u> 있었다.	㉣ 가리다
11 범죄 연루 의혹에 관해 <u>물어보려는</u> 기자들이 몰려들었다.	㉤ 표현하다
12 예술가는 자신이 느낀 바를 작품을 통해 <u>나타내려고</u> 노력한다.	㉥ 통제하다

정답 | 01 거쳐 02 웃어른 03 감색 04 매생이 05 고춧가루 06 헤맸다
07 ㉡ 08 ㉣ 09 ㉠ 10 ㉥ 11 ㉢ 12 ㉤

01 다음 글에서 추론한 것으로 가장 적절한 것은?

기후 변화 영향을 이해하는 핵심 개념 중 하나인 '임계점'(tipping point)은 생태계나 기후 시스템이 작은 변화에도 갑자기 돌이킬 수 없는 큰 변화를 겪게 되는 지점을 말한다. 다양한 생태계와 기후 시스템은 특정 범위 내의 변화에 적응할 수 있는 회복력을 가지고 있지만, 그 범위를 넘어서면 원래 상태로 돌아갈 수 없는 급격한 변화가 일어날 수 있다. 예를 들어, 북극 해빙은 태양열 대부분을 반사하지만, 해빙이 녹으면 노출된 바다가 열을 더 많이 흡수하게 되어 온난화가 가속화된다. 이는 더 많은 해빙을 녹이는 양의 피드백 효과를 일으킨다.

임계점 현상은 단일 사건으로 발생하는 것이 아니라, 여러 임계점이 서로 영향을 주고받는 '카스케이드 효과'를 통해 발생할 수 있다. 예를 들어, 북극 해빙의 감소는 그린란드 빙하 용해를 가속할 수 있고, 이는 북대서양 해류에 영향을 미칠 수 있다. 따라서 하나의 임계점을 넘으면 다른 임계점들도 연쇄적으로 초과하게 될 위험이 있다.

임계점을 정확히 예측하는 것은 어렵지만, 과학자들은 관측 데이터와 모델링을 통해 위험 신호를 식별하려고 노력한다. 예방적 접근법에 따라, 임계점 현상이 일어날 가능성이 작더라도 그 영향이 심각하다면 사전에 대응 조치를 취하는 것이 중요하다. 이는 온실가스 배출 감소와 같은 완화 전략뿐만 아니라, 임계점을 넘었을 때의 영향에 대비하는 적응 전략도 포함한다.

① 임계점 연구의 주된 목적은 기후 변화의 자연적 회복 가능성을 입증하는 데 있다.
② 온난화로 인한 변화는 완만하고 예측 가능하며, 임계점에 도달하는 시점을 확정할 수 있다.
③ 하나의 기후 시스템이 임계점을 넘으면 다른 시스템에도 연쇄적으로 효과를 일으킬 수 있다.
④ 온실가스 감축만으로 모든 임계점 현상을 예방할 수 있으므로 사전적인 조치만이 요구되고 있다.

02 다음 대화의 (가)에 들어갈 말로 적절한 것은?

갑: 이 대회에 참석한 사람은 작곡 전공자이거나 연주 전공자야. 그리고 연주 전공자라면 전공 입증 자료를 제출해야 하고, 전공 입증 자료를 제출한 사람은 모두 테스트 무대에서 공연을 해야 해. 따라서 작곡 전공자이거나 연주 전공자이면 테스트 무대에서 공연을 해야 해.

을: 네 주장은 논리적으로 불완전해. "작곡 전공자이거나 연주 전공자이면 테스트 무대에서 공연을 해야 해."라는 결론을 도출하려면 " (가) "라는 전제가 추가되어야 해.

① 작곡 전공자는 모두 테스트 무대에서 공연을 해야 한다.
② 테스트 무대에서 공연한 사람 중 일부는 연주 전공자이다.
③ 전공 입증 자료를 제출하지 않은 사람은 작곡 전공자이다.
④ 작곡 전공자가 아닌 사람은 전공 입증 자료를 제출하지 않는다.

03 〈개요〉의 빈칸에 들어갈 내용으로 적절하지 않은 것은?

〈지침〉
- 서론은 중심 소재의 개념과 필요성을 각각 1개의 장으로 작성할 것.
- 본론은 상위 항목의 하위 내용으로 구성하되, 각 장의 하위 항목끼리 대응하도록 작성할 것.
- 결론은 본론의 내용을 요약하여 정리할 것.

〈개요〉
- 제목: 디지털 헬스케어의 현재와 발전 방향
Ⅰ. 서론
  1. 디지털 헬스케어의 정의와 등장 배경
  2. ㉠
Ⅱ. 디지털 헬스케어의 현재와 한계
  1. 개인 건강관리 웨어러블 기기와 모바일 앱의 정확성 및 지속성 문제
  2. ㉡
  3. 인공지능 활용이 시도되는 의료 빅데이터의 표준화 미흡 및 보안 취약성
Ⅲ. 디지털 헬스케어의 미래 발전 방향
  1. 웨어러블 기술의 정확성 향상과 지속가능한 건강관리 솔루션 개발
  2. 원격 의료의 법적 기반 마련과 접근성 향상 기술 개발
  3. ㉢
Ⅳ. 결론
  ㉣

① ㉠: 의료 패러다임 변화와 디지털 헬스케어의 중요성
② ㉡: 비대면 진료 서비스로 확대되는 원격의료 시스템의 법적·기술적 제약 존재
③ ㉢: 의료 빅데이터의 표준화 체계 구축과 보안 강화 전략
④ ㉣: 인공지능 기술 접목을 통한 디지털 헬스케어의 한계 극복 가능성

04 다음 글에서 추론한 내용으로 가장 적절한 것은?

합성어는 둘 이상의 어근이 결합하여 만들어진 단어를 말한다. 합성어를 형성 방법에 따라 분류하면 통사적 합성어와 비통사적 합성어로 나눌 수 있다. 통사적 합성어는 우리말의 일반적인 단어 배열법과 일치하는 합성어를 말한다. 예를 들어 '명사 + 명사' 형태의 '김치찌개', '논밭', '관형어 + 명사' 형태의 '길짐승', '새해', '주어 + 서술어' 형태의 '맛있다', '빛나다'가 이에 해당한다. 또한 '어간 + 연결 어미 + 용언' 형태로 만들어진 '가져오다', '들어가다', '알아보다'와 같은 합성어도 통사적 합성어이다.

반면, 비통사적 합성어는 우리말의 일반적인 단어 배열법과 일치하지 않는 합성어를 말한다. '어간 + 명사' 형태의 '늦잠', '덮밥'이나 '어간 + 연결 어미 + 명사' 형태의 '섞어찌개' 등이 여기에 포함된다. 특히 우리말에서는 용언의 어간이 용언에 직접 결합하는 경우가 많은데, '어간 + 용언' 형태의 '검붉다', '굳세다', '여닫다', '오가다'와 같은 합성어는 연결 어미가 생략되었기 때문에 비통사적 합성어로 분류된다. 이처럼 합성어를 이해하면 우리말의 단어 형성 원리를 더 깊이 이해할 수 있으며, 새로운 단어를 만들어낼 때도 이러한 원리를 활용할 수 있다.

① '나가다'는 어간 '나-'와 용언 '가다'가 직접 결합한 형태이므로 통사적 합성어로 볼 수 있다.
② '밥그릇'과 '꺾쇠'는 모두 '명사 + 명사'의 형태로 결합하였으므로 통사적 합성어로 볼 수 있다.
③ '씻어바르다'와 '접칼'은 모두 우리말의 일반적인 단어 배열법과 일치하지 않는 비통사적 합성어로 분류된다.
④ '굳세다'와 '붉어지다'는 모두 단어 내에 어간과 용언이 존재하지만, '굳세다'는 비통사적 합성어이고 '붉어지다'는 통사적 합성어이다.

[05~06] 다음 글을 읽고 물음에 답하시오.

번역은 오랫동안 단순한 기술적 행위로 여겨져 왔으나, 20세기 중반 이후 번역학이 독립 학문으로 발전하면서 번역에 대한 이해는 다층적으로 변화했다. 번역학자들은 크게 두 가지 상반된 관점에서 번역의 본질을 탐구해 왔다.

원문 중심주의 관점은 (가) 원문의 의미와 형식에 최대한 충실한 번역을 이상적으로 간주한다. 이 관점에서 번역자의 역할은 원작자의 의도와 표현을 왜곡 없이 전달하는 투명한 매개자에 ⓐ 가깝다. 벤야민과 같은 이론가들은 원문의 언어적 특성, 문체, 리듬, 구문적 특성까지도 최대한 보존해야 한다고 주장했다.

반면 독자 중심주의 관점은 번역문이 목표 언어권 독자들에게 자연스럽고 이해하기 쉬워야 한다고 강조한다. 나이다와 같은 학자들은 번역의 궁극적 목표가 형식적 일치보다는 역동적 등가에 있다고 주장했다. 즉, 번역문은 원문이 원래 독자에게 주었던 것과 동등한 효과를 목표 언어권 독자들에게 제공해야 한다는 것이다.

이런 논쟁 속에서 문화적 맥락과 권력 관계가 번역 과정에 결정적 영향을 미친다는 주장이 1990년대부터 강력하게 제기되었다. 이 관점에서는 번역을 단순한 언어 간 전환이 아닌 문화적, 정치적 행위로 본다. 번역은 항상 특정 시대와 사회의 이데올로기적 틀 안에서 이루어지며, 번역자는 자신이 속한 문화와 시대의 가치관을 번역 과정에 반영한다는 것이다. 예를 들어, 식민지 시대의 번역은 종종 피지배 문화를 지배 문화의 관점에서 재해석하고 변형하는 과정이었다. 이러한 문화적 관점은 번역이 문화 간 권력 불균형을 강화하거나 저항하는 수단이 될 수 있음을 강조하며, 번역자의 윤리적 책임과 정치적 입장에 대한 새로운 논의를 촉발시켰다.

05 윗글의 (가)를 약화하는 것으로 가장 적절한 것은?

① 고전 문학 작품의 번역에서 원문의 운율과 리듬을 정확히 재현하는 번역이 원작자의 의도를 잘 보존하는 데 중요하다는 연구 결과가 발표되었다.
② 기업이 제품을 수출할 때 제품명이나 마케팅 문구를 현지화하지 않고 원문의 의미 그대로 번역해 수출할 때 현지 판매량이 높다는 결과가 밝혀졌다.
③ 여러 나라에 동시 출간되는 소설을 번역할 때 원문의 내용을 그대로 번역한 결과, 세계 각국의 독자들로부터 소설 속 문화적 요소에 공감하기 어렵다는 항의가 쏟아졌다.
④ 최근 전문 번역가들이 사용하는 번역 소프트웨어는 원문의 언어적 특성을 보존하는 것에 초점을 맞추어 개발되어, 언어 간 형식적 동등성을 높이는 데 기여하고 있음이 밝혀졌다.

06 문맥상 ⓐ의 의미와 가장 가까운 것은?

① 가까운 마트에 장을 보러 갔다.
② 나는 외할머니와 아주 가깝게 지낸다.
③ 출발 시간이 가까워져 모두가 긴장했다.
④ 그의 태도는 무례함보다는 솔직함에 가깝다.

07 다음 글의 핵심 논지로 가장 적절한 것은?

대중문화는 대중매체를 통해 널리 전파되어 많은 사람들이 쉽게 접하고 즐기는 문화를 말한다. 현대 사회에서 대중문화는 TV, 라디오, 인터넷, SNS 등 다양한 매체를 통해 빠르게 확산되며 사람들의 일상생활에 큰 영향을 미치고 있다.

대중문화의 특징 중 하나는 상품화와 소비 지향성이다. 대중문화는 기업의 이윤 추구와 결합되어 있어 소비자들의 구매력을 자극하는 방향으로 발전하는 경향이 있다. 대중음악, 영화, 드라마 등은 단순한 문화 콘텐츠가 아니라 관련 상품 판매, 광고 등과 연계된 산업의 한 축을 이루고 있다. 또한 대중문화는 미디어의 영향을 크게 받는다. 특히 소셜 미디어의 발달로 개인이 문화 생산과 소비에 직접 참여할 수 있게 되면서, 대중문화의 생산과 유통 방식이 변화하고 있다. 일반인들도 유튜브나 인스타그램 같은 플랫폼을 통해 자신만의 콘텐츠를 제작하고 공유할 수 있게 되었고, 이를 통해 새로운 형태의 유명인(인플루언서)이 등장하기도 한다.

그러나 대중문화가 지나치게 상업적으로 변질되거나 획일화된 가치관을 전파할 경우, 문화적 다양성이 감소하고 비판적 사고가 약화될 우려도 있다. 따라서 대중문화를 무조건 수용하기보다는 비판적으로 해석하고 평가하는 매체 이해력이 현대 사회에서 중요해지고 있다. 다양한 대중문화에 대한 균형 잡힌 시각을 가지고, 그 안에 담긴 메시지와 가치를 비판적으로 분석할 수 있어야 한다. 이를 통해 대중문화가 가진 창의성과 다양성을 향유하면서도, 그것이 사회에 미치는 영향을 폭넓게 이해할 수 있게 된다.

① 대중문화는 대중매체와 결합되어 확산 속도가 느려진다.
② 대중문화는 산업과 무관하게 자율적 예술로서 기능한다.
③ 대중문화의 상품성과 미디어 영향력을 비판적으로 바라볼 필요가 있다.
④ 대중문화는 항상 긍정적인 가치만을 전달하므로 적극적으로 수용해야 한다.

08 다음 진술이 모두 참일 때 반드시 참인 것은?

○ 지식을 많이 습득하면 문제 해결 능력이 향상된다.
○ 독서를 많이 하면 창의적 사고가 증진된다.
○ 지식을 많이 습득하고 독서를 많이 한다.

① 지식을 많이 습득하지 않는다.
② 창의적 사고가 증진되지 않는다.
③ 문제 해결 능력이 향상되고 창의적 사고가 증진된다.
④ 문제 해결 능력은 향상되고 창의적 사고는 증진되지 않는다.

[09~10] 다음 글을 읽고 물음에 답하시오.

젠트리피케이션은 낙후된 도심 지역이 예술가들의 유입으로 문화적 활력을 얻은 후, 상업화되면서 원주민과 초기 예술가들이 떠나게 되는 현상이다. 이 현상은 일반적으로 세 단계로 진행된다. 첫 단계에서는 저렴한 임대료를 찾아 예술가들이 쇠퇴한 지역으로 ㉠유입된다. 두 번째 단계에서는 이 지역이 인기 있는 장소로 ㉡인식되며 상업적 투자가 확대된다. 마지막 단계에서는 임대료가 급등하면서 초기 예술가들과 원주민들이 더 저렴한 지역으로 이주하게 된다.

일부 연구자들은 젠트리피케이션이 도시 재생과 경제적, 문화적 활력을 가져온다고 주장한다. 버려진 건물들이 재활용되고, 지역 세수가 증가하며, 범죄율이 감소하는 효과가 있다. 그러나 비판적 시각에서는 젠트리피케이션이 사회적 불평등을 심화시키고 지역사회의 정체성을 훼손할 것이라고 ㉢전망한다. 거주민들은 자신들이 오랫동안 살아온 지역에서 더 이상 살 수 없게 된다는 것이다.

최근에는 이러한 부정적 영향을 최소화하기 위한 '젠트리피케이션 방지 정책'이 다양하게 시도되고 있다. 임대료 상승을 제한하는 법적 장치, 장기 거주민을 위한 주택 보조금, 소규모 상인들을 위한 임대 계약 보호 등의 정책이 그것이다. 일부 도시에서는 지역 주민들이 ㉣참여하는 '공동체 토지 신탁'을 통해 부동산 가격 상승에도 불구하고 저렴한 주거와 상업 공간을 유지하려는 노력을 기울이고 있다.

이처럼 젠트리피케이션은 단순한 도시 변화 현상이 아니라, 문화적 창의성, 경제적 이익, 사회적 형평성이 복잡하게 얽힌 도시 정책의 중요한 과제로 (가)여겨지고 있다.

09 윗글에서 추론한 내용으로 가장 적절한 것은?

① 젠트리피케이션은 상업적 투자의 확대로 유입되는 예술가들에 의해 시작된다.
② 젠트리피케이션 방지 정책은 도시의 자연스러운 발전을 저해하므로 지양해야 한다.
③ 젠트리피케이션은 문화적 활력과 사회적 형평성 사이의 균형 문제를 내포하고 있다.
④ 도시 정책은 젠트리피케이션을 통한 경제적 이익을 극대화하는 방향으로 수립되어야 한다.

10 윗글의 ㉠~㉣ 중 문맥상 (가)의 의미와 가장 가까운 것은?

① ㉠
② ㉡
③ ㉢
④ ㉣

독해력 UP! 어휘 퀴즈

헷갈리기 쉬운 어휘

[01~06] 다음 중 알맞은 어휘를 고르시오.

01 규정을 어겨 (위촉 / 해촉) 통보를 받았다.

02 그는 상사에게 (두터운 / 두꺼운) 믿음을 받고 있다.

03 이 꽃게는 배에서 잡자마자 (급랭 / 급냉)하여 신선하다.

04 (인두껍 / 인두겁)을 쓰고 어찌 그런 일을 할 수 있겠는가?

05 그는 신입답지 않은 패기로 팀에서 (한몫 / 한목)을 톡톡히 해냈다.

06 오랜 시간이 흘렀음을 증명하듯 편지봉투는 다 (헤어져 / 해어져) 있었다.

바꿔 쓸 수 있는 어휘

[07~12] 밑줄 친 어휘와 바꿔 쓸 수 있는 것을 ㉠~㉥에서 고르시오.

07 나는 우표를 <u>모으는</u> 취미가 있다.　　　　　　　　　㉠ 대기하다

08 작년에 비해 올해 매출액이 두 배나 <u>늘었다</u>.　　　　㉡ 증가하다

09 산사태 경보가 <u>풀려야</u> 도로를 이용할 수 있다.　　　㉢ 해제되다

10 이름이 호명되기 전까지 이곳에서 <u>기다리시면</u> 됩니다.　㉣ 신뢰하다

11 사람들이 비로소 경계를 풀고 나를 완전히 <u>믿게</u> 되었다.　㉤ 수집하다

12 서구 열강들은 조선의 철도 부설권을 <u>얻기</u> 위해 경쟁했다.　㉥ 획득하다

정답 | 01 해촉 02 두터운 03 급랭 04 인두겁 05 한몫 06 해어져
　　　　07 ㉤ 08 ㉡ 09 ㉢ 10 ㉠ 11 ㉣ 12 ㉥

7일 하프모의고사 07

제한 시간 10분 타이머를 맞추고 시작하세요.
맞은 개수: _____ 개 / 10개

01 〈공공언어 바로 쓰기 원칙〉에 따라 〈공문서〉의 ㉠~㉣을 수정한 것으로 적절하지 않은 것은?

〈공공언어 바로 쓰기 원칙〉
○ 생소한 외래어는 우리말로 다듬을 것.
○ 주어와 서술어의 호응을 명확히 할 것.
○ 문맥에 맞는 정확한 용어를 사용할 것.
○ 지나친 명사 나열을 피하고 적절한 조사를 활용할 것.

〈공문서〉
국립교육원

수신 수신처 참조
제목 교육 환경 ㉠<u>퍼포먼스 인디케이터</u> 결과 보고

1. 귀 기관의 발전을 기원합니다.
2. 본 교육원에서는 교육 현장 ㉡<u>개선 방안을 연구되었습니다.</u>
3. 이번 조사는 전문 기관에 ㉢<u>의뢰하여</u> 진행하였으며, 이를 통해 ㉣<u>학교 시설 현대화 기반 마련하고</u> 학습 환경이 향상되기를 기대합니다.

① ㉠: 성과 지표
② ㉡: 개선 방안을 연구했습니다
③ ㉢: 수주하여
④ ㉣: 학교 시설의 현대화 기반을 마련하고

02 다음 글의 (가)와 (나)에 들어갈 말을 적절하게 나열한 것은?

국어의 문법 범주 중 하나인 시제는 발화시를 기준으로 사건시의 선후 관계를 나타내는 문법 요소이다. 시제는 크게 과거, 현재, 미래로 나뉘며, 국어에서는 선어말 어미나 관형사형 어미 등을 통해 표현된다. 그러나 시간 표현은 시제뿐만 아니라 동작상(動作相)이라는 문법 범주를 통해서도 실현된다.

동작상은 시간의 흐름 속에서 동작이 진행되고 있는지, 완료되었는지에 따라 나타난다. 이때 국어에서 '-고 있다'와 같은 표현은 동작이 진행 중임을 표현하는데, 이처럼 동작이 이루어지고 있음을 나타내는 상을 (가) 이라고 한다. 예를 들어 "그는 지금 책을 읽고 있다."에서 '-고 있다'는 독서가 진행 중임을 의미하는 표지이다.

또 다른 동작상으로는 동작이 이미 종료되어 그 결과 상태가 지속됨을 표현하는 (나) 이 있다. 국어에서는 '-아/-어 있다'와 같은 표현이 이러한 상을 나타낸다. 예를 들어 "창문이 열려 있다."에서 '-어 있다'는 창문이 열리는 동작이 완료되고 그 결과로 열린 상태가 지속됨을 나타낸다. 이는 사건의 결과적 상태에 초점을 맞추기 때문에 상태 지속의 의미를 함축한다.

	(가)	(나)
①	진행상	완료상
②	진행상	예정상
③	완료상	예정상
④	동작상	진행상

03 다음 글을 이해한 내용으로 가장 적절한 것은?

광복 이후 우리 문학계는 해방의 기쁨과 함께 새로운 민족 문학을 건설하려는 열망이 넘쳤다. 그러나 민족 문학 건설의 방향에 대해서는 좌익과 우익 진영 간의 이념적 갈등이 첨예하게 대립하였다. 이러한 갈등은 일제 강점기에 계급 이념 문학을 주도했던 임화 중심의 '조선 문학가 동맹'과 민족주의 이념을 내세운 박종화, 김동리 중심의 '전조선 문필가 협회'의 대립으로 표면화되었다.

'조선 문학가 동맹'은 해방 전 카프(KAPF)* 계열 작가들이 주축이 되어 결성한 단체로, 사회주의 이념에 기반한 문학 활동을 전개하였다. 이들은 프로 문학의 전통을 계승하여 문학의 계급성과 이념성을 강조했으며, 문학의 정치적 역할을 중시하였다. 반면 '전조선 문필가 협회'는 순수 문학의 가치를 옹호하며 민족의 정체성과 전통을 중시하는 문학을 추구하였다.

이러한 대립은 1947년 정치적 선택에 따라 '조선 문학가 동맹' 작가들이 대거 월북함으로써 표면적으로 종료되었다. 그러나 이는 우리 문학사에 깊은 상처를 남겼으며, 이후 분단의 고착화와 더불어 남과 북에 이질적인 문학사가 공존하게 되는 원인이 되었다. 월북 작가들 중에는 이태준, 한설야 등 뛰어난 문인들이 많았는데, 이들의 작품은 오랫동안 남한에서 금지되었다가 1988년 이후 해금되었다.

이 시기 남한에 남은 작가들은 혼란스러운 현실을 직시하며 일제 강점기의 상처를 극복하고 민족 정체성을 회복하기 위한 문학을 모색하였다. 채만식은 「민족의 죄인」, 「논 이야기」 등을 통해 해방 공간의 혼란과 친일 행위에 대한 반성을 그렸으며, 염상섭은 「삼팔선」, 「이합」 등에서 분단 현실을 예리하게 포착하였다.

* 카프(KAPF): 1925년 8월에 박영희, 김기진, 이기영 등 주로 신경향파 작가가 중심이 되어 조직한 문학 단체

① 조선 문학가 동맹 작가들의 월북은 남북 문학사가 이질적으로 존재하는 계기가 되었다.
② 광복 이후 문학계의 이념적 대립은 일제 강점기 문단 갈등과는 무관하게 새롭게 형성되었다.
③ 남한에 남은 작가들은 주로 순수 예술성만을 추구하며 현실 문제에서 벗어난 작품을 창작하였다.
④ 조선 문학가 동맹과 전조선 문필가 협회는 민족 문학 건설의 방향에 대해 상호 협력적 관계를 유지했다.

04 (가)~(라)를 전제로 할 때 빈칸에 들어갈 결론으로 가장 적절한 것은?

(가) 영희와 철수 중 적어도 한 명은 수학 경시대회에 참가한다.
(나) 철수가 수학 경시대회에 참가하면, 민호가 과학 실험을 한다.
(다) 민호가 과학 실험을 하면, 지혜가 역사 에세이를 제출한다.
(라) 지혜가 역사 에세이를 제출하지 않는다.
따라서 ☐

① 민호가 과학 실험을 한다.
② 지혜가 역사 에세이를 제출한다.
③ 영희가 수학 경시대회에 참가한다.
④ 철수가 수학 경시대회에 참가한다.

05 다음 진술이 모두 참일 때 반드시 참인 것은?

○ 경기에서 승리하면, 상금을 받거나 랭킹 포인트가 상승한다.
○ 상금을 받으면, 기부 행사에 참여한다.
○ 기부 행사에 참여하지 않았다.
○ 이번 경기에서 승리했다.

① 기부 행사에 참여하면 상금을 받는다.
② 랭킹 포인트가 상승했고 상금은 받지 않았다.
③ 상금을 받았으나 기부 행사에는 참여하지 않았다.
④ 기부 행사에 참여하지 않으면 경기에서 승리하지 못한다.

[06~07] 다음 글을 읽고 물음에 답하시오.

'세계 음악(World Music)'이라는 용어가 1987년 런던에서 마케팅 목적으로 처음 등장한 이래, 이 개념의 경계와 범주에 대한 논쟁이 계속되고 있다. 어떤 음악 비평가는 서구의 상업적 음악 산업이 비서구 문화권의 음악에 붙인 편의적 라벨에 불과하다며 세계 음악이라는 분류 자체를 비판한 반면, 어떤 음악인류학자는 세계 음악은 글로벌 시대의 문화적 교류를 반영하는 중요한 음악적 현상이라며 그 가치를 인정하는 입장을 취했다.

이러한 논쟁 속에서 세계 음악을 분류하는 두 가지 주요 접근법이 발전했다. 첫째는 (가)본질주의적 접근으로, 특정 지역이나 민족의 고유한 전통과 정체성이 명확히 드러나는 음악만을 세계 음악으로 인정한다. 이 관점에서는 상업적으로 변형되거나 서구 음악과 융합된 형태는 진정한 세계 음악이 아니라고 본다. 두 번째는 (나)혼종주의적 접근으로, 전통과 현대, 동양과 서양, 지역과 글로벌의 경계를 넘나드는 다양한 음악적 실험과 융합을 포괄하는 확장된 개념을 지지한다.

음악 산업에서는 대체로 혼종주의적 접근이 우세하지만, 학술적 논의에서는 두 접근법 사이의 균형을 모색하는 움직임이 있다. 음악학자들은 세계 음악을 ㉠핵심적 세계 음악과 ㉡파생적 세계 음악으로 구분하는 방식을 제안한다. 여기서 ㉢전자는 특정 문화권의 전통적 요소가 중심이 되는 음악을, ㉣후자는 다양한 문화적 요소가 융합된 형태의 음악을 지칭한다.

그러나 무엇이 핵심적이고 무엇이 파생적인지 구분하는 기준은 학자마다 다르다. 일부는 악기와 연주 방식의 원형성을 기준으로 삼아, 전통 악기와 전통적 연주법을 고수하는 음악은 ㉤전자로, 현대적 기술이나 서구 악기를 활용한 음악은 ㉥후자로 분류한다. 또 다른 학자들은 음악의 사회적 맥락을 중시해, 공동체 의례나 문화적 행사에서 연행되는 음악은 핵심적 세계 음악으로, 상업적 목적이나 글로벌 청중을 위해 변형된 음악은 파생적 세계 음악으로 구분한다.

06 윗글의 (가)와 (나)의 주장에 대해 평가한 내용으로 적절하지 않은 것은?

① 세계 음악의 정의를 '문화적 정체성을 표현하는 모든 형태의 비주류 음악'으로 확장하면 (가)의 주장은 약화된다.
② 세계 음악의 진정한 가치는 전통 음악 원형의 보존에 있다는 음악 전문가의 주장이 제기된다면 (나)의 주장은 약화된다.
③ 여러 문화권 음악가들의 공동 작업이 새로운 음악적 가치를 창출하는 등 긍정적 영향을 미쳤다면 (나)의 주장은 강화된다.
④ 음악 교육과정이 세계 음악으로서 전통적 형태의 음악이 아닌 융합된 형태의 음악을 가르치도록 개정되었다면 (가)의 주장은 강화된다.

07 윗글의 ㉠~㉥ 중 지시하는 바가 같은 것끼리 짝지은 것은?

① ㉠, ㉥
② ㉡, ㉢
③ ㉠, ㉣, ㉤
④ ㉡, ㉣, ㉥

[08~09] 다음 글을 읽고 물음에 답하시오.

현대 디지털 시대의 데이터 관리는 정보의 양과 처리 방식에 따라 다양하게 발전해왔다. 컴퓨팅 기술이 발달하면서 데이터는 단순히 저장되는 것을 넘어 여러 형태로 ㉠변환되고 다양한 플랫폼 간에 이동하게 되었다. 또한 대용량 데이터를 효과적으로 다루기 위해 개발자들은 데이터를 적절한 형식으로 ㉡구조화하는 작업을 수행하였다. 이는 데이터베이스 관리 시스템의 핵심 기능이 되었으며, 이를 통해 방대한 정보를 체계적으로 관리할 수 있게 되었다.

클라우드 컴퓨팅의 등장은 물리적 공간의 제약을 벗어나 네트워크를 통해 데이터를 자유롭게 ㉢전송하는 것을 가능하게 만들었다. 기업들은 중요한 정보를 여러 서버에 분산하여 ㉣복제함으로써 데이터 손실 위험을 최소화한다. 이러한 백업 시스템은 재해 복구 계획의 필수 요소가 되었다.

한편, 빅데이터 분석을 위해서는 다양한 출처의 데이터를 하나의 플랫폼으로 (가)보내는 과정이 필요하다. 이 과정에서 데이터의 무결성을 유지하는 것이 중요한 과제로 부각되었다. 다양한 출처의 데이터를 통합할 때 서로 다른 형식과 구조를 가진 데이터들 사이에서 일관성을 유지하는 것이 중요하므로, 이들 데이터를 공통된 규격과 형식으로 정규화하는 작업이 앞으로 더욱 중요해질 전망이다.

인공지능과 머신러닝 기술의 발전은 데이터 관리 방식에도 혁명적 변화를 가져왔다. 알고리즘이 자동으로 데이터를 분류하고 패턴을 찾아내면서, 인간의 개입 없이도 데이터를 효율적으로 처리할 수 있게 되었다. 이는 예측 분석과 의사결정 지원 시스템의 발전을 이끌었으며, 스마트 시티와 같은 복잡한 시스템에서 실시간 데이터 처리를 가능하게 했다. 그러나 이러한 기술의 발전은 개인정보 보호와 데이터 보안이라는 새로운 과제를 제기하고 있다.

08 윗글에서 추론한 내용으로 가장 적절한 것은?

① 다양한 출처의 데이터를 통합하는 과정에서 데이터 표준화의 필요성이 더욱 증가할 것이다.
② 클라우드 컴퓨팅의 보급으로 기업들은 데이터 백업 시스템을 구축할 필요성이 줄어들 것이다.
③ 인공지능 기술의 발전으로 데이터 보안 문제는 자동화된 시스템에 의해 완전히 해결될 것이다.
④ 빅데이터 분석 기술이 발전할수록 데이터의 무결성보다는 데이터 처리 속도가 중요해질 것이다.

09 윗글의 ㉠~㉣ 중 문맥상 (가)의 의미와 가장 가까운 것은?

① ㉠　　　　　　　② ㉡
③ ㉢　　　　　　　④ ㉣

10 다음 글의 ㉠~㉢ 중 적절하게 수정하지 않은 것은?

인간과 동물의 가장 큰 차이점 중 하나는 문자 언어의 사용이다. 사람들은 흔히 말을 할 수 있다는 점을 인간만의 특별한 능력으로 여기지만, 사실 인류가 문명을 이룩할 수 있었던 진짜 이유는 문자 언어 덕분이다. 문자가 생기기 전에는 사람들이 지식과 경험을 기억에 의존해서 전달해야 했다. 그러나 문자가 생기면서 시간과 공간의 제약을 넘어서 지식을 자유롭게 공유하고 후대에 전할 수 있게 되었다. 또한 모든 것을 기억해야 하는 부담에서 벗어나, 인간은 더 깊이 사고하고 복잡한 문제를 ㉠즉흥적으로 말하거나 전달하는 데 집중할 수 있었다. 고차원적인 사고 역시 문자의 도움으로 가능해진 것이다.

인류 역사상 가장 오래된 문자 기록은 수메르 문명의 쐐기 문자다. 이 문자는 진흙 판에 갈대로 새겨 넣은 형태였으며, 인류 최초의 문자 체계 중 하나로 여겨진다. 이후 이집트의 상형 문자, 그리스의 알파벳 등을 거치며 문자는 계속 발전했다. 이러한 문자의 발전은 ㉡인류가 지식을 보다 체계적으로 쌓고 분석하며, 새롭게 확장해 나가는 데 큰 역할을 했다. 인간은 문자를 통해 축적된 지식을 바탕으로 다음 세대로 나아가며, ㉢문자 사용을 포기하게 된 것이다. 그 결과 인간은 복잡한 사회 구조와 문화를 만들어 낼 수 있었고, ㉣동물과의 생물학적 유사성을 바탕으로 문명사회를 형성했다.

① ㉠: 생각할 수 있는 여유를 가질 수 있었다
② ㉡: 인류가 문자보다 구술을 통해 지식을 저장해 왔다고 설명했다
③ ㉢: 지금의 문명사회로 진입하게 된 것이다
④ ㉣: 문자를 바탕으로 문명사회를 형성했다

독해력 UP! 어휘 퀴즈

헷갈리기 쉬운 어휘

[01~06] 다음 중 알맞은 어휘를 고르시오.

01 (쌉살한 / 쌉쌀한) 녹차로 목을 축였다.

02 나는 (가랭이 / 가랑이)가 넓은 바지를 즐겨 입는다.

03 여름에 쓰레기를 방치하면 반드시 쓰레기에 파리가 (꾄다 / 꼬인다).

04 하루 종일 가만히 있기가 (맛쩍어 / 맛적어) 자리를 박차고 일어났다.

05 처리해야 할 일이 많은데 일손이 현저히 (모자른 / 모자란) 상황이다.

06 그는 아무 말도 하지 않고 그저 (가만히 / 가만이) 나를 응시할 뿐이었다.

바꿔 쓸 수 있는 어휘

[07~12] 밑줄 친 어휘와 바꿔 쓸 수 있는 것을 ㉠~㉥에서 고르시오.

07 튀어나온 돌을 보지 못하고 부딪혔다.　　　　　　　　　　　　　　㉠ 상실하다

08 나는 사고로 인해 모든 기억을 잃어버렸다.　　　　　　　　　　　　㉡ 질책하다

09 선생님은 거짓말을 한 아이를 호되게 꾸짖었다.　　　　　　　　　　㉢ 보호하다

10 아름다운 자연을 잘 지켜서 후대에 물려주어야 한다.　　　　　　　　㉣ 돌출되다

11 이웃 나라의 국경을 쳐들어간 것이 이 비극의 시작이었다.　　　　　㉤ 감소하다

12 초등학교에 입학하는 신입생의 숫자가 점차 줄어드는 추세이다.　　 ㉥ 침략하다

정답 | 01 쌉쌀한　02 가랑이　03 꾄다　04 맛적어　05 모자란　06 가만히
　　　07 ㉣　08 ㉠　09 ㉡　10 ㉢　11 ㉥　12 ㉤

01 〈개요〉의 빈칸에 들어갈 내용으로 적절하지 않은 것은?

─〈개요〉─

○ 제목: 현대 도시 교통 체증 문제와 해결 방안

Ⅰ. 서론
   1. 현대 도시 교통 체증의 실태
   2. 교통 체증으로 인한 문제점

Ⅱ. 교통 체증 발생 원인

Ⅲ. 교통 체증 해결 방안
   1. 스마트 교통 시스템 도입 및 도로 인프라 개선
   2. 대중교통 서비스 품질 향상 및 네트워크 확대
   3. 카풀 및 차량 공유 서비스 활성화 지원

① 도로 노후화 및 낙후된 교통 시스템
② 주차 공간 부족 및 불법 주정차 증가
③ 대중교통 인프라 부족 및 서비스 질 저하
④ 첨단 교통 시스템 도입을 위한 예산 확보 필요

02 다음 글에서 추론한 것으로 가장 적절한 것은?

설화는 민족 간에 구전되어 온 이야기로, 신화, 전설, 민담으로 구분된다. 신화는 신적 존재와 세계의 근원을, 전설은 인물이나 사건을 증거물과 함께, 민담은 흥미 위주의 이야기를 다룬다. 이러한 설화가 오래 전승된 이유는 설화의 주인공이 겪는 결핍과 해결 과정이 인간의 근원적 욕망을 반영하기 때문이다. 이러한 '결핍-해소'의 구조로 인해 설화는 많은 사람들로부터 공감을 얻는다.

「지귀 설화」는 이러한 결핍-해소 구조를 드러내는 대표적인 설화이다. 평민 지귀가 선덕여왕을 사모하는 결핍에서 시작해, 사랑을 이루지 못하고 불귀신이 되었다가 여왕의 주문으로 화재가 예방되는 이야기를 담고 있다. 또한 「지귀 설화」는 대립 구조를 보이기도 한다. '여왕과 평민', '여성과 남성', '불과 물'의 대립은 신분제 사회의 갈등과 해소를 보여주는 작품의 특징이라고 볼 수 있다. 특히 작품에서 지귀가 불귀신이 된 것은 억압된 욕망의 분출과 그 욕망의 승화를 의미한다.

이러한 「지귀 설화」는 화재의 원인을 불귀신에서 찾고 주술로 해결하려는 당대의 세계관을 드러낸다. 또한 신분 차이를 넘는 사랑의 불가능성은 엄격한 신분 질서를 반영하기도 한다. 단순한 이야기 이상의 기능을 하는 설화에서 「지귀 설화」는 화재 예방이라는 실용적 목적과 함께, 억압된 개인 욕망의 승화와 심리적 치유 기능도 담당하는 것이다.

① 설화의 전승은 주로 지배층의 이데올로기를 강화하기 위한 수단으로 활용되었다.
② 민담은 신화나 전설과 달리 증거물을 통해 이야기의 진실성을 강조하는 특징이 있다.
③ 「지귀 설화」에서 지귀가 화재의 원인이 된 것은 억압되어 있는 한과 울분을 드러낸다.
④ 「지귀 설화」에서 나타나는 신분의 대립은 당대 신분제 사회의 갈등과 그 해소 방식을 보여준다.

03 (가)~(마)를 맥락에 맞추어 가장 적절하게 나열한 것은?

(가) 세계 해양환경 보호 기구는 전 세계 해양의 플라스틱 오염이 생태계에 미치는 영향을 종합적으로 분석하는 대규모 연구를 시작했다. 연구팀은 미세플라스틱의 확산 경로, 해양생물에 미치는 영향, 그리고 인간 식품 체인으로의 유입 과정을 주요 연구 대상으로 삼았다.

(나) 이러한 미세플라스틱 농도 증가로 인해 해당 지역의 어류에서 검출되는 미세플라스틱 함량은 지난 5년간 37% 증가했으며, 해양 포유류의 건강 지표도 눈에 띄게 악화되었다. 연구 결과에 따르면 이와 같은 오염 추세가 지속될 경우, 2040년까지 전체 해양생물 다양성이 최대 25%까지 감소할 수 있는 것으로 나타났다.

(다) 조사 결과, 조사가 진행된 해역 모두에서 심각한 수준의 미세플라스틱이 발견되었다. 특히 동남아시아 해역은 미세플라스틱 농도가 $1m^3$당 평균 447개로, 전 세계 평균인 325개보다 37.5% 높았다. 연구팀은 이 지역의 급속한 경제 발전과 불충분한 폐기물 관리 시스템이 주요 원인이라고 설명했다.

(라) 연구 대상으로는 북태평양, 남대서양, 지중해, 동남아시아 해역이 선정되었다. 이 네 지역은 해류의 특성과 주변국의 플라스틱 배출량에 따라 각기 다른 오염 패턴을 보였다. 연구팀은 각 해역에서 표층수부터 심해까지 다양한 깊이의 샘플을 채취하고, 인근 해안에서 발견된 폐기물의 종류와 양도 함께 조사했다.

(마) 연구팀이 북태평양 해역에 대한 추가 분석을 실시한 결과, 이 지역의 미세플라스틱은 앞으로 10년간 현재보다 2배 이상 증가할 것으로 예측되었다. 또한 지중해의 경우, 관광산업 증가로 인해 여름철 플라스틱 오염 농도가 겨울철보다 평균 50% 더 높아지는 계절적 변동성이 관찰되었다.

① (가) – (나) – (다) – (라) – (마)
② (가) – (라) – (다) – (마) – (나)
③ (라) – (가) – (마) – (나) – (다)
④ (마) – (라) – (나) – (가) – (다)

04 (가)와 (나)를 전제로 결론을 이끌어 낼 때, 빈칸에 들어갈 말로 가장 적절한 것은?

(가) 스마트폰을 사용하고 SNS를 이용하지 않는 사람은 존재하지 않는다.
(나) SNS를 이용하는 모든 사람은 온라인 쇼핑을 한다.
따라서 ____

① 스마트폰을 사용하는 모든 사람은 SNS를 이용하지 않는다.
② 스마트폰을 사용하는 모든 사람은 온라인 쇼핑을 한다.
③ 스마트폰을 사용하는 모든 사람은 온라인 쇼핑을 하지 않는다.
④ SNS를 이용하지 않는 모든 사람은 스마트폰을 사용하고 온라인 쇼핑을 한다.

05 다음 글에서 추론한 내용으로 가장 적절한 것은?

음악 요법의 치료 효과에 대한 연구는 최근 신경과학의 핵심 분야로 주목받고 있다. 음악 요법은 구조화된 청각적 자극을 통해 인지적, 정서적, 신체적 기능을 향상시키는 비약물적 중재 방법이다. 특히 신경학적 질환을 가진 환자들에서 그 효과가 뚜렷하게 나타난다.

예를 들어 파킨슨병 환자는 기저핵과 소뇌를 통해 리듬이 명확한 음악과 운동 체계가 직접 상호작용하는 치료를 받는데, 이를 통해 보행 능력이 향상된다. 이를 리듬 청각 자극(Rhythmic Auditory Stimulation)이라고 한다. 파킨슨병 환자가 자신의 보폭에 맞춘 리듬에 동조하여 걸으면, 운동 체계의 내적 타이밍 메커니즘이 개선되어 보행의 안정성과 효율성이 향상되는 것이다.

한편, 알츠하이머병으로 언어 기능과 최근 기억이 손상된 환자에게는 친숙한 음악이 특별한 의미를 갖는다. 이는 음악에 대한 기억이 편도체를 중심으로 별도의 체계에 저장되기 때문이다. 이 음악에 대한 기억은 해마를 통해 저장되는 명시적 기억 체계와는 다른, 정서적 기억 체계에 해당한다. 따라서 음악과 관련된 감정적 기억은 비교적 오래 보존되며, 환자가 이전에 들었던 음악이 오래된 기억을 활성화할 수 있는 것이다. 이러한 이유로 음악 요법은 환자의 언어 능력을 일시적으로 회복시키기도 한다.

뇌졸중으로 실어증에 걸린 환자의 언어 재활에도 멜로디 억양 치료(Melodic Intonation Therapy)와 같은 음악 요법이 활용된다. 이는 멜로디가 있는 언어 훈련법으로, 좌뇌의 언어 중추가 손상된 환자가 우뇌의 음악 처리 영역을 활용하여 언어 기능을 회복할 수 있게 한다.

① 알츠하이머 환자의 음악 기억은 해마를 통해 저장되어 보존 기간이 길다.
② 파킨슨병 환자는 리듬의 속도와 관계없이 음악을 들으면 보행 능력이 향상된다.
③ 실어증에 걸린 환자의 손상된 뇌를 회복하여 언어 재활의 효과를 보인 음악 요법이 있다.
④ 음악 요법은 신경학적 질환마다 각기 다른 뇌 기능과 구조의 특성을 활용하여 치료 효과를 보인다.

06 다음 대화를 분석한 내용으로 가장 적절한 것은?

갑: 인구 과밀화로 인한 지상 공간 부족 문제를 해결하기 위해 지하도시를 건설하자는 제안이 있는데, 나는 이 계획이 비현실적이라고 생각해서 반대야.

을: 나도 그래. 내 생각에는 지하도시보다 우주 식민지 건설에 투자하는 것이 장기적으로 더 효율적일 것 같아.

병: 지하도시는 이미 여러 나라에서 부분적으로 실현되고 있어. 그러니 나는 인구 과밀화로 인한 문제의 대안으로 고려할 가치가 있다고 봐.

갑: 병의 의견을 들으니 지하도시가 당장의 공간 문제에 대응하는 실질적 대안이 될 것 같다는 생각이 들어.

을: 지하도시는 햇빛 부족으로 인한 심리적 문제와 생태계 교란 같은 부작용도 고려해야 해. 기술적 해결책만으로는 충분하지 않아.

병: 우리가 간과하는 것 중 하나는 지하도시가 단순히 공간 확보의 문제가 아니라 자원 재활용과 에너지 효율성 측면에서도 큰 변화를 불러올 수 있다는 점이야.

① 모든 참가자가 문제의 근본 원인에 대해 합의하고 있다.
② 자신의 주장에 대한 반론을 예상하여 미리 대응하는 사람이 있다.
③ 대화가 진행되면서 논점에 대한 찬반 입장이 바뀌는 사람이 있다.
④ 모든 참가자가 대화 과정에서 상대방의 의견에 동의하며 입장을 수정한다.

[07~08] 다음 글을 읽고 물음에 답하시오.

의미론에서 '중의성'과 '모호성'은 자주 혼동되곤 한다. 중의성은 하나의 표현이 둘 이상의 의미로 해석될 수 있는 특성을 말한다. 예를 들어 "나는 새를 보았다"라는 문장에서 '나는'은 '내가'의 뜻과 '날고 있는'의 뜻 두 가지로 해석될 수 있다. 중의성은 어휘적 중의성과 구조적 중의성으로 나뉜다. 어휘적 중의성은 "그는 배를 먹었다"에서 '배'가 '과일'인지 '선박'인지 불분명한 경우처럼 단어 자체가 둘 이상의 의미를 가지는 것에서 비롯된다. 구조적 중의성은 문장의 구조가 둘 이상의 구조로 분석될 수 있을 때 발생한다. "어제 거리에서 멋진 옷을 입은 철수와 영희를 보았다"는 '멋진 옷을 입은'이 수식하는 대상이 '철수'일 수도, '철수와 영희'일 수도 있다. 이는 수식어와 피수식어의 관계에서 발생하는 중의성이라고 할 수 있다.

반면 모호성은 의미의 경계가 불분명하여 해석이 포괄적으로 이뤄지는 특성을 말한다. '그는 키가 크다'에서 '크다'는 정확히 어느 정도를 의미하는지 불분명하다. 모호성은 대개 형용사나 정도 부사처럼 정도성을 지니는 표현에서 많이 나타난다. 예를 들어 '가깝다', '많다'와 같은 형용사나 '매우', '너무'와 같은 정도 부사는 기준점이나 맥락에 따라 그 의미가 달라질 수 있다.

의사소통 과정에서 중의성은 화자가 전달하려는 메시지의 정확한 의미를 청자가 파악하지 못하는 상황을 초래할 수 있다. 이때 맥락이나 추가 정보가 없다면 청자는 여러 해석 중 하나를 ㉠골라야 한다. 모호성의 경우 정확한 경계를 설정하기 어렵지만, 일반적인 의사소통에서는 맥락을 통해 대략적인 이해가 가능하다.

07 윗글을 이해한 내용으로 가장 적절한 것은?

① 모호성은 주로 명사와 동사에서 많이 발생하는 언어 현상이다.
② 구조적 중의성은 어휘적 중의성보다 중의성을 해소하기 쉽다.
③ 구조적 중의성은 문장 내 문장 성분의 수식 범주에 의해 발생할 수 있다.
④ 의사소통 과정에서 모호성은 맥락이 있어도 항상 의사소통의 장애 요소로 작용한다.

08 문맥상 ㉠의 의미와 가장 가까운 것은?

① 아이는 가쁜 숨을 <u>고르며</u> 말을 이었다.
② 적당한 단어를 <u>골라</u> 봤지만 헛수고였다.
③ 공동의 이익이니 모두에게 <u>고르게</u> 나눠라.
④ 오늘 안에 밭을 평평하게 <u>고를</u> 수 있겠느냐?

09 다음 글의 밑줄 친 결론을 이끌어 내기 위해 추가해야 할 것은?

인공지능 기술이 발전하면 의사결정 시스템이 자동화될 것이다. 의사결정 시스템이 자동화되면 데이터의 투명성이 요구된다. 따라서 <u>인공지능 기술이 발전하면 개인정보 보호 정책이 강화될 것이다.</u>

① 데이터의 투명성이 요구되면 개인정보 보호 정책이 강화된다.
② 인공지능 기술이 발전하지 않으면 개인정보 보호 정책이 강화되지 않는다.
③ 데이터의 투명성이 요구되지 않으면 개인정보 보호 정책이 강화되지 않는다.
④ 의사결정 시스템이 자동화되지 않으면 개인정보 보호 정책이 강화되지 않는다.

10 다음 글의 ㉠과 ㉡에 대한 평가로 올바른 것은?

> 학생들의 비판적 사고력을 평가할 때는 자료 분석 능력, 논리적 추론 능력, 다양한 관점의 포용 능력 세 가지 측면을 검토한다. 자료 분석 능력은 주어진 정보를 체계적으로 분류하고 해석하는 능력, 논리적 추론 능력은 근거를 바탕으로 타당한 결론을 도출하는 능력, 다양한 관점의 포용 능력은 여러 입장에서 문제를 바라볼 수 있는 능력을 의미한다. ㉠이 세 가지 측면에서 모두 높은 수준을 보이는 것은 학생이 비판적 사고력을 갖추기 위한 필수 요건이다. 그러나 ㉡이 세 가지 측면에서 모두 높은 수준을 보인다고 해서 반드시 그 학생이 비판적 사고력을 갖추었다고 할 수는 없다.

① 비판적 사고력이 뛰어난 모든 학생들이 자료 분석 능력, 논리적 추론 능력, 다양한 관점의 포용 능력 모두에서 높은 수준을 보였다면, ㉠은 강화된다.

② 비판적 사고력이 부족한 학생 중에 자료 분석 능력, 논리적 추론 능력, 다양한 관점의 포용 능력 중 한 가지에서만 높은 수준을 보인 사례가 있다면, ㉠은 약화된다.

③ 자료 분석 능력, 논리적 추론 능력, 다양한 관점의 포용 능력 중 한 가지 이상에서 낮은 수준을 보였지만 비판적 사고력이 뛰어난 학생이 있다면, ㉡은 강화된다.

④ 자료 분석 능력, 논리적 추론 능력, 다양한 관점의 포용 능력 모두에서 높은 수준을 보였지만 비판적 사고력이 부족한 학생이 있다면, ㉡은 약화된다.

바로 채점하기

| 01 | ④ | 02 | ④ | 03 | ② | 04 | ② | 05 | ④ |
| 06 | ③ | 07 | ③ | 08 | ② | 09 | ① | 10 | ① |

독해력 UP! 어휘 퀴즈

헷갈리기 쉬운 어휘

[01~06] 다음 중 알맞은 어휘를 고르시오.

01 (달디단 / 다디단) 사탕을 입안에 넣었다.

02 나이가 어리다고 (깔보면 / 알보면) 큰코다칠 수 있다.

03 숲으로 들어서자 (나지막한 / 나즈막한) 새소리가 들려왔다.

04 도자기가 바닥으로 떨어져 산산조각으로 (부서졌다 / 부숴졌다).

05 이산가족 상봉 행사에서 그는 (목멘 / 목메인) 소리로 어머니를 불렀다.

06 그를 잘 (구슬르면 / 구슬리면) 우리가 원하는 정보를 얻을 수 있을 것이다.

바꿔 쓸 수 있는 어휘

[07~12] 밑줄 친 어휘와 바꿔 쓸 수 있는 것을 ㉠~㉥에서 고르시오.

07 친구 사이의 의리까지 <u>저버린</u> 그를 더는 신뢰할 수 없다.

08 저 부부는 금슬이 좋아 <u>다투는</u> 일이 없다.

09 우리는 올해 안으로 탐사선을 달로 <u>쏠</u> 것이다.

10 오늘 점심에 중요한 회의가 있는 것을 깜빡 <u>잊었다</u>.

11 이 카메라는 거리에 따라 자동으로 초점을 <u>맞추어</u> 준다.

12 태풍으로 집을 잃은 이재민을 <u>도와주기</u> 위해 성금을 모금했다.

㉠ 발사하다
㉡ 지원하다
㉢ 조정하다
㉣ 싸우다
㉤ 망각하다
㉥ 배신하다

정답 | 01 다디단 02 깔보면 03 나지막한 04 부서졌다 05 목멘 06 구슬리면
07 ㉥ 08 ㉣ 09 ㉠ 10 ㉤ 11 ㉢ 12 ㉡

01 다음 글의 ㉠~㉣ 중 어색한 곳을 찾아 가장 적절하게 수정한 것은?

연역과 귀납은 논리학의 두 가지 기본 추론 방식이다. 연역은 일반 원리에서 구체적 결론을 이끌어 내고, 귀납은 개별 사례나 관찰에서 일반적인 결론을 도출한다. 이때 연역은 전제가 참이라면 결론도 참이지만, 귀납은 전제가 참이라도 결론이 거짓일 수 있다.

학자들은 ㉠연역을 뿌리에서 나뭇가지로 뻗어가는 것에 비유하고, 귀납을 나뭇가지에서 뿌리를 찾아가는 것에 비유한다. 뿌리에서 가지로의 성장은 확실하지만, 가지만 보고 뿌리를 추측하는 일은 불확실하기 때문이다. 따라서 ㉡연역은 전제에서 결론이 필연적으로 나오는 확실한 추론 방식이다. 반면 '지금까지 본 까마귀는 모두 검다'는 관찰에서 '모든 까마귀는 검다'라고 결론을 내리는 것은 확률적 추론이다. 이처럼 ㉢개별 관찰에서 일반 법칙을 이끌어 내는 확률적 추론이 연역적 추론이다.

연역과 귀납은 각각 분석적 사고, 그리고 종합적 사고와 비슷하다. 분석적 사고는 전체에서 부분으로, 종합적 사고는 부분에서 전체로 진행한다. ㉣연역이 분석적 사고와 대응한다면, 귀납은 종합적 사고와 대응한다.

① ㉠: 연역을 나뭇가지에서 뿌리를 찾아가는 것에 비유하고, 귀납을 뿌리에서 나뭇가지로 뻗어가는 것에 비유한다
② ㉡: 연역은 전제에서 결론이 확률적으로 나오는 불확실한 추론 방식
③ ㉢: 개별 관찰에서 일반 법칙을 이끌어 내는 확률적 추론이 귀납적 추론
④ ㉣: 연역이 종합적 사고와 대응한다면, 귀납은 분석적 사고와 대응

02 다음 글의 ㉠~㉢에 들어갈 말을 적절하게 나열한 것은?

문학 작품에는 각 장르마다 독특한 형식적 특징이 나타난다. 이러한 특징은 작품의 내용과 결합하여 효과적인 표현을 가능하게 한다. 이 중 평민들의 사랑과 같은 정서를 담아낸 고려 가요는 조선 시대까지 궁중 연향에서 사용된 문학 형식으로, 몇 가지 일관된 특징을 보인다.

대부분의 고려 가요는 "얄리얄리 얄랑셩 얄라리 얄라"와 같이 각 분절마다 특정 후렴구가 반복되는 형식을 갖추고 있다. 그러나 「만전춘별사」에서는 각 연의 끝에서 이러한 ㉠ 이/가 반복되어 나타나지 않는다. 대신 이 작품은 각 연이 독립적인 내용을 담고 있으면서도 전체적으로 하나의 주제를 표현하고 있다. 특히 1연에서 "얼음 위에 댓잎 자리를 보아 임과 나와 얼어 죽을망정"이라는 구절은 차가운 소재인 '얼음'과 '댓잎 자리'를 사용하여 죽음과도 같은 상황을 묘사한다. 이는 극한 상황과 대비되는 ㉡ 을 효과적으로 표현하기 위한 문학적 장치로, 평이한 묘사로는 표현하기 어려운 감정의 깊이를 전달한다. 또한 「만전춘별사」는 시조의 기원으로 평가받는다. 작품의 2연과 5연에서는 '초장, 중장, 종장'의 3장 구조와 4음보 율격이 나타나는데, 이는 후대에 등장하는 한국 문학의 대표적 형식인 ㉢ 와 유사한 특징을 보이기 때문이다. 이러한 점에서 「만전춘별사」는 고려 가요에서 새로운 시가 형식으로 발전해가는 과도기적 작품으로서 문학사적 의의를 지닌다.

	㉠	㉡	㉢
①	후렴구	임에 대한 뜨거운 사랑	시조
②	후렴구	임에 대한 뜨거운 사랑	경기체가
③	3-3-2조 음수율	자연과 인간의 합일	시조
④	3-3-2조 음수율	자연과 인간의 합일	경기체가

03 다음 글의 ⊙을 강화하는 것만을 〈보기〉에서 모두 고르면?

인류 최초의 도시 문명은 대체로 큰 강을 끼고 발달했다. 메소포타미아의 티그리스-유프라테스강, 이집트의 나일강, 인도의 인더스강, 중국의 황하강 유역이 대표적이다. 이러한 현상의 원인으로 오랫동안 '수력(水力) 가설'이 학계의 지지를 받아왔다. 이 가설에 따르면, 대규모 관개 시설*의 건설과 관리를 위해 강력한 중앙 권력이 필요했고, 이것이 도시 국가의 형성으로 이어졌다는 것이다. 이 가설은 초기 도시 유적지에서 가뭄 시 대응책 등을 상세히 다룬 행정 문서들이 다수 발견된 것을 근거로 초기 도시 국가의 통치 체제가 수자원 관리에 상당한 비중을 두었음을 주장한다.

그러나 1990년대 이후 고고학적 발굴 결과를 토대로 새로운 ⊙'교역 중심 가설'이 제기되었다. 이 가설은 초기 도시화의 주된 원동력이 관개 농업이 아니라 장거리 교역이었다고 주장한다. 메소포타미아 지역은 식량 생산에는 유리했으나 금속, 목재, 석재 등 다른 필수 자원이 부족했다. 이 부족한 자원을 확보하기 위해 멀리 떨어진 지역과의 교역이 발달했고, 교역로의 중심지에 도시가 성장했다는 것이다. 교역로의 관리와 자원의 분배가 초기 도시 행정의 핵심이었으며, 이것이 중앙집권적 권력 구조로 발전했다는 주장이다. 이러한 교역 중심 가설에 따르면, 물자 유통에 유리한 입지를 가진 지역에 대규모 도시가 먼저 형성되었을 것으로 예상된다. 특히 강 하류 지역은 해상 교역과 연결되는 지점으로, 다양한 지역에서 오는 물자가 집결되는 교역의 중심지 역할을 하기에 적합하다.

* 관개 시설: 많은 수확을 위하여 논밭에 물을 대고 빼는 시설

〈보기〉

ㄱ. 초기 도시 유적지에서 관개용 물과 수로 관리를 위한 인력 동원에 대한 기록이 발견되었다.

ㄴ. 메소포타미아의 우르 유적에서 발견된 가장 오래된 건축물에서 무역 기록 일지가 발견되었다.

ㄷ. 초기 도시 유적지에서 발견된 도구와 장신구에 사용된 원자재는 수백 킬로미터 떨어진 지역에서 온 것들이라는 기록이 밝혀졌다.

① ㄱ, ㄴ
② ㄱ, ㄷ
③ ㄴ, ㄷ
④ ㄴ, ㄷ, ㄹ

04 다음 글을 이해한 내용으로 가장 적절한 것은?

언어는 인간만이 가진 고유한 소통 체계로, 추상성과 분절성이라는 두 가지 핵심 특성을 지닌다. 추상성이란 구체적 대상이나 개념을 추상화하여 표현하는 특성이다. '나무'라는 단어는 다양한 나무들의 공통 속성만을 추출한 추상적 기호이다. 이러한 추상화 능력은 동물에게는 없는 인간만의 고유한 능력으로, 개별 경험을 초월한 일반적 개념 형성과 복잡한 사고를 가능하게 한다.

분절성은 연속적인 세계를 불연속적 단위로 나누어 표현하는 특성이다. 이 분절 방식은 인간의 사고 구조를 형성하는 근본적 틀로 작용한다. 색상 스펙트럼은 연속적이지만, 언어는 '빨강', '주황' 등으로 분절하며, 이러한 언어적 분절이 인간이 세계를 인식하고 범주화하는 방식을 결정한다. 각 언어권마다 세계를 분절하는 방식이 다르며, 이러한 차이는 해당 문화권 사람들의 인지적 사고 방식에도 영향을 미친다. 예컨대 눈을 세밀하게 분절하는 이누이트인은 눈에 대한 인식과 사고도 더 정교하다.

언어와 사고의 관계에 대해 사피어-워프의 가설은 언어가 사고를 결정하며, 분절 체계가 사고방식을 형성한다고 주장한다. 반면 촘스키는 언어 능력이 선천적이며 사고가 언어에 선행한다고 본다. 그러나 두 관점 모두 인간 고유의 언어 능력이 제공하는 추상적 개념과 분절 체계가 고차원적 사고를 가능하게 하며, 동물과 달리 인간만이 이를 통해 세계를 체계적으로 이해하고 개념화한다는 점에는 동의한다.

① 대상을 분절하는 방식은 모든 문화권에서 동일하다.
② 촘스키와 사피어-워프 가설은 모두 언어가 사고에 선행한다고 주장한다.
③ 언어의 추상성은 구체적 대상의 개별적인 특성을 포함하는 재현 방식이다.
④ 언어의 분절성은 인간이 사고 구조를 형성하고 세계를 범주화하는 방식에 영향을 미친다.

[05~06] 다음 글을 읽고 물음에 답하시오.

> 수면은 단순히 휴식이 아니라 뇌가 활발하게 활동하는 시간이다. 수면은 크게 렘수면(REM)과 비렘수면(Non-REM)으로 나뉘는데, 이 두 유형의 수면은 뇌의 활동 방식과 기능적 역할에서 뚜렷한 차이를 보인다.
>
> 비렘수면은 다시 세 단계로 세분화된다. 제1단계는 깨어 있는 상태에서 수면으로 ㉠전환되는 단계로, 근육이 ㉡이완되고 뇌파가 느려지기 시작한다. 제2단계는 가벼운 수면 상태로, 체온이 떨어지고 심장 박동이 느려진다. 이 단계에서는 특히 절차적 기억이 강화된다. 제3단계는 서파수면이라고도 불리는 깊은 수면 단계로, 뇌파가 매우 느려지고 신체의 회복과 성장에 중요한 역할을 한다. 이 단계에서는 성장호르몬이 분비되고, 면역 체계가 강화되며, 일부 사실적 기억도 공고화된다.
>
> 한편, 렘수면은 '역설적 수면'이라고도 불린다. 이는 뇌의 활동이 깨어 있을 때와 비슷하게 활발해지지만, 동시에 몸의 근육은 일시적으로 마비되기 때문이다. 렘수면 중에는 눈이 빠르게 움직이며, 대부분의 꿈이 발생한다. 이 시기에는 감정적 기억의 처리와 창의적 사고 능력의 향상이 이루어진다. 또한 렘수면은 일종의 '가상 현실 시뮬레이터'로 작용하여, 뇌가 다양한 시나리오를 안전하게 시뮬레이션하고 심리적 스트레스를 해소하는 데 도움을 준다.
>
> 수면의 각 단계는 90분에서 110분 주기로 반복되는데, 초기 수면 사이클에서는 비렘수면의 비중이 높고, 후반부로 갈수록 렘수면의 비중이 증가한다. 이러한 수면 구조는 연령에 따라 변화하는데, 유아기에는 렘수면의 비율이 최대 50%에 이르지만, 성인기에는 약 20~25%로 감소한다. 노년기에 접어들면서는 깊은 수면이 줄어들고 수면의 질이 ㉢저하되는 경향이 있다.
>
> 수면은 단순한 휴식이 아닌 신체와 정신 건강의 핵심 요소로, 각 단계의 고유한 기능이 기억 강화, 감정 조절, 면역 기능 향상 등 다양한 이점을 ㉣제공한다. 따라서 현대인들이 질 좋은 수면을 충분히 취하는 것은 건강한 삶을 위한 필수 요소라 할 수 있다.

05 윗글의 중심 내용으로 가장 적절한 것은?

① 현대인들은 질 좋은 수면을 충분히 취하고 있다.
② 렘수면과 비렘수면은 수면의 질을 결정하는 가장 중요한 요소이다.
③ 연령이 증가함에 따라 렘수면의 비율이 감소하면서 수면의 질이 나빠진다.
④ 수면은 단순한 휴식이 아니라 다양한 생리적, 심리적 기능을 수행하는 활동이다.

06 윗글의 ㉠~㉣과 바꿔 쓸 수 있는 유사한 표현으로 적절하지 않은 것은?

① ㉠: 바뀌는
② ㉡: 풀어지고
③ ㉢: 흐려지는
④ ㉣: 준다

[07~08] 다음 글을 읽고 물음에 답하시오.

제과와 제빵의 역사는 인류의 농경 생활과 함께 시작되었다. 밀가루를 이용한 음식 제조법은 크게 두 가지 전통으로 나뉜다. 첫 번째는 서양의 제빵 전통으로, 효모를 사용해 반죽을 부풀리는 방식이다. 두 번째는 동양의 제과 전통으로, 효모 대신 다양한 필링과 맛을 강조하는 방식이다. 각각의 전통은 지역적 특성과 문화적 배경에 따라 독특한 발전 경로를 거쳤다.

서양 제빵의 장인들은 밀가루, 물, 소금, 효모라는 기본 재료로 다양한 빵을 만들어냈다. ㉠이들은 반죽의 발효 과정과 굽는 온도를 철저히 관리하여 빵의 풍미와 텍스처를 최적화했다. ㉡그들의 기술은 세대를 거쳐 전수되면서 점차 정교해졌고, 오늘날의 아티장 베이킹 운동으로 이어졌다.

한편 동아시아의 제과 전통은 찌거나 찐 후 굽는 방식이 주를 이룬다. 이러한 방식은 효모 발효에 의존하기보다 다양한 필링과 반죽의 식감을 중시한다. 일본의 화과자, 중국의 월병, 한국의 떡 등이 ㉢이것의 대표적인 예이다. 이러한 동양 제과는 계절감을 중시하고 자연의 색과 형태를 모방하는 특징이 있다.

현대에 들어 제과와 제빵은 세계화의 영향으로 서로의 기법을 차용하며 발전하고 있다. 퓨전 디저트를 만드는 파티시에들은 동서양의 재료와 기법을 접목한다. ㉣그들은 전통적 방식을 존중하면서도 새로운 맛과 모양을 창조해내는 데 열정을 쏟는다. 제과제빵 교육기관들은 이러한 다문화적 접근을 장려한다. ㉤이들은 학생들에게 다양한 문화권의 기술을 배울 것을 강조하며, 창의성과 전통의 조화를 중요시한다.

최근에는 건강과 환경을 고려한 제과제빵이 주목받고 있다. 대체 감미료, 글루텐 프리 밀가루, 유기농 재료를 사용하는 베이커리가 늘고 있다. 이러한 추세는 소비자들의 건강에 대한 관심과 환경 보호 의식이 높아진 것과 관련이 있다. 지속가능한 제과제빵을 추구하는 전문가들은 지역 재료 사용과 폐기물 최소화에 중점을 둔다. ㉥이들의 노력은 식품 산업 전반에 긍정적인 변화를 가져오고 있다.

07 윗글에서 추론한 내용으로 가장 적절한 것은?

① 서양의 제빵 전통은 반죽 발효 과정보다 다양한 필링 개발에 중점을 두었다.
② 전통 방식의 유지와 창의적 변화 사이에서 균형을 추구하는 파티시에들이 있다.
③ 지속가능한 제과제빵을 위한 노력은 소비자의 환경 의식 증가와 무관하게 발전해왔다.
④ 동양 제과의 특징은 효모 발효를 적극적으로 활용하여 부드러운 식감을 구현하는 것이다.

08 윗글의 ㉠~㉥ 중 문맥상 지시 대상이 같은 것만으로 묶인 것은?

① ㉠, ㉡
② ㉡, ㉣
③ ㉢, ㉤
④ ㉣, ㉥

09 (가)와 (나)를 전제로 할 때 빈칸에 들어갈 결론으로 가장 적절한 것은?

> (가) 피아노를 연주할 수 있는 모든 사람은 악보를 읽을 수 있다.
> (나) 피아노를 연주할 수 있는 어떤 사람은 작곡을 할 수 있다.
> 따라서 ☐

① 작곡을 할 수 있는 모든 사람은 악보를 읽을 수 있다.
② 악보를 읽을 수 있는 어떤 사람은 작곡을 할 수 있다.
③ 피아노를 연주할 수 없는 어떤 사람은 작곡을 할 수 없다.
④ 악보를 읽을 수 있는 모든 사람은 피아노를 연주할 수 없다.

10 다음 진술이 모두 참일 때 반드시 참인 것은?

> ○ 심 사장이나 홍 대리가 회식에 가면 윤 대리가 회식에 간다.
> ○ 윤 대리가 회식에 가면 최 과장이 회식에 간다.
> ○ 심 사장이 회식에 간다.

① 홍 대리가 회식에 간다.
② 최 과장이 회식에 가지 않는다.
③ 윤 대리가 회식에 가지 않는다.
④ 최 과장과 윤 대리 모두 회식에 간다.

바로 채점하기

01	③	02	①	03	③	04	④	05	④
06	③	07	②	08	①	09	②	10	④

독해력 UP! 어휘 퀴즈

헷갈리기 쉬운 어휘

[01~06] 다음 중 알맞은 어휘를 고르시오.

01 (애기 / 아기)가 아장아장 걷기 시작했다.

02 한바탕 비가 쏟아지더니 금방 날씨가 (갰다 / 개였다).

03 엉뚱한 사람이 (덤터기 / 덤탱이)를 쓰고 벌을 받게 됐다.

04 나의 실수로 인해 (실날같은 / 실낱같은) 희망마저 사라졌다.

05 그는 종업원의 응대가 마음에 들지 않았는지 (몽니 / 몽리)를 부렸다.

06 그동안 받아 온 멸시와 모욕에 대한 (앙갚음 / 안갚음)을 하기 위해 이번 일을 준비했다.

바꿔 쓸 수 있는 어휘

[07~12] 밑줄 친 어휘와 바꿔 쓸 수 있는 것을 ㉠~㉥에서 고르시오.

07 도청을 통해 적의 기밀을 <u>알아냈다</u>.   ㉠ 설치되다

08 안타까운 죽음에 대해 진심으로 <u>슬퍼합니다</u>.   ㉡ 요구되다

09 우리 마을에도 드디어 수도와 전기가 <u>들어왔다</u>.   ㉢ 애도하다

10 은행에서 대출을 받기 위해 <u>필요한</u> 서류를 준비했다.   ㉣ 탐지하다

11 그는 꾀죄죄했던 과거와 달리 <u>깔끔한</u> 복장으로 나타났다.   ㉤ 발언하다

12 국정 감사에 출석해 지방 소멸 문제에 대해 <u>말할</u> 기회를 얻었다.   ㉥ 단정하다

정답 | 01 아기 02 갰다 03 덤터기 04 실낱같은 05 몽니 06 앙갚음
07 ㉣ 08 ㉢ 09 ㉠ 10 ㉡ 11 ㉥ 12 ㉤

01 다음 대화를 분석한 내용으로 가장 적절한 것은?

갑: 요즘 상가들이 경쟁적으로 밝은 조명을 설치하는데, 이런 과도한 빛은 심각한 공해라고 생각해요. 밤하늘의 별도 안 보이고 생태계도 교란되잖아요.

을: 도시 조명은 안전과 직결된 문제예요. 어두운 길은 범죄 위험이 높고 상권 활성화에도 중요하죠. 빛 공해라고 무조건 규제하면 안 되죠.

병: 두 분 말씀 모두 일리가 있어요. 결국 적정 수준을 찾는 게 관건이 아닐까요?

갑: 적정 수준이라고 하지만, 현실은 어떤가요? 대부분의 도시에서 필요 이상의 조명을 허용하고 있잖아요.

을: 갑의 의견도 이해하지만, 상점 입장에서는 조명이 홍보 수단이에요. 강력한 규제는 영업 자유를 침해할 수 있어요.

병: 세계 여러 도시들의 사례를 보면 균형점을 찾을 수 있어요. 예를 들어 프랑스는 심야 시간대 상업용 조명 소등을 의무화했지만, 관광지는 예외를 두는 식이죠.

을: 그런 방식이라면 시간대별로 차등 규제를 하는 건 상점들도 수용할 수 있을 것 같네요. 완전한 금지보다 합리적이겠어요.

갑: 저도 모든 조명을 없애자는 게 아니라 적절한 관리를 원하는 거예요. 병이 말한 것처럼 시간대별, 지역별 차등 규제는 좋은 방안이 될 수 있겠네요.

① 대화가 진행될수록 모든 참여자들이 처음의 입장과 반대 입장을 보이고 있다.
② 논쟁의 초점이 빛 공해의 존재 여부에서 해결 방안의 실효성으로 변화하고 있다.
③ 대화 후반부에 새로운 쟁점이 등장하면서 기존의 의견 대립 구도가 완전히 바뀌고 있다.
④ 한 참여자가 제시한 구체적 사례가 다른 참여자의 인식 전환에 결정적 역할을 하고 있다.

02 다음 글의 논지를 약화하는 것으로 가장 적절한 것은?

전통적인 박물관 전시는 관람객을 수동적 정보 수용자로 간주하는 일방향적 소통 방식에 기반했다. 진열장에 유물을 배치하고 이에 대한 설명을 제공하는 방식이 중심이었으며, 전문가가 선별한 지식을 대중에게 전달하는 것이 주된 목적이었다. 이러한 방식은 전문성과 학술적 가치를 보존하는 데 효과적이었지만, 다양한 배경을 가진 관람객들의 관심과 참여를 유도하는 데는 한계가 있었다.

현대 박물관학에서는 관람객과의 상호작용적 경험을 중시하는 참여형 전시 방식이 강조되고 있다. 관람객이 전시물을 단순히 보는 것을 넘어 만지고, 조작하고, 체험할 수 있는 기회를 제공함으로써 더욱 풍부한 학습 경험을 제공할 수 있다는 것이다. 이는 단순한 지식 전달을 넘어 관람객의 호기심을 자극하고 능동적 탐구를 촉진하는 방향으로 박물관의 역할을 확장한다.

① 최근 관련 연구에서 증강 현실 기술을 활용한 체험형 전시가 실물 유물 전시보다 학습 효과가 더 뛰어났다는 결론이 도출되었다.
② 영국의 한 박물관에서 전통적 전시 방식과 참여형 전시 방식을 병행한 후 설문조사를 한 결과 후자에서 주제에 대한 후속 탐구 의지가 2.5배 높게 나타났다.
③ 박물관 전시에 관한 국제 컨퍼런스에서 전문가들은 전시물의 보존과 보호를 위해 관람객과의 직접적 상호작용을 최소화하는 방향으로의 전시 설계를 권고했다.
④ 미국의 한 과학관에서 참여형 전시를 도입한 후 관람객의 체류 시간이 평균 30분에서 90분으로 증가했으며, 전시 내용에 대한 이해도 평가에서도 높은 점수를 기록했다.

03 다음 글의 빈칸에 들어갈 결론으로 가장 적절한 것은?

문화 유산의 보존과 관광 개발 사이의 관계는 현대 사회에서 중요한 쟁점이다. 미국 인류학자 에드워드 브루너는 세계 여러 문화유산 지역을 대상으로 연구를 수행했다. 그는 관광객들이 방문하는 성지나 역사적 장소들이 시간이 지남에 따라 어떻게 변화하는지 관찰했다. 브루너가 페루의 마추픽추를 연구한 결과에 따르면, 이 지역은 초기에는 소수의 모험가와 연구자들만 방문하는 '발견의 장소'였으나, 점차 유네스코 세계문화유산으로 지정되면서 수많은 관광객이 방문하는 '소비의 장소'로 변모했다. 관광객이 증가하면서 마추픽추 주변에는 숙박 시설과 상점들이 들어섰고, 전통 의상을 입은 현지인들이 기념품을 판매하는 모습이 일상화되었다. 흥미로운 점은 이러한 변화가 마추픽추만의 독특한 현상이 아니라는 것이다. 브루너는 인도네시아의 발리, 이집트의 룩소르, 캄보디아의 앙코르와트 등 세계 각지의 유명 문화 유적지에서도 비슷한 패턴을 발견했다. 유적지가 유명해질수록 현지인들은 관광객의 기대에 부응하는 '전통적' 모습을 연출하고, 그 과정에서 실제 전통문화는 관광객들이 기대하는 이미지에 맞게 재구성되었다. 이로부터 브루너는 _____는 결론을 내릴 수 있었다.

① 관광객이 증가할수록 문화 유산의 역사적 가치는 높아진다
② 문화 유산은 관광 개발과 철저히 분리되어야 원형이 보존된다
③ 문화 유산이 관광지로 변모하면서 전통 문화는 점차 사라진다
④ 문화 유산의 관광화는 관광객의 인식과 현지 문화 간의 상호작용으로 새로운 문화적 실천을 만들어낸다

04 다음 글에서 추론한 내용으로 적절하지 않은 것은?

한글 맞춤법에서 사이시옷은 특정 조건을 만족하는 합성어에서 앞말이 모음으로 끝나는 경우에 받치어 적도록 규정하고 있다. 순우리말로 된 합성어의 경우, 뒷말의 첫소리가 된소리로 나거나, 뒷말의 첫소리 'ㄴ, ㅁ' 앞에서 'ㄴ' 소리가 덧나거나, 뒷말의 첫소리 모음 앞에서 'ㄴㄴ' 소리가 덧나는 경우에 사이시옷을 받치어 쓴다. 예를 들어 '바다+가'는 [바다까/바닫까]로 발음되므로 '바닷가'로 표기하고, '나무+가지'는 [나무까지/나묻까지]로 발음되므로 '나뭇가지'로 표기한다. '내+물'은 [낸:물]로 발음되므로 '냇물'로 표기하고, '나무+잎'은 [나문닙]으로 발음되므로 '나뭇잎'으로 표기하는 것 역시 사이시옷이 나타난 것이다. 다만, '가로줄', '세로줄'처럼 뒷말의 첫소리가 된소리로 발음되지 않는 경우는 사이시옷을 받치어 적지 않는다.

순우리말과 한자어로 된 합성어에서도 순우리말로 된 합성어와 같은 조건과 같이 사이시옷을 받치어 적는다. '귓병', '샛강', '뒷마루', '훗일' 등이 그 예이다. 이때 한자어로만 된 합성어에서는 원칙적으로 사이시옷을 받치어 적지 않지만, '곳간', '셋방', '숫자', '찻간', '툇간', '횟수' 6개 단어에는 예외적으로 사이시옷을 받치어 적는다.

① '비+물'은 발음이 [빈물]이므로 사이시옷을 받치어 적지 않는다.
② '장미(薔薇)+과(科)'는 사이시옷을 받치어 적는 6개 한자어에 해당하지 않으므로 '장미과'로 표기해야 한다.
③ '매+돌'은 [매똘/맫똘]로 발음되므로 '맷돌'로 표기해야 한다.
④ '바람+개비'는 '바람'과 '개비'가 결합한 순우리말 합성어이지만, 앞말이 자음으로 끝나고 뒷말의 첫소리가 된소리로 발음되지 않으므로 사이시옷을 받치어 적지 않는다.

[05~06] 다음 글을 읽고 물음에 답하시오.

> 조리법의 전수 방식은 크게 두 가지 유형으로 나눌 수 있다. 전통적인 묵시적 전수와 현대적인 명시적 전수가 그것이다. 묵시적 전수는 오랜 기간 도제 교육을 통해 이루어진다. 제자는 스승의 조리 과정을 관찰하고 모방하며 기술을 체득한다. 이 과정에서 제자는 스승이 가르쳐주지 않는 미묘한 감각과 기술까지 터득하게 된다. 일본의 전통 요리사들은 손으로 생각한다는 표현을 ㉠쓰는데, 이는 지적인 이해보다 몸의 감각을 통한 학습의 중요성을 강조한 것이다. 그러나 이러한 교육 방식은 오랜 시간이 필요하고, 스승의 역량에 따라 전수받는 기술 수준이 달라진다는 단점이 있다.
>
> 반면 명시적 전수는 표준화된 레시피와 교재를 통해 이루어진다. 요리 학교에서는 정확한 계량과 조리 시간, 온도 등을 수치화하여 가르친다. 이 방식은 단기간에 많은 사람들에게 일정 수준의 기술을 전수할 수 있다는 장점이 있다. 하지만 재료의 상태나 조리 환경에 따른 즉각적인 대응력을 키우기 어렵고, 창의적인 응용 능력이 부족해질 수 있다. 흥미로운 점은 최근 몇몇 유명 셰프들이 이 두 가지 전수 방식의 장점을 결합하려는 시도를 하고 있다는 것이다. 이들은 기본적인 조리 원리와 정확한 계량법은 명시적으로 전수하면서도, 재료의 상태를 감각적으로 판단하는 능력과 창의적 응용력은 장기간의 경험을 통해 체득하도록 유도한다. 이러한 통합적 접근법은 앞으로의 요리 교육에 새로운 방향을 제시할 것이다.

05 윗글의 핵심 논지로 가장 적절한 것은?

① 전통적인 요리 교육은 직관적 감각을 중시하므로, 현대적인 요리 교육보다 더 효과적이다.

② 요리 교육은 문화적 배경과 전통을 반영하기 때문에, 동서양의 요리 교육 방식은 근본적으로 통합될 수 없다.

③ 명시적 전수 방식이 효율성 측면에서 우수하지만, 요리의 창의적 발전을 위해서는 묵시적 전수 방식을 집중적으로 활용해야 한다.

④ 현대 요리 교육의 표준화된 방식은 전통적 도제 교육의 장점을 완전히 대체할 수 없으므로, 두 방식의 장점을 결합한 통합적 교육법이 필요하다.

06 문맥상 ㉠의 의미와 가장 가까운 것은?

① 시험을 볼 때 볼펜 대신 연필을 써야 한다.

② 그녀는 학교에서 표준어를 쓰려고 노력한다.

③ 부모님은 언제나 그에게 마음을 많이 쓰고 계신다.

④ 아이는 다친 손을 쓰지 않으려고 조심스럽게 일어났다.

07 다음 글의 ⊙~② 중 어색한 곳을 찾아 가장 적절하게 수정한 것은?

면역체계는 생명체가 외부의 병원체로부터 자신을 보호하기 위한 방어 시스템이다. 이 체계는 크게 선천성 면역과 후천성 면역으로 구분된다. 선천성 면역은 출생 시부터 갖추고 있는 즉각적인 방어 기능을 말하며, 후천성 면역은 특정 항원*에 노출된 후 습득되는 특이적 방어 기능을 의미한다.

면역학자들은 ⊙ 선천성 면역을 일선 방어병에 비유하고, 후천성 면역을 전문 특수부대에 비유하곤 한다. 일선 방어병은 즉시 대응하지만 모든 위협에 대해 동일한 방식으로 대응하는 반면, 특수부대는 특정 위협에 맞춰 훈련된 정교한 대응을 한다는 점에서 차이가 있다. 그러므로 ⓒ 선천성 면역은 다양한 병원체에 대해 비특이적으로 반응하는 면역체계의 핵심적인 부분이다. 또한 바이러스 감염 시 체내에서는 여러 면역세포들이 활성화되는데, 이때 ⓒ 병원체의 특정 항원을 인식하고 기억하여 재감염 시 빠르게 대응하는 것이 후천성 면역의 특징이다.

면역체계와 유사한 개념으로 컴퓨터의 보안 시스템을 들 수 있다. 기본적으로 설치된 방화벽 기능이 기본 보안을 담당하고, 특정 바이러스에 대응하는 백신 프로그램이 고급 보안을 담당한다. 즉 ② 후천성 면역이 기본 보안에 해당한다면, 선천성 면역은 고급 보안에 해당한다.

* 항원: 생체 속에 침입하여 항체를 형성하게 하는 단백성 물질

① ⊙: 선천성 면역을 전문 특수부대에 비유하고, 후천성 면역을 일선 방어병에 비유하곤
② ⓒ: 선천성 면역은 특정한 병원체에 대해 특이적으로 반응하는 면역체계의 핵심적인 부분
③ ⓒ: 병원체의 특정 항원을 인식하고 기억하여 재감염 시 빠르게 대응하는 것이 선천성 면역의 특징
④ ②: 선천성 면역이 기본 보안에 해당한다면, 후천성 면역은 고급 보안에 해당

08 다음 진술이 모두 참일 때 반드시 참인 것은?

○ 모든 경제학자는 통계학을 공부한다.
○ 통계학을 공부하는 모든 사람은 데이터 분석 능력이 있다.
○ 금융 시장을 연구하는 모든 사람은 경제학자이다.

① 통계학을 공부하지 않는 모든 사람은 경제학자이다.
② 데이터 분석 능력이 없는 모든 사람은 금융 시장을 연구한다.
③ 데이터 분석 능력이 있는 모든 사람은 통계학을 공부한다.
④ 금융 시장을 연구하는 모든 사람은 데이터 분석 능력이 있다.

09 다음 글을 이해한 내용으로 가장 적절한 것은?

문학 장르는 고정된 범주가 아닌 끊임없이 변화하는 역동적 개념이다. 전통적으로 문학은 서사, 서정, 극이라는 세 가지 기본 장르로 구분되어 왔다. 서사는 인물과 사건 중심의 소설이나 설화를, 서정은 화자의 주관적 감정을 표현하는 시를, 극은 대사와 행동을 통한 인물 간 갈등을 보여주는 희곡을 의미한다.

20세기 이후에는 문학적 실험과 혁신으로 전통적 경계가 흐려졌다. 산문시는 시의 형식적 자유와 산문의 서사성을 결합했고, 극적 독백은 서정시에 극적 요소를 도입했다. 또한 다큐멘터리 소설은 허구와 사실의 경계를 넘나들며 새로운 서사를 탐색했다.

이와 같은 장르 간 경계 허물기는 단순한 형식적 실험을 넘어 문학의 현실 인식 방식 자체의 변화를 의미한다. 현대 사회의 복잡성과 파편화된 경험을 반영하기 위해 작가들은 기존 장르의 제약에서 벗어나 유동적이고 중층적인 표현 방식을 모색했다. 장르 융합은 이러한 시대적 요구에 대한 문학적 응답이었다.

디지털 시대의 도래로 하이퍼텍스트 문학이나 인터랙티브 스토리텔링 등이 등장했고, 독자는 수동적 수용자에서 텍스트 구성에 참여하는 공동 창작자로 변모했다. 이러한 문학 장르의 변화는 문학의 쇠퇴가 아닌 지속적 재생과 확장을 의미한다. 문학은 인간 경험의 다양성을 포용하기 위해 끊임없이 자기 갱신을 추구하는 살아있는 예술 형식이다.

① 전통적 문학 장르 구분은 20세기 이후에도 큰 변화 없이 유지되었다.
② 디지털 시대의 새로운 문학 형식은 독자를 수동적 수용자로 제한한다.
③ 장르 간 융합은 현대 사회의 경험을 반영하기 위한 문학적 응답이다.
④ 문학 장르의 경계 허물기는 문학의 쇠퇴를 보여 주는 현상에 해당한다.

10 다음 글의 밑줄 친 결론을 이끌어 내기 위해 추가해야 할 것은?

학생회장 선거에 출마하는 사람은 교내 선거 활동에 참여할 것이다. 이번 학기에 나는 학생회장 선거에 출마하거나 동아리 회장에 입후보할 것이다. 따라서 이번 학기에 나는 교내 선거 활동에 참여하거나 학업에 집중할 것이다.

① 동아리 회장에 입후보하는 사람은 학업에 집중할 것이다.
② 학업에 집중할 사람은 학생회장 선거에는 출마하지 않을 것이다.
③ 학생회장 선거에 출마하지 않은 사람은 학업에 집중하지 않을 것이다.
④ 교내 선거 활동에 참여할 사람은 동아리 회장에는 입후보하지 않을 것이다.

바로 채점하기

정답·해설 _약점 보완 해설집 p.36

| 01 | ④ | 02 | ③ | 03 | ④ | 04 | ① | 05 | ④ |
| 06 | ② | 07 | ④ | 08 | ④ | 09 | ③ | 10 | ① |

독해력 UP! 어휘 퀴즈

헷갈리기 쉬운 어휘

[01~06] 다음 중 알맞은 어휘를 고르시오.

01 근거 없는 소문이 (금새 / 금세) 사방으로 퍼졌다.

02 산을 넘자 (널따란 / 넓다란) 평야가 눈앞에 펼쳐졌다.

03 깊은 산속으로부터 (딱따구리 / 딱다구리) 소리가 들려왔다.

04 그녀의 (애달픈 / 애닯는) 사연을 들은 모두가 눈물을 흘렸다.

05 재고가 너무 많이 쌓여 창고의 평수를 (늘릴 / 늘일) 수밖에 없었다.

06 감칠맛을 내기 위해 된장찌개에 (차돌배기 / 차돌박이)를 살짝 볶아서 넣었다.

바꿔 쓸 수 있는 어휘

[07~12] 밑줄 친 어휘와 바꿔 쓸 수 있는 것을 ㉠~㉥에서 고르시오.

07 숱한 어려움 끝에 목표를 <u>이루었다</u>.　　　　　　　　　　　㉠ 요청하다

08 부모님 말씀을 <u>따르는</u> 것이 좋을 것 같다.　　　　　　　　㉡ 수비하다

09 일손이 <u>모자라</u> 기한 내에 일을 끝낼 수 없다.　　　　　　㉢ 지나가다

10 아군은 갑자기 시작된 기습을 <u>방어하기에만</u> 급급했다.　　㉣ 성취하다

11 준비 과정에 비해 본 행사가 무사히 <u>끝나서</u> 다행이었다.　　㉤ 순종하다

12 그는 선거 유세 현장에서 유권자들에게 지지를 강하게 <u>부탁했다</u>.　㉥ 부족하다

정답 | 01 금세　02 널따란　03 딱따구리　04 애달픈　05 늘릴　06 차돌박이
　　　07 ㉣　08 ㉤　09 ㉥　10 ㉡　11 ㉢　12 ㉠

11일 / 하프모의고사 11

01 〈공공언어 바로 쓰기 원칙〉에 따라 〈공문서〉의 ㉠~㉣을 수정한 것으로 적절하지 않은 것은?

―〈공공언어 바로 쓰기 원칙〉―
○ 외래어나 외국어는 될 수 있으면 우리말로 다듬을 것.
○ 대등한 것끼리 접속할 때는 구조가 같은 표현을 사용할 것.
○ 과도한 피동 표현을 삼갈 것.
○ 지나치게 긴 문장은 나누어 작성할 것.

―〈공문서〉―
○○농업기술원

수신 각 지역 농업 연구 단체
제목 농산물 시장 안정화를 위한 ㉠세미나 안내

1. 귀 단체의 농업 발전을 위한 노력에 감사드립니다.
2. 본 기술원은 농산물 가격 안정화를 위해 ㉡교육 프로그램 개발과 농업인들의 역량 강화를 도모해 왔습니다.
3. 이번 교육은 농산물 가격 하락 시기에 대응하기 위한 것으로, ㉢전문가들에게 검증받은 프로그램입니다. ㉣농산물 보관 방법 및 유통 시장 분석 자료를 제공하고 해외 연구 사례를 제공하며, 농가 소득 향상을 위한 판매 전략 수립에 도움을 드릴 예정입니다.

① ㉠: 연구회
② ㉡: 교육 프로그램을 개발하고 농업인들의 역량 강화를 도모해 왔습니다.
③ ㉢: 전문가들에게 검증되어진 프로그램입니다.
④ ㉣: 농산물 보관 방법, 유통 시장 분석 자료, 해외 연구 사례를 제공할 예정입니다. 또한 농가 소득 향상을 위한 판매 전략 수립에 도움을 드릴 예정입니다.

02 다음 진술이 모두 참일 때 반드시 참인 것은?

○ 제품의 재고가 부족하거나 주문량이 평소보다 증가하면 추가 생산을 진행한다.
○ 추가 생산을 진행하면 제품 배송이 지연된다.
○ 제품의 재고가 부족하지는 않다.

① 추가 생산을 진행하면 제품의 재고가 부족한 것이다.
② 주문량이 평소보다 증가하면 제품 배송이 지연될 것이다.
③ 추가 생산을 진행하지 않으면 주문량이 평소보다 증가한 것이다.
④ 제품의 재고가 부족하지 않다면 주문량이 평소보다 증가한 것이다.

03 (가)~(다)를 맥락에 맞게 순서대로 나열한 것은?

　전통 도예는 우리 문화유산의 중요한 부분을 차지하고 있다.

(가) 이처럼 전통 도예가 어려움을 겪자 정부는 1960년대부터 중요무형문화재 제도를 통해 도예 장인들을 보호하기 시작했다. 이를 통해 전통 기법을 보존하고 계승하기 위한 다양한 지원책이 마련되었으며, 전통 도예의 맥이 끊기지 않고 이어질 수 있었다.

(나) 우리나라 전통 도예는 삼국시대부터 발전하기 시작하여 고려시대에는 청자로, 조선시대에는 백자로 그 절정을 이루었다. 특히 고려청자의 신비로운 비색은 세계적으로도 그 아름다움을 인정받고 있다. 그러나 일제강점기를 거치면서 이러한 전통 도예 기술은 급격히 쇠퇴하게 되었다.

(다) 이러한 노력으로 현재까지 이어지고 있는 전통 도예는 단순한 과거의 유물이 아닌 현대적 가치를 지닌 문화자산으로 재평가되고 있다. 많은 현대 작가들이 전통 기법을 현대적으로 재해석하여 새로운 작품을 선보이고 있으며, 이러한 움직임은 한국 도자기의 세계화에도 기여하고 있다.

① (가) - (나) - (다)　　② (나) - (가) - (다)
③ (나) - (다) - (가)　　④ (다) - (가) - (나)

04 다음 글에서 추론한 내용으로 적절하지 않은 것은?

　국어의 음운 현상 중에서 비음과 관련된 대표적인 현상으로는 비음동화와 'ㄹ'의 비음화가 있다. 두 현상은 비음과 관련이 있지만 그 원리와 적용 대상에는 차이가 있다.

　비음동화는 장애음 'ㄱ, ㄷ, ㅂ'이 비음 'ㄴ, ㅁ, ㅇ' 앞에서 조음 위치가 같은 비음으로 바뀌는 현상이다. 예를 들어 '국물'은 [궁물]로, '밥물'은 [밤물]로, '맏며느리'는 [만며느리]로 발음된다. 이처럼 'ㄱ'은 비음 'ㅁ' 앞에서 연구개음 비음 'ㅇ'으로, 'ㅂ'은 'ㅁ' 앞에서 양순음 비음 'ㅁ'으로, 'ㄷ'은 'ㅁ' 앞에서 치조음 비음 'ㄴ'으로 바뀌는 것이다. 이때 비음동화는 단어와 단어 사이에도 적용이 되므로 '떡 만들어[떵만드러]'와 같이 발음한다.

　한편 'ㄹ'의 비음화는 받침 'ㄱ, ㅁ, ㅂ, ㅇ' 뒤에 오는 'ㄹ'이 'ㄴ'으로 바뀌는 현상이다. 예컨대 '강릉'은 [강능], '막론'은 [막논 → 망논]으로 발음된다. 이때 '막론[망논]'은 'ㄹ'의 비음화가 적용된 후 비음동화가 적용된 것이다. 'ㄹ'의 비음화는 고유어에서는 'ㄱ, ㄷ, ㅂ, ㅇ'으로 끝나는 형태소와 'ㄹ'로 시작하는 형태소가 결합하는 경우가 없으므로, 한자어나 외래어에서만 적용된다는 것이 특징이다.

① '국민을 믿는'에는 비음동화가 2번 나타난다.
② '종로에서 밥 먹어'에는 비음동화가 1번, 'ㄹ'의 비음화가 1번 나타난다.
③ '백로야 울지 마라'에는 비음동화가 1번, 'ㄹ'의 비음화가 1번 나타난다.
④ '독립을 위한 협력'에는 비음동화가 2번, 'ㄹ'의 비음화가 1번 나타난다.

[05~06] 다음 글을 읽고 물음에 답하시오.

경제학자 카네만은 사람들의 경제적 의사결정 과정에 관한 실험을 수행했다. 실험 참가자들에게 다음과 같은 두 가지 시나리오를 제시했다. 첫 번째 시나리오에서는 참가자들에게 1만 원을 주고, 이후 동전 던지기를 해서 앞면이 나오면 추가로 1만 원을 더 받고 뒷면이 나오면 아무것도 받지 못한다는 선택지 A와, 확실하게 5천 원을 추가로 받는 선택지 B 중 하나를 선택하게 했다. 두 번째 시나리오에서는 참가자들에게 2만 원을 주고, 이후 동전 던지기를 해서 앞면이 나오면 아무것도 ⊙잃지 않고 뒷면이 나오면 1만 원을 잃는 선택지 C와, 확실하게 5천 원을 잃는 선택지 D 중 하나를 선택하게 했다. 수학적으로 계산하면 두 시나리오의 기댓값은 동일하다. 그런데 실험 결과, 첫 번째 시나리오에서는 84%의 참가자들이 선택지 B(확실한 5천 원)를 선택했고, 두 번째 시나리오에서는 70%의 참가자들이 선택지 C(도박을 통한 손실 회피 가능성)를 선택했다. 이후 유사한 여러 실험에서도 일관된 결과가 나타났다. 이로부터 카네만은 [_____]는 결론을 내릴 수 있었다.

05 윗글의 빈칸에 들어갈 결론으로 가장 적절한 것은?

① 금액이 커질수록 사람들은 위험을 감수하는 선택을 더 많이 한다
② 경제적 의사결정에서 감정적 요소는 합리적 판단보다 중요하지 않다
③ 사람들은 기댓값이 같은 두 선택지 중에서 항상 변동성이 낮은 쪽을 선호한다
④ 사람들은 이익을 얻는 상황에서는 위험을 회피하고, 손실을 입는 상황에서는 위험을 감수하는 경향이 있다

06 밑줄 친 표현이 문맥상 ⊙의 의미와 가장 가까운 것은?

① 그는 높은 절벽 위에서 균형을 <u>잃고</u> 말았다.
② 박 씨는 평생 모은 돈을 노름으로 모두 <u>잃었다</u>.
③ 밤중에 방향 감각을 <u>잃으면</u> 산에서 내려오기 어렵다.
④ 형은 사고로 한 팔을 <u>잃은</u> 뒤로 삶의 의욕을 상실했다.

07 〈개요〉의 빈칸에 들어갈 내용으로 가장 적절한 것은?

〈개 요〉

○ 제목: 세대 간 갈등의 원인과 해소 방안

Ⅰ. 서론
  1. 급격한 고령화 진행과 세대 간 갈등 대두
  2. 세대 갈등의 다양한 양상과 심각성
Ⅱ. 세대 간 갈등의 주요 원인
  1. 경제적 원인
    (1) 연금 재정 부담 증가
    (2) 일자리 경쟁 심화
  2. 가치관적 원인
    (1) 디지털 격차
    (2) 사회문화적 인식 차이
Ⅲ. 세대 간 갈등 해소 방안
  1. 제도적 방안
    (1) 지속가능한 연금 제도 개혁
    (2) 세대 맞춤형 일자리 창출
  2. 문화적 방안
    (1) 세대 통합 프로그램 활성화
    (2) 디지털 교육 강화를 통한 정보 격차 해소
Ⅳ. 결론
  1. 세대 공존을 위한 사회적 합의 도출의 시급성
  2. [_____]

① 고령층 위주의 사회복지 제도 확충을 통한 세대 균형 회복
② 상호 존중과 이해를 바탕으로 한 세대 통합적 사회문화 조성
③ 청년층의 경제적 부담 완화를 위한 노인 복지 지출 축소 필요성
④ 세대 간 문화적 차이를 인정하고 각자의 영역을 분리하는 정책 추진

08 다음 글에서 추론한 내용으로 가장 적절한 것은?

음악 인지과학의 최근 연구는 음악 감상의 신경생리학적 메커니즘에 주목하고 있다. 특히 '음악적 기대감'은 음악 감상 과정에서 중요한 역할을 한다. 음악적 기대감은 음악의 흐름에서 다음에 어떤 음이나 화음이 올지 예측하는 인지적 과정을 의미한다. 듣는 이가 자신의 음악 경험을 토대로 형성한 음악적 기대를 충족시키는 진행에서는 보상 체계가 활성화되어 쾌감을 느끼게 된다. 반면 기대와 다른 진행이 나타날 때는 예상치 못한 놀라움을 통해 강렬한 정서적 반응을 일으킬 수 있다.

최근 뇌 영상 연구에 따르면, 기대에 부합하는 음악의 진행은 뇌의 보상 중추인 선조체를 활성화시키는 반면, 예상을 벗어나는 진행은 전전두엽의 활동을 증가시킨다. 흥미로운 점은 전문 음악가와 비전문가 사이의 뇌 활성화 패턴에서 뚜렷한 차이가 나타난다는 것이다. 전문 음악가는 복잡한 음악적 구조를 더 정교하게 예측하므로, 비전문가가 인지하지 못하는 미세한 변화에도 민감하게 반응한다. 비전문가는 주로 음악의 리듬, 멜로디, 강약과 같은 표면적 특성에 기초하여 기대감을 형성하는 반면, 전문 음악가는 화성 진행이나 대위법적 구조와 같은 추상적 특성까지 고려한다.

① 음악적 기대감이 충족되지 않을 때는 뇌의 보상 중추인 선조체의 활동이 증가한다.
② 비전문가는 음악의 추상적 특성에 더 민감하게 반응하여 정교한 예측 체계를 구축한다.
③ 음악 감상 시 발생하는 기대감은 개인의 음악 교육 수준과 무관하게 동일한 뇌 활동 패턴을 보인다.
④ 전문 음악가는 비전문가가 인지하지 못하는 음악적 구조의 변화에도 뇌의 활성화 패턴이 달라질 수 있다.

09 다음 대화의 빈칸에 들어갈 말로 가장 적절한 것은?

갑: 자료 구조 강의를 들으면 알고리즘 강의도 들을 수 있습니다.
을: _____.
병: 민수는 자료 구조 강의를 듣기로 결정했습니다.
정: 그렇다면 민수는 데이터베이스 강의를 들을 수 없겠네요.

① 데이터베이스 강의를 들으면 알고리즘 강의를 들을 수 없습니다
② 데이터베이스 강의를 들으면 자료 구조 강의도 들을 수 있습니다
③ 데이터베이스 강의를 듣지 않으면 알고리즘 강의를 들을 수 없습니다
④ 데이터베이스 강의를 듣지 않으면 자료 구조 강의를 들을 수 있습니다

10 다음 글의 ㉠을 강화하는 것만을 〈보기〉에서 모두 고르면?

　북극 지역에 서식하는 포유류들은 추운 환경에서 생존하기 위한 다양한 전략을 발달시켰다. 생물학자들은 이들의 생존 전략을 크게 '체온 유지형'과 '체온 변화형'으로 분류해왔다. 체온 유지형은 두꺼운 지방층과 털로 체온을 일정하게 유지하는 반면, 체온 변화형은 계절에 따라 체온을 낮추는 동면 상태로 에너지를 보존한다.
　전통적으로 학계에서는 북극의 대형 포유류는 체온 유지형으로, 소형 포유류는 체온 변화형으로 진화했다는 '체구 결정론'이 지배적이었다. 몸집이 큰 동물이 체온을 더 효율적으로 유지할 수 있다고 여겼기 때문이다. 그러나 2010년대 북극곰의 부분적 동면 현상과 일부 소형 설치류의 동면 없는 겨울나기가 관찰되면서 새로운 ㉠<u>주장</u>이 제기되었다. 이는 체구 크기보다 각 종의 먹이 자원 확보 능력과 생태적 지위가 적응 전략 결정에 더 중요한 요인이라는 것이다.

〈보기〉
ㄱ. 계절에 따라 식생활이 변화하는 중간 크기의 포유류들이 부분적 동면과 활동기를 번갈아 가며 생존하는 현상이 관찰되었다.
ㄴ. 같은 크기의 북극 포유류 중에서도 육식성 종은 체온 유지형으로, 초식성 종은 체온 변화형으로 적응한 사례가 다수 발견되었다.
ㄷ. 풍부한 먹이가 있는 지역의 소형 포유류는 겨울에도 동면하지 않고, 먹이가 부족한 지역의 대형 포유류는 부분적 동면을 하는 사례가 발견되었다.

① ㄱ, ㄴ
② ㄱ, ㄷ
③ ㄴ, ㄷ
④ ㄱ, ㄴ, ㄷ

독해력 UP! 어휘 퀴즈

헷갈리기 쉬운 어휘

[01~06] 다음 중 알맞은 어휘를 고르시오.

01 그 옷은 제 것이 (아니에요 / 아니예요).

02 예상보다 문제를 해결하기가 (만만찮았다 / 만만챦았다).

03 그는 검사의 질문에 선뜻 답하기를 (망서렸다 / 망설였다).

04 할머니께서는 거실에 앉아 (뜨개질 / 뜯게질)을 하고 계시었다.

05 해외 출장으로 인해 장례식에 참석하기 어려워 (부주 / 부조)만 했다.

06 그는 모래밭에 들어가기 전 결의에 찬 표정으로 (샅바 / 샷바)를 고쳐 맸다.

바꿔 쓸 수 있는 어휘

[07~12] 밑줄 친 어휘와 바꿔 쓸 수 있는 것을 ㉠~㉥에서 고르시오.

07 올해의 풍년을 <u>비는</u> 잔치를 벌였다.

08 사건의 수수께끼를 풀어낼 단서를 <u>찾아냈다</u>.

09 독립군은 역경 속에서도 항일 운동을 <u>계속했다</u>.

10 그들은 광산을 개발하기 위해 바위산을 <u>파고</u> 있었다.

11 경기 관람 중에 경기장 안으로 물건을 <u>던져서는</u> 안 됩니다.

12 모든 비행기가 갑작스럽게 결항하여 공항에 <u>머무를</u> 수밖에 없었다.

㉠ 투척하다
㉡ 굴착하다
㉢ 체류하다
㉣ 발견하다
㉤ 기원하다
㉥ 지속하다

정답 | 01 아니에요 02 만만찮았다 03 망설였다 04 뜨개질 05 부조 06 샅바
07 ㉤ 08 ㉣ 09 ㉥ 10 ㉡ 11 ㉠ 12 ㉢

12일 하프모의고사 12

01 〈공공언어 바로 쓰기 원칙〉에 따라 〈공문서〉의 ㉠~㉢을 수정한 것으로 적절하지 않은 것은?

─〈공공언어 바로 쓰기 원칙〉─
○ 문장 성분의 과도한 생략은 지양할 것.
○ 조사를 정확히 사용할 것.
○ 문장 성분 간의 관계를 명확히 표현할 것.
○ 중복되는 표현은 삼갈 것.

─〈공문서〉─
◇◇진흥원

수신 수신처 참조
제목 제3차 ㉠문화산업 진흥 위원회 개최 안내 알림

1. 귀 기관의 발전을 기원합니다.
2. ㉡문화산업 진흥을 위해 개최하오니 참석 부탁드립니다.
   가. 일시: 20○○년 5월 20일(화) 14:00~16:00
   나. 장소: ◇◇진흥원 대회의실
   다. 안건: ㉢우리 문화산업으로 도움이 되는 신규 사업의 발굴
3. ㉣회의 자료를 첨부되었으니 검토하신 후 당일 지참하여 주시기 바랍니다.

① ㉠: 문화산업 진흥 위원회 개최 안내
② ㉡: 문화산업 진흥을 위해 제3차 위원회를 개최하오니
③ ㉢: 우리 문화산업에게 도움이 되는 신규 사업의 발굴
④ ㉣: 회의 자료를 첨부하였으니

02 다음 글의 ㉠~㉣ 중 어색한 곳을 찾아 가장 적절하게 수정한 것은?

식물은 광합성을 통해 빛에너지를 화학에너지로 전환한다. 이 과정에서 물과 이산화탄소를 이용하여 산소와 포도당을 생산한다. 광합성은 식물의 잎에 있는 엽록소에서 일어나며, ㉠엽록소는 주로 녹색 파장의 빛을 반사한다. 식물이 우리 눈에 녹색으로 보이는 이유는 녹색 빛이 엽록소에서 반사되어 우리 눈에 들어오기 때문이다.

광합성 과정은 크게 명반응과 암반응으로 나뉜다. ㉡명반응은 빛이 없어도 진행이 가능하며 엽록체의 틸라코이드에서 발생한다. 이 과정에서 물이 분해되어 산소가 방출되고 에너지 물질이 생성된다. 명반응이라는 이름처럼 이 과정은 빛에 반응해서 일어나는 반응이다. 반면, ㉢암반응은 빛이 직접적으로 필요하진 않으며 스트로마에서 일어난다. 암반응에서는 명반응에서 생성된 에너지 물질을 이용하여 이산화탄소를 포도당으로 전환한다.

식물은 다양한 환경에 적응하며 광합성을 수행한다. 이 과정을 통해 생성된 포도당은 식물의 성장과 발달에 필요한 에너지원으로 사용될 뿐 아니라, ㉣셀룰로오스와 같은 구조물질의 합성에도 쓰인다. 식물 세포벽이 대부분 셀룰로오스로 구성되어 있다는 점이 이를 잘 보여준다.

① ㉠: 엽록소는 주로 녹색 파장의 빛을 걸러낸다
② ㉡: 명반응은 빛이 있어야 진행되며
③ ㉢: 암반응은 직접적인 빛이 필요하며
④ ㉣: 셀룰로오스와 같은 구조물질의 제거에도 쓰인다

03 다음 글의 논지를 강화하는 것으로 가장 적절한 것은?

역설적이게도, 초기 성공은 종종 혁신의 걸림돌이 된다. '성공의 함정'이라 불리는 이 현상은 많은 선도 기업들이 시장 지위를 잃는 주요 원인이다. 이들 기업은 기존 제품과 서비스의 성공에 안주하며 점진적 개선에만 집중하는 경향이 있다. 이러한 상황에서 근본적으로 새로운 접근법을 시도하는 신생 기업들이 시장을 뒤흔들게 된다. 혁신 이론가들은 그러한 산업의 지각 변동이 기술적 한계보다는 주로 기존 기업들의 혁신을 받아들이지 않는 인지적·조직적 관성에서 비롯된다고 지적한다. 따라서 지속적인 성공을 위해서는 현재의 비즈니스 모델을 끊임없이 재검토하고 자기 파괴적 혁신을 수용하는 용기가 필요하다.

① 기술 전문가들은 근본적인 혁신을 시도하는 기업들이 장기적인 전략 실행에 어려움을 겪는다고 주장한다.
② 항공 산업에서 오랜 역사를 자랑하는 A사는 기존의 서비스 품질 개선에 집중하여 고객 만족도 1위를 유지하고 있다.
③ 경영 컨설턴트들은 시장 점유율이 높은 기존 기업일수록 내부 혁신 팀을 통해 기존 성공 모델을 근본적으로 변화시키는 경향이 있다고 분석한다.
④ 핸드폰 시장을 주도하던 B사는 기존 물리 키패드 방식을 고수하였으나, 혁신적인 터치스크린 기술을 도입한 경쟁사에게 점유율을 빼앗기며 경쟁에서 밀려났다.

04 다음 글에서 추론한 내용으로 가장 적절한 것은?

언어마다 고유한 음운체계와 제약이 존재한다. 한국어의 음운체계 중 특징적인 것은 음절 구조에 관한 제약이다. 한국어는 음절의 초성에 둘 이상의 자음이 오지 못한다. 영어에서는 'stop'이나 'strike'처럼 두 개 이상의 자음이 단어의 시작에 올 수 있지만, 한국어에서는 이러한 형태가 허용되지 않는다. 따라서 영어의 자음군을 한국어로 표기할 때는 '스톱', '스트라이크'와 같이 자음군을 분리하고 그 사이에 'ㅡ'를 첨가한다. 또한 한국어 음절 초성에는 'ㅇ'이 올 수 없다. 'ㅇ'은 초성 위치에서는 표기상으로만 존재하며 발음되지 않는다.

한국어에는 음절 종성 위치에서도 중요한 제약이 있다. 표기상으로는 다양한 자음이 종성에 올 수 있지만, 실제 발음에서는 'ㄱ, ㄴ, ㄷ, ㄹ, ㅁ, ㅂ, ㅇ' 7개의 자음만 발음된다. 다만 뒤에 모음으로 시작하는 형식 형태소*가 오는 경우에는 연음이 발생해 후행 음절로 이동하여 음가 그대로 발음한다. 예를 들어 '밖'은 표기상 'ㄲ'이 종성에 위치하지만 실제로는 [박]으로 발음되며, '밖에'는 [바께]로 발음된다.

* 형식 형태소: 실질 형태소에 붙어 주로 말과 말 사이의 관계를 표시하는 형태소

① 한국어 음절 초성에는 'ㅇ'이 올 수 없으므로 '아이'는 잘못 표기된 것이다.
② '쑥'이라는 단어는 초성에 둘 이상의 자음이 오지 못한다는 음절 구조 제약에 해당된다.
③ '솥으로'가 [소트로]로 발음되는 것은 실제 발음에서 'ㅌ'은 발음되지 않는 종성 제약 때문이다.
④ 영어 'cream'이 한국어에서 [크림]으로 발음되는 것은 한국어에서 초성에 'cr'과 같은 자음군이 허용되지 않기 때문이다.

[05~06] 다음 글을 읽고 물음에 답하시오.

음악 산업은 지난 20년간 근본적인 변화를 겪었다. 물리적 음반 판매가 중심이던 시대는 지나갔고, 이제 디지털 스트리밍이 음악 소비의 주된 방식이 되었다. 이러한 변화는 음악 창작과 소비 전반에 광범위한 영향을 미쳤다.

음악 스트리밍 서비스가 ㉠등장한 것은 접근성 측면에서 혁명적이었다. 소비자들은 한정된 CD나 MP3 파일 대신, 수천만 곡을 언제 어디서나 들을 수 있게 되었다. 이는 청취자들에게 전례 없는 다양성과 편의성을 제공했다. 그러나 이 변화는 음악의 상품적 가치에 큰 영향을 미쳐, 한때 고가로 ㉡판매되던 앨범은 이제 구독료에 포함된 수많은 콘텐츠 중 하나가 되었다.

이것은 음악 제작 방식에도 영향을 미쳤다. 앨범 단위보다 개별 트랙 제작이 중요해졌으며, 알고리즘 추천 시스템에 맞추어 곡의 구성도 변화했다. 많은 현대 팝 곡들은 플레이리스트에 쉽게 ㉢포함되도록 구성을 최적화한다.

스트리밍으로 인한 음악 접근성 향상은 장르 간 경계를 허물었다. 전 세계 청취자들은 지리적 제약 없이 모든 문화권의 음악에 ㉣접근할 수 있게 되었고, 이는 K-pop이나 라틴음악 같은 장르의 글로벌 성공에 기여했다. 결국 스트리밍 시대는 음악의 상품가치를 낮추면서도 문화적 영향력과 다양성은 확대시키는 양면성을 가져왔다.

05 윗글의 중심 내용으로 가장 적절한 것은?

① 음악 스트리밍 알고리즘은 특정 유형의 음악만 강조하여 장기적으로 음악적 다양성을 위협하고 있다.
② 음악 산업의 디지털화는 음악 창작의 질을 향상시켰으며 더 많은 아티스트에게 성공 기회를 제공했다.
③ 음악 스트리밍 서비스의 등장으로 음악 소비의 편의성은 증가했으나 창작자의 경제적 보상은 감소했다.
④ 스트리밍 시대의 도래는 음악의 상품적 가치를 변화시키고 음악 제작 방식과 글로벌 문화 교류에 새로운 영향을 미쳤다.

06 윗글의 ㉠~㉣과 바꿔 쓸 수 있는 유사한 표현으로 적절하지 않은 것은?

① ㉠: 나온
② ㉡: 구하던
③ ㉢: 들어가도록
④ ㉣: 다가갈

07 다음 글의 결론을 이끌어 내기 위해 추가해야 할 것은?

○ 아침 운동을 건너뛰는 사람은 생활 패턴이 규칙적이지 않다.
○
따라서 생활 패턴이 규칙적인 사람은 식습관이 좋다.

① 아침 운동을 건너뛰는 사람은 식습관이 좋지 않다.
② 생활 패턴이 규칙적인 사람은 식습관이 좋지 않다.
③ 아침 운동을 건너뛰지 않는 사람은 식습관이 좋다.
④ 생활 패턴이 규칙적이지 않은 사람은 식습관이 좋지 않다.

08 다음 글을 이해한 내용으로 가장 적절한 것은?

언어상대성 가설(Linguistic Relativity Hypothesis)은 우리가 사용하는 언어가 사고방식에 영향을 미친다는 이론이다. 이를 지지하는 이들은 언어가 단순한 의사소통 도구를 넘어서 인간의 사고와 인식을 형성하는 틀로 작용한다고 주장했다. 언어상대성에 관한 초기 연구는 주로 언어 간의 단어 차이에 초점을 맞추었다. 예를 들어, 이누이트어에는 '눈'을 지칭하는 수십 개의 단어가 있는 반면, 영어에는 몇 개 안 되는 단어만 존재한다는 것이다. 이러한 관찰은 언어가 해당 문화권 사람들의 환경 인식에 영향을 미친다는 언어상대성 가설의 초기 주장에 대한 근거가 되었다. 그러나 이런 강한 형태의 언어상대성은 경험적 증거 부족과 방법론적 문제로 비판을 받았다.

최근 인지심리학과 신경과학 연구에서는 약한 형태의 언어상대성을 지지하는 증거들이 발견되고 있다. 뇌 영상 기법을 활용한 연구에서 색채 어휘가 다른 언어 사용자들은 색채 인식 과정에서 뇌의 서로 다른 영역이 활성화된다는 점이 밝혀졌다. 또한 공간 관계를 표현하는 문법 체계가 다른 언어를 사용하는 사람들은 비언어적 공간 과제에서도 다른 인지 전략을 사용한다는 연구 결과도 있다. 그러나 이러한 언어적 영향은 절대적이지 않다. 인간의 사고는 언어에 의해 완전히 결정되지 않으며, 보편적인 인지 능력도 존재한다. 언어는 인지 과정에 영향을 미치지만, 그 영향은 제한적이고 특정 맥락에 따라 달라질 수 있다. 예를 들어, 시간 압박이 있거나 인지적 부담이 높은 상황에서는 언어의 영향이 더 두드러지게 나타난다.

이처럼 현대 언어학과 인지과학의 관점에서 언어상대성은 단순한 이분법적 질문이 아니라, 언제, 어떻게, 어느 정도로 언어가 사고에 영향을 미치는지에 관한 복잡한 질문으로 발전했다. 따라서 언어와 사고의 관계는 역동적인 상호작용의 형태로 이해되어야 한다.

① 언어상대성 가설의 초기 주장은 경험적 증거를 통해 강화되어 현대 언어학의 기본 원리로 자리 잡았다.

② 현대 인지심리학 연구는 언어와 사고 간의 관계가 존재하지 않음을 증명하여 언어상대성 가설을 완전히 반박했다.

③ 인간의 사고는 언어에 의해서만 형성되므로 서로 다른 언어를 사용하는 사람들은 근본적으로 다른 현실을 경험한다.

④ 특정 언어의 어휘 체계는 해당 언어 사용자의 인지 과정에 영향을 미칠 수 있지만 그 영향은 상황과 맥락에 따라 달라질 수 있다.

09 다음 빈칸에 들어갈 말로 가장 적절한 것은?

가사는 경기체가가 쇠퇴하면서 등장한 문학 양식으로, 조선 시대를 대표하는 국문 시가로 자리 잡았다. 형식적으로는 3(4)·4조 4음보의 연속체 시가로 행수에 제한이 없다. 반면 내용적으로는 개인의 정서 표현뿐 아니라 교훈이나 여행의 감상 등을 담는 교술 시가에 속한다.

조선 전기 가사는 주로 임금의 은총을 노래하거나 자연에서 유유자적하는 심회를 표현했다. 송순의 「면앙정가」, 정극인의 「상춘곡」, 정철의 「관동별곡」 등이 대표적이며, 정철의 「사미인곡」과 「속미인곡」에서는 임금에 대한 충성심을 남녀의 애정에 빗대어 노래하는 특징을 보였다.

반면 조선 후기에는 현실 생활을 사실적으로 그린 작품들이 등장하기 시작했다. 특히 부녀자들이 지은 규방 가사, 유배 체험을 기록한 유배 가사가 등장하였다. 또한 서사적 장편 가사가 늘어나면서 산문화 경향이 뚜렷해지고, 신분제 동요와 상공업 발달로 인한 평민 문화의 성장으로 창작 계층이 확대된 것 역시 조선 후기 가사의 특징이다. 이러한 변화 양상을 고려할 때, 조선 후기 가사 문학의 가장 두드러진 특징은 _____(이)라고 할 수 있다.

① 유교적 이념의 강화와 형식의 엄격화

② 사실적 묘사와 문학 창작층의 다양화

③ 자연에서의 안빈낙도와 유유자적한 삶의 추구

④ 임금에 대한 충성심을 우회적으로 표현하는 경향

10 다음 빈칸에 들어갈 말로 가장 적절한 것은?

> 어느 학교 동아리 가입과 관련하여 다음과 같은 사실들이 알려졌다.
> ○ 합창단에 가입한 학생은 모두 음악을 좋아한다.
> ○ 음악을 좋아하는 학생은 모두 음악 시험에 합격했다.
> ○ 미술반에 가입한 학생은 모두 그림 실기 시험에 합격했다.
> ○ 영희는 합창단과 미술반에 모두 가입했다.
> 따라서 영희는 _____.

① 음악 시험에 합격했다
② 음악을 좋아하지 않는다
③ 미술반에 가입하지 않았다
④ 그림 실기 시험에 합격하지 않았다

바로 채점하기

| 01 | ③ | 02 | ② | 03 | ④ | 04 | ④ | 05 | ④ |
| 06 | ② | 07 | ③ | 08 | ④ | 09 | ② | 10 | ① |

독해력 UP! 어휘 퀴즈

헷갈리기 쉬운 어휘

[01 ~ 06] 다음 중 알맞은 어휘를 고르시오.

01 그는 아침마다 (늘 / 늘상) 마당을 쓸었다.

02 숱한 어려움을 (무릎쓰고 / 무릅쓰고) 목표를 달성했다.

03 공무원들이 가로수 (밑동 / 밑둥)에 볏짚을 두르고 있었다.

04 그녀는 끓어오르는 분을 (삭이며 / 삭히며) 다시 한번 물었다.

05 (아름드리 / 아람드리) 은행나무가 마을 한가운데 자리 잡고 있었다.

06 해열제를 먹어 열을 떨어뜨리자 몸이 (오돌오돌 / 오들오들) 떨리기 시작했다.

바꿔 쓸 수 있는 어휘

[07 ~ 12] 밑줄 친 어휘와 바꿔 쓸 수 있는 것을 ㉠ ~ ㉥에서 고르시오.

07 검찰은 비자금의 행방을 <u>찾고</u> 있었다.   ㉠ 귀환하다

08 임무를 마친 의용군들이 고국으로 <u>돌아왔다</u>.   ㉡ 인지하다

09 이번 행사에서는 먹을 것을 <u>넉넉하게</u> 준비했다.   ㉢ 도주하다

10 전쟁이 끝났지만 백성들은 아직도 고통을 <u>겪고</u> 있다.   ㉣ 탐색하다

11 이 상황이 나의 잘못에서부터 비롯되었다는 것을 <u>깨달았다</u>.   ㉤ 경험하다

12 희대의 사기 행각을 벌인 그는 경찰 조사를 피해 해외로 <u>도망갔다</u>.   ㉥ 풍부하다

정답 | 01 늘 02 무릅쓰고 03 밑동 04 삭이며 05 아름드리 06 오들오들
07 ㉣ 08 ㉠ 09 ㉥ 10 ㉤ 11 ㉡ 12 ㉢

01 〈공공언어 바로 쓰기 원칙〉에 따라 수정한 것으로 적절하지 않은 것은?

─〈공공언어 바로 쓰기 원칙〉─
○ 중복되는 표현을 삼갈 것.
○ 주어, 목적어, 서술어를 호응시킬 것.
○ 대등한 것끼리 접속할 때는 구조가 같은 표현을 사용할 것.
○ 조사, '-하다' 등을 지나치게 생략하지 말 것.

─〈공문서〉─
제목 환경 보호 캠페인 ⊙ 실시 진행 안내

  우리 시는 ⓒ시민들의 환경 의식 고취, 쾌적한 생활 환경 만들기 위해 노력하고 있습니다.
  ⓒ우리 시에서는 환경 보호 의식 함양을 목적으로 본 캠페인을 기획하였습니다.
  ⓓ환경오염 방지와 생태계를 보전하고자 5월 둘째 주에 각 부서 주관으로 환경보호 캠페인을 실시하오니 많은 참여 바랍니다.

① ⊙: 실시
② ⓒ: 시민들의 환경 의식을 고취하고, 쾌적한 생활 환경을 만들기 위해
③ ⓒ: 우리 시에서는 환경 보호 의식 함양을 목적으로 기획하였습니다.
④ ⓓ: 환경오염을 방지하고 생태계를 보전하고자

02 다음 글에서 추론한 내용으로 적절하지 않은 것은?

  국어의 대명사 체계에서는 동일한 형태의 대명사가 문맥과 상황에 따라 다른 기능을 수행하는 경우가 있다. 특히 '당신'과 '저희'는 용법에 따라 그 성격이 달라진다. '당신'은 일반적으로 상대방을 가리키는 2인칭 대명사로 사용되는데, 이때는 직접적인 대면 상황에서 높임의 의미가 있거나 부부 사이에서 친밀하게 쓰인다. 그러나 '당신'이 3인칭 재귀 대명사로 쓰일 경우에는 한 문장 안의 체언을 다시 가리키는 기능을 한다. 예컨대 "선생님께서는 당신의 책을 소개하셨다"에서 '당신'은 '선생님'을 가리키는 재귀 대명사이다.
  '저희' 역시 1인칭 대명사인 '우리'의 겸양형으로 사용될 때와 앞에 나온 사람들을 다시 가리키는 3인칭 재귀 대명사로 사용될 때 차이가 있다. "저희가 준비했습니다"의 '저희'는 화자를 포함한 다수를 가리키는 1인칭 대명사지만, "그 가족은 저희 집으로 돌아갔다"의 '저희'는 '그 가족'을 가리키는 3인칭 재귀 대명사이다. 이처럼 동일한 형태의 단어가 문맥에 따라 다른 문법적 기능을 수행하는 것은 국어 대명사 체계의 특징이라 할 수 있다.

① "사장님, 당신의 결정을 지지합니다"에서 '당신'은 2인칭 대명사로 쓰였다.
② "어머니께서는 당신의 청춘을 자식들에게 바치셨다"에서 '당신'은 3인칭 재귀 대명사로 쓰였다.
③ "사장님, 저희가 만든 음식에 손님들께서 감동하셨습니다"에서 '저희'는 1인칭 대명사로만 쓰였다.
④ "그 부부는 잘못을 부인했지만 저희가 잘못한 것은 확실했다"에서 '저희'는 1인칭 대명사이면서 3인칭 재귀 대명사이다.

[03~04] 다음 글을 읽고 물음에 답하시오.

언어 습득 이론의 역사에서 가장 중요한 대립은 생득주의와 경험주의 사이의 긴장 관계이다. 생득주의는 인간이 언어를 습득하는 능력을 선천적으로 타고난다는 관점으로, 촘스키의 보편문법 이론에서 그 정점을 이룬다. 촘스키는 아이들이 제한된 언어 환경에서도 복잡한 문법 구조를 습득하는 '자극의 빈곤' 현상을 설명하기 위해, 인간에게는 언어의 기본 원리를 ⓐ담은 선천적 장치가 있다는 점을 ⓑ내세웠다.

반면, 경험주의 이론에는 행동주의 이론이 있으며 언어 학습이 일반적인 인지 능력과 환경적 자극을 통해 이루어진다고 본다. 행동주의자들은 언어가 강화와 모방을 통한 학습의 결과라고 설명했으며, 현대 경험주의자들은 통계적 학습, 사회적 상호작용 등이 언어 습득에 핵심적 역할을 한다고 주장한다.

두 이론은 각기 언어 습득의 중요한 측면을 설명하지만, 최근 연구들은 통합 필요성을 ⓒ드러낸다. 그럼에도 (가) 선천적 언어 능력이 다양한 언어 환경에서 나타나는 언어 습득의 보편적 패턴을 더 적절하게 설명한다는 주장이 여전히 강한 설득력을 ⓓ지닌 것으로 평가된다. 특히 모든 언어에 공통으로 나타나는 구조적 특성과 언어 습득의 결정적 시기 현상은 이를 뒷받침한다.

03 윗글의 (가)를 강화하는 것으로 가장 적절한 것은?

① 표준적인 언어 교육을 받지 못한 청각장애인 아동들이 자발적으로 개발한 수화에서도 복잡한 문법 구조와 규칙성이 발견되었다.

② 언어 학습 환경이 풍부한 가정의 아동들은 그렇지 않은 가정의 아동들보다 어휘력과 문법 이해도가 통계적으로 유의미하게 높게 나타났다.

③ 어린이들을 대상으로 한 연구에서 집중적인 훈련과 언어 환경 노출을 통해 제한적이지만 의미 있는 수준의 언어 능력 발달이 가능한 것으로 나타났다.

④ 다국어 환경에서 자란 아동들은 단일 언어 환경의 아동들보다 새로운 언어 구조를 더 빠르게 학습하며 언어 간 전이 능력이 뛰어나다는 통계 결과가 발표되었다.

04 ⓐ~ⓓ과 바꿔 쓸 수 있는 유사한 표현으로 적절하지 않은 것은?

① ⓐ: 결합한
② ⓑ: 주장했다
③ ⓒ: 시사한다
④ ⓓ: 보유한

05 다음 진술이 모두 참일 때 반드시 참인 것은?

○ 영어를 공부하는 어떤 사람은 해외 유학을 간다.
○ 대학생이 아닌 사람은 모두 영어를 공부하지 않는다.
○ 해외 유학을 가는 사람은 모두 외국어 시험을 본다.

① 어떤 대학생은 외국어 시험을 본다.
② 대학생은 모두 해외 유학을 가지 않는다.
③ 외국어 시험을 보지 않는 사람은 모두 해외 유학을 간다.
④ 영어를 공부하는 사람은 모두 외국어 시험을 보지 않는다.

06 다음 글에서 추론한 내용으로 가장 적절한 것은?

건축에서 공간과 장소의 개념은 서로 구별되면서도 밀접하게 연관되어 있다. 건축 이론가 노베르그 슐츠에 따르면, 공간은 3차원적 영역으로서 객관적이고 물리적인 속성을 지니는 반면, 장소는 인간의 경험과 의미가 부여된 공간이다. 즉, 공간이 물리적 구조와 형태로 이루어진 영역이라면, 장소는 그 공간에 사람들의 기억, 문화, 역사, 감정이 더해진 것이다. 한 도시의 광장은 물리적으로는 비어있는 공간이지만, 그곳에서 사람들이 만나고, 축제가 열리고, 역사적인 사건이 일어날 때 비로소 의미 있는 장소가 된다. 또한 장소는 시간의 흐름에 따라 그 의미가 변화하기도 한다. 한때 번화했던 산업 지역이 쇠퇴한 후 예술가들의 창작 공간으로 재탄생하는 경우처럼, 같은 공간이라도 시대와 상황에 따라 다른 장소성을 가질 수 있다. 건축가의 역할은 단순히 물리적 공간을 설계하는 것에 그치지 않고, 그 공간이 사람들에게 의미 있는 장소로 경험될 수 있는 가능성을 창출하는 것이다.

① 문화재로 지정된 역사적 건물은 공간으로서의 가치는 높지만 장소로서의 의미는 상실되었다.
② 도시 재생 프로젝트는 물리적 공간의 개선보다 장소성 회복에 중점을 두는 것이 바람직하다.
③ 대형 쇼핑몰은 다양한 사람들의 경험과 기억이 축적되어 장소성이 형성될 수 있는 공간이다.
④ 건축가가 설계한 공간은 시간이 지날수록 원래 의도했던 장소성이 약화되므로 지속적인 물리적 보수가 필요하다.

07 다음 진술이 모두 참일 때 반드시 참인 것은?

○ 높은 연봉을 받는 사람은 모두 전문 자격증이 있거나 타 회사 근무 경험이 있다.
○ 타 회사 근무 경험이 있는 모든 사람은 컴퓨터 활용 능력이 뛰어나다.
○ 김 대리는 높은 연봉을 받고 전문 자격증이 없다.

① 김 대리는 타 회사 근무 경험이 없다.
② 김 대리는 컴퓨터 활용 능력이 뛰어나다.
③ 김 대리는 전문 자격증과 타 회사 근무 경험이 모두 없다.
④ 김 대리는 전문 자격증이 없고 컴퓨터 활용 능력도 뛰어나지 않다.

[08~09] 다음 글을 읽고 물음에 답하시오.

향가는 신라 시대부터 고려 초기까지 창작되고 불린, 우리 고유의 노래이다. 향가는 글자 수와 구조에 따라 4구체, 8구체, 10구체로 나눌 수 있다. 이때 4구체는 초기 형태로 대부분 민요나 동요에서 비롯되었고, 8구체는 과도기적 형태, 10구체는 향가의 완성된 형태로 볼 수 있다.

《삼국유사》에 실려 전하는 8구체 향가 〈처용가〉는 신라 향가 중 마지막 작품이자 고려 가요 〈처용가〉의 모태가 되었다는 점에서 문학사적 가치가 크다. ㉠이 작품은 주술적 성격이 강하여 주술 시가의 전통을 계승하고, 우리 고유 글자인 향찰로 쓰여 향가 해독에 중요한 단서를 제공했다.

㉡이 작품은 처용이 자신의 아내를 범한 역신을 노래와 춤으로 물리치는 이야기를 담고 있다. 처용은 아내와 역신의 모습을 보고도 분노하지 않고 노래와 춤으로 대응했으며, 이에 감동한 역신은 처용의 형상만 보아도 그 집에 들어가지 않겠다고 맹세한다. 이때 처용의 정체에 대한 가장 일반적인 해석은 그를 동해 용왕을 모시던 무격(巫覡)*으로 보는 것이다. 이 관점에서 보면 ㉢이 작품은 역병을 치료하는 무가(巫歌)의 성격을 띠는 것으로 해석할 수 있다.

향가 〈처용가〉는 고려 가요로 계승되면서 변용을 겪었는데, ㉣이 작품은 원형인 향가 〈처용가〉보다 희곡적 성격이 강화되었으며, 역신에 대한 분노와 처용의 위엄이 더 구체적으로 묘사되었다.

* 무격(巫覡): 무당과 박수를 아울러 이르는 말

08 윗글을 이해한 내용으로 가장 적절한 것은?

① 향가에는 3가지 종류가 있으며, 이 중 〈처용가〉는 가장 완성된 형태의 향가에 해당한다.
② 〈처용가〉는 고려 가요로 계승되었으며, 향찰로 쓰인 문학 작품 해독에 중요한 단서를 제공했다.
③ 〈처용가〉는 시간의 흐름에 따라 주술성이 사라지고 작품의 희곡적 성격이 강화되는 변용을 보인다.
④ 〈처용가〉에서 처용의 노래와 춤은 신라 왕실의 제례 의식에서 유래한 것으로 역신 퇴치의 주된 방법이었다.

09 윗글의 ㉠~㉣ 중 문맥상 지시 대상이 같은 것만으로 묶인 것은?

① ㉠, ㉣
② ㉢, ㉣
③ ㉠, ㉡, ㉢
④ ㉡, ㉢, ㉣

10 다음 대화를 분석한 내용으로 적절하지 않은 것은?

> **동현**: 장기 이식을 기다리는 환자들은 많은데 기증자는 부족한 현실이야. 사후 장기 기증을 활성화하기 위해 어떤 제도가 바람직할까? 명시적 동의제(opt-in)와 추정 동의제(opt-out) 중 어느 것이 더 적절할까?
>
> **서영**: 나는 추정 동의제가 더 효과적이라고 봐. 사망 시 별도로 거부 의사를 표시하지 않으면 장기 기증에 동의한 것으로 간주하는 방식이야. 스페인이나 오스트리아처럼 추정 동의제를 도입한 국가들은 기증률이 크게 올랐어. 많은 생명을 구할 수 있는 실용적인 접근법이라고 생각해.
>
> **재민**: 그건 개인의 자율성을 침해하는 거야. 사람의 신체는 국가나 사회가 함부로 처분할 수 있는 자원이 아니라고 생각해. 명시적으로 동의한 사람만 기증자가 되는 명시적 동의제가 인간의 존엄성과 자기 결정권을 존중하는 방식이야.
>
> **하나**: 나도 장기 기증에 있어서는 개인의 자기 결정권이 중요하다고 생각해. 하지만 동시에 장기 기증 교육과 캠페인을 확대하고, 기증자와 가족에게 예우와 혜택을 제공하는 정책이 병행되어야 해. 시민들이 자발적으로 기증에 참여할 수 있는 문화를 만드는 게 중요하다고 생각해.
>
> **정우**: 나는 장기 기증 결정에 가족의 역할도 중요하다고 봐. 많은 사람들이 생전에 명확한 의사를 밝히지 않기 때문에, 결국 남겨진 가족이 결정하게 되는 경우가 많아. 따라서 개인의 의사를 존중하되, 가족과의 사전 논의와 합의를 장려하는 제도적 장치가 필요해.

① 서영은 추정 동의제를 지지하며 생명 구제라는 실용적 측면을 강조한다.

② 재민은 명시적 동의제를 주장하며 인간의 신체에 대한 자기결정권을 중시한다.

③ 하나는 재민의 주장에 동의하면서도 기증 문화 확산을 위한 추가적 노력이 필요하다고 본다.

④ 정우는 서영의 주장에 동의하며, 가족 동의 제도의 폐지를 주장하면서도 개인의 의사만을 존중해야 한다고 강조한다.

독해력 UP! 어휘 퀴즈

헷갈리기 쉬운 어휘

[01~06] 다음 중 알맞은 어휘를 고르시오.

01 사냥꾼은 사슴을 산 (체 / 채)로 잡아 왔다.

02 가을이 되자 벼들이 황금빛을 (띠기 / 띄기) 시작했다.

03 그는 퇴근 후에 (으례 / 으레) 동료들과 술 한잔을 한다.

04 일부 국가에서는 상대와 볼을 (부비며 / 비비며) 인사를 한다.

05 학교 앞 골목에서 불량배들이 학생들에게 돈을 (뺏고 / 뺐고) 있었다.

06 (이따가 / 있다가) 점심시간이 끝난 후에 이 문제에 대해 다시 논의해 보자.

바꿔 쓸 수 있는 어휘

[07~12] 밑줄 친 어휘와 바꿔 쓸 수 있는 것을 ㉠~㉥에서 고르시오.

07 그는 나의 부탁을 매몰차게 <u>물리쳤다</u>.   ㉠ 의지하다

08 그는 지팡이에 <u>기대어</u> 힘겹게 몸을 일으켰다.   ㉡ 통지하다

09 유가족에게 피의자가 구속되었다는 사실을 <u>알렸다</u>.   ㉢ 복귀하다

10 동생은 짧은 휴가를 보내고 근무지로 다시 <u>돌아갔다</u>.   ㉣ 과시하다

11 그녀는 무대에 올라 지금까지 갈고닦은 실력을 <u>자랑했다</u>.   ㉤ 축적하다

12 그녀는 더 많은 전공 지식을 <u>쌓기</u> 위해 대학원에 진학했다고 했다.   ㉥ 거부하다

정답 | 01 채 02 띠기 03 으레 04 비비며 05 뺏고 06 이따가
07 ㉥ 08 ㉠ 09 ㉡ 10 ㉢ 11 ㉣ 12 ㉤

01 〈공공언어 바로 쓰기 원칙〉에 따라 〈공문서〉의 ㉠~㉣을 수정한 것으로 적절하지 않은 것은?

―〈공공언어 바로 쓰기 원칙〉―
○ 중복되는 표현을 삼갈 것.
○ 지나치게 긴 문장은 여러 문장으로 나누어 작성할 것.
○ 문맥에 맞는 정확한 어휘를 사용할 것.
○ 대등한 것끼리 접속할 때는 구조가 같은 표현을 사용할 것.

―〈공문서〉―
□□문화재단

수신 관내 초·중·고등학교장
제목 학생 문화예술 ㉠참여 기회 제공 및 부여

1. 귀 교의 발전과 건승을 기원합니다.
2. 본 재단은 ㉡학생들이 문화예술을 접할 수 있는 기회를 늘리고, 학생들의 창의성을 기르고자 하며, 이를 위해 학생 문화예술 프로그램을 운영하고 있습니다.
3. 이와 관련하여 본 재단은 지역 내 학생들의 문화예술 ㉢능력을 육성하고자 합니다. 아울러 ㉣창의적 표현 기법 개발과 예술적 감수성을 향상시키는 다양한 프로그램을 제공하오니 많은 참여 바랍니다.

① ㉠: 참여 기회 제공
② ㉡: 학생들이 문화예술을 접할 수 있는 기회를 늘리고, 학생들의 창의성을 기르고자 합니다. 이를 위해 학생 문화예술 프로그램을 운영하고 있습니다
③ ㉢: 능력을 재배하고자 합니다
④ ㉣: 창의적 표현 기법을 개발하고 예술적 감수성을 향상시키는

02 (가)~(다)를 전제로 할 때 빈칸에 들어갈 결론으로 가장 적절한 것은?

(가) 모든 과학자는 분석적 사고력을 갖추고 있다.
(나) 어떤 과학자는 연구 윤리를 준수하지 않는다.
(다) 모든 혁신적 연구를 수행하는 사람은 연구 윤리를 준수한다.
따라서 _____

① 어떤 과학자는 혁신적 연구를 수행한다.
② 모든 과학자는 연구 윤리를 준수하지 않는다.
③ 어떤 분석적 사고력을 갖춘 사람은 연구 윤리를 준수한다.
④ 어떤 과학자는 분석적 사고력을 갖추고 있으면서, 혁신적 연구를 수행하지 않는다.

03 다음 글의 (가)를 강화하는 것으로 가장 적절한 것은?

우리나라 영어 교육의 현실적 딜레마는 실용성과 입시 효율성 사이의 괴리에 있다. 제2언어 습득 이론에 따르면 언어는 의미 있는 상호작용과 충분한 입력을 통해 효과적으로 습득되지만, 현행 교육 체계에서는 대학수학능력시험과 내신 평가에 최적화된 문법 지식과 독해 중심의 교수법이 주를 이룬다. 이런 교육 방식은 학생들의 어휘력과 구문 분석 능력은 향상시키지만, '이해 가능한 입력'과 '의사소통 중심의 언어 학습'과는 거리가 있다.

글로벌 시대에 실질적인 의사소통 능력의 중요성이 증대되면서 교육 현장에서도 변화의 필요성이 제기되고 있다. 특히 4차 산업혁명 시대에 요구되는 협업과 소통 능력 함양을 위해서는 실용적인 영어 교육이 필수적이다. 교육부도 이러한 시대적 요구에 부응하여 의사소통 중심의 영어 교육을 강조하는 교육과정을 발표했다. (가) 그러나 대학 입시에서 여전히 독해와 문법 능력이 핵심적으로 평가되는 한, 고등학교 현장에서 실용 영어 중심의 교육으로 완전히 전환하기는 구조적으로 불가능하다. 교사들은 학생들의 입시 경쟁력을 고려해야 하고, 한정된 교육 시간 내에서 효율성을 추구할 수밖에 없는 제도적 제약을 받고 있다.

일부 학교에서는 프로젝트 기반 학습이나 영어 몰입 교육 등 혁신적인 방법을 시도하고 있으나, 이는 추가적인 교육 자원과 시간이 필요하여 보편화되기 어렵다. 결국 현행 입시 제도와 평가 체계의 근본적인 변화 없이는 의사소통 중심의 영어 교육으로의 전환은 한계가 있을 수밖에 없다.

① 원어민 교사와의 토론 수업과 영어 프레젠테이션 수업을 도입한 외국어 고등학교 학생들의 독해 능력이 일반 고등학생들보다 28% 높은 수준으로 나타났다.

② 최상위권 대학 진학률이 높은 학교의 경우 의사소통 능력 향상을 강조하는 영어과 개정 교육과정의 현장 적용률이 평균 80%에 달한다는 분석 결과가 나타났다.

③ 현직 고등학교 영어 교사들을 대상으로 한 설문 조사에서 대학수학능력시험의 출제 경향에 부합하는 현재의 교수법을 유지할 것이라고 응답한 비율이 전체의 76.8%로 나타났다.

④ 영어 교육 혁신 시범학교로 지정된 고등학교들의 경우 정부 지원과 행정 인센티브를 받지 못했으나, 실용 영어 교육에 할애하는 시간이 전체 영어 수업의 65%를 넘었다는 연구 결과가 발표되었다.

04 다음 글의 (가)와 (나)에 들어갈 말을 적절하게 나열한 것은?

국어의 주체 높임법은 서술어의 주체, 즉 주어가 가리키는 대상을 높이는 범주로, 그 실현 방식에 따라 세분화할 수 있다. 직접 주체 높임법은 문장의 주체가 직접적으로 높임의 대상이 되어 주격 조사 '께서', 선어말 어미 '-(으)시-', 특수 어휘(드시다, 계시다, 주무시다 등)를 통해 실현된다. 반면 간접 주체 높임법은 주체 자체가 아닌 주체와 밀접한 관계가 있는 대상이나 주체의 소유물, 신체 일부 등을 간접적으로 높이는 경우로, '아버지의 건강이 좋으시다', '선생님의 말씀이 옳으시다'와 같은 예에서 확인할 수 있다. 이때 높임의 실제 대상은 '건강'이나 '말씀'이 아닌 '아버지'와 '선생님'이다.

'선생님은 귀가 아주 작으시다'라는 문장에서는 높임의 대상인 '선생님'의 신체 일부인 '귀'를 높이고 있으므로 ___(가)___ 이 실현되었다. 한편 '할아버지께서 씨를 뿌리신다'라는 문장에서는 높임의 대상이 '할아버지'이므로 ___(나)___ 이 실현되었다. 이처럼 주체 높임법은 높임의 실제 대상이 통사적으로 주어 위치에 오는지, 아니면 주어와 관련된 다른 요소인지에 따라 그 실현 양상이 달라진다.

	(가)	(나)
①	간접 주체 높임법	간접 주체 높임법
②	간접 주체 높임법	직접 주체 높임법
③	직접 주체 높임법	간접 주체 높임법
④	직접 주체 높임법	직접 주체 높임법

[05~06] 다음 글을 읽고 물음에 답하시오.

고려 왕조의 몰락과 조선의 건국이라는 격변기를 살았던 이색(李穡, 1328~1396), 원천석, 길재와 같은 고려의 유신(遺臣)들은 그들의 정서와 심경을 시조로 표현하였다.

이색의 「백설이 잦아진 골에~」는 고려 말 정권 교체 상황을 상징적으로 표현했다. "백설(白雪)이 잦아진 골에 구름이 험하구나"에서 '백설'은 고려 왕조를, '구름'은 조선을 건국하려는 세력을 상징한다. 화자는 "반겨 줄 매화(梅花)는 어느 곳에 피어 있는가?"라며 고려를 구할 우국지사가 나타나지 않는 현실에 대한 안타까움을 드러낸다. 이때 "석양(夕陽)에 홀로 서서 갈 곳을 몰라 하노라"의 '석양'은 고려의 쇠락한 국운을 의미한다.

원천석의 「흥망이 유수하니~」에서는 "흥망(興亡)이 유수(流水)하니 만월대(滿月臺)도 추초(秋草)로구나"라고 하여, 사물의 번영과 쇠락이 무상함을 표현했다. 여기서 '만월대'는 고려의 왕궁터를, '추초'는 쓸쓸한 가을 풀을 의미하며, 고려의 멸망을 한탄하는 화자의 마음을 나타낸다.

길재의 「오백 년 도읍지를~」은 고려의 옛 고읍인 개성을 방문한 화자의 감회를 ㉠담은 작품이다. 작품에서 "산천(山川)은 의구(依舊)한데 인걸(人傑)은 간 데 없다"라는 구절은 변함없는 자연과 변화하는 인간사의 대비를 통해 무상감과 망국의 한을 강조하는 효과를 가진다.

이처럼 고려 유신들의 시조에는 망국의 한과 절개를 지키고자 하는 의지가 자연물을 활용한 상징과 대조를 통해 효과적으로 표현되어 있다. 이들 시조는 역사적 격변기를 살았던 지식인들의 내면 심리와 우국충정을 보여주는 중요한 문학적 자료라고 할 수 있다.

05 윗글에서 추론한 것으로 가장 적절한 것은?

① 고려 유신들의 시조에서는 자연물을 통해 변화하는 역사적 현실에 대한 한탄과 안타까움을 드러내고 있다.
② 고려 유신들의 시조에서 화자는 자연의 아름다움에 몰입함으로써, 정치적 혼란에서 벗어나려는 도피적 성향을 보인다.
③ 이색의 시조는 자연 현상을 통해 정치적 상황을 암시하지만, 원천석과 길재의 시조는 직설적인 표현으로 저항 의식을 드러낸다.
④ 고려 유신들의 시조는 상징과 대조적 표현을 통해 망국의 정서를 효과적으로 형상화하여 후대 애국가사의 창작 모델로 활용되었다.

06 문맥상 ㉠의 의미와 가장 가까운 것은?

① 아이는 접시에 나물을 가득 담았다.
② 참기름을 병에 담자 고소한 향기가 퍼졌다.
③ 작가는 이야기에 자신의 경험을 담기도 한다.
④ 어머니께서는 그릇에 뜨거운 국을 담아 내오셨다.

07 (가)~(라)를 맥락에 맞추어 가장 적절하게 나열한 것은?

(가) 이를 위해 흥미로운 질문이나 놀라운 통계로 시작하는 것이 효과적이다. 또는 개인적 경험이나 실제 사례를 활용하여 추상적인 발표의 개념을 구체화하는 것도 좋다. 다양한 시각 자료를 통해 활용하여 단조로움을 피하는 것 역시 청중의 관심을 유지시킬 수 있는 방법이다.

(나) 프레젠테이션을 준비할 때는 발표의 일관성과 설득력을 높이기 위해 명확한 목표를 설정해야 한다. 특히 핵심 메시지는 2~3개로 요약하여 청중이 기억하기 쉽게 만들어야 한다.

(다) 효과적으로 발표를 마무리하기 위해서는 핵심 내용을 다시 강조하고 청중에게 구체적인 행동을 제안하는 것이 필요하다. 발표의 시작과 연결되는 요소를 포함하면 구조적 완성도가 높아진다. 인상적인 문구나 통계로 마무리하는 것도 좋은 전략이다.

(라) 한편, 청중의 집중력은 발표 시작 후 약 10분이 지나면 급격히 감소한다. 그렇기 때문에 첫 인상이 중요한 발표의 특성상 도입부에서 청중의 관심을 사로잡아야 한다.

① (가) – (라) – (나) – (다)
② (나) – (가) – (다) – (라)
③ (나) – (라) – (가) – (다)
④ (다) – (나) – (가) – (라)

08 (가)와 (나)를 전제로 결론을 이끌어 낼 때, 빈칸에 들어갈 말로 가장 적절한 것은?

(가) 야간 근무를 하는 사람 중 일부는 건강 식단을 실천하지 않는 사람이다.
(나) 헬스장에 등록한 사람은 모두 건강 식단을 실천한다.
따라서 _____.

① 헬스장에 등록한 사람은 모두 야간 근무를 하지 않는 사람이다
② 야간 근무를 하는 사람 중 일부는 헬스장에 등록하지 않은 사람이다
③ 건강 식단을 실천하지 않는 사람은 모두 헬스장에 등록한 사람이다
④ 건강 식단을 실천하는 사람 중 일부는 헬스장에 등록하지 않은 사람이다

[09~10] 다음 글을 읽고 물음에 답하시오.

민주적 거버넌스*는 다양한 사회 주체들의 참여와 협력을 통한 공동 통치를 의미한다. 이는 중앙정부와 지방정부 간 위계적 관계의 수직적 거버넌스와, 정부 기관, 시민사회, 기업 등이 대등하게 참여하는 수평적 거버넌스로 구분된다.

최근에는 디지털 기술의 발달로 전자 거버넌스가 급부상하고 있다. ㉠이는 정보통신기술을 활용해 행정 서비스와 시민 참여를 확대한다. 특히 소셜 미디어와 모바일 기술로 시민들은 정책 과정에 직접 의견을 제시할 수 있게 되었다. 그러나 디지털 격차로 인한 취약계층이나 고령층의 참여 불평등 문제도 발생한다. ㉡이들은 디지털 기술 접근성과 활용 능력이 낮아 소외될 가능성이 높다.

전자 거버넌스의 진화는 공공가치 창출이라는 목표를 향해 나아간다. 단순한 행정 효율성을 넘어 사회적 형평성, 투명성, 책무성 실현은 현대 행정의 중요 과제이다. ㉢이는 다양한 참여 주체 간의 균형 있는 협력을 통해서만 실현될 수 있다. 특히 ㉣이것은 가치 실현의 중요한 수단이 될 수 있으나, 기술적 격차 해소를 위한 정책이 병행되어야 한다.

* 거버넌스: 국가 해당 분야의 여러 업무를 관리하기 위해 정치·경제 및 행정적 권한을 행사하는 국정 관리 체계

09 윗글에서 추론한 내용으로 가장 적절한 것은?

① 전자 거버넌스의 주요 목표는 행정의 효율성을 높이는 것이다.
② 수직적 거버넌스는 다양한 행정 기관들의 대등한 참여를 추구한다.
③ 거버넌스는 디지털 격차로 특정 계층에게 불평등 문제를 야기할 수 있다.
④ 디지털 기술의 발달은 모든 시민들의 정책 참여 기회를 균등하게 확대했다.

10 윗글의 ㉠~㉣ 중 문맥상 지시 대상이 같은 것만으로 묶인 것은?

① ㉠, ㉣
② ㉡, ㉢
③ ㉠, ㉢
④ ㉢, ㉣

독해력 UP! 어휘 퀴즈

헷갈리기 쉬운 어휘

[01~06] 다음 중 알맞은 어휘를 고르시오.

01 아내가 (홀몸 / 홑몸)이 아니라서 일찍 귀가해야 한다.

02 결혼식을 앞두고 미리 (맞춘 / 맞힌) 양복이 작아졌다.

03 집에 가는 길에 약국에 (들려 / 들러) 소화제를 구매했다.

04 교통 체증이 (좀처럼 / 좀체로) 완화될 기미가 보이지 않았다.

05 그렇게 소극적으로 있으면 (푼내기 / 풋내기) 취급을 받고 말 것이다.

06 나의 설명이 채 끝나기도 전에 그는 (들입다 / 드립다) 화부터 내기 시작했다.

바꿔 쓸 수 있는 어휘

[07~12] 밑줄 친 어휘와 바꿔 쓸 수 있는 것을 ㉠~㉢에서 고르시오.

07 나는 경찰관에게 다가가 길을 물었다.

08 어제 경찰서에 들어간 기자는 총 9명이다.

09 그는 기뻐하는 시민들에게 손을 흔들며 인사했다.

10 그녀는 호흡을 멈추고 과녁을 향해 활시위를 겨누었다.

11 오랫동안 화분에 물을 주지 않았더니 꽃이 시들어 버렸다.

12 책임을 회피하기 위해 손실 규모를 줄여 보고했다는 사실이 드러났다.

㉠ 출입하다
㉡ 축소하다
㉢ 마르다
㉣ 환호하다
㉤ 접근하다
㉥ 정지하다

정답 | 01 홑몸 02 맞춘 03 들러 04 좀처럼 05 풋내기 06 들입다
07 ㉤ 08 ㉠ 09 ㉣ 10 ㉥ 11 ㉢ 12 ㉡

01 다음 글에서 추론한 내용으로 가장 적절한 것은?

언어의 의미는 언어 표현과 그것이 가리키는 대상 간의 관계에서 생겨난다. 언어학자들은 이러한 관계를 설명하기 위해 '외연'과 '내포'라는 개념을 사용한다. 외연이란 특정 언어 표현이 실제 세계에서 지칭하는 대상이나 범위를 뜻한다. 가령 '서울 시민'이라는 표현의 외연은 서울에 거주하는 모든 사람들이다. 반면, 내포는 어떤 언어 표현이 함축하는 속성이나 의미의 집합을 가리킨다. '서울 시민'의 내포는 '서울에 거주한다'라는 속성이다.

외연과 내포는 서로 반비례하는 특성을 갖는다. 즉, 내포가 많을수록 외연은 줄어들고, 내포가 적을수록 외연은 늘어난다. 또한 외연이 같더라도 내포가 다른 경우가 있다. 금성은 태양과 가까운 궤도를 가진 행성으로, 아침에는 동쪽 하늘에서 '아침의 별'로, 저녁에는 서쪽 하늘에서 '저녁의 별'로 관찰된다. 따라서 '아침의 별'과 '저녁의 별'은 모두 금성을 가리킨다. 하지만, '아침의 별'은 새벽과 시작을 의미하는 반면, '저녁의 별'은 황혼과 마무리를 의미하는 등 서로 다른 내포를 갖는다. 이처럼 같은 대상을 가리키더라도 그것을 제시하는 방식과 맥락에 따라 다른 의미가 생성된다.

언어의 모호성과 의미의 불명확함은 종종 외연과 내포의 혼동에서 비롯된다. 특히 사회적, 정치적 담론에서 이러한 혼동은 의사소통의 장애를 초래하기도 한다. 효과적인 의사소통을 위해서는 사용하는 언어 표현의 외연과 내포를 명확히 인식하는 것이 중요하다.

① 신문 기사에서 '청년'이라는 용어의 연령대와 성별을 명시하지 않으면 외연이 모호해진다.
② '포유류'보다 '고래'의 외연이 더 넓은 것은 '포유류'보다 '고래'의 내포가 더 적기 때문이다.
③ '아침의 별'과 '저녁의 별'의 내포가 다른 이유는 두 표현이 지칭하는 천체가 서로 다르기 때문이다.
④ '저명한 수학자'와 '페르마의 마지막 정리를 증명한 사람'이 같은 인물을 지칭한다면 두 표현의 내포는 동일할 것이다.

02 다음 글의 논지를 강화하는 것으로 가장 적절한 것은?

M국 정부는 이산화탄소 배출량 감소를 위해 전기차 보급률을 높이고자 한다. 이를 위해 정부는 전기차 구매 시 25%의 세금을 감면하고 5년간 무상 보험 혜택을 제공하는 정책을 도입했다. 그러나 이러한 정책은 장기적인 해결책이 되기 어렵다. 효과적인 전기차 보급 확대를 위해서는 일시적인 금전적 인센티브보다 전국적으로 충분한 충전소 네트워크를 구축하고 배터리 교체 시설을 확충하는 것이 핵심이다. 소비자들은 구매 비용 부담보다는 실제 사용에 관련된 문제로 인해 전기차 구매를 망설이기 때문이다.

① M국의 소비자들이 전기차 구매를 망설이는 가장 큰 이유로 '높은 가격'이 꼽혔다.
② M국과 비슷한 상황이었던 A국에서 세금 감면 혜택을 늘린 이후 전기차 판매량이 꾸준히 증가했다.
③ M국과 비슷한 상황이었던 B국과 C국을 조사한 결과, 전기차 충전소가 많은 B국과 상대적으로 적은 C국의 전기차 등록 대수에는 차이가 없었다.
④ M국에서 전기차 소유자를 대상으로 한 설문 조사에서, '충전소 부족'이 전기차 사용의 가장 큰 불편 사항으로 꼽혔으며, '장거리 여행 시 충전 불안'이 그 뒤를 이었다.

03 〈개요〉의 ㉠~㉣에 들어갈 내용으로 적절하지 않은 것은?

―〈지 침〉―
○ 서론은 주제의 중요성과 문제 상황을 제시할 것.
○ 본론은 제목의 하위 내용으로 구성하되, 각 장의 하위 항목끼리 대응하도록 작성할 것.
○ 결론은 기대 효과와 향후 과제를 제시할 것.

―〈개 요〉―
○ 제목: 야생 동물 서식지 파괴의 원인과 보전 방안

Ⅰ. 서론
  1. 야생 동물 서식지의 생태학적 중요성
  2. ㉠

Ⅱ. 야생 동물 서식지 파괴의 원인
  1. ㉡
  2. 농경지 확대를 위한 산림 파괴 및 무분별한 개발

Ⅲ. 야생 동물 서식지 보전 방안
  1. 도시 계획 단계에서의 생태 통로 확보
  2. ㉢

Ⅳ. 결론
  1. 서식지 보전을 통한 생물다양성 유지와 생태계 균형 확보
  2. ㉣

① ㉠: 전 세계적 야생 동물 서식지 감소 현황
② ㉡: 도시화 및 산업화로 인한 자연 환경 훼손
③ ㉢: 생태관광 활성화를 통한 관광 수익 증대
④ ㉣: 관련 예산안 발의 및 서식지 마련을 위한 지역 주민 동의 확보

04 다음 글의 (가)를 강화하는 것으로 가장 적절한 것은?

  문화 적응 과정은 개인이 새로운 문화적 환경에 적응해 가는 심리적 변화 단계를 의미한다. 이 과정은 일반적으로 네 단계로 구분된다. 첫째, 허니문 단계에서는 새로운 문화에 대한 호기심과 흥미로 모든 것이 신선하고 흥미롭게 느껴진다. 둘째, 위기 단계에서는 문화적 차이로 인한 좌절과 혼란이 발생한다. 언어 장벽, 가치관 충돌, 생활 습관의 차이 등으로 스트레스와 불안감이 증가한다. 셋째, 회복 단계에서는 새로운 문화의 규범과 가치를 점차 이해하고 적응하기 시작한다. 의사소통 능력이 향상되고 사회적 관계망을 형성한다. 마지막으로 적응 단계에서는 새로운 문화에 대한 이해와 수용이 깊어져 자신의 정체성에 새로운 문화적 요소를 통합한다. 이러한 문화 적응 과정은 개인마다 다르게 나타나며, 적응 속도와 깊이는 성격, 이전 경험, 지지 체계의 유무 등에 따라 달라질 수 있다.
  심리학자들은 문화 적응 과정이 심리적 이해를 바탕으로 단계별로 진행된다고 본다. 적응해 나가는 단계의 순서는 항상 일정하지만, 각 단계의 강도와 지속 기간은 환경적 요인과 개인의 성향에 따라 다르다. 허니문 단계에서는 낯선 문화가 모두 긍정적으로 인식되는 반면, 위기 단계에서는 문화적 차이가 분명해지면서 갈등과 좌절이 발생한다. 회복 단계에서는 점진적으로 문화적 차이를 이해하게 되고, 적응 단계에서는 두 문화의 요소를 효과적으로 통합하게 된다. 하지만 (가) 일부 이민자나 유학생들은 시간이 지나도 새로운 문화에 적응하지 못하고 문화적 차이에 좌절하며, 심리적 어려움을 지속적으로 경험한다는 것이 연구자들의 관찰이다.

① 조사 결과 문화 적응 과정에서 적응 단계에 도달한 이민자들도 정체성 혼란을 겪는 경우가 있었다.
② 허니문 단계가 길게 지속될수록 위기 단계의 충격이 완화되어 회복 단계로 쉽게 진입한다는 것이 밝혀졌다.
③ 위기 단계에서 충분한 지지 체계와 적절한 대처 전략이 없으면 회복 단계로 진입하기 어렵다는 연구 결과가 발표되었다.
④ 회복 단계에 들어선 이민자들은 대부분 문화적 차이를 긍정적으로 수용하여 적응 단계에 빠르게 도달했다는 것이 밝혀졌다.

[05 ~ 06] 다음 글을 읽고 물음에 답하시오.

증강현실(AR)은 현실 세계에 가상 정보를 실시간으로 결합하여 향상된 경험을 제공하는 기술이다. 스마트폰으로 거리를 비추면 건물 위에 상점 정보가 나타나거나, 특수 안경을 쓰면 책 위에 3D 캐릭터가 등장하는 것이 그 예이다. 가상현실(VR)이 사용자를 완전한 가상 환경에 몰입시키는 것과 달리, 증강현실은 현실 세계를 기반으로 디지털 요소를 추가한다.

증강현실 시스템은 디스플레이, 트래킹, 레지스트레이션, 콘텐츠 생성이라는 네 가지 핵심 구성요소로 이루어진다. 디스플레이는 실제 환경과 가상 정보를 함께 보여주는 장치로, 헤드마운트 디스플레이(HMD), 스마트폰, 프로젝션 시스템 등이 있다. 이때 헤드마운트 디스플레이는 양손을 자유롭게 사용할 수 있는 장점이 있다. 트래킹은 사용자의 위치와 시선 방향을 실시간으로 파악하는 기술로, GPS, 가속도계, 자이로스코프, 카메라 등이 활용된다. 레지스트레이션은 가상 객체를 현실 세계의 적절한 위치에 정확히 ㉠놓는 과정이다. 이 과정에서는 트래킹이 정확할수록 가상 객체가 현실 세계에 더 자연스럽게 통합될 수 있다. 이 때문에 트래킹을 통해 얻은 데이터가 핵심 역할을 한다. 콘텐츠 생성은 증강현실 환경에서 나타나는 3D 모델, 텍스트, 이미지 등의 디지털 요소를 개발하는 것이다.

증강현실 기술은 교육, 의료, 제조, 엔터테인먼트 등 다양한 분야에서 활용된다. 교육에서는 학생들이 역사적 건물을 3D로 탐험하거나 인체 구조를 입체적으로 학습하며, 산업 현장에서는 복잡한 기계 수리 시 증강현실 안경을 통해 부품 정보와 수리 방법을 실시간으로 확인하는 데 사용된다.

05 윗글에서 추론한 내용으로 가장 적절한 것은?

① 증강현실의 콘텐츠 생성은 다른 구성요소와 독립적으로 이루어지는 과정이다.
② 증강현실 기술은 트래킹의 정확도가 높을수록 현실감 있는 사용자 경험을 제공한다.
③ 증강현실과 가상현실은 모두 현실 세계의 정보를 기반으로 하지만 표현 방식에 차이가 있다.
④ 헤드마운트 디스플레이는 증강현실 구현에 필수적인 장치로, 다른 디스플레이 장치보다 우수하다.

06 밑줄 친 표현이 문맥상 ㉠의 의미와 가장 가까운 것은?

① 그는 회의실 테이블 위에 중요한 서류들을 정리해서 놓았다.
② 의사는 환자의 팔에 마취 주사를 놓고 수술 준비를 시작했다.
③ 하루 종일 바쁘게 일하던 농부들이 저녁이 되자 일손을 놓았다.
④ 어머니는 베갯잇에 꽃무늬를 놓아 방 분위기를 화사하게 만들었다.

07 다음 글의 밑줄 친 결론을 이끌어 내기 위해 추가해야 할 것은?

환경 문제에 관심이 있는 사람들은 모두 친환경 제품을 구매한다. 따라서 환경 문제에 관심이 있는 사람들은 모두 세금 감면 혜택을 받을 수 있다.

① 친환경 제품을 구매하지 않는다.
② 세금 감면 혜택을 받는 사람들은 모두 친환경 제품을 구매한다.
③ 친환경 제품을 구매하는 사람들은 모두 세금 감면 혜택을 받을 수 있다.
④ 환경 문제에 관심이 없는 사람들은 모두 세금 감면 혜택을 받을 수 있다.

08 다음 글의 빈칸에 들어갈 결론으로 가장 적절한 것은?

1990년대 이후 한국 문학은 탈이념 시대의 도래와 함께 다양한 변화를 맞이했다. 무한 경쟁과 개인주의가 나타나고, 정보화와 세계화로 인해 급변하는 환경 속에서 문학은 시대적인 문제보다 일상과 개인의 내면에 집중하는 경향을 보였다. 또한 2000년대 중반부터는 이주 노동자 문제를 다룬 '다문화 문학'이 형성되었다. 초기 다문화 문학은 주로 해외 이주자들이 겪는 곤경에 대해 연민의 시선으로 문제를 조명했으나, 점차 그들을 우리 사회의 구성원으로 인정하며 함께 고민하는 방향으로 발전했다.

공선옥의 「명랑한 밤길」은 이러한 흐름 속에서 등장한 작품이다. 이 소설은 시골 개인 병원의 간호조무사인 주인공 '나'와 외국인 노동자들의 만남을 그리고 있다. 도시 출신 남자에게 모욕을 당한 '나'는 어두운 밤길을 걸어 집으로 돌아가던 중 외국인 노동자들을 만나자 그들을 경계하며 정미소에 숨어 대화를 엿듣게 된다. 그러나 어려운 현실 속에서도 고향을 그리워하며 노래하고, 악독한 사장에게마저 연민을 느끼는 그들의 모습에 '나'는 눈물을 흘리고, 결국 그들처럼 노래를 부르며 명랑하게 집으로 돌아간다. 이때 작품의 제목이기도 한 '명랑한 밤길'은 _____ 을/를 의미한다고 할 수 있다. 현실에서 소외되어 상처받은 사람들이 어떻게 현실을 받아들이며 견뎌 나가는지를 보여 주는 것이다.

① 한국 사회의 이주 노동자 문제에 대한 정책적 대안
② 다문화 가정의 혼란과 갈등을 해소하기 위한 사회적 노력의 필요성
③ 도시와 농촌 간의 문화적 격차로 인한 심리적 고립감과 그 해소 과정
④ 인물의 내면 심리 변화와 상처 극복의 의지를 간접적으로 드러내는 상징적 장치

09 다음 글을 이해한 내용으로 적절하지 않은 것은?

인간의 기억은 흔히 경험을 그대로 저장하는 장치로 여겨지지만, 실제로는 재구성적 과정이다. 심리학자들은 기억이 단순히 과거 경험을 복사해 저장하는 것이 아니라, 경험의 단편들을 현재 상황과 지식에 맞춰 재구성하는 것이라고 설명한다. 이러한 이론을 '기억의 재구성 이론'이라고 한다.

기억의 재구성 과정은 여러 요인에 영향을 받는다. 현재의 감정 상태는 과거 기억의 내용과 색채에 영향을 미친다. 우울한 상태에서는 부정적 기억이, 행복한 상태에서는 긍정적 기억이 더 쉽게 떠오르는 것이다. 또한, 사회적 요인에도 영향을 받아 다른 사람들의 이야기나 매체를 통해 접한 정보가 실제 경험과 융합되어 '가짜 기억'을 형성하기도 한다.

이러한 특성은 법정 증언이나 목격자 진술의 신뢰성 문제와 밀접하게 연관된다. 많은 연구에서 목격자들이 실제 보지 않은 사건의 세부 정보를 '기억한다'고 확신하는 사례가 보고되었다. 때문에 법정심리학자들은 이런 이유로 목격자 증언만을 범죄 입증의 핵심 증거로 사용하는 것에 주의를 기울인다.

그러나 이는 과거 경험을 현재 상황에 맞추어 유연하게 활용할 수 있게 해주는 적응적 메커니즘이기도 하다. 이를 통해 우리는 단순히 과거를 재생하는 것이 아니라, 미래를 예측하고 새로운 상황에 대응하는 데 활용할 수 있다.

① 기억은 단편적인 경험을 현재에 맞게 다시 새롭게 구성한다.
② 우울한 사람은 긍정적인 기억보다 부정적인 기억을 먼저 떠올릴 수 있다.
③ 기억력 향상 훈련을 통해 기억의 재구성적 특성이 가진 한계를 극복할 수 있다.
④ 기억의 재구성 특성이 실제와 다른 기억을 형성하는 것은 신뢰성에 영향을 준다.

10 (가)와 (나)를 전제로 할 때 빈칸에 들어갈 결론으로 가장 적절한 것은?

> (가) 유기농 채소를 판매하는 상점은 모두 육류를 판매하지 않는다.
> (나) 식품 배달 서비스를 제공하는 상점 중 일부는 육류를 판매한다.
> 따라서 _____

① 육류를 판매하는 상점은 모두 유기농 채소를 판매한다.
② 유기농 채소를 판매하지 않는 상점은 모두 육류를 판매한다.
③ 유기농 채소를 판매하는 상점은 모두 식품 배달 서비스를 제공한다.
④ 유기농 채소를 판매하지 않는 상점 중 일부는 식품 배달 서비스를 제공한다.

독해력 UP! 어휘 퀴즈

헷갈리기 쉬운 어휘

[01~06] 다음 중 알맞은 어휘를 고르시오.

01 떠내려온 천을 (찢어 / 찧어) 돛을 만들었다.

02 그는 (지긋이 / 지그시) 눈을 감고 생각에 잠기었다.

03 우리 차 앞으로 트럭이 갑자기 (끼어들었다 / 끼여들었다).

04 범인에게 더 숨기는 것이 없는지 (넌지시 / 넌즈시) 떠보았다.

05 담장을 넘다가 땅바닥으로 (곤두박혀 / 곤두박여) 머리가 깨지고 말았다.

06 군인들은 싸울 생각은 안 하고 잡지 (나부라기 / 나부랭이)나 들여다보고 있었다.

바꿔 쓸 수 있는 어휘

[07~12] 밑줄 친 어휘와 바꿔 쓸 수 있는 것을 ㉠~㉥에서 고르시오.

07 비품이 떨어지면 총무부에 <u>요구하세요</u>.   ㉠ 청구하다

08 그는 대체할 사람이 없는 <u>중요한</u> 존재였다.   ㉡ 억제하다

09 나는 복받치는 감정을 <u>억누르며</u> 말을 이어 나갔다.   ㉢ 기대되다

10 우리 팀은 전반부터 주도권을 <u>잡았고</u>, 승리를 거두었다.   ㉣ 귀중하다

11 내일 소풍을 간다는 사실에 <u>설레어</u> 잠을 들 수가 없었다.   ㉤ 차지하다

12 지금까지 준비한 자료를 통해 상대를 <u>납득시킬</u> 수 있을 것 같았다.   ㉥ 설득하다

정답 | 01 찢어   02 지그시   03 끼어들었다   04 넌지시   05 곤두박여   06 나부랭이
       07 ㉠   08 ㉣   09 ㉡   10 ㉤   11 ㉢   12 ㉥

16일 하프모의고사 16

01 〈공공언어 바로 쓰기 원칙〉에 따라 〈공문서〉의 ㉠~㉢을 수정한 것으로 적절하지 않은 것은?

―――――〈공공언어 바로 쓰기 원칙〉―――――
○ 외국어나 외래어는 가능한 한 우리말로 바꿀 것.
○ 문장 성분 간의 관계를 명확하게 표현할 것.
○ 문맥에 맞는 정확한 어휘를 사용할 것.
○ 지나친 명사 나열을 피하고 조사, '-하다'를 적절히 활용할 것.

―――――〈공문서〉―――――
국민교육진흥원

수신 각 시·도 교육청
제목 새 학기 교육 환경 개선 사업 ㉠가이드라인 안내

1. 귀 기관의 발전을 기원합니다.
2. 본원은 새 학기를 맞아 교육 환경 개선 사업을 추진하고 있으며, 최근 3년간 ㉡시설 노후화가 심각한 학교를 정합니다.
3. 교육부 지침에 따라 학교별 환경 개선 사업을 ㉢착수하고, 이를 기반으로 ㉣학생 중심 학습 공간 구성 환경 조성 및 미래 교육에 적합한 교실을 구현하고자 합니다.

① ㉠: 지침
② ㉡: 시설 노후화가 심각한 학교를 대상으로 정합니다.
③ ㉢: 종료하고
④ ㉣: 학생 중심의 학습 공간을 구성하는 환경을 조성하고

02 (가)~(라)를 맥락에 맞추어 가장 적절하게 나열한 것은?

(가) 여행의 진정한 가치는 우리에게 새로운 시각과 통찰력을 제공한다는 것이다. 낯선 문화와 환경에 노출됨으로써 우리는 기존의 생각에 의문을 품게 되고, 다양한 관점을 받아들이게 된다. 또한 여행은 우리의 인내심과 적응력을 키워주는 기회가 되기도 한다.

(나) 그렇다면 어떻게 하면 여행을 더 의미 있게 만들 수 있을까? 먼저, 목적지에 대한 사전 조사를 통해 그 지역의 역사와 문화를 이해하는 것이 중요하다. 그리고 현지인들과 적극적으로 교류하며 그들의 생활 방식을 경험해보는 것도 좋은 방법이다. 무엇보다 열린 마음으로 모든 경험을 받아들이는 자세가 필요하다.

(다) 여행은 일상에서 벗어나 새로운 경험을 할 수 있는 가장 좋은 방법 중 하나이다. 많은 사람들이 스트레스 해소와 재충전을 위해 여행을 선택한다. 그러나 여행의 진정한 가치는 단순한 휴식을 넘어서 더 깊은 곳에 있다.

(라) 이러한 여행 방식은 단순한 관광을 넘어 자기 성장의 기회가 될 수 있다. 특히 혼자 떠나는 여행은 자신과 마주할 시간을 제공함으로써 자아를 발견하는 데 도움을 준다. 이처럼 여행은 우리의 삶을 풍요롭게 하는 중요한 활동이라고 할 수 있다.

① (나) - (가) - (다) - (라)
② (다) - (가) - (나) - (라)
③ (다) - (라) - (가) - (나)
④ (라) - (나) - (가) - (다)

[03~04] 다음 글을 읽고 물음에 답하시오.

전통 건축물의 처마는 단순한 장식이 아닌 실용적 기능을 담당한다. 처마는 비와 눈을 막아 벽체를 보호하고, 여름에는 강한 햇빛이 실내로 직접 들어오는 것을 ㉠막는다. 반면 겨울에는 낮아진 태양 고도로 인해 햇빛이 실내로 깊숙이 들어와 난방 효과를 높인다. 이러한 과학적 설계는 사계절이 뚜렷한 우리나라 기후에 맞춰 발전했다. 선조들은 수백 년에 걸친 경험을 통해 자연환경에 가장 적합한 처마의 형태를 발전시켰으며, 이는 오늘날 친환경 건축의 중요한 원리가 되었다.

처마의 길이와 각도는 지역별 기후 특성에 따라 달랐는데, 남부 지역은 비가 많아 처마가 길고, 북부 지역은 겨울철 일조량 확보를 위해 처마가 짧게 설계되었다. 특히 제주도와 같은 강한 바람이 ㉡부는 지역은 바람의 영향을 적게 받도록 처마의 각도와 길이를 조정했다. 이처럼 처마는 지역별 기후 환경에 따라 최적화되었으며, 이는 우리 조상들의 ㉢뛰어난 환경 적응 지혜를 보여준다.

최근 연구에서는 처마의 각도가 햇빛의 확산과 집중에도 영향을 미치는 것으로 밝혀졌다. 35도에서 45도 사이의 각도는 여름철 직사광선을 효과적으로 차단하면서도 실내 조도를 적절히 유지하는 것으로 나타났다. 또한 처마 밑면의 재료와 색상도 빛의 반사와 확산에 중요한 역할을 한다는 점이 새롭게 주목받고 있다.

현대 건축에서는 이러한 전통 처마의 원리를 차양 시스템에 응용하고 있으며, 에너지 효율성과 친환경 건축의 중요한 요소로 재평가되고 있다. 첨단 기술과 결합된 스마트 차양 시스템은 계절과 시간에 따라 자동으로 각도를 조절하며, 이는 냉난방 에너지 소비 비용을 크게 ㉣줄이는 효과를 보이고 있다.

03 윗글을 이해한 내용으로 가장 적절한 것은?

① 남부 지역의 처마는 지역의 기후 특성에 따라 설계되어 북부 지역보다 길이가 길다.

② 전통 처마는 장식적 아름다움이 주된 목적이었으며, 지역별 차이는 미적 취향의 차이에서 비롯되었다.

③ 현대 건축에서는 에너지 효율 저하를 방지하기 위해 전통 처마의 원리를 적용하지 않는 방향으로 발전했다.

④ 처마의 각도는 일조량과 무관하게 일정하게 유지되었으며, 주로 건축물의 구조적 안정성을 고려해 결정되었다.

04 ㉠~㉣과 바꿔 쓸 수 있는 유사한 표현으로 적절하지 않은 것은?

① ㉠: 방지한다

② ㉡: 흡입하는

③ ㉢: 탁월한

④ ㉣: 절감하는

05 다음 대화의 빈칸에 들어갈 말로 가장 적절한 것은?

> 갑: 이 영화는 웃기고 감동적입니다.
> 을: 추천작은 모두 상영 기간이 연장됩니다.
> 병:
> 정: 그렇다면, 이 영화는 상영 기간이 연장될 것이 분명하군요.

① 웃긴 영화는 모두 감동적입니다.
② 감동적인 영화는 모두 추천작입니다.
③ 상영 기간이 연장되는 영화는 모두 웃기고 감동적입니다.
④ 웃기지 않는 영화는 모두 상영 기간이 연장되지 않습니다.

06 빈칸에 들어갈 내용으로 가장 적절한 것은?

> 어미는 용언의 어간에 붙어 다양한 문법적 기능을 수행한다. 어미는 크게 어말 어미와 선어말 어미로 나뉜다. 어말 어미에는 종결 어미, 연결 어미, 전성 어미 등이 있다. 그중 연결 어미는 문장이나 단어를 연결시키는 기능을 하며, 대등적 연결 어미, 종속적 연결 어미, 보조적 연결 어미로 세분화된다. 대등적 연결 어미는 앞뒤 문장의 관계가 대등하게 이어지는 것으로, '나열'을 나타내는 '-고, -(으)며'와 '상반'을 나타내는 '-(으)나, -지만' 등이 있다. 종속적 연결 어미는 앞 문장이 뒤 문장에 종속되는 것으로, '원인/이유'를 나타내는 '-니, -아서/-어서, -느라고, -(으)니까'와 '목적/의도'를 나타내는 '-(으)러, -(으)려고', '양보'를 나타내는 '-(으)ㄴ들, -더라도' 등이 있다. 보조적 연결 어미는 본용언과 보조 용언을 연결하는 기능을 하며, '-아/-어, -게, -지, -고' 등이 있다.
>
> 전성 어미는 용언이 명사, 관형사, 부사의 역할을 할 수 있도록 용언의 서술 기능을 다른 기능으로 바꾸어 주는 어미이다. 명사형 전성 어미로는 '-(으)ㅁ, -기'가 있고, 관형사형 전성 어미로는 '-(으)ㄴ, -는, -(으)ㄹ, -던'이 있으며, 부사형 전성 어미로는 '-게, -도록, -(아)서' 등이 있다. 중요한 것은 전성 어미가 결합된 성분이라도 품사는 원래의 것을 그대로 유지한다는 점이다.
>
> 현대 국어의 어미 체계에서 발견되는 특이한 점 중 하나는 ▢▢▢▢▢▢ 현상이다. 예를 들어, '-아서/-어서'는 종속적 연결 어미로 '원인/이유'의 의미를 나타내지만, 부사형 전성 어미로도 쓰인다. 또한 '-게'는 보조적 연결 어미로 쓰이면서 동시에 부사형 전성 어미로도 사용된다. 이러한 현상은 어미의 기능이 역사적 변천 과정에서 확장되었거나 중첩되었기 때문으로 볼 수 있다.

① 전성 어미가 품사 전환의 기능을 상실하는
② 연결 어미가 종결 어미로 전환되어 사용되는
③ 선어말 어미와 어말 어미의 경계가 모호해지는
④ 동일한 형태의 어미가 서로 다른 문법적 기능을 수행하는

07 다음 글의 ⊙을 평가한 내용으로 적절한 것만을 〈보기〉에서 모두 고르면?

영국의 한 사회 심리학자는 1970년대 인간의 집단행동과 집단 간 갈등을 설명하기 위해 '사회적 정체성 이론'을 발표했다. 이 이론에 따르면, 개인의 정체성은 개인적 정체성과 사회적 정체성이라는 두 가지 요소로 구성된다. 개인적 정체성은 개별 특성에서 비롯되는 반면, 사회적 정체성은 특정 집단에 속함으로써 얻게 되는 자아 개념의 일부다.

그는 최소 집단 패러다임이라 불리는 실험을 통해 이론을 검증했다. 실험 참가자들을 임의로 두 집단으로 나눈 후, 자신의 집단(내집단)과 다른 집단(외집단) 구성원들에게 자원을 배분하도록 하였다. 놀랍게도 참가자들은 자신이 속한 집단의 구성원들에게 더 많은 자원을 배분하는 경향을 보였다. 이는 단순한 집단 분류만으로도 집단 편향이 발생할 수 있음을 시사한다.

사회적 정체성 이론의 가장 중요한 주장은 ⊙사람들이 긍정적인 자아 개념을 유지하기 위해 언제나 자신이 속한 집단을 다른 집단보다 우월하게 평가한다는 것이다. 이러한 내집단 편향은 사회적 차별, 고정관념, 편견의 심리적 기반이 될 수 있다. 그러나 모든 상황에서 내집단 편향이 나타나는 것은 아니며, 집단 간 관계의 특성이나 개인차에 따라 그 양상은 다양하게 나타날 수 있다.

〈보기〉
ㄱ. 스포츠 팬들이 자신이 응원하는 팀의 승리는 능력 때문이라고 여기고, 패배는 운이 나빴기 때문이라고 여기는 현상은 ⊙을 강화한다.
ㄴ. 집단주의적 문화권의 사람들과는 반대로 개인주의적 문화권의 사람들에게서는 내집단 편향이 나타나지 않았다는 연구 결과는 ⊙을 약화한다.
ㄷ. 낮은 사회적 지위를 가진 소수 집단 구성원들이 때로는 자신의 집단보다 우세한 다수 집단에 호의적인 태도를 보이며 자신이 속한 집단보다 우월함을 인정하는 현상은 ⊙을 강화한다.

① ㄱ, ㄴ
② ㄱ, ㄷ
③ ㄴ, ㄷ
④ ㄱ, ㄴ, ㄷ

08 다음 진술이 모두 참일 때 반드시 참인 것은?

○ 진정한 리더는 모두 책임감이 있다.
○ 소통 능력이 없는 사람은 모두 책임감이 없다.
○ 정치인은 모두 진정한 리더이다.

① 책임감이 없는 사람은 모두 정치인이다.
② 소통 능력이 없는 사람은 모두 진정한 리더이다.
③ 소통 능력이 없는 사람은 모두 정치인이 아니다.
④ 정치인은 모두 진정한 리더이고 소통 능력이 없다.

[09~10] 다음 글을 읽고 물음에 답하시오.

> 정책결정 과정에서의 합리성은 크게 실질적 합리성과 절차적 합리성으로 ㉠분류할 수 있다. 실질적 합리성은 정책 목표와 그 목표를 달성하기 위한 수단 간의 최적화를 추구하는 것을 의미한다. 이 관점에서는 정책결정자가 모든 대안과 그 결과에 대한 완전한 지식을 갖고 있으며, 사회적 후생을 극대화하는 최적의 결정을 내릴 수 있다고 본다. 그러나 실제 정책결정 환경에서는 정보의 불완전성, 인지적 한계, 시간과 자원의 제약 등으로 인해 완전한 실질적 합리성을 달성하기 어렵다.
> 이러한 한계를 ㉡인식하여 등장한 개념이 절차적 합리성이다. 이는 정책결정 과정이 논리적이고 체계적인 절차를 따라 이루어질 때 합리성이 ㉢확보된다고 보는 시각이다. 따라서 문제 정의, 대안 탐색, 결과 예측, 대안 평가, 최적 대안 선택이라는 단계적 과정을 중시한다. 절차적 합리성은 완벽한 결정보다는 규칙과 절차에 충실한 의사결정을 강조하며, 이는 특히 정책결정 과정의 투명성과 책임성을 높이는 데 ㉣기능한다.
> 현대 행정 환경에서는 점차 참여적 합리성의 중요성도 커지고 있다. 이는 정책결정 과정에 다양한 이해관계자들의 참여를 통해 합리성을 (가)얻으려는 접근법이다. 정책 문제와 해결책에 대한 다양한 관점과 지식이 공유되고, 사회적 학습과 숙의를 통해 집단 지성이 발휘될 때 더 나은 정책결정이 가능하다는 믿음에 기반한다. 참여적 합리성은 정책의 수용성과 정당성을 높일 수 있지만, 의사결정 과정이 지연되거나 합의에 이르지 못할 가능성이라는 도전에 직면하기도 한다.

09 윗글에서 추론한 내용으로 가장 적절한 것은?

① 참여적 합리성은 신속하고 효율적인 의사결정을 보장한다.
② 절차적 합리성은 현대 행정에서 정책의 수용성을 높일 수 있는 합리성이다.
③ 절차적 합리성은 정책결정 과정의 투명성과 책임성 향상에 기여할 수 있다.
④ 실질적 합리성은 정책결정 상황에서의 불완전성을 극복할 수 있는 최적의 접근법이다.

10 윗글의 ㉠~㉣ 중 문맥상 (가)의 의미와 가장 가까운 것은?

① ㉠
② ㉡
③ ㉢
④ ㉣

독해력 UP! 어휘 퀴즈

헷갈리기 쉬운 어휘

[01 ~ 06] 다음 중 알맞은 어휘를 고르시오.

01 방금 딴 햇사과를 한입 (배어 / 베어) 물었다.

02 나의 행동이 그들의 (주의 / 주위)를 끈 것 같았다.

03 (녹슨 / 녹슬은) 못에 찔리면 파상풍균에 감염될 수 있다.

04 물은 생명체가 생존하기 위해 (불가결한 / 불가피한) 요소이다.

05 결국 그들은 서로의 (머리끄댕이 / 머리끄덩이)를 잡고 싸우기 시작했다.

06 건강이 좋지 않음에도 불구하고 그녀는 의자 위에 (반드시 / 반듯이) 앉아 있었다.

바꿔 쓸 수 있는 어휘

[07 ~ 12] 밑줄 친 어휘와 바꿔 쓸 수 있는 것을 ㉠ ~ ㉥에서 고르시오.

07 현실을 받아들이고 계약서에 서명했다.

08 군사력을 키워 전쟁 억지력을 확보해야 한다.

09 다리가 무너졌다는 소식은 국민들을 놀라게 했다.

10 경찰은 알리바이가 확인된 사람들을 용의선상에서 제외하였다.

11 퇴근하고 돌아온 남편을 위해 아내가 저녁상을 차려놓았다.

12 새로 시행된 정책은 시장의 유통 구조를 기존보다 어지럽게 만들었다.

㉠ 배제하다
㉡ 인정하다
㉢ 혼란스럽다
㉣ 경악하다
㉤ 준비하다
㉥ 증대하다

정답 | 01 베어 02 주의 03 녹슨 04 불가결한 05 머리끄덩이 06 반듯이
07 ㉡ 08 ㉥ 09 ㉣ 10 ㉠ 11 ㉤ 12 ㉢

17일 하프모의고사 17

01 다음 글의 ㉠~㉢에 들어갈 말을 적절하게 나열한 것은?

언어는 소설 창작의 기본 재료로서 세 가지 차원에서 중요한 역할을 한다. 작가가 특정 시대와 사회의 실제 언어를 선택하여 작품 속 인물과 배경에 적용할 때 언어적 사실성이 확보된다. 작품 속 인물들이 서로 다른 언어 양식을 사용하며 가치관과 세대 간 갈등을 표출할 때 언어적 갈등성이 확보된다. 소설 속 언어가 인물의 심리와 사회적 상황을 상징적으로 드러내며 작품의 주제 의식을 강화할 때 언어적 상징성이 확보된다.
염상섭의 『삼대』는 일제강점기 봉건적 가치관과 근대적 가치관의 충돌을 배경으로 한다. 작품에서 조부 조의관은 한자어와 어려운 표현을 사용하고, 손자 덕기는 현대적이고 쉬운 표현을 사용함으로써 서로 다른 세대와 가치관의 충돌을 언어적으로 보여주어 ㉠ (을)를 확보하였다. 또한 작품의 배경이 되는 1930년대 일제강점기 조선사회의 실제 언어와 표현방식을 충실히 재현함으로써 ㉡ (을)를 확보하였다. 『삼대』에서 조의관의 한자 중심 어휘와 유교적 표현은 구시대적 권위를, 신문물을 접한 손자 덕기의 현대적 표현은 새로운 시대정신을 상징적으로 표현하여 ㉢ (을)를 확보하였다.

	㉠	㉡	㉢
①	언어적 갈등성	언어적 사실성	언어적 상징성
②	언어적 갈등성	언어적 상징성	언어적 사실성
③	언어적 사실성	언어적 갈등성	언어적 상징성
④	언어적 사실성	언어적 상징성	언어적 갈등성

02 (가)와 (나)를 전제로 할 때 빈칸에 들어갈 결론으로 가장 적절한 것은?

(가) 수학을 좋아하지 않는 사람은 물리학을 좋아한다.
(나) 수학을 좋아하는 사람은 문학을 좋아하지 않는다.
따라서 _____.

① 물리학을 좋아하는 사람은 수학을 좋아한다
② 문학을 좋아하는 사람은 물리학을 좋아한다
③ 물리학을 좋아하지 않는 사람은 문학을 좋아한다
④ 수학을 좋아하는 사람은 문학을 좋아하거나 물리학을 좋아한다

03 다음 글의 ㉠~㉣ 중 어색한 곳을 찾아 가장 적절하게 수정한 것은?

인지 편향은 인간의 판단과 의사결정 과정에서 발생하는 체계적인 오류를 말한다. 이러한 편향은 인간의 제한된 정보처리 능력과 효율성을 추구하는 인지적 특성에서 비롯된다. ㉠인지 편향은 객관적이고 합리적인 판단을 방해하여 종종 비합리적 결정을 초래하기도 한다.

확증 편향은 가장 잘 알려진 인지 편향 중 하나로, 자신의 기존 신념이나 가설과 일치하는 정보만 선택적으로 수용하고 그렇지 않은 정보는 무시하거나 평가절하하는 경향을 말한다. ㉡이는 자신의 기존 견해를 강화하는 정보는 적극적으로 찾고 수용하는 반면, 이에 반하는 정보는 회피하거나 비판적으로 검토하지 않는 것을 말한다. 확증 편향은 특히 정치적, 종교적 신념과 관련된 주제에서 두드러지게 나타난다.

가용성 편향은 쉽게 떠올릴 수 있는 사례나 정보에 근거하여 판단하는 경향을 말한다. 즉 실제로는 드물게 발생하거나 중요하지 않은 사건도 뉴스, 광고, 개인적 경험 등으로 인해 기억에 남아 있으면, 그것이 더 자주 일어나거나 중요한 일이라고 착각하게 되는 것이다. ㉢이는 특정 사건이 언론에 보도되면, 사람들이 그 사건이 언론에 보도될 만큼 아주 가끔 일어나는 일이라고 믿게 되는 것과 같다. 예를 들어, 비행기 사고가 크게 보도된 직후에는 비행기 사고가 쉽게 일어날 것이라고 판단해 비행기 이용을 기피하는 현상이 나타나기도 한다.

㉣인지 편향을 완전히 극복하는 것은 불가능하지만, 자신의 사고방식을 인식하고 다양한 관점에서 정보를 검토하며 비판적 사고를 함양함으로써 편향의 영향을 최소화할 수 있다. 특히 중요한 의사결정을 할 때는 체계적인 분석과 다양한 의견을 수렴해야 한다.

① ㉠: 인지 편향은 비합리적이고 감정적인 판단을 억제하여 합리적 결정을 초래한다
② ㉡: 이는 자신의 기존 견해를 약화시키는 정보는 적극적으로 찾고 수용하는 반면, 기존 견해를 지지하는 정보는 비판적으로 검토하는 것을 말한다
③ ㉢: 이는 특정 사건이 언론에 크게 보도되면, 그 사건의 실제 발생 확률과 관계없이 사람들은 그 사건이 매우 흔하게 발생한다고 판단하게 되는 것과 같다
④ ㉣: 인지 편향은 극복할 수 있는 방법이 없으므로, 단일 관점에서 정보를 검토하며 맹목적으로 수용하는 방법을 연구해야 한다

04 다음 글의 핵심 논지로 가장 적절한 것은?

음식 문화와 국가 정체성의 관계는 단순한 식습관 이상의 의미를 지닌다. 한 나라의 요리 전통은 그 민족의 역사적 경험, 지리적 환경, 사회적 구조를 반영하는 문화적 지표로 기능해왔다.

과거에는 음식이 국가나 지역의 고유한 정체성을 표현하는 강력한 상징이었다. 특정 요리법과 식재료는 세대를 거쳐 전승되었고, 이를 통해 공동체 의식과 민족적 자부심이 강화되었다. 예를 들어 전통 명절 음식은 단순한 영양 공급 이상으로 문화적 연속성과 집단 기억을 유지하는 역할을 했다. 그러나 세계화 시대에 접어들면서 음식 문화와 국가 정체성의 관계는 더욱 복잡해졌다. 국경을 넘나드는 식재료와 조리법의 교류, 다국적 식품 기업의 등장, 대중 매체를 통한 요리 문화의 확산은 전통적인 음식 경계를 흐릿하게 만들었다. 이제 많은 현대인들은 하루 안에도 여러 나라의 음식을 접하며 글로벌한 식문화를 형성한다.

이러한 변화 속에서도 음식은 여전히 국가 정체성과 밀접한 관련을 맺고 있다. 오히려 세계화의 물결 속에서 전통 음식의 가치가 재조명되고, 고유한 식문화를 보존하려는 노력이 강화되고 있다. 각국의 정부와 시민들은 자국의 요리를 문화유산으로 등록하고, 식품 산업에서 지역 특산품을 보호하는 등 음식을 통한 문화적 자긍심을 지키려 노력한다.

① 세계화로 인해 국가별 고유한 음식 문화가 사라지고 있으며 이는 국가 정체성의 약화로 이어진다.
② 각국의 정부는 세계화에 대응하여 외국 음식의 유입을 제한하고 자국의 전통 음식만을 장려해야 한다.
③ 음식 문화는 국가 정체성의 중요한 부분으로, 세계화 시대에도 전통 음식의 가치와 보존 노력이 계속되고 있다.
④ 현대 사회에서 음식은 더 이상 국가 정체성과 관련이 없으며 오직 개인의 취향과 건강에만 영향을 미치고 있다.

05 다음 글의 논지를 강화하는 것으로 가장 적절한 것은?

최근 많은 공공 도서관이 디지털 장서 확충에 집중하고 있다. 전자책과 오디오북 확보, 온라인 데이터베이스 구독, 디지털 아카이브 구축 등에 예산을 대폭 투입하는 추세다. 이러한 디지털화는 공간 제약 없는 자료 접근성과 검색 용이성이라는 장점을 제공한다고 알려져 있다. 그러나 이 같은 디지털 중심 전략은 도서관의 본질적 역할 확장에 한계가 있다.

공공 도서관은 단순한 정보 제공 기관을 넘어 지역 사회의 문화적 허브로서 그 역할을 재정립해야 한다. 디지털 기술에 대한 과도한 투자보다 중요한 것은 도서관을 다양한 사회적 상호작용과 평생학습의 공간으로 변화시키는 것이다. 실제로 성공적인 공공 도서관들은 메이커스페이스, 커뮤니티 워크숍, 문화 행사와 같은 물리적 공간 기반 프로그램을 확대함으로써 이용자 수와 만족도를 크게 향상시켰다. 특히 디지털 격차가 존재하는 지역사회에서는 첨단 기기만큼이나 면대면 상호작용과 공동체 활동을 위한 공간이 필요하기 때문이다.

① 스웨덴에서 실시한 설문조사 결과, 도서관 이용자의 78%가 도서관 방문의 주된 목적으로 '디지털 자료 접근'을 꼽았다.
② 호주의 한 도서관에서는 최신 태블릿과 VR 장비를 도입한 후 10대와 20대 이용자의 방문 빈도가 이전보다 2배 증가했다.
③ 캐나다의 한 연구에 따르면, 전자책 대출 서비스를 도입한 도서관의 이용자들은 기존 종이책보다 더 다양한 장르의 도서를 접하게 되었다.
④ 미국 도서관 협회의 조사에 의하면, 커뮤니티 프로그램과 대면 서비스를 확대한 도서관들이 단순히 디지털 자원만 강화한 도서관들보다 방문자 수 증가율이 평균 35% 더 높았다.

06 (가) ~ (라)를 맥락에 맞게 순서대로 나열한 것은?

(가) 그러나 막상 현대 도시는 공공 공간의 부족과 사유화로 인해 다양한 문제에 직면해 있다. 대형 쇼핑몰과 같은 사적 소유의 공간이 공공장소를 대체하면서, 시민들의 자유로운 교류와 표현의 장이 줄어들고 있다. 이러한 공간은 상업적 목적에 맞게 통제되며, 소비 행위를 중심으로 설계된다.

(나) 공공장소는 도시 생활의 중심이자 시민 사회의 기반이다. 광장, 공원, 거리와 같은 공공 공간은 단순한 이동 경로가 아니라, 다양한 사회적 상호작용이 일어나는 장소이다. 사람들은 이러한 공간에서 만나고, 이야기하며, 때로는 정치적 의견을 표현하기도 한다.

(다) 이러한 변화에 대응하여 최근에는 도시 공공 공간을 되살리기 위한 움직임이 활발하다. 버려진 공간을 커뮤니티 정원으로 바꾸거나, 보행자 중심의 거리를 조성하는 등 시민들이 자발적으로 참여하는 프로젝트가 늘어나고 있다. 이는 도시 공간을 더 포용적이고 민주적인 장소로 만들려는 시도이다.

(라) 역사적으로도 살펴보면, 공공장소는 도시의 정체성과 문화를 형성하는 데 중요한 역할을 해왔다. 고대 그리스의 아고라, 로마의 포럼, 중세 유럽의 시장 광장 등은 상업과 정치, 종교 활동이 어우러지는 도시 생활의 중심지였다. 이러한 전통은 현대에도 이어져 많은 도시들이 공공 공간을 도시 계획의 핵심 요소로 고려하고 있다.

① (나) – (라) – (가) – (다)
② (나) – (가) – (라) – (다)
③ (라) – (나) – (가) – (다)
④ (라) – (가) – (나) – (다)

07 다음 글의 밑줄 친 결론을 이끌어내기 위해 추가해야 할 것은?

> 스포츠 센터를 이용하는 어떤 사람은 건강식을 실천하는 사람이다. 따라서 건강식을 실천하는 어떤 사람은 아침 운동을 하는 사람이다.

① 스포츠 센터를 이용하는 사람은 모두 아침 운동을 하는 사람이다.
② 아침 운동을 하는 어떤 사람은 스포츠 센터를 이용하는 사람이다.
③ 건강식을 실천하는 사람은 모두 아침 운동을 하지 않는 사람이다.
④ 아침 운동을 하지 않는 사람은 모두 스포츠 센터를 이용하는 사람이다.

[08~09] 다음 글을 읽고 물음에 답하시오.

> 서술어는 문장에서 주어의 동작, 상태, 성질 등을 서술하는 역할을 한다. ㉠이것은 필요로 하는 논항의 수에 따라 자릿수가 결정된다. ㉡이것은 서술어가 표현하는 상황이 성립하기 위해 반드시 필요한 성분을 말한다.
> 문장의 서술어 자릿수는 요구하는 ㉢이것의 수에 따라 다양한 유형으로 구분할 수 있다. 주어만을 필요로 하는 서술어는 한 자리 서술어라 하며, 주로 자동사나 형용사가 이에 해당한다. '꽃이 피다'나 '하늘이 맑다'에서 '피다'와 '맑다'는 주어만 있으면 문장이 성립하므로 한 자리 서술어이다. 주어 외에 목적어나 필수적 부사어 또는 보어를 필요로 하는 서술어는 두 자리 서술어로, 보어를 요구하는 '되다', '아니다'나 타동사가 주로 ㉣이것에 속한다. 이때 필수적 부사어란 부속 성분임에도 의미상 생략이 불가능한 부사어를 의미한다. '영희가 책을 읽다'에서 '읽다'는 '누가'와 '무엇을'이라는 두 개의 논항을 요구한다. 더 복잡한 서술어 자릿수로는 주어, 목적어를 요구함과 동시에 필수적 부사어까지 필요로 하는 세 자리 서술어가 있다. '철수가 영희에게 선물을 주다'처럼 '주다'는 '누가', '무엇을', '누구에게'라는 세 개의 논항이 필요하다. 이처럼 서술어의 자릿수는 서술어의 성격에 따라 결정되며, 같은 서술어라도 문맥에 따라 달라질 수 있다는 점에서 흥미롭다.

08 윗글에서 추론한 내용으로 가장 적절한 것은?

① '아이가 어른이 되었다'에서 '되었다'는 주어만 필요하므로 한 자리 서술어로 볼 수 있다.
② '나는 밥을 먹었다'에서 '먹었다'는 주어와 목적어를 요구하므로 두 자리 서술어로 볼 수 있다.
③ '그는 친구와 싸웠다'에서 '싸웠다'는 의미상 생략이 가능한 부사어를 가지는 한 자리 서술어이다.
④ '선생님께서 학생들에게 상을 수여하셨다'에서 '수여하셨다'는 목적어, 필수적 부사어가 모두 필요하므로 두 자리 서술어이다.

09 문맥상 ㉠~㉣ 중 지시 대상이 같은 것만으로 묶인 것은?

① ㉠, ㉡
② ㉡, ㉢
③ ㉢, ㉣
④ ㉠, ㉡, ㉢

10 다음 글의 ㉠을 강화하는 것만을 <보기>에서 모두 고르면?

식이 요법과 건강에 관한 연구에서 칼로리 제한은 오랫동안 체중 관리와 수명 연장의 핵심 전략으로 간주되어 왔다. 1930년대부터 실험용 쥐를 대상으로 한 연구들은 일일 칼로리 섭취량을 20~40% 줄이면 수명이 최대 50%까지 연장된다는 결과를 보여주었다. 이러한 연구 결과는 인간에게도 적용될 수 있다는 가정 하에, 식이 요법의 기본 원칙으로 칼로리 제한이 수십 년 동안 강조되었다.

그러나 최근 영양학 분야에서는 단순한 칼로리 계산보다 식품의 영양적 품질과 섭취 시간이 더 중요할 수 있다는 증거들이 축적되고 있다. 특히 주목할 만한 것은 간헐적 단식에 관한 연구 결과들이다. 간헐적 단식은 하루 중 특정 시간대에만 식사를 하고 나머지 시간에는 단식하는 방법으로, 총 칼로리 섭취량을 줄이지 않더라도 대사 건강을 개선하는 효과가 있음이 관찰되었다.

이에 따라 ㉠칼로리보다 식사 타이밍이 대사 건강에 더 중요한 영향을 미친다는 새로운 패러다임이 등장했다. 이 관점은 인체가 24시간 주기로 운영되는 생체 시계와 식이 패턴 간의 밀접한 관련성을 강조한다. 생체 시계에 맞춘 식사는 체내 호르몬 분비, 효소 활동, 대사 과정을 최적화하여, 단순히 칼로리를 줄이는 것보다 더 효율적으로 건강을 증진시킬 수 있다는 것이다.

<보기>

ㄱ. 동일한 칼로리의 음식을 섭취하더라도 저녁 늦게 먹은 그룹이 아침에 먹은 그룹보다 평균 혈당 수치가 유의미하게 높게 나타났다.

ㄴ. 1년간 저칼로리 식단을 지속한 그룹과 정상 칼로리를 섭취하되 식사 시간을 제한한 그룹 중 체중 감량 효과는 전자에서 더 뚜렷하게 드러났다.

ㄷ. 하루 16시간 동안의 단식 후 8시간 동안에만 식사를 하는 패턴을 12주간 유지한 참가자들은 총 칼로리 섭취량에 변화가 없었음에도 복부 비만률이 평균 4% 감소했다.

① ㄱ, ㄴ
② ㄱ, ㄷ
③ ㄴ, ㄷ
④ ㄱ, ㄴ, ㄷ

독해력 UP! 어휘 퀴즈

헷갈리기 쉬운 어휘

[01~06] 다음 중 알맞은 어휘를 고르시오.

01 해가 지자 꽃봉오리가 (오므라졌다 / 오무라졌다).

02 사칙에 어긋나는 행동은 (지향 / 지양)하시길 바랍니다.

03 (이슥한 / 으슥한) 골목길을 무탈히 지나 숙소에 도착했다.

04 그는 잔치 분위기에 (걸맞은 / 걸맞는) 옷을 차려입고 나타났다.

05 허겁지겁 밥을 먹는 소녀의 모습이 무척이나 (안쓰러웠다 / 안스러웠다).

06 우리 병원의 김 박사는 (뇌졸중 / 뇌졸증)과 같은 뇌 질환 분야의 최고 권위자이다.

바꿔 쓸 수 있는 어휘

[07~12] 밑줄 친 어휘와 바꿔 쓸 수 있는 것을 ㉠~㉥에서 고르시오.

07 탱크를 이용해 적의 진지를 <u>부수었다</u>. ㉠ 넣다

08 그녀는 아들의 어린 시절을 <u>생각하고</u> 있었다. ㉡ 회상하다

09 아버지는 시간이 <u>지날수록</u> 건강을 회복하고 있다. ㉢ 파괴하다

10 우리는 적을 계곡 안으로 <u>끌어온</u> 뒤 공격하기로 했다. ㉣ 제작하다

11 우리가 도착했을 때 할머니는 쌀통에 쌀을 <u>담고</u> 계시었다. ㉤ 경과하다

12 이 영화는 작년 한 해 동안 베스트셀러였던 소설을 영화로 <u>만든</u> 작품이다. ㉥ 유인하다

정답 | 01 오므라졌다 02 지양 03 으슥한 04 걸맞은 05 안쓰러웠다 06 뇌졸중
07 ㉢ 08 ㉡ 09 ㉤ 10 ㉥ 11 ㉠ 12 ㉣

01 다음 글의 논지를 강화하는 것으로 가장 적절한 것은?

학생들의 인지 발달과 학업 성취를 위해 음악 교육이 강조되고 있다. 특히 클래식 음악 훈련이 수학적 사고력과 공간 지각 능력을 향상시킨다는 '모차르트 효과'에 대한 연구가 알려지면서, 조기 음악 교육은 학업 성취를 위한 도구로 인식되는 경향이 있다. 이에 따라 많은 학교와 학부모들은 음악 수업에서 악기 연주 기술과 음악 이론의 습득에 초점을 맞추고 있다.

그러나 이러한 접근법은 음악 교육의 본질적 가치를 제한할 수 있다. 음악 교육의 핵심은 기술 습득이나 인지 능력 향상에만 있지 않다. 음악적 경험을 통한 창의적 사고, 사회적 협업 능력 개발 등이 더욱 중요한 교육적 가치를 지닌다. 연구에 따르면 즉흥 연주, 작곡 활동, 그리고 합주와 같은 창의적이고 협력적인 음악 활동에 참여한 학생들은 자기 표현력, 자신감, 그리고 공감 능력이 향상되었다. 이러한 역량은 학업 성취만큼이나 학생들의 전인적 성장과 미래 사회 적응에 중요한 요소이다.

① 음악 이론과 연주 기술을 중점적으로 가르치는 특수학교 학생들의 수학 점수가 일반 학교 학생들보다 평균 15% 높게 나타났다.
② 음악 교육 전문가들은 클래식 음악 훈련이 학생들의 집중력과 사고력을 자극해 다른 과목에서의 성취도 향상에 기여한다고 주장한다.
③ 관련 연구 결과에 따르면 협동적 음악 창작 활동에 정기적으로 참여한 청소년들은 그렇지 않은 또래들보다 갈등 해결 능력과 대인관계 만족도가 유의미하게 높았다.
④ 관련 조사 결과에 따르면 어린 시절 피아노나 바이올린과 같은 악기를 5년 이상 배운 학생들이 그렇지 않은 학생들보다 국가 표준화 시험에서 더 높은 점수를 받은 것으로 나타났다.

02 다음 글의 빈칸에 들어갈 결론으로 가장 적절한 것은?

이상화의 시 <빼앗긴 들에도 봄은 오는가>는 일제 강점기라는 비극적 상황에서 창작된 작품이다. 화자는 봄이 오는 자연 풍경을 통해 복잡한 감정을 드러내며 시상을 전개해 나간다.

이 시에서 특히 주목할 부분은 '푸른 웃음 푸른 설움'이라는 역설적인 표현이다. '푸른 웃음'이란 자연의 들판에 펼쳐진 봄기운에서 느끼는 정취로, 화자는 푸르게 변해가는 자연에서 즐거움을 느낀다. 반면 '푸른 설움'은 국토를 상실한 식민지 상황에서 비롯된 서러움을 의미한다. 화자는 같은 대상(푸른 들판)을 보며 동시에 상반된 감정을 느끼고 있다.

이러한 감정의 공존은 작품 전체 구조에서도 드러난다. 이 시는 1연과 11연이 질문과 대답의 형식을 취하며, 중간 연들은 서로 대칭 구조를 이루고 있다. 이때 화자의 정서는 고통스러운 현실 인식에서 시작하여 몽상과 국토의 아름다움 발견, 국토에 대한 애정을 거쳐, 결국 현실 재인식과 절망감으로 마무리된다. 즉, 정서의 점진적 상승에서 급격한 하강으로 변화하는 것이다. 이처럼 작품에서 '푸른 웃음'과 '푸른 설움'이라는 역설적 표현이 공존하고, 화자의 감정이 상승했다가 급격히 하강하는 이유는 [   ] 때문이라고 볼 수 있다.

① 화자가 현실 도피와 현실 직시 사이에서 우유부단한 모습을 보이고 있기
② 시인이 전통적인 서정시의 형식을 파괴하고 새로운 미학적 실험을 시도하고 있기
③ 시대적 상황과 무관하게 모든 인간이 경험하는 보편적인 감정의 대립을 표현하고 있기
④ 화자가 자연의 아름다움을 보면서도 그것을 온전히 즐길 수 없는 심리적 갈등을 겪고 있기

03 다음 글의 ㉠~㉣ 중 어색한 곳을 찾아 가장 적절하게 수정한 것은?

조선시대 과거제도는 인재를 선발하는 중요한 수단이었다. 과거는 크게 문과, 무과, 잡과로 나뉘었는데, ㉠이 중에서 문과의 위상이 가장 높았다. 이는 문과가 가장 많은 인재를 배출하고 국가 운영의 핵심을 담당했다는 역사적 사실을 통해 알 수 있다. 문과는 초시, 복시, 전시의 3단계로 진행되었으며, 최종 시험인 전시에서 합격한 사람들을 통틀어 '급제'라 불렸고, 그중 1등은 특별히 '장원급제'라 칭했다.

과거 시험의 내용은 유교 경전과 역사, 시문에 관한 것이 주를 이루었다. 특히 문과에서는 사서오경을 비롯한 유교 경전의 이해와 응용 능력을 중시했다. ㉡이러한 시험 내용은 실용적인 학문보다 이론 중심이었기 때문에, 과거를 통해 선발된 문관들은 현실 문제 해결에 어려움을 겪었다.

한편, 조선 시대 과거 제도는 신분에 따른 제한이 있었다. 16세기 이전에는 ㉢양반만 과거에 응시할 수 있었으며, 서얼은 응시할 수 없었다. 천민은 원칙적으로 응시가 금지되었다. 그러나 16세기 이후 서얼의 과거 응시를 제한하는 법이 시행되면서, 관직 진출 기회가 제한되었다.

조선 후기에는 붕당 정치의 격화와 함께 과거 제도도 변질되었다. 특히 숙종 이후로는 ㉣왕이 직접 과거를 주관하는 친시가 줄어들고, 문음이나 음서와 같은 비공식적인 관리 임용이 늘어났다. 이로 인해 과거의 공정성과 권위가 훼손되었고, 이는 조선 후기 정치적 혼란의 한 원인이 되었다.

① ㉠: 이 중에서 무과의 위상이 가장 높았다
② ㉡: 이러한 시험 내용은 실용적인 학문 중심이었기 때문에
③ ㉢: 양반은 물론 서얼도 과거에 응시할 수 있었다
④ ㉣: 왕이 직접 과거를 주관하는 친시의 횟수가 늘어나는 등 공식적인 관리 선발 절차가 강화되었다

04 다음 글의 ㉠의 사례가 포함되어 있지 않은 것은?

단어의 의미는 여러 원인에 의해 변화하기도 한다. 먼저, 언어적 원인으로 인한 변화는 한 단어가 다른 단어와 자주 인접하여 나타남으로써 그 의미까지 변화되는 경우이다. '별로'가 '별로 ~ 아니다'와 같이 부정적인 표현과 함께 쓰이면서 '별로' 자체만으로도 부정적 의미를 갖게 된 것이 이에 해당한다. 두 번째로, 역사적 원인에 의한 변화는 단어가 가리키는 대상이 변했음에도 단어는 그대로 남아 의미가 바뀌는 경우이다. '바가지'는 박을 반으로 갈라 만든 그릇을 의미했으나, 현재는 플라스틱으로 만든 것도 바가지라고 부르는 것이 그 예이다. 세 번째로, ㉠사회적 원인에 의한 변화는 일반적인 단어가 특수 집단에서 특별한 의미로 사용되거나, 반대로 특수 집단에서 사용되던 단어가 일반 사회에 퍼지면서 의미가 바뀌는 경우이다. 마지막으로, 심리적 원인에 의한 변화는 비유적 용법이나 완곡어 등으로 자주 사용되는 과정에서 단어의 의미가 변하는 경우이다.

① '영감'은 법조계에서 '판사'나 '검사'를 가리키는 의미로 사용되고 있다.
② '공양'은 부처에게 음식을 바치는 행위를 가리키는 용어였으나 '웃어른을 대접하는 행위'라는 의미로 사용되고 있다.
③ '전혀'는 긍정문과 부정문에서 모두 사용되던 용어였으나 부정 표현과 함께 쓰이며 점차 부정문에서 사용되고 있다.
④ '묘수'는 바둑에서 '생각해 내기 힘든 좋은 수'를 가리키던 용어였으나 일상에서 '묘한 기술이나 수'라는 의미로 사용되고 있다.

[05~06] 다음 글을 읽고 물음에 답하시오.

현대 사회에서 전통 출판과 전자 출판은 각각의 장단점을 가지고 공존하며 발전하고 있다. 종이책은 오랜 역사를 가진 매체로, 독자들에게 책장을 넘기는 촉각적 경험과 소장 가치를 제공한다. 또한 전자기기 없이도 언제 어디서나 읽을 수 있으며, 눈의 피로도가 상대적으로 적다는 장점이 있다. 그러나 종이책은 제작 과정에서 환경 부담이 크고, 보관 공간을 많이 차지하며, 손상되기 쉽다. 또한 출판과 유통 과정에 많은 시간과 비용이 ㉠든다.

반면, 전자책은 휴대성과 접근성에서 두드러진 강점을 보인다. 수백 권의 책을 하나의 기기에 저장할 수 있고, 인터넷만 연결되면 새로운 책을 즉시 구매할 수 있다. 또한 글자 크기 조절, 사전 연동, 검색 기능 등 다양한 부가 기능을 제공하여 독서 경험을 향상시킨다. 출판사 입장에서는 인쇄, 물류, 재고 관리 비용을 절감할 수 있어 경제적이다. 하지만 전자책은 기기 의존성이 높아 배터리 소모나 고장에 취약하고, 장시간 화면을 보는 것은 눈의 피로를 유발한다. 또한 디지털 저작권 관리(DRM)로 인해 대여나 중고 판매가 제한되며, 기술 변화에 따라 호환성 문제가 발생할 수 있다.

흥미로운 점은 많은 독자들이 상황에 따라 두 형태를 모두 활용한다는 것이다. 여행이나 출퇴근 시에는 전자책의 휴대성을 선호하고, 집에서 여유롭게 독서할 때는 종이책을 선택하는 경우가 많다. 또한 처음에는 전자책으로 접한 후, 마음에 드는 책은 종이책으로 다시 구매하는 '크로스 구매' 현상도 나타나고 있다.

05 윗글을 이해한 내용으로 가장 적절한 것은?

① 종이책의 가장 큰 장점은 다양한 부가 기능을 제공한다는 것이다.
② 많은 독자들은 상황과 목적에 따라 종이책과 전자책을 선택적으로 활용한다.
③ 현대 사회에서 전자책은 종이책을 완전히 대체하는 수단으로 인식되고 있다.
④ 전자책의 환경적 이점으로 인해 출판 업계의 지속가능성이 크게 향상되고 있다.

06 밑줄 친 표현이 문맥상 ㉠의 의미와 가장 가까운 것은?

① 우리 동네 뒷산에도 이제 단풍이 들었다.
② 그래도 너 정도면 우리 반에서 3등 안에 든다.
③ 작은 가게를 하나 차리는 데에도 돈이 많이 든다.
④ 아버지의 작은 주머니에는 작은 밤이 들어 있었다.

[07~08] 다음 글을 읽고 물음에 답하시오.

과학적 발견의 과정은 흔히 알려진 것처럼 선형적이거나 예측 가능하지 않다. 많은 사람들은 과학자들이 항상 체계적인 실험을 통해 가설을 검증하고 결론을 도출한다고 생각하지만, 실제 과학사에서는 우연과 직관이 중요한 역할을 한 사례가 수없이 많다. 페니실린의 발견은 플레밍이 휴가에서 돌아와 오염된 배양접시를 발견한 우연한 사건이었으며, X선의 발견도 뢴트겐이 예상치 못한 형광 현상을 관찰하면서 이루어졌다.

그러나 우연한 발견들이 의미 있는 과학적 성과로 이어진 것은 그 현상을 관찰한 과학자들이 평소에 ㉠축적한 지식과 날카로운 관찰력 때문이었다. 파스퇴르가 말했듯이 "준비된 마음만이 우연을 포착할 수 있다". 과학적 발견은 단순한 우연이나 엄격한 방법론만으로는 설명할 수 없으며, 창의적인 직관을 얻는 과정과 체계적으로 ㉡검증하는 과정 간의 조화가 필요하다.

과학 역사에는 이러한 우연과 준비된 지식의 만남이 달성한 성과가 많다. 예를 들어, 스펜서 실버는 강력한 접착제를 만들려다가 실패했지만, 이 실패작이 나중에 포스트잇이라는 새로운 제품으로 ㉢출현했다. 또한 마이크로파 오븐은 레이더 연구 중 우연히 주머니에 있던 초콜릿이 녹는 것을 발견한 과학자의 호기심 덕분에 개발되었다. 이런 사례들은 예상치 못한 결과를 단순한 실패로 치부하지 않고 새로운 가능성으로 관찰한 과학자들의 열린 사고를 보여준다. 이러한 과학의 본질을 ㉣이해하는 것은 과학 교육과 연구 방향 설정에 중요한 함의를 지닌다.

07 윗글의 중심 내용으로 가장 적절한 것은?

① 현대 과학은 직관보다 엄격한 실험 방법론에 의존하는 추세이다.
② 우연한 발견은 과학 발전에서 체계적 연구보다 중요한 역할을 한다.
③ 과학 교육에서 체계적인 실험 방법보다 창의적 사고를 강조해야 한다.
④ 과학적 발견은 우연적 요소와 준비된 지식의 상호작용을 통해 이루어진다.

08 윗글의 ㉠~㉣과 바꿔 쓸 수 있는 유사한 표현으로 적절하지 않은 것은?

① ㉠: 쌓은
② ㉡: 밝히는
③ ㉢: 나타났다
④ ㉣: 새기는

09 다음 진술이 모두 참일 때 반드시 참인 것은?

> ○ 스마트폰 가격이 인상되면 소비자 불만이 증가한다.
> ○ 원자재 비용이 상승하거나 환율이 불안정하면 스마트폰 가격이 인상된다.
> ○ 원자재 비용이 상승한다.

① 환율이 불안정하지 않다.
② 소비자 불만이 증가한다.
③ 스마트폰 가격이 인상되지 않는다.
④ 원자재 비용이 상승하지 않고 스마트폰 가격이 인상되지 않는다.

10 다음 대화의 빈칸에 들어갈 말로 가장 적절한 것은?

> 김 조교: 평균 학점 4.0 이상이거나 근로 학생이면 장학금을 받을 수 있습니다.
> 이 조교: _____.
> 박 조교: 우리 학과 학생들 중 근로 학생은 없습니다.
> 정 교수: 우리 학과에서 평균 학점 4.0 이상인 학생들은 모두 우수 학생이네요.

① 우수 학생은 모두 장학금을 받습니다
② 우수 학생이면 평균 학점 4.0 이상입니다
③ 장학금을 받는 학생은 모두 우수 학생입니다
④ 평균 학점 4.0 이상이 아닌 학생은 모두 장학금을 받습니다

독해력 UP! 어휘 퀴즈

헷갈리기 쉬운 어휘

[01~06] 다음 중 알맞은 어휘를 고르시오.

01 모두 그를 (가리켜 / 가르쳐) 의적이라고 칭했다.

02 조카의 손은 고사리순처럼 (조그만했다 / 조그마했다).

03 아이가 부모에게 변명을 (느러놓고 / 늘어놓고) 있었다.

04 교통 체증으로 인해 차들이 (굼벵이 / 굼뱅이)같이 움직인다.

05 기안서를 (결재 / 결제)할 때는 반드시 도장을 사용해야 합니다.

06 적들은 굳게 닫혀 있던 성문을 도끼로 (처부수고 / 쳐부수고) 들어왔다.

바꿔 쓸 수 있는 어휘

[07~12] 밑줄 친 어휘와 바꿔 쓸 수 있는 것을 ㉠~㉥에서 고르시오.

07 우리가 큰소리로 <u>겁주자</u> 곰이 도망갔다.	㉠ 연결하다
08 주유소에 들러 연료를 <u>채우고</u> 다시 출발했다.	㉡ 위협하다
09 적과 민간인을 <u>알아볼</u> 수 없어 어려움을 겪었다.	㉢ 식별하다
10 이곳에는 출입이 <u>허락된</u> 사람만 들어올 수 있습니다.	㉣ 봉쇄하다
11 이 터널은 우리 섬과 육지를 <u>이어주는</u> 유일한 통로입니다.	㉤ 충전하다
12 흥선대원군은 조선의 모든 문호를 <u>잠그고</u> 외국과 통상하지 않았다.	㉥ 허용되다

정답 | 01 가리켜 02 조그마했다 03 늘어놓고 04 굼벵이 05 결재 06 쳐부수고
07 ㉡ 08 ㉤ 09 ㉢ 10 ㉥ 11 ㉠ 12 ㉣

01 〈공공언어 바로 쓰기 원칙〉에 따라 〈공문서〉의 ㉠~㉣을 수정한 것으로 적절하지 않은 것은?

〈공공언어 바로 쓰기 원칙〉
○ 외래어나 외국어는 가급적 우리말로 다듬을 것.
○ 지나치게 긴 문장은 삼갈 것.
○ 명료한 수식어구를 사용할 것.
○ 대등한 구조를 보여 주는 표현을 사용할 것.

〈공문서〉
○○시청
수신 시민단체 대표
제목 도시 환경 ㉠리모델링 계획 의견 수렴

1. 귀 단체의 활동에 감사드립니다.
2. 본 시청은 ㉡시민단체와 전문가들을 초청하여 도시 환경 문제를 논의한 결과 공원 및 녹지 공간을 확충하는 것이 필요하다는 의견을 수렴하였습니다.
3. 이에 따라 ㉢3천만 원 상당의 나무 식재 지원을 계획하고 있습니다. 또한 ㉣보행자 안전 확보와 자전거 이용을 활성화하는 정책을 수립하고자 합니다. 귀 단체의 의견을 부탁드립니다.

① ㉠: 새 단장
② ㉡: 시민단체와 전문가들을 초청하여 도시 환경 문제를 논의하였습니다. 그 결과 공원 및 녹지 공간을 확충하는 것이 필요하다는 의견을 수렴하였습니다.
③ ㉢: 3천만 원 상당의 나무의 식재를 위한 지원
④ ㉣: 보행자의 안전을 확보하고 자전거 이용을 활성화하는 정책을 수립

02 다음 글의 핵심 논지로 가장 적절한 것은?

응급의학은 생명을 위협하는 급성 질환이나 손상에 대한 즉각적인 진단과 처치를 담당하는 의학 분야이다. 응급의학의 핵심은 시간과의 싸움이라는 점에서 다른 의학 분야와 구별된다. 심장마비나 뇌졸중 같은 상황에서 처치 시간은 환자의 생존과 예후에 결정적 영향을 미친다. 이를 골든 타임이라 부르며, 응급의학은 이 시간을 최대한 활용하는 데 초점을 맞춘다.

응급의학의 또 다른 특징은 불확실성 속에서 의사결정을 해야 한다는 점이다. 응급실 환자들은 대부분 명확한 진단 없이 다양한 증상을 호소하며, 의료진은 제한된 정보와 시간 안에 결정을 내려야 한다. 이런 상황에서 응급의학 전문의들은 '가능성 있는 최악의 상황'을 배제하는 접근법을 사용한다.

응급의학은 의료 접근성의 최전선에 있다. 24시간 언제든지, 누구나 이용할 수 있는 응급실은 의료 시스템의 안전망 역할을 한다. 그러나 이로 인해 비응급 환자의 과도한 이용, 자원 배분 문제 등이 발생하기도 한다.

응급의학의 발전을 위해서는 전문인력 양성, 시스템 개선, 대중 교육이 필수적이다. 효과적인 응급의료 체계는 의료진의 전문성, 시스템의 효율성, 그리고 사회 전반의 응급의료에 대한 이해와 참여가 조화롭게 작동할 때 완성될 수 있다.

① 응급의학은 다른 의학 분야보다 중요도가 낮다.
② 응급실은 경증 환자가 이용하면 안 되는 중증 환자 전용 시설이다.
③ 응급의학은 기술 발전만으로 모든 문제를 해결할 수 있는 영역이다.
④ 응급의학은 시간 제약과 불확실성 속에서 운영되며 의료 접근성의 핵심 역할을 한다.

03 다음 글을 이해한 내용으로 적절하지 않은 것은?

성취동기란 개인이 어려운 과제를 해결하고 높은 수준의 탁월함을 달성하려는 내적 욕구를 의미한다. 심리학자 데이비드 맥클리랜드는 이 개념을 체계화하여 사람들이 왜 도전적인 목표를 추구하는지 설명했다. 성취동기가 높은 사람은 너무 쉬운 과제보다는 적당히 도전적인 것을 선호하며, 즉각적인 피드백을 원하고, 자신의 능력을 지속적으로 향상시키려 한다. 이들은 실패를 두려워하기보다 배움의 기회로 여기는 경향이 있다.

성취동기 이론에서는 성취 상황에서 나타나는 두 가지 주요 경향을 구분한다. '성공 접근 동기'는 성공을 이루고자 하는 욕구이며, '실패 회피 동기'는 실패를 피하려는 욕구이다. 이 두 동기의 균형에 따라 개인의 행동 패턴이 결정된다. 성취동기는 부모의 양육 방식, 학교 환경, 문화적 배경 등 여러 요인에 의해 형성된다. 교육 현장에서는 학생들의 성취동기를 높이기 위해 적절한 난이도의 과제를 제공하고, 노력에 대한 인정과 구체적인 피드백을 제공하는 것이 중요하다. 성취동기가 높은 학생들은 학업에서뿐만 아니라 미래 직업 세계에서도 더 큰 성공을 거둘 가능성이 높다.

① '성공 접근 동기'와 '실패 회피 동기'의 균형은 개인의 행동 양식에 영향을 준다.
② 교육 환경에서 구체적인 피드백 제공은 학생들의 성취동기 향상에 도움이 된다.
③ 성취동기는 선천적으로 타고난 것으로, 후천적 요인에는 거의 영향을 받지 않는다.
④ 성취동기가 높은 사람은 쉬운 난이도의 문제보다는 도전적인 수준의 문제를 선호한다.

04 다음 글에서 추론한 내용으로 가장 적절한 것은?

언어의 창조성은 인간만이 지닌 독특한 능력으로, 유한한 언어 요소를 통해 무한한 표현을 만들어낼 수 있음을 의미한다. 인간은 문법 규칙과 제한된 어휘를 사용하여 이전에 들어본 적 없는 새로운 문장을 끊임없이 창조해낸다. 이러한 창조적 능력은 사회 변화와 새로운 현상을 반영하는 신조어 생성에서도 확인할 수 있다. 디지털 시대에 등장한 다양한 신조어들은 변화하는 사회상과 문화를 효과적으로 담아내고 있다.

언어의 창조성은 기존 단어의 의미 확장을 통해서도 나타난다. 일상적 단어들이 새로운 맥락에서 전혀 다른 의미로 사용되면서 표현의 지평이 넓어진다. 또한 문학과 예술 분야에서는 언어의 비유적 사용을 통해 현실을 재해석하고 새로운 인식을 가능하게 한다. 이처럼 언어의 창조성은 인간의 사고와 문화 발전의 원동력이 되고 있다.

① 외국어 단어를 그대로 한국어 발음으로 표기하는 것은 기존 단어의 의미를 확장하는 창조성의 사례이다.
② 사투리를 표준어로 변환하는 번역기를 개발하는 것은 유한한 언어 요소로 무한한 표현을 만드는 창조성의 사례이다.
③ 생물학 용어였던 "바이러스"가 "컴퓨터 바이러스"와 같이 디지털 영역으로 확장되어 사용되는 것은 창조성의 사례이다.
④ 동일한 뉴스 기사를 여러 언론사가 각자의 문체로 보도하는 것은 언어의 비유적 사용을 통해 현실을 재해석하는 창조성의 사례이다.

[05~06] 다음 글을 읽고 물음에 답하시오.

인간이 어떤 음식을 좋아하고 싫어하는지를 결정하는 미각 선호도의 기원에 관해 학계에서는 오랫동안 논쟁이 있어 왔다. 심리생물학자 A는 미각 선호도가 선천적인 생물학적 요소에 의해 크게 결정된다는 유전적 결정론을 주장했다. 그는 쌍둥이 연구를 통해 식품 선호도의 약 75%가 유전적 요인으로 설명된다는 연구 결과를 발표했다.

문화인류학자 B는 A의 주장에 이의를 제기했다. 그는 인간의 미각 선호도는 유전보다 문화적 학습과 경험에 의해 형성된다고 주장하며, 서로 다른 문화권에서 같은 맛에 대한 수용도가 현저하게 다르다는 연구 결과를 제시했다. 발효식품이나 매운 음식에 대한 선호도가 문화권마다 큰 차이를 보이는 것이 그 예이다.

신경생물학자 C는 두 관점을 조화시키려 시도했다. 그는 미각 수용체의 유전적 변이는 개인마다 맛의 인식에 차이를 만들지만, 이러한 생물학적 기질이 반드시 식품 선호도로 직결되지는 않는다고 설명했다. 즉, 초기 맛 인식은 유전적 요소가 ㉠강하지만, 최종적인 선호도는 문화적 맥락에 의해 변형될 수 있다는 것이다.

최근 유전영양학의 발전으로 미각 선호도 형성에는 유전적 요인과 환경적 요인이 복잡하게 상호작용한다는 견해가 힘을 얻고 있다. 따라서 미각 선호도는 단순히 타고난 것도, 순전히 학습된 것도 아닌, 생애 전반에 걸쳐 진화하는 복합적인 현상으로 이해해야 한다.

05 윗글에 대해 평가한 내용으로 가장 적절한 것은?

① 서로 다른 문화적 배경을 가진 6개월 영아들에게서도 단맛과 쓴맛에 대한 반응이 유사하게 나타났다는 연구가 발표된다면 글쓴이의 복합적 견해는 약화될 것이다.

② 유년기에 특정 맛에 노출된 경험이 없는 성인들에게 해당 맛을 반복 노출시켰을 때 선호도가 유의미하게 변화하지 않았다는 연구가 발표된다면 B의 주장은 강화될 것이다.

③ 미각 수용체 유전자에 변이가 있는 사람들이 특정 맛에 대해 다른 신경학적 반응을 보이지만 실제 선호도에는 큰 차이가 없다는 연구가 발표된다면 C의 설명은 강화될 것이다.

④ 미각 수용체 유전자가 동일한 일란성 쌍둥이들이 서로 다른 음식 환경에서 자랐을 때 성인이 된 후 완전히 다른 식품 선호도를 보인다는 장기 연구가 발표된다면 A의 주장은 강화될 것이다.

06 문맥상 ㉠의 의미와 가장 가까운 것은?

① 그녀는 리더십이 강한 인물이다.
② 상대의 강한 주먹에 중심을 잃고 넘어졌다.
③ 그는 술에 강해 흐트러진 모습을 보인 적이 없다.
④ 이 나사는 강한 금속으로 제작되어 쉽게 마모되지 않는다.

07 다음 글을 이해한 내용으로 가장 적절한 것은?

일제 강점기의 시인 이육사는 자신의 시를 통해 민족의 아픔과 희망을 노래했다. 그의 시 「청포도」는 언뜻 고향의 풍요롭고 아름다운 모습을 그린 서정시로 보이지만, 그 안에는 조국 광복과 평화로운 세상에 대한 염원이 담겨 있다. 시에서는 청포도가 익어 가는 시절을 통해 고향의 아름다움과 과거의 추억을 떠올리며, 그리운 손님을 기다리는 모습이 그려진다. 특히 '청포도'는 신선하면서도 맑고 풍요로운 느낌을 주는 색채 이미지로, 이 시에서 청포도는 단순한 자연물이 아니라, 고향과 함께 떠오르는 풍요로운 삶의 상징이다. 2연과 3연에서는 '전설'과 '하늘'이 각각 의태어와 결합하여 청포도의 모습이 감각적으로 형상화된다.

'하늘 밑 푸른 바다가 가슴을 열고 / 흰 돛단배가 곱게 밀려서 오면'에서는 푸른색과 흰색의 대비를 통해 생동감 넘치는 고향의 모습을 그려낸다. 4연에서 화자는 '내가 바라는 손님은 고달픈 몸으로 / 청포(靑袍)를 입고 찾아온다고 했으니'라고 하여 기다림의 대상을 제시한다. 여기서 '손님'은 시대적 맥락을 고려할 때 '조국의 광복'이나 '평화로운 세상'을 상징하는 것으로 해석할 수 있다.

마지막 두 연에서 화자는 손님과 함께할 미래의 기쁨을 상상하며 '아이야 우리 식탁엔 은쟁반에 / 하이얀 모시 수건을 마련해 두렴'이라고 당부한다. 돈호법을 사용하여 독자의 관심을 유도하면서, 광복과 평화의 시대를 준비하는 자세를 함께 드러내는 것이다.

「청포도」는 평화롭고 풍요로운 이미지를 통해 암울한 현실에 대비되는 밝은 미래에 대한 소망을 표현하고 있다. 이러한 간접적이고 상징적인 표현은 당시의 검열을 피하면서도 민족의 염원을 효과적으로 전달하기 위한 시인의 전략이었다고 볼 수 있다.

① 「청포도」에서 '손님'은 화자의 고향을 찾아오는 실재의 인물로, 그가 입은 '청포'는 관리의 신분을 상징한다.
② 「청포도」에서는 색채 이미지와 의태어를 활용하여 평화로운 세상에 대한 염원을 간접적으로 표현하고 있다.
③ 「청포도」의 마지막 연에서 '은쟁반'과 '하이얀 모시 수건'은 화자가 과거를 회상하며 느끼는 그리움의 정서를 강조한다.
④ 「청포도」는 풍요로움을 상징하는 '청포도'와 광복이나 평화를 상징하는 '손님'을 통해 작품의 주제 의식을 직접적으로 드러내고 있다.

08 다음 대화의 빈칸에 들어갈 말로 가장 적절한 것은?

교수: 이번 학기에는 온라인 강의를 수강하거나 대면 강의를 수강해야 합니다.
조교: 온라인 강의를 수강하면 주간 과제를 제출하지 않아도 됩니다.
학생: 저는 이번 학기에 _____
교수: 그렇다면, 학생은 주간 과제를 제출하지 않아도 되겠군요.

① 대면 강의를 수강하겠습니다.
② 대면 강의를 수강하지 않겠습니다.
③ 온라인 강의를 수강하지 않겠습니다.
④ 온라인 강의를 수강하지 않고 주간 과제를 제출하겠습니다.

09 다음 진술이 모두 참일 때 반드시 참인 것은?

○ 숙소를 예약하면 국내 여행을 가지 않는다.
○ 숙소를 예약하거나 패키지 여행을 간다.
○ 국내 여행을 간다.

① 숙소를 예약한다.
② 패키지 여행을 간다.
③ 패키지 여행을 가지 않는다.
④ 숙소를 예약하고 패키지 여행을 가지 않는다.

10 다음 대화를 분석한 내용으로 적절하지 않은 것은?

> 준호: 최근 스포츠 경기에 비디오 판독이나 센서 같은 심판 보조 기술이 도입되고 있어. 이런 기술이 인간 심판을 완전히 대체해야 한다고 생각하는데, 어떻게 생각해?
> 민지: 스포츠의 핵심은 인간의 노력, 감정, 불완전성에 있어. 심판의 실수도 경기의 일부로 받아들이는 게 스포츠 관람의 묘미 아닐까? 기술이 모든 판단을 하면 스포츠의 인간적 요소가 사라져.
> 태영: 민지 말도 일리 있지만, 정확한 판정이 무엇보다 중요해. 선수들은 엄청난 노력을 들이는데, 심판 오판으로 그 노력이 헛되면 불공정해. 기술로 정확성을 높여야 해.
> 서연: 두 의견 모두 납득돼. 기술과 인간 심판의 균형점을 찾는 게 중요할 것 같아. 중요한 순간이나 논란의 여지가 있을 때만 기술적 판단을 활용하는 식으로.
> 준호: 그래도 기술이 더 정확하니 최종 판단은 기술에 맡기는 게 맞아. 부분적으로만 활용하면 어느 상황에서 기술을 사용할지 또 다른 논란이 생길 수 있어.
> 민지: 하지만 준호야, 기술도 완벽하지 않아. 오작동이나 시스템 오류도 있고, 맥락이나 의도 판단이 필요한 상황은 인간 심판이 더 적합할 수 있어.
> 태영: 나도 민지 말에 동의해. 100% 기계에만 의존보다는 인간 심판이 판정하고, 이의제기 시 기술적 판단을 참고하는 방식이 현실적일 것 같아.
> 서연: 각 스포츠 특성에 맞게 적용하는 게 중요해. 테니스나 축구처럼 순간 판단이 중요한 종목과 체조나 피겨처럼 예술성 평가가 필요한 종목은 기술 활용 방식을 다르게 해야 해.

① 준호는 심판 보조 기술이 인간 심판을 대체해야 한다는 입장을 일관되게 유지한다.
② 민지는 스포츠에서 인간의 불완전성도 경기의 일부라고 보며 기술이 완벽하지 않다는 점을 지적한다.
③ 태영은 기술 활용의 적극적 지지자였으나 인간 심판과 기술의 병행을 주장하는 쪽으로 입장이 변화한다.
④ 서연은 대화 초반에는 기술과 인간 심판의 균형을 강조했었지만, 후반부에는 기술 중심의 판정 시스템을 지지하게 된다.

바로 채점하기 정답·해설 _약점 보완 해설집 p.72

| 01 | ③ | 02 | ④ | 03 | ③ | 04 | ③ | 05 | ③ |
| 06 | ① | 07 | ② | 08 | ② | 09 | ② | 10 | ④ |

독해력 UP! 어휘 퀴즈

헷갈리기 쉬운 어휘

[01~06] 다음 중 알맞은 어휘를 고르시오.

01 주차장에서 차를 (데다가 / 대다가) 사고가 났다.

02 물건을 훔친 사람이 (되려 / 되레) 큰소리를 치고 있다.

03 우리는 (넓직한 / 널찍한) 마당이 있는 집으로 이사를 왔다.

04 어릴 때 나는 동생과 자주 (치고박고 / 치고받고) 싸우곤 했다.

05 우리 마을 사람들은 모두 이 우물에서 물을 (길어다 / 깁어다) 마신다.

06 지금까지 논의된 사항에 대해 (이의 / 의의)가 없다면 다음 안건으로 넘어가겠습니다.

바꿔 쓸 수 있는 어휘

[07~12] 밑줄 친 어휘와 바꿔 쓸 수 있는 것을 ㉠~㉥에서 고르시오.

07 물에 들어가기 전에 구명조끼를 입었다.   ㉠ 착용하다

08 새로운 학문을 배우는 일은 언제나 흥미롭다.   ㉡ 위임하다

09 팀장님이 나에게 프로젝트 총괄 역할을 맡기셨다.   ㉢ 패배하다

10 그는 나의 말을 전혀 알아듣지 못하는 것처럼 보였다.   ㉣ 학습하다

11 그는 기자들의 질문에 대답하지 않고 고개만 숙이고 있었다. ㉤ 이해하다

12 선수들이 끝까지 투지를 발휘했지만, 근소한 차이로 경기에 지고 말았다. ㉥ 응답하다

정답 | 01 대다가 02 되레 03 널찍한 04 치고받고 05 길어다 06 이의
07 ㉠ 08 ㉣ 09 ㉡ 10 ㉤ 11 ㉥ 12 ㉢

01 (가)~(라)를 맥락에 맞추어 가장 적절하게 나열한 것은?

(가) 인류의 직립 보행은 우리 종의 진화에 있어 가장 중요한 변화 중 하나이다. 약 400만 년 전, 우리의 조상들이 네 발 보행에서 두 발 보행으로 전환하는 진화적 선택을 거치면서 신체 구조에 혁명적인 변화가 일어났다.

(나) 골반이 기존의 긴 형태에서 넓고 짧은 형태로 변형되어 체중을 효과적으로 지지하고 안정적인 보행을 가능하게 한 것이다.

(다) 이러한 진화적 선택은 인간의 골격 구조 전체에 영향을 미쳤다. 직립 보행으로의 전환이 척추의 S자 곡선 발달, 두개골 위치 변화, 하지 근육 강화 등 여러 적응을 가져온 것이다. 가장 극적인 변화는 골반 구조에서 일어났다.

(라) 이와 같은 진화적 적응은 출산과 관련된 새로운 도전을 가져왔다. 좁아진 산도와 커진 두개골 사이의 불일치로 인간의 출산은 다른 영장류보다 훨씬 복잡하고 위험해졌다. 이를 '산과적 딜레마'라고 부르며, 인류는 이에 대응하여 미숙아 출산, 사회적 출산, 복잡한 회전 과정을 통한 태아 통과 등의 독특한 전략을 발달시켰다.

① (가) - (다) - (나) - (라)
② (가) - (라) - (나) - (다)
③ (나) - (가) - (다) - (라)
④ (라) - (나) - (다) - (가)

02 다음 글의 빈칸에 들어갈 결론으로 가장 적절한 것은?

문학 치료는 20세기 중반부터 주목받기 시작해 현재는 정신 건강 분야의 중요한 접근법으로 자리 잡았다. 문학 치료는 크게 두 가지 방향으로 발전해 왔다. 첫째는 기존 문학작품을 읽고 이에 대한 반응을 통해 치료적 효과를 얻는 '독서 치료'이고, 둘째는 참여자가 직접 글을 쓰는 과정에서 자기 인식과 치유를 경험하는 '창작 치료'이다. 이 두 방식은 각기 다른 심리적 기제를 통해 효과를 발휘한다. 전자에서는 독자가 작품 속 인물에 감정이입하며 카타르시스를 경험하거나, 자신의 문제를 객관적 거리에서 바라보는 '미적 거리두기'가 핵심이다. 반면 후자에서는 언어화 과정을 통해 혼란스러운 감정이나 경험을 구조화하고, 이야기 형식으로 재구성함으로써 의미를 발견하는 것이 중요하다.

최근 메타분석 연구에 따르면 문학 치료는 우울증, 불안장애, 외상 후 스트레스 장애 등 다양한 정신 건강 문제에 유의미한 효과를 보이는 것으로 확인되었다. 특히 주목할 점은 문학 치료가 약물 치료나 인지 행동 치료와 병행될 때 더 높은 효과를 보인다는 것이다. 이는 문학을 통한 자기표현과 성찰이 감정 처리와 인지적 재구성을 동시에 촉진하기 때문으로 분석된다. 더욱이 문학 치료는 치료 종료 후에도 참여자가 스스로 독서나 글쓰기를 통해 지속적인 자기 관리가 가능하다는 장점이 있다. 이러한 연구 결과들을 종합해 볼 때, 문학은 _____.

① 단순한 여가 활동으로만 기능하며 치료적 가치는 제한적이다
② 전문적인 정신의학적 치료를 대체할 수 있는 대안 치료법이다
③ 심리적 고통의 근본 원인을 해결하기보다 일시적 위안만 제공한다
④ 정신 건강 증진과 자기 성장을 위한 효과적인 치유 매개체로 활용될 수 있다

03 다음 진술이 모두 참일 때 반드시 참인 것은?

> ○ 공연 티켓을 예매하는 사람 중 일부는 좌석을 선택할 수 있다.
> ○ 좌석을 선택할 수 있는 모든 사람은 모바일 확인증을 제시해야 한다.
> ○ 모바일 확인증을 제시해야 하는 모든 사람은 실물 티켓을 소지하지 않는다.

① 실물 티켓을 소지한 모든 사람은 좌석을 선택할 수 있다.
② 모바일 확인증을 제시해야 하는 모든 사람은 공연 티켓을 예매한다.
③ 공연 티켓을 예매하는 사람 중 일부는 실물 티켓을 소지하지 않는다.
④ 공연 티켓을 예매하는 사람 중 일부는 모바일 확인증을 제시하지 않아도 된다.

04 다음 글에서 추론한 내용으로 적절하지 않은 것은?

> 국어의 표준 발음법 제29항은 'ㄴ' 첨가 현상과 관련이 있다. 이 규정에 따르면 합성어나 파생어에서 앞 단어나 접두사의 끝이 자음이고, 뒤 단어나 접미사의 첫 음절이 '이, 야, 여, 요, 유'인 경우에 'ㄴ' 음을 첨가하여 발음한다. 예를 들어 '솜-이불'은 [솜:니불], '맨-입'은 [맨닙]으로 발음한다. 이때 단어와 단어 사이의 '-' 표시는 복합어의 최종 분석 단계 경계 표시로 만약 사전에 단어를 검색했을 때 '-' 표시가 확인된다면 해당 단어가 합성어나 파생어 둘 중 하나임을 의미한다.
> 한편 앞말의 받침이 'ㄹ'일 경우에는 특별한 규칙이 적용된다. 이 경우 'ㄴ'이 첨가된 후 [ㄹ]로 발음된다. 예를 들어 '들-일'은 [들:릴], '솔-잎'은 [솔립]으로 발음한다. 이는 'ㄴ'이 첨가된 후 [ㄹ]과 [ㄴ]의 인접으로 인해 유음화가 발생하여 [ㄴ]이 [ㄹ]로 발음되기 때문이다.

① '담-요'는 복합어이므로 [담:뇨]로 발음해야 한다.
② '물-약'은 복합어이므로 [물략]으로 발음해야 한다.
③ '눈-요기'는 복합어이므로 [눈뇨기]로 발음해야 한다.
④ '불-여우'는 복합어이므로 [불녀우]로 발음해야 한다.

05 다음 글의 논지를 강화하는 것으로 가장 적절한 것은?

스포츠 심리학에서는 오랫동안 '목표 설정 이론'이 지배적이었다. 이 이론은 구체적이고 도전적인 목표 설정이 수행력 향상의 핵심이라고 본다. 그러나 최근 연구들은 이러한 목표 중심적 접근법의 한계를 보여주고 있다. 특히 동일한 목표를 설정한 선수들 사이에서도 수행력 차이가 크게 나타난다는 점이 주목된다. 이에 기초하여 새로운 '몰입 상태 이론'이 대두되고 있다. 이 이론은 선수의 최고 수행이 목표 설정보다 수행 과정에서의 심리적 몰입 상태에 더 크게 영향을 받는다고 설명한다. 여러 엘리트 선수들의 인터뷰 분석 결과, 그들의 최고 수행 순간에는 시간 감각 왜곡, 자아의식 소멸, 행동과 인식의 일체감 같은 몰입 상태의 특징들이 공통적으로 나타났다. 따라서 운동 수행력 향상을 위해서는 몰입 상태 훈련이 필수적이다.

① 스포츠 심리학회의 연구에 따르면 구체적 목표 설정을 강조하는 코치들이 이끄는 팀이 그렇지 않은 팀보다 더 높은 승률을 기록했다.

② 운동선수 200명을 대상으로 진행한 설문조사에서, 응답자의 78%가 자신의 최고 수행 시기에는 명확한 단계별 목표가 있었다고 응답했다.

③ 전문가들이 운동선수의 성공에 영향을 미치는 요소를 연구한 결과 기술 훈련(45%), 체력 관리(30%), 심리적 요인(25%) 순으로 작용함을 밝혀냈다.

④ 국제 마라톤 대회에서 우승한 선수들을 인터뷰한 결과, 경기 중 자신의 기록이나 등수보다 달리는 과정 자체에 집중했을 때 가장 좋은 기록을 낸 것으로 나타났다.

06 다음 글의 ⊙~② 중 어색한 곳을 찾아 가장 적절하게 수정한 것은?

미술에서는 형식과 내용을 구분할 수 있다. 형식은 작품의 시각적 요소와 구성 방식으로, 색채, 선, 질감, 구도 등 작품의 외적 특성을 말한다. 반면 내용은 작품이 전달하고자 하는 의미나 주제, 이야기 등 작품의 내적 메시지를 의미한다.

미술비평가들은 흔히 ⊙ 내용을 액체에 비유하고, 형식을 그릇에 비유하곤 하는데, 그릇은 담는 방식을 결정하지만 액체는 그릇에 따라 모양이 달라지기 마련이다. 하지만 그릇에 액체를 담아도 액체의 본질은 변하지 않는다.

그러니까 ⓒ 형식은 시대와 문화를 초월하여 작품의 근본적 가치를 결정하는 불변의 요소이다. 추상표현주의 작품을 예로 들면, 잭슨 폴록의 물감 흩뿌리기 기법은 작가마다 표현 방식이 다르기 때문에 개성적일 수밖에 없다. 여기서 ⓒ 작가의 독특한 붓질이나 물감 사용법은 형식에 해당한다.

형식과 내용의 개념과 유사한 것으로 조형언어와 의미작용이 있다. 작품의 시각적 구성 요소를 조형언어라고 하고, 그 작품이 관객에게 의미를 전달하는 과정을 의미작용이라고 한다. ② 형식이 조형언어에 대응한다면, 내용은 의미작용에 대응한다.

① ⊙: 형식을 액체에 비유하고, 내용을 그릇에 비유하곤

② ⓒ: 형식은 시대와 문화에 따라 변화하는 가변적 요소

③ ⓒ: 작가의 독특한 붓질이나 물감 사용법은 내용에 해당한다.

④ ②: 내용이 조형언어에 대응한다면, 형식은 의미작용에 대응한다.

[07~08] 다음 글을 읽고 물음에 답하시오.

동양과 서양의 자연관은 역사적 배경과 철학적 기반에 따라 뚜렷한 차이를 보인다. 동양의 자연관은 인간과 자연을 하나의 유기적 전체로 바라보는 관점이 특징적이다.

동아시아 전통 사상에서 자연은 인간과 더불어 조화를 이루며 공존하는 대상으로 여겨진다. 도가 사상에서는 무위자연(無爲自然)이라 하여 자연의 흐름에 순응하며 인위적 간섭을 최소화하는 삶을 ㉠지향했다. 유교에서도 천인합일(天人合一)을 통해 하늘(자연)과 인간의 조화로운 관계를 강조했으며, 불교는 모든 생명체가 서로 의존하는 연기(緣起)의 관계로 이어져 있다고 보았다. 이러한 전통 속에서 동양인들은 자신을 자연의 일부로 인식하고, 자연과 인간 사이에 경계를 짓지 않는 사고방식을 발전시켰다.

반면 서양의 자연관은 인간과 자연을 분리하여 바라본다. 고대 그리스 철학에서 시작된 이성 중심의 사고는 자연을 인간에 의해 분석되고 이해되어야 할 대상으로 보았다. 특히 근대 이후 데카르트의 '나는 생각한다, 고로 존재한다'라는 명제는 인간의 이성과 정신을 물질 세계인 자연과 구분 지었다. 베이컨이 주창한 '자연은 정복되어야 한다'는 관점은 자연을 인간의 필요와 욕구를 충족시키는 도구로 보는 이원론적 관점을 강화했다. 이러한 시각은 과학 혁명과 산업 혁명을 통해 더욱 공고해졌으며, 인간이 자연을 ㉡지배하고 통제할 수 있다는 인식으로 이어졌다.

최근에는 생태학적 위기에 ㉢직면하여 서양에서도 전통적인 자연관에 대한 반성이 일어나고 있다. 심층생태학이나 생태중심주의와 같은 환경 철학은 인간과 자연의 상호의존성을 강조하며, 동양의 자연관에 주목하기 시작했다. 통합적 자연관의 관점에서 자연과 인간의 관계를 재정립하려는 시도로, 동서양의 자연관이 서로 영향을 주고받으며 새로운 관계 패러다임을 ㉣모색하고 있음을 보여준다.

07 윗글을 이해한 내용으로 적절하지 않은 것은?

① 도가 사상에서는 자연의 흐름을 따르는 삶의 방식을 중시했다.
② 최근 서양에서는 통합적 자연관에 주목하는 환경 철학이 등장하고 있다.
③ 서양의 전통적 자연관은 인간과 자연을 분리하는 이원론적 관점에 기반한다.
④ 동아시아의 유교 사상에서는 인간이 자연을 훼손하지 않는 선에서 변형할 권리가 있다고 보았다.

08 ㉠~㉣과 바꿔 쓸 수 있는 유사한 표현으로 적절하지 않은 것은?

① ㉠: 멀리했다
② ㉡: 다스리고
③ ㉢: 맞닥뜨려
④ ㉣: 찾고

09 다음 글에서 추론한 내용으로 가장 적절한 것은?

디지털 사진과 아날로그 사진은 사진의 본질적 가치를 다루는 두 가지 접근법이다. 디지털 사진은 디지털 데이터로 저장되어 쉽게 복제되고 수정될 수 있는 특성을 가진다. 디지털 이미지는 픽셀이라는 작은 단위로 구성되어 있어 고해상도 이미지를 만들 수 있지만, 확대하면 픽셀이 드러나며 이미지의 선명도가 감소한다. 반면 아날로그 사진은 필름에 빛의 노출을 통해 화학적으로 이미지를 고정시키는 방식으로, 필름의 입자 구조에 따라 특유의 질감과 색채 표현이 가능하다. 아날로그 사진은 원본성을 지니며 촬영한 그대로의 이미지를 기록하기 때문에 디지털 사진보다 진정성이 있다고 평가받는다. 그러나 디지털 사진에 비해 필름 현상 과정에서 시간과 비용이 비교적 많이 들고, 결과물을 확인하기까지 기다려야 한다는 단점이 있다. 현대의 많은 예술 사진작가들은 디지털 기술의 편리함과 아날로그 필름의 특유한 미학적 가치를 모두 인정하면서 작품의 특성에 따라 적절한 방식을 선택하는 경향을 보인다.

① 디지털 사진은 무한히 확대해도 이미지의 선명도가 유지된다.
② 다큐멘터리 사진작가는 진정성을 위해 아날로그 방식만 고집하는 것이 바람직하다.
③ 디지털 사진 기술의 발전으로 아날로그 사진의 예술적 가치는 점차 감소할 것이다.
④ 즉각적인 결과 확인과 수정이 필요한 패션 화보 촬영에서는 디지털 방식이 실용적이다.

10 다음 글의 밑줄 친 결론을 이끌어 내기 위해 추가해야 할 것은?

수훈이가 체육대회에서 1등을 했다면 매일 아침 달리기를 했을 것이다. 수훈이가 매일 아침 달리기를 했다면 건강한 식단을 유지하고 충분한 수면을 취했을 것이다. 따라서 수훈이는 체육대회에서 1등을 하지 못했다.

① 수훈이는 충분한 수면을 취했을 것이다.
② 수훈이는 건강한 식단을 유지했을 것이다.
③ 수훈이는 매일 아침 달리기를 했을 것이다.
④ 수훈이는 건강한 식단을 유지하지 않았을 것이다.

바로 채점하기									
01	①	02	④	03	③	04	④	05	④
06	②	07	④	08	①	09	④	10	④

독해력 UP! 어휘 퀴즈

헷갈리기 쉬운 어휘

[01~06] 다음 중 알맞은 어휘를 고르시오.

01 (결딴코 / 결단코) 그 일을 완수하고야 말 것이다.

02 김장은 (예부터 / 옛부터) 내려오는 우리나라의 풍습이다.

03 산에 올라 (들숙날숙한 / 들쭉날쭉한) 해안선을 바라보았다.

04 어부들은 만선을 기원하며 힘차게 그물을 (당기었다 / 댕기었다).

05 나는 소리가 새어 나가지 않도록 (베개 / 베게)에 얼굴을 파묻고 울었다.

06 그는 (재간둥이 / 재간동이)라는 이름에 걸맞게 여러 문제들을 단숨에 해결했다.

바꿔 쓸 수 있는 어휘

[07~12] 밑줄 친 어휘와 바꿔 쓸 수 있는 것을 ㉠~㉥에서 고르시오.

07 보고서를 검토하며 발견한 오탈자를 <u>고쳤다</u>.　　　　　　　　　　㉠ 진동하다

08 이 중에 제일 마음에 드는 것을 <u>골라</u> 보세요.　　　　　　　　　　㉡ 개입하다

09 내 동생은 요리에 <u>뛰어난</u> 소질을 가지고 있다.　　　　　　　　　　㉢ 선택하다

10 강한 지진 때문에 땅이 소리를 내며 <u>흔들리고</u> 있었다.　　　　　　㉣ 소멸하다

11 아이들 다툼에 부모까지 <u>끼어들자</u> 상황은 더욱 심각해졌다.　　　㉤ 수정하다

12 가로등 빛이 꺼지자 그림자마저 어둠 속으로 <u>사라져</u> 버렸다.　　　㉥ 우수하다

정답 | 01 결단코　02 예부터　03 들쭉날쭉한　04 당기었다　05 베개　06 재간둥이
07 ㉤　08 ㉢　09 ㉥　10 ㉠　11 ㉡　12 ㉣

MEMO

MEMO

해커스공무원
gosi.Hackers.com

해커스공무원 매일 하프모의고사 국어 1 답안지

해커스공무원
gosi.Hackers.com

해커스공무원 매일 하프모의고사 국어 1 답안지

해커스공무원
gosi.Hackers.com

해커스공무원 매일 하프모의고사 국어 1 답안지

해커스공무원
gosi.Hackers.com

2026 대비 전면개정판

해커스공무원
매일
하프모의고사
국어 1

개정 3판 1쇄 발행 2025년 7월 4일

지은이	해커스 공무원시험연구소
펴낸곳	해커스패스
펴낸이	해커스공무원 출판팀
주소	서울특별시 강남구 강남대로 428 해커스공무원
고객센터	1588-4055
교재 관련 문의	gosi@hackerspass.com
	해커스공무원 사이트(gosi.Hackers.com) 교재 Q&A 게시판
	카카오톡 플러스 친구 [해커스공무원 노량진캠퍼스]
학원 강의 및 동영상강의	gosi.Hackers.com
ISBN	979-11-7404-217-0 (13710)
Serial Number	03-01-01

저작권자 ⓒ 2025, 해커스공무원

이 책의 모든 내용, 이미지, 디자인, 편집 형태에 대한 저작권은 저자에게 있습니다.
서면에 의한 저자와 출판사의 허락 없이 내용의 일부 혹은 전부를 인용, 발췌하거나 복제, 배포할 수 없습니다.
이 책의 내용 중 일부는 국립국어원이 제공하는 '표준국어대사전', '한국어 어문 규범'을 참고하였습니다.

공무원 교육 1위,
해커스공무원 gosi.Hackers.com

- 정확한 성적 분석으로 약점 극복이 가능한 **합격예측 온라인 모의고사**(교재 내 응시권 및 해설강의 수강권 수록)
- 해커스 스타강사의 **공무원 국어 무료 특강**
- **해커스공무원 학원 및 인강**(교재 내 인강 할인쿠폰 수록)
- 필수어휘와 사자성어를 편리하게 학습할 수 있는 **해커스 매일국어 어플**

한경비즈니스 2024 한국품질만족도 교육(온·오프라인 공무원학원) 1위

해커스공무원 **단기 합격생**이 말하는

공무원 합격의 비밀!

해커스공무원과 함께라면
다음 합격의 주인공은 바로 여러분입니다.

**대학교 재학 중,
7개월 만에 국가직 합격!**

김*석 합격생

영어 단어 암기를 하프모의고사로!

하프모의고사의 도움을 많이 얻었습니다. 모의고사의 5일 치 단어를 일주일에 한 번씩 외웠고, 영어 단어 100개씩은 하루에 외우려고 노력했습니다.

**가산점 없이
6개월 만에 지방직 합격!**

김*영 합격생

국어 고득점 비법은 기출과 오답노트!

이론 강의를 두 달간 들으면서 이론을 제대로 잡고 바로 기출문제로 들어갔습니다. 문제를 풀어보고 기출강의를 들으며 틀렸던 부분을 필기하며 머리에 새겼습니다.

**직렬 관련학과 전공,
6개월 만에 서울시 합격!**

최*숙 합격생

한국사 공부법은 기출문제 통한 복습!

한국사는 휘발성이 큰 과목이기 때문에 반복 복습이 중요하다고 생각했습니다. 선생님의 강의를 듣고 나서 바로 내용에 해당되는 기출문제를 풀면서 복습 했습니다.

해커스공무원 gosi.Hackers.com

더 많은 합격수기가 궁금하다면? ▶

2026 대비 전면개정판

해커스공무원
**매일
하프모의고사
국어 1**

약점 보완 해설집

해커스공무원

해커스공무원
매일
하프모의고사
국어 **1**

약점 보완 해설집

1일 하프모의고사 01 정답·해설

■ 정답   p.10

01	③ 독해	06	③ 어휘
02	② 독해+문학	07	④ 독해
03	② 논리	08	② 독해
04	③ 독해+문법	09	④ 논리
05	② 논리	10	② 독해

■ 취약영역 분석표

영역	틀린 답의 개수
독해	/ 4
독해+문법	/ 1
독해+문학	/ 1
논리	/ 3
어휘	/ 1
TOTAL	10

* 취약영역 분석표를 이용해 1개라도 틀린 문제가 있는 영역은 그 영역의 문제만 골라 해설을 다시 한번 꼼꼼히 학습하세요.

---

01 독해 | 공공언어 바로 쓰기   난이도 하 ●○○

정답 설명

③ 수탁하여(×) → 의뢰하여(○): 세 번째 지침에 의하면 공문서를 작성할 때는 문맥에 맞는 정확한 어휘를 사용해야 한다. '수탁하다'는 '다른 사람의 의뢰나 부탁을 받다'를 뜻한다. 문맥상 공식적이고 정상적인 절차를 통해 심사를 맡긴다는 단어가 들어가야 하므로 '의뢰하여'로 수정하는 것이 적절하다. 따라서 ⓒ을 '수탁하여'로 수정한 것은 문맥상 적절하지 않다. 참고로 '의탁하다'는 '어떤 것에 몸이나 마음을 의지하여 맡기다'를 뜻한다.

오답 분석

① 프로젝트(×) → 사업(○): 첫 번째 지침에 의하면 공문서를 작성할 때는 외래어나 외국어는 될 수 있으면 우리말로 순화해야 한다. 따라서 ㉠ '프로젝트'를 '사업'으로 순화한 것은 적절하다.

② 시민들에게 해당입니다(×) → 시민들입니다(○): 두 번째 지침에 의하면 공문서를 작성할 때는 주어와 서술어의 관계를 명확하게 표현해야 한다. ⓒ이 포함된 문장은 주어부인 '본 프로젝트의 참여 대상은'과 서술부인 '시민들에게 해당입니다'의 호응이 적절하지 않다. 따라서 주어부와 서술부가 적절히 호응할 수 있도록 ⓒ을 '시민들입니다'로 수정한 것은 적절하다.

④ 도시 환경 개선 사업 발전 방향 제시 및(×) → 도시 환경을 개선하는 사업의 발전 방향을 제시하고(○): 네 번째 지침에 의하면 공문서를 작성할 때는 지나친 명사 나열을 피하고 적절한 조사와 '-하다'를 활용하여 문장을 구성해야 한다. ㉣ '도시 환경 개선 사업 발전 방향 제시 및'은 명사가 지나치게 나열되어 있다. 따라서 '을', '의'와 같은 조사와 '-하는', '-하고'를 추가하여 '도시 환경을 개선하는 사업의 발전 방향을 제시하고'와 같이 수정한 것은 적절하다.

---

02 독해+문학 | 숨겨진 내용 추론하기, 문학의 이해   난이도 하 ●○○

정답 설명

② 2문단에서 한국 전통 시가 작품 중 음수율과 음보율을 활용한 사례가 많다고 설명하면서, 음수율의 예로 3-4조 또는 4-4조의 율격을, 음보율의 예로 3음보 또는 4음보의 방식을 제시하고 있다. 또한 마지막 문단에서 한국의 전통 시가인 시조나 가사, 향가 등이 정형시에 속하며 이러한 시들이 일정한 음수율이나 음보율을 가진 형식적 제약이 있는 시라고 설명하고 있다. 이를 통해 한국 전통 시가의 운율은 주로 음수율과 음보율을 통해 형성되었음을 추론할 수 있다.

오답 분석

① 1문단에서 운율은 시의 음악성을 구현하는 중요한 요소라고 하였으며, 4문단 끝에서 1~2번째 줄에 의하면 자유시는 내재율을 통해 음악성을 구현한다. 따라서 정형시와 달리 자유시에서는 시의 운율이 구현되지 않는다는 ①의 추론은 적절하지 않다.

③ 2문단에서는 음위율의 개념과 종류를 설명하고 있을 뿐, 한국 시에서 주로 나타나는 음위율의 종류에 대해서는 설명하고 있지 않다. 따라서 ③의 추론은 적절하지 않다.

④ 3문단에서는 통사율이 유사한 문장 구조나 문법 구조가 반복되어 형성되는 운율이라고 설명하고 있다. 그러나 통사율이 의미 전달보다 형식적 쾌감에 중점을 둔다는 내용은 제시문을 통해 알 수 없다. 따라서 ④의 추론은 적절하지 않다.

03 논리 | 명제의 전제 추론하기   난이도 중 ●●○

정답 설명
② 갑의 진술을 기호화하면 아래와 같다.

> (1) 부서장 → 리더십
> (2) 리더십 → 소통 능력
> (3) 소통 능력 → 업무 성과
> [결론] ~부서장 → ~업무 성과

(1)~(3)을 결합하면 '부서장 → 리더십 → 소통 능력 → 업무 성과'이므로 '부서장 → 업무 성과'가 성립함을 알 수 있다. 또한 결론은 '~부서장 → ~업무 성과'인데, 이는 '부서장 → 업무 성과'의 전건을 부정하여 후건의 부정을 도출한 전건 부정의 오류를 범한 것이다. 이때 ② '높은 업무 성과를 달성한 모든 사람은 부서장이다(업무 성과 → 부서장)'가 추가되면 이것의 대우인 '~부서장 → ~업무 성과'를 결론으로 도출할 수 있다. 따라서 (가)에 들어갈 말로 적절한 것은 ②이다.

오답 분석
① '소통 능력이 뛰어난 모든 사람은 부서장이다(소통 능력 → 부서장)'가 추가되더라도 결론은 성립하지 않는다.
③ '모든 부서장은 높은 업무 성과를 달성하지 않는다(부서장 → ~업무 성과)'는 '부서장 → 업무 성과'와 모순되는 내용이다. 따라서 추가되더라도 결론은 성립하지 않는다.
④ '높은 업무 성과를 달성한 어떤 사람은 리더십이 없다(업무 성과 ∧ ~리더십)'가 추가되더라도 결론은 성립하지 않는다.

04 독해 + 문법 | 사례 추론하기, 두음 법칙   난이도 중 ●●○

정답 설명
③ 2문단 끝에서 1~5번째 줄에 의하면 'ㄴ', 'ㄹ'로 시작하는 한자어 형태소가 고유어나 외래어 뒤에 결합하는 경우에는 한자어 형태소가 하나의 단어로 인식되므로 두음 법칙의 적용을 받는다. 이때 '칼슘'은 외래어이므로 '량(量)'이 결합할 경우 한자 형태소가 하나의 단어로 인식된다. 따라서 두음 법칙의 적용을 받아 '칼슘량'이 아닌 '칼슘양'으로 적어야 하므로 ③의 추론은 적절하지 않다.

오답 분석
① 1문단 3~5번째 줄에 의하면 한자음 '랴, 려, 례, 료, 류, 리'가 단어 첫머리에 올 때에는 '야, 여, 예, 요, 유, 이'로 적어야 한다. 이때 '류(流行)'의 '류(流)'는 단어 첫머리에 위치하므로 '유'로 적어야 한다. 따라서 '류행(流行)'은 두음 법칙의 적용을 받아 '유행'으로 적어야 하므로 ①의 추론은 적절하다.
② 2문단 끝에서 6~8번째 줄에 의하면 단어의 첫머리 이외의 위치에서는 두음 법칙이 적용되지 않아 본음대로 적어야 한다. 이때 '공란(空欄)'의 '란(欄)'은 단어의 첫머리 이외의 위치에 있기 때문에 두음 법칙의 적용을 받지 않으므로 '란'으로 적어야 한다. 따라서 '공란(空欄)'으로 적어야 하므로 ②의 추론은 적절하다.
④ 2문단 6~8번째 줄에 의하면 '연도(年度)'가 명사일 때는 두음 법칙을 적용하여 '연도'로 쓰지만, 의존 명사로 쓰일 때는 '년도'로 써야 한다. 또한 2문단 8~12번째 줄에 의하면 '연도(年度)'가 명사일 경우 '사무나 회계 결산 따위의 처리를 위하여 편의상 구분한 일 년 동안의 기간'을 뜻하며, 의존 명사일 경우 '일정한 기간 단위로서의 그해'를 뜻한다. 이때 '이번 2025연도 출생자'는 후자의 뜻을 나타내므로 '년도'로 고쳐 써야 하므로 ④의 추론은 적절하다.

이것도 알면 합격

두음 법칙이 적용되는 사례
1. 한자음 '녀, 뇨, 뉴, 니', '랴, 려, 례, 료, 류, 리', '라, 래, 로, 뢰, 루, 르'가 단어의 첫머리에 오는 경우
   예 여자(女子), 예의(禮儀), 노인(老人)
2. 접두사처럼 쓰이는 한자가 붙어서 된 말이나 합성어의 경우
   예 공염불(空念佛), 신여성(新女性), 중노인(中老人)
3. 모음이나 'ㄴ' 받침 뒤에 이어지는 '렬, 률'의 경우 '열, 율'로 적음
   예 나열(羅列), 백분율(百分率)
4. 고유어나 외래어 뒤에 결합한 한자어의 경우
   예 먹이양(-量), 에너지양(-量)
5. 둘 이상의 단어로 이루어진 고유 명사를 붙여 쓰는 경우
   예 한국여자대학, 서울여관
6. 십진법에 따라 쓰는 수(數)의 경우
   예 육천육백육십육(六千六百六十六)

05 논리 | 논증의 강화 및 약화 평가하기   난이도 중 ●●○

정답 설명
② 노년기에 접어든 사람들이 인지훈련을 통해 정보처리 속도와 기억력을 향상하는 것이 불가능하다는 연구 결과는 뇌가 평생에 걸쳐 변화할 수 있다는 뇌 가소성 이론의 핵심 주장과 상충한다. 따라서 (가)를 약화하는 것으로 적절하다.

오답 분석
① 시각장애인들이 점자를 읽을 때 본래 시각을 담당하던 뇌 영역이 촉각 처리에 활용된다는 연구 결과는 뇌가 환경 변화에 따라 기능적으로 재조작할 수 있다는 뇌 가소성 이론을 뒷받침한다. 따라서 (가)를 강화한다.
③ 언어와 관련된 뇌 영역이 손상된 후에도 다른 뇌 영역을 활용하여 저하된 의사소통 능력을 일부 회복한 환자의 사례는 뇌가 손상 후에도 기능을 재분배하여 회복할 수 있다는 뇌 가소성의 핵심 원리를 보여 준다. 따라서 (가)를 강화한다.
④ 10년 경력 택시 기사들이 경력 1년 미만의 신입 기사들보다 공간 기억을 관장하는 뇌 부위가 더 발달했다는 것은 뇌가 평생에 걸쳐 변화할 수 있음을 보여 주며, 학습과 경험에 의해 뇌의 신경회로가 지속적으로 형성되고 수정된다는 주장을 뒷받침하는 근거가 된다. 따라서 (가)를 강화한다.

06 어휘 | 고유어와 한자어의 대응   난이도 하 ●○○

정답 설명

③ ⓒ의 '되찾다'는 '다시 찾거나 도로 찾다'라는 뜻이지만 '소실(消失)하다'는 '사라져 없어져 잃어버리다'의 의미이므로 바꿔 쓰기 적절하지 않다. 참고로, ⓒ과 바꿔 쓸 수 있는 표현으로는 '원래의 상태로 돌이키거나 원래의 상태를 되찾다'라는 의미의 '회복(回復)하다' 등이 있다.

오답 분석

① · 맡다: 어떤 일에 대한 책임을 지고 담당하다.
　· 담당(擔當)하다: 어떤 일을 맡다.
② · 일어나다: 어떤 일이 생기다.
　· 발생(發生)하다: 어떤 일이나 사물이 생겨나다.
④ · 잘리다: 동강이 나거나 끊어지다.
　· 절단(切斷)되다: 잘라지거나 베어져서 끊어지다.

07 독해 | 개요 작성하기   난이도 하 ●○○

정답 설명

④ 개요의 제목은 '식품 안전 관리 체계 강화 방안'으로 'Ⅰ'에서는 식품 안전 관리가 제대로 이루어지지 않는 상황을 제시하고 있으며, 'Ⅱ'에서는 그에 대한 원인을 밝히고 있으므로 'Ⅲ'에는 'Ⅱ'에 대응되는 해결 방안으로 식품 안전 관리 강화와 관련된 방안이 제시되어야 한다. 하지만 ④는 오히려 식품 안전 규제를 완화한다는 내용이 제시되어 있으므로 빈칸에 들어갈 내용으로 적절하지 않다.

오답 분석

① ① '식품 안전 관련 법규 정비 및 처벌 강화'는 'Ⅱ-1'의 '식품 안전 관련 법규 집행의 실효성 부족'에 대응하는 식품 안전 관리 문제 해결 방안에 해당한다.
② ② '식품 안전 검사 인력 확충 및 검사 기술 고도화'는 'Ⅱ-2'의 '식품 안전 검사 인력 및 기술 부족'에 대응하는 식품 안전 관리 문제 해결 방안에 해당한다.
③ ③ '기업의 식품 안전 책임의식 제고를 위한 인증제도 도입'은 'Ⅱ-3'의 '식품 안전에 대한 기업의 책임의식 저하'에 대응하는 식품 안전 관리 문제 해결 방안에 해당한다.

08 독해 | 말하기 전략 파악하기   난이도 중 ●●○

정답 설명

② '갑'은 처음에 인공지능 챗봇 사용을 학교에서 전면 금지해야 한다는 강경한 입장을 취했다가, 대화가 진행되면서 다른 참여자들의 의견을 듣고 대화 마지막에 인공지능 사용을 완전히 금지하기보다는 단계적으로 활용하되, 활용법을 함께 교육하는 게 맞을 수도 있겠다고 말하며 자신의 입장을 수정하고 있다. 따라서 다른 참여자의 반론을 수용하며 자신의 입장을 수정하는 참여자가 있다는 ②의 분석은 적절하다.

오답 분석

① '을'과 '병'은 모두 해외 사례(스웨덴의 연구 결과, 일본 학교의 사례)를 언급하며 자신의 주장을 뒷받침하고 있다. 따라서 해외 사례를 통해 자신의 주장을 뒷받침하는 참여자는 없다는 ①의 분석은 적절하지 않다.
③ 대화에서 참여자들은 서로의 주장에 보완적인 의견을 제시하거나 다른 측면을 제시하고 있을 뿐, 상대방 주장에서 논리적 모순점을 직접적으로 지적하며 반박하는 경우는 찾아볼 수 없다. 따라서 상대방의 주장에서 논리적 모순점을 지적하며 반박하는 참여자가 있다는 ③의 분석은 적절하지 않다.
④ '을'은 금지와 전면 수용 사이에서 적절한 활용 방침 마련이라는 중간적 입장을 제시하고 있으나, 이를 타인에게 강요하는 모습은 찾아볼 수 없다. 따라서 문제 상황을 여러 관점에서 분석하여 중립적 대안을 강요하는 참여자가 있다는 ④의 분석은 적절하지 않다.

09 논리 | 명제의 결론 추론하기   난이도 하 ●○○

정답 설명

④ 제시된 전제를 기호화하면 다음과 같다.

| (가) ~건강 → ~규칙적 운동 |
| (나) ~건강 ∧ ~유기농 식품 |

(가)에 의해 '~건강 → ~규칙적 운동'이 확정되므로, (가)와 (나)를 결합하여 '(~건강 → ~규칙적 운동) ∧ ~유기농 식품'을 도출할 수 있다. 이에 따라 '~규칙적 운동 ∧ ~유기농 식품'이 확정되므로 (가)와 (나)를 전제로 결론을 이끌어 낼 때, 빈칸에 들어갈 말로 가장 적절한 것은 ④ '규칙적으로 운동하지 않는 어떤 사람은 유기농 식품을 선호하지 않는다(~규칙적 운동 ∧ ~유기농 식품)'이다.

오답 분석

① (가)를 통해 '~건강 → ~규칙적 운동'임은 알 수 있으나, '~규칙적 운동 → 건강'은 제시된 전제를 통해 도출할 수 없다.
② (가)와 (나)를 통해 '~규칙적 운동 ∧ ~유기농 식품'임을 알 수 있으며, 이는 '~유기농 식품 ∧ ~규칙적 운동'과 동치이다. 따라서 유기농 식품을 선호하지 않는 사람 중에는 규칙적으로 운동하지 않는 사람이 있으므로, '유기농 식품을 선호하지 않는 사람은 모두 규칙적으로 운동한다(~유기농 식품 → 규칙적 운동)'는 거짓이다.
③ (가)와 (나)를 통해 '~규칙적 운동 ∧ ~유기농 식품'은 알 수 있으나, 제시된 전제를 통해 '유기농 식품 ∧ ~규칙적 운동'은 도출할 수 없다.

10 독해 | 빈칸 내용 추론하기   난이도 하 ●○○

정답 설명

② ㉠~㉢에 들어갈 말을 적절하게 나열한 것은 ㉠ '영감', ㉡ '표현', ㉢ '구상'이므로 답은 ②이다.

- ㉠: ㉠의 앞 문장에서는 일상의 사소한 관찰이 ㉠이 됨을 설명하고 있다. 이때 1문단 4~6번째 줄을 통해 영감은 작가가 자신의 감정, 생각, 관찰 등을 토대로 작품의 원초적 에너지를 얻게 되는 과정이라는 점을 알 수 있으므로 ㉠에 들어갈 말은 '영감'임을 추론할 수 있다.
- ㉡: ㉡이 포함된 문장에서는 작가가 독특한 문체와 서술 기법을 활용해 이야기를 풀어냄을 설명하고 있다. 이때 1문단의 마지막 문장을 통해 구상한 것을 언어로 풀어내며 작가의 문체와 기법이 핵심적 역할을 하는 과정이 표현임을 알 수 있으므로 ㉡에 들어갈 말은 '표현'임을 추론할 수 있다.
- ㉢: ㉢이 포함된 문장에서는 ㉢이 인물의 성격과 사연, 시대적 배경 등을 치밀하게 설계하는 과정임을 설명하고 있다. 이때 1문단 끝에서 3~5번째 줄을 통해 인물, 배경, 사건 등을 설정하고 이들이 어떻게 유기적으로 연결될지 계획하는 과정이 구상임을 알 수 있으므로 ㉢에 들어갈 말은 '구상'임을 추론할 수 있다.

2일 하프모의고사 02 정답·해설

■ 정답   p.16

01	④ 독해	06	④ 어휘
02	② 논리	07	③ 독해 + 문법
03	① 독해	08	④ 독해
04	② 독해	09	② 독해
05	④ 논리	10	① 논리

■ 취약영역 분석표

영역	틀린 답의 개수
독해	/ 5
독해 + 문법	/ 1
독해 + 문학	/ -
논리	/ 3
어휘	/ 1
TOTAL	10

* 취약영역 분석표를 이용해 1개라도 틀린 문제가 있는 영역은 그 영역의 문제만 골라 해설을 다시 한번 꼼꼼히 학습하세요.

---

01 독해 | 공공언어 바로 쓰기   난이도 하 ●○○

정답 설명

④ 시설 보수와 환경을 개선하기 위한(×) → 시설을 보수하고 환경을 개선하기 위한(○): 공공언어 바로 쓰기 첫 번째 원칙에 따르면 '-고', '-며', '-와', '-과' 등으로 대등한 것끼리 접속되는 말에는 구조가 같은 표현을 사용해야 한다. 이때 수정 전의 문장은 '-고'를 통해 대등한 것끼리 접속한 경우로, 구조가 같은 표현을 사용하고 있다. 그러나 수정 후의 문장은 '-와'를 통해 접속하고 있음에도 구조가 다른 표현을 사용하고 있다. 따라서 공공언어 바로 쓰기 원칙에 따라 수정한 것으로 적절하지 않다.

오답 분석

① 환경 보호에 있습니다(×) → 환경 보호입니다(○): 공공언어 바로 쓰기 네 번째 원칙에 따르면 '~에 있다', '~에 있어서'와 같은 일본어 번역 투를 삼가야 한다. 이때 수정 전의 문장은 '~에 있습니다'와 같은 일본어 번역 투가 사용된 표현이다. 따라서 외국어 번역 투 대신 자연스러운 한국어 표현을 사용하여 '~입니다'로 수정한 것은 적절하다.

② 정책 수립에 활용됩니다(×) → 정책 수립에 활용합니다(○): 공공언어 바로 쓰기 세 번째 원칙에 따르면 주어와 서술어의 호응을 고려하여 능동과 피동의 관계를 정확하게 사용해야 한다. 이때 수정 전의 문장은 주어 '정부는'과 피동 표현인 서술어 '활용됩니다'가 호응하지 않는 문장이다. 따라서 '활용됩니다'를 주어 '정부는'과 호응하는 능동 표현인 서술어 '활용합니다'로 수정한 것은 적절하다.

③ 시청은 주민 의견 수렴(×) → 시청은 주민의 의견을 수렴하여(○): 공공언어 바로 쓰기 두 번째 원칙에 따르면 조사, 어미, '-하다' 등을 지나치게 생략하지 않아야 한다. 이때 수정 전의 문장은 조사 '의', '을'과 '-하다'가 과도하게 생략된 표현이다. 따라서 조사 '의', '을'과 '-하여'를 추가하여 수정한 것은 적절하다.

---

02 논리 | 명제의 결론 추론하기   난이도 하 ●○○

정답 설명

② 제시된 전제를 기호화하면 다음과 같다.

> (가) ~건강 검진 ∧ 보험 가입자
> (나) 50세 이상 → 건강 검진
>   ≡ ~건강 검진 → ~50세 이상 (대우)

(가) '~건강 검진 ∧ 보험 가입자'와 (나)의 대우 '~건강 검진 → ~50세 이상'을 결합하면, '50세 이상이 아닌 직원 중 일부는 보험 가입자이다(~50세 이상 ∧ 보험 가입자)'가 도출된다. 이는 ② '보험 가입자 중 일부는 50세 이상이 아닌 직원이다(보험 가입자 ∧ ~50세 이상)'와 동치이므로 답은 ②이다.

오답 분석

① 제시된 전제를 통해 '보험 가입자는 모두 건강 검진을 받지 않는다(보험 가입자 → ~건강 검진)'는 결론으로 도출할 수 없다.

③ 제시된 전제를 통해 '50세 이상이 아닌 직원은 모두 건강 검진을 받지 않는다(~50세 이상 → ~건강 검진)'는 결론으로 도출할 수 없다.

④ 제시된 전제를 통해 '50세 이상인 직원이면서 건강 검진을 받는 사람은 모두 보험 가입자가 아니다[(50세 이상 ∧ 건강 검진) → ~보험 가입자)]'는 결론으로 도출할 수 없다.

---

03 독해 | 빈칸 내용 추론하기   난이도 중 ●●○

정답 설명

① ㉠~㉢에 들어갈 말을 적절하게 나열한 것은 ㉠ '인식적 기능', ㉡ '심미적 기능', ㉢ '실천적 기능'이므로 ①이다.

- ㉠ 인식적 기능: ㉠의 앞에서는 고대부터 중세 문학이 신화, 설화, 서사시를 통해 세계의 기원과 인간 존재의 의미를 탐구한 것이 ㉠을 보여 준다고 설명하고 있다. 이때 1문단 3~5번째 줄을 통해 문학이 세계와 인간에 대한 이해를 깊게 하며 현실을 새로운 관점에서 바라보게 하는 것은 문학의 인식적 기능에 해당함을 추론할 수 있다. 따라서 ㉠에 들어갈 말로 적절한 것은 '인식적 기능'이다.
- ㉡ 심미적 기능: ㉡의 앞에서는 르네상스와 낭만주의 시대에 예술적 표현의 다양성과 언어의 음악성이 강조되었다고 설명하고 있다. 이때 1문단 5~7번째 줄을 통해 언어의 아름다움과 예술적 표현을 통해 감동과 즐거움을 선사하는 것은 문학의 심미적 기능에 해당함을 추론할 수 있다. 따라서 ㉡에 들어갈 말로 적절한 것은 '심미적 기능'이다.
- ㉢ 실천적 기능: ㉢의 앞에서는 20세기 이후 현대 문학이 사회적 불평등, 정치적 억압 등을 고발하고 대안을 모색하였음을 설명하고 있다. 이때 1문단 끝에서 5~6번째 줄을 통해 사회 변화를 촉구하고 공동체의 가치관 형성에 기여하는 것은 문학의 실천적 기능에 해당함을 추론할 수 있다. 따라서 ㉢에 들어갈 말로 적절한 것은 '실천적 기능'이다.

04 독해 | 글의 순서 파악하기 난이도 중 ●●○

정답 설명

② 맥락에 맞게 순서대로 나열한 것은 (나) - (가) - (다)이다.

순서	중심 내용	순서 판단의 단서와 근거
첫 문장	도자기는 동아시아의 주요 교역품으로, 특히 청화백자가 높은 평가를 받았음	-
(나)	송나라부터 명나라까지 청화백자 제작 기술이 발전하고 정교화됨	시간상으로 가장 앞선 내용(송나라~명나라 시기)으로, 글의 중심 화제인 청화백자의 기원과 발전 과정을 소개함
(가)	명나라 말기부터 청화백자는 유럽에 대량 수출되며 왕실과 귀족들 사이에서 유행했고, 유럽 도자기 산업 발전에 영향을 미침	키워드 '명나라 말기': (나)에서 언급한 '명나라'의 후기 상황을 설명하며 (나)에서 발전된 청화백자가 어떻게 서구로 전파되었는지 연결하고 있음
(다)	유럽은 청화백자의 영향을 받아 자체 도자기 산업을 발전시켜 독자적인 유럽식 도자기 문화를 형성함	키워드 '유럽에서는 수입된 청화백자의': (가)에서 언급한 유럽으로 수출된 청화백자를 가리키며 시간상으로도 가장 후대의 사건을 다루고 있음

05 논리 | 논증의 강화 및 약화 평가하기 난이도 중 ●●○

정답 설명

④ 3문단에 의하면 C는 건축이 기능주의와 형태주의의 균형을 추구해야 하며, 진정한 건축은 형태적 진보나 기술적 실험뿐만이 아닌 사회적 맥락과 사용자의 필요를 균형 있게 반영하는 것이라고 주장한다. 이때 C의 건축물이 사회적 맥락보다는 형태적 아름다움을 우선시했다는 증거가 발견된다면, 이는 C가 주장한 균형적 접근에서 어긋난 결과물이므로 이는 C의 관점을 정면으로 반박하는 사례가 된다. 따라서 ④는 C의 주장을 강화하는 것이 아닌 약화하므로 제시문에 대한 평가로 적절하지 않다.

오답 분석

① 1문단에 의하면 A는 기하학적 형태와 곡선을 통해 예술 작품으로서 건축물의 새로운 가능성을 제시했으며, 혁신적 디자인으로 독창적이고 창의적인 공간 창출에 도전하고 사용자에게 시각적으로 새로운 경험을 제공하는 것을 추구했다. 이때 혁신적인 디자인이 적용된 A의 건축물이 해당 도시의 상징물로 자리 잡은 사실이 밝혀진다면, 이는 A의 건축물이 예술 작품으로서의 상징성을 획득한 것이므로 이는 A가 추구하는 건축에 대한 형태주의적 관점과 일치한다. 따라서 ①은 A의 주장을 강화한다.

② 2문단에 의하면 B는 시각적 화려함에만 치중하고 실용성과 지역적 맥락을 충분히 고려하지 않았다며 A의 건축을 비판했다. 이때 A의 건축물에 지역 재료와 문화적 요소를 적극적으로 활용했다는 사실이 밝혀진다면, 이는 B의 비판을 반박하는 사례에 해당한다. 따라서 ②는 B의 비판을 약화한다.

③ 2문단에 의하면 B는 건축의 주된 의무가 사용자의 실질적 필요 충족과 공간의 효율적 활용에 있다고 주장한다. 이때 B가 설계한 건물들이 효율성은 높지만 사용자 만족도가 낮다는 연구 결과가 나온다면, 이는 B의 주장 중 공간 효율성은 충족하였으나, 사용자의 실질적 필요를 충족시키지 못한 것이므로 B의 주장을 반박하는 사례에 해당한다. 따라서 ③은 B의 주장을 약화한다.

06 어휘 | 고유어와 한자어의 대응 난이도 하 ●○○

정답 설명

④ ⓓ의 기본형 '반영(反映)하다'는 '다른 것에 영향을 받아 어떤 현상을 나타내다'라는 뜻이지만 '불러오다'는 '어떤 행동이나 감정 또는 상태를 일어나게 하다'의 의미이므로 바꿔 쓰기에 적절하지 않다.

오답 분석

① · 상반(相反)되다: 서로 반대되거나 어긋나게 되다.
　 · 엇갈리다: 생각이나 주장 따위가 일치하지 않다.
② · 제시(提示)하다: 어떠한 의사를 말이나 글로 나타내어 보이게 하다.
　 · 내놓다: 생각이나 의견을 제시하다.
③ · 진정(眞正)하다: 참되고 올바르다.
　 · 참되다: 진실하고 올바르다.

07 독해+문법 | 세부 내용 파악하기, 형태소의 이해　난이도 하 ●○○

정답 설명
③ 3문단 1~2번째 줄에 의하면 형태소에 대한 인식은 음운론적 인식 이후, 통사론적 인식 이전에 발달한다. 즉, 형태소에 대한 인식 이후에 통사론적 인식이 발달하는 것이므로, 통사론적 인식이 형태소에 대한 인식보다 먼저 발달하는 경향이 있다는 ③의 설명은 적절하지 않다.

오답 분석
① 1문단에 의하면 형태소는 '뜻을 가진 가장 작은 말의 단위'로 형태소를 쪼개면 그 의미가 사라짐을 알 수 있다. 따라서 ①의 설명은 적절하다.
② 2문단 끝에서 1~4번째 줄에 의하면 실질 형태소는 구체적인 대상이나 동작, 상태와 같은 의미를 지니고, 형식 형태소는 문법적 의미를 나타낸다. 따라서 ②의 설명은 적절하다.
④ 2문단 2~5번째 줄에 의하면 자립 형태소는 단독으로 쓰일 수 있으며, 의존 형태소는 다른 형태소와 결합해야만 쓰일 수 있다. 따라서 ④의 설명은 적절하다.

08 독해 | 숨겨진 내용 추론하기　난이도 하 ●○○

정답 설명
④ 1문단 1~2번째 줄에 의하면 서양 미술과 동양 미술은 공간을 표현하는 방식에서 큰 차이가 있다는 것을 알 수 있다. 이는 동양과 서양에서 그림을 그리는 방식이 다르다는 것을 의미한다. 또한 3문단에 의하면 이러한 차이는 자연을 바라보는 방식의 차이에서 기인했음을 알 수 있다. 따라서 동양과 서양의 그림 그리는 방식이 다른 것은 좋고 나쁨의 차이가 아니라 서로 다르게 대상을 바라보는 방식 때문일 것이라는 ④의 추론은 적절하다.

오답 분석
① 1문단 2~6번째 줄을 통해 서양화가들은 '원근법'을 통해 창문으로 바깥 세계를 보는 것처럼 그림을 그렸음을 알 수 있고, 2문단 2~3번째 줄을 통해 동양화가들은 한 그림 안에 여러 각도에서 본 모습을 함께 그렸음을 알 수 있다. 그러나 서양화가들이 과학적 지식이 부족해 동양처럼 자유롭게 그림을 그리지 못했는지는 제시문을 통해 알 수 없으므로 ①의 추론은 적절하지 않다.
② 2문단 2~3번째 줄을 통해 동양화가들이 한 그림 안에 여러 각도에서 본 모습을 함께 그렸음을 알 수 있다. 그러나 동양 미술의 표현 방식이 시대가 지날수록 서양의 원근법을 받아들였는지는 제시문을 통해 알 수 없으므로 ②의 추론은 적절하지 않다.
③ 3문단 끝에서 1~3번째 줄을 통해 현대 미술에서는 동양과 서양의 표현 방식을 모두 사용해 새로운 그림을 만들어 낸다고 하였다. 따라서 현대 미술에서 서양 미술의 공간 표현 방식이 동양 미술의 공간 표현 방식 보다 더 중요하게 여겨질 것이라는 ③의 추론은 적절하지 않다.

09 독해 | 세부 내용 파악하기　난이도 중 ●●○

정답 설명
② ㉢과 ㉥은 모두 문맥상 '서양'을 의미하므로 지시 대상이 같은 것끼리 짝 지은 것은 ② '㉢, ㉥'이다.
- ㉢: '전자'의 앞 문장에는 서양과 동양이 서로 생각하는 방식이 서로 달랐다는 내용이 제시되어 있다. 따라서 ㉢ '전자'는 '서양'에 해당한다.
- ㉥: '전자'의 앞에는 서양과 동양이 생각하는 방식이 서로 달랐다는 내용이 제시되어 있다. 또한 ㉥ '전자(서양)' 사람들은 인간과 자연을 분리해서 보았음을 ㉤ '후자(동양)'의 사람들은 인간과 자연이 하나로 연결된다고 생각했다는 내용이 제시되어 있다. 따라서 ㉥ '전자'는 '서양'에 해당한다.

오답 분석
- ㉠: 이때 '전자'는 문맥상 '서양 미술'을 가리킨다.
- ㉡: 이때 '후자'는 문맥상 '동양 미술'을 가리킨다.
- ㉣: 이때 '후자'는 문맥상 '동양'을 가리킨다.
- ㉤: 이때 '후자'는 문맥상 '동양'을 가리킨다.

10 논리 | 명제의 전제 추론하기　난이도 중 ●●○

정답 설명
① 제시된 진술을 기호화하면 다음과 같다.

```
(1) (입장권 매진 ∧ 비) → 경기 취소
(2) 인기 팀 → 입장권 매진
(3) 
[결론] 인기 팀 → 경기 취소
```

(1)을 통해 '경기 취소'가 도출되기 위해서는 '입장권 매진 ∧ 비'가 충족되어야 함을 알 수 있다. 이때 (2)를 통해 '인기 팀 → 입장권 매진'임을 알 수 있고, 이에 따라 '[(인기 팀 → 입장권 매진) ∧ 비] → 경기 취소'가 성립하므로 '비'가 추가되면 결론인 '인기 팀 → 경기 취소'를 확정할 수 있다. 따라서 빈칸에 들어갈 말로 가장 적절한 것은 ① '지금 비가 오고 있습니다(비)'이다.

오답 분석
② '오늘 경기의 입장권은 매진되었습니다(입장권 매진)'가 추가되더라도, '비'가 확정되지 않아 결론을 도출할 수 없으므로 ②는 빈칸에 들어갈 말로 적절하지 않다.
③ '비가 오고 입장권이 매진되지 않으면 경기가 취소되지 않습니다[(비 ∧ ~입장권 매진) → ~경기 취소]'가 추가되더라도 결론을 도출할 수 없으므로 ③은 빈칸에 들어갈 말로 적절하지 않다.
④ '입장권이 매진되지 않으면 경기에 출전하는 팀은 인기 팀이 아닙니다 (~입장권 매진 → ~인기 팀)'는 (2)의 대우에 해당하므로 ④가 추가되더라도 결론은 도출되지 않는다. 따라서 ④는 빈칸에 들어갈 말로 적절하지 않다.

3일 하프모의고사 03 정답·해설

■ 정답

p.22

01	② 독해 + 문법	06	④ 독해
02	② 독해	07	③ 독해
03	③ 논리	08	③ 논리
04	② 논리	09	④ 독해
05	② 독해	10	② 어휘

■ 취약영역 분석표

영역	틀린 답의 개수
독해	/ 5
독해 + 문법	/ 1
독해 + 문학	/ -
논리	/ 3
어휘	/ 1
TOTAL	10

* 취약영역 분석표를 이용해 1개라도 틀린 문제가 있는 영역은 그 영역의 문제만 골라 해설을 다시 한번 꼼꼼히 학습하세요.

01 독해 + 문법 | 사례 추론하기, 문장의 유형   난이도 중 ●●○

정답 설명

② 2문단에 따르면 '날씨가 추울지라도 우리는 외출해야 한다'에서 연결 어미 '-ㄹ지라도'는 양보의 기능을 하는 종속적 연결 어미이다. 따라서 '날씨가 추울지라도 우리는 외출해야 한다'는 앞 절과 뒤 절이 양보의 관계로 종속적으로 결합한 문장이다.

오답 분석

① 2문단에 따르면 종속적으로 이어진 문장에서 연결 어미 '-면'은 조건·가정의 기능을 하며, 앞 절이 뒤 절 속으로 이동하는 것이 가능하다. 이때 '비가 오면 우산을 준비하자'는 연결 어미 '-면'이 나타난 종속적으로 이어진 문장으로, '우산을, 비가 오면, 준비하자'와 같이 앞 절이 뒤 절의 속으로 이동할 수 있다.

③ 2문단에 따르면 '-어서'는 이유·원인의 기능을 하는 종속적 연결 어미이다. 따라서 '그는 돈이 없어서 대출을 신청했다'는 원인을 나타내는 연결 어미를 통해 종속적으로 이어진 문장이다.

④ 1문단에 따르면 대등하게 이어진 문장은 구조 및 의미상 대칭성을 가지기 때문에 앞뒤 절의 순서를 바꾸어도 문장의 의미가 크게 달라지지 않는다. 이때 '우리는 웃었고 그들은 울었다'는 나열의 기능을 하는 연결 어미 '-고'를 통해 대등하게 이어진 문장이다. 따라서 '우리는 웃었고 그들은 울었다'는 의미상 대칭성을 가지므로, '그들은 울었고 우리는 웃었다'와 같이 앞뒤 절의 순서를 바꾸어도 의미가 크게 변하지 않는다.

🔍이것도 알면 합격

이어진 문장의 종류

유형	내용
대등하게 이어진 문장	앞 절과 뒤 절의 의미가 대등하게 이어진 문장으로 나열, 대조, 선택의 기능을 함 → -고, -(으)며, -(으)나, -지만, -거나, -든지 등 예 산은 높고 바다는 넓다. 　그는 죽었지만 그의 작품은 살아 있다. 　점심에 밥을 먹거나 빵을 먹어라.
종속적으로 이어진 문장	앞 절과 뒤 절의 의미가 독립적이지 못하고 원인, 의도, 조건 등 종속적인 관계로 이어진 문장 → -(으)면, -거든, -(아)서, -(으)므로, -(으)니까, -(으)려고, -고자, -는데, -(으)ㄹ지라도 등 예 버스가 일찍 도착하면 집에 빨리 올 수 있다. 　콩쥐는 모자가 생겨서 기분이 좋았다. 　형이 집에 가는데 누가 눈앞에 나타났다. 　그가 오지 않을지라도 울지 않을 것이다.

02 독해 | 개요 작성하기   난이도 하 ●○○

정답 설명

② 〈개요〉의 'Ⅱ. 주택 문제의 원인'은 'Ⅲ. 주거 안정을 위한 정책 방안'에 대응하는 내용으로 구성되어야 한다. 이때 ② '임대료 규제 및 임차인 보호 제도 도입'은 주택 문제의 원인이 아닌 주거 안정을 위한 정책 방안에 해당하는 내용이다. 따라서 빈칸에 들어갈 내용으로 적절하지 않다.

오답 분석

① '주택 수요 증가와 공급 부족 간 불균형'은 'Ⅲ-1. 공공 임대 주택 확대 및 주택 공급 정책 개선'에 대응하는 원인이다. 따라서 빈칸에 들어갈 내용으로 적절하다.
③ '취약계층 대상 주거 지원 프로그램 부족'은 'Ⅲ-3. 취약계층 맞춤형 주거 복지 프로그램 강화'에 대응하는 원인이다. 따라서 빈칸에 들어갈 내용으로 적절하다.
④ '부동산 투기 규제 제도의 허점 및 투기 단속 미흡'은 'Ⅲ-2. 부동산 투기 증가 방지를 위한 제도 정비'에 대응하는 원인이다. 따라서 빈칸에 들어갈 내용으로 적절하다.

03 논리 | 명제의 전제 추론하기   난이도 하 ●○○

정답 설명

③ 제시된 진술을 기호화하면 아래와 같다.

> (1) 경영 위기 상태
> (2) 프로젝트 수행 → (충분한 예산 ∧ 전문 인력)
> ≡ (~충분한 예산 ∨ ~전문 인력) → ~프로젝트 수행 (대우)
> [결론] ~프로젝트 수행

'~프로젝트 수행'을 결론으로 도출하기 위해서는 (2)의 대우에서 전건인 '~충분한 예산 ∨ ~전문 인력'이 확정되어야 한다. 이때 (1)에서 '경영 위기 상태'가 확정된 상태이므로, '경영 위기 상태 → ~충분한 예산'이나 '경영 위기 상태 → ~전문 인력'이 전제로 추가되면 이를 (2)의 대우와 연결하여 '~프로젝트 수행'을 결론으로 이끌어 낼 수 있다. 따라서 빈칸에 들어갈 말로 가장 적절한 것은 ③ '경영 위기 상태라면 충분한 예산을 확보할 수 없습니다(경영 위기 상태 → ~충분한 예산)'이다.

오답 분석

① '전문 인력이 없으면 프로젝트를 수행할 수 있습니다(~전문 인력 → 프로젝트 수행)'가 전제로 추가되어도 '~프로젝트 수행'을 결론으로 도출할 수 없다.
② '경영 위기 상태라면 전문 인력을 확보할 수 있습니다(경영 위기 상태 → 전문 인력)'가 전제로 추가되어도 '~충분한 예산'이나 '~전문 인력'은 확정되지 않으므로 '~프로젝트 수행'을 결론으로 도출할 수 없다.
④ '경영 위기 상태가 아니라면 충분한 예산을 확보할 수 있습니다(~경영 위기 상태 → 충분한 예산)'가 전제로 추가되어도 '~프로젝트 수행'을 결론으로 도출할 수 없다.

04 논리 | 논증의 강화 및 약화 평가하기   난이도 하 ●○○

정답 설명

② 기술(물질 문화)의 변화 속도가 사회 규범이나 제도(비물질 문화)의 변화 속도보다 빨라 사회적 문제가 발생한다는 ㉠의 주장을 평가한 내용으로 적절한 것은 ② 'ㄱ, ㄴ'이다.

• ㄱ: 핵기술(물질 문화)이 먼저 발전하고, 이에 대한 관리 제도와 국제법(비물질 문화)이 뒤늦게 정비된 사례는 기술 발전과 사회적 대응 간의 시차를 보여주는 사례이므로, ㉠의 주장을 강화한다.
• ㄴ: 인공지능 기술(물질 문화)이 급속히 발전했으나 관련 윤리 규범과 법적 체계(비물질 문화)가 미비하여 사회적 혼란이 발생하는 현상은 기술과 제도 간의 발전 속도 차이로 인한 문제를 보여주므로 ㉠의 주장을 강화한다.

오답 분석

ㄷ: 장애인을 위한 보조 기술(물질 문화)이 발전함과 동시에 장애인에 대한 사회 인식(비물질 문화)도 함께 개선되어 장애인 복지 관련 예산이 곧바로 증액된 사례는 물질 문화의 발전 속도와 비물질 문화의 발전 속도가 동일한 것으로 이는 ㉠의 주장과 정반대의 결과가 나타난 것이다. 즉 'ㄷ'은 ㉠의 주장을 반박하는 사례에 해당하므로 ㉠의 주장을 강화하지 않고 약화한다.

05 독해 | 숨겨진 내용 추론하기   난이도 하 ●○○

정답 설명

② 1문단에 의하면 청소년은 자기중심성을 지니며, 이는 자신의 생각과 감정이 타인보다 중요하고 특별하다고 여기는 경향이다. 이는 곧 청소년들이 타인보다 자신을 중시함을 의미한다. 또한 3문단에 의하면 청소년의 자기중심성은 15~16세를 기점으로 점차 감소하며, 사회적 경험이 쌓이고 인지 발달이 완성됨에 따라 타인의 관점을 이해하는 능력이 향상된다고 하였다. 이를 통해 15세 이하의 청소년들은 자기중심성을 지니고 있어, 타인의 관점을 완전히 수용하는 데 한계가 있을 것임을 추론할 수 있다.

오답 분석

① 3문단 1~2번째 줄을 통해 청소년기의 자기중심성은 15~16세를 기점으로 점차 감소함을 알 수 있을 뿐, 그것이 성인기까지 지속되는지는 알 수 없다. 또한 1문단 끝에서 1~3번째 줄에서 데이비드 엘킨드는 청소년 자기중심성을 인지발달 과정에서 나타나는 자연스러운 현상이라고 정의하고 있다. 따라서 이를 성격적 결함이라고 규정하는 ①은 적절한 추론이 아니다.
③ 2문단을 통해 청소년 자기중심성이 크게 '상상적 청중'과 '개인적 우화' 두 가지의 형태로 나타남을 알 수 있다. 하지만 이는 청소년 자기중심성의 유형을 나타낼 뿐, 이를 통해 '상상적 청중' 현상이 나타나는 청소년이 '개인적 우화' 현상을 겪는지의 여부는 알 수 없으므로 ③은 적절한 추론이 아니다.
④ 3문단 끝에서 1~3번째 줄을 통해 청소년기 자기중심성에는 부정적인 측면뿐만 아니라, 긍정적인 측면도 있음을 알 수 있다. 하지만 제시문에서 유아기 부모의 양육 방식과 청소년 자기중심성의 결과 간의 상관 관계에 대한 내용은 확인할 수 없으므로 ④는 적절한 추론이 아니다.

06 독해 | 중심 내용 및 핵심 논지 파악하기 난이도 하 ●○○

정답 설명

④ 1문단에서는 국제법이 단순한 규범체계에서 전 지구적 문제 해결을 위한 협력 메커니즘으로 발전해 왔음을 설명하고, 2문단에서는 이러한 변화가 국가 주권의 개념 재해석을 요구하며, 주권이 더 이상 절대적인 개념이 아니라는 점을 강조하고 있다. 이어서 3문단에서는 국제법의 한계를 지적하면서 강대국의 선택적 준수와 집행력 부족 문제를 언급하고, 마지막 문단에서는 앞으로 국제법이 민주적이고 포용적인 방향으로 발전해야 하며, 실질적인 문제 해결 도구로서의 역할을 수행해야 한다고 주장한다. 이를 통해 국제법은 시대 변화에 따라 주권 개념의 재해석과 실효성 있는 집행을 요구받고 있다는 것이 글의 중심 내용임을 알 수 있다.

오답 분석

① 제시문에서는 국제법이 주권을 전적으로 보호하고 있지 않다는 내용에 대해 설명하는 것이 아닌 국제 공동체와의 조화를 위해 주권 개념이 변화하고 있다는 것에 대해 주로 설명한다. 따라서 국제법이 과거와 달리 국가 주권을 전적으로 보호하지 못하고 있다는 ①은 제시문의 중심 내용으로 적절하지 않다.

② 1문단에서 국제 범죄에 대한 내용을 일부 언급하고 있으나, 이는 제시문의 일부 내용에 불과하며 핵심 내용은 국제법 체계 전반의 발전 방향과 주권 개념의 변화, 실효성 강화에 있다. 따라서 국제법이 국제 범죄를 단호하게 처벌할 수 있는 강력한 제도를 갖추어야 한다는 ②는 제시문의 중심 내용으로 적절하지 않다.

③ 제시문은 국제법이 국가 간 문제를 넘어 다양한 글로벌 이슈에 대응한다고 설명하지만, 국가 내부 문제 해결에 초점을 두고 있다는 것은 제시문을 통해 알 수 없는 내용이다. 따라서 국제법이 국가 간의 갈등보다는 국가 내부 문제를 해결하는 데 초점을 두고 있다는 ③은 글의 중심 내용으로 적절하지 않다.

07 독해 | 세부 내용 파악하기 난이도 하 ●○○

정답 설명

③ 제시문의 2문단을 통해 미디어 리터러시 역량이 부족한 경우 정보의 사실 여부보다 자신의 기존 신념과 일치하는 정보를 더 신뢰하는 확증 편향에 빠지기 쉬움을 알 수 있다. 또한 미디어 리터러시 교육을 받은 사람들은 가짜 뉴스를 식별하는 능력이 향상되었고, 정보를 비판적으로 분석하는 경향이 강해졌음을 알 수 있다. 그러므로 미디어 리터러시가 높은 사람은 자신의 신념과 일치하지 않더라도 정보를 객관적으로 평가할 가능성이 높다고 볼 수 있다. 따라서 ③의 설명은 글을 이해한 내용으로 적절하다.

오답 분석

① 1문단에서는 디지털 시대에 검증되지 않은 정보와 가짜 뉴스가 빠르게 확산된다고 언급했을 뿐, 디지털 시대 이전에는 가짜 뉴스가 생성되지 않았다는 내용은 제시문을 통해 확인할 수 없다. 또한 1문단 마지막 문장에서는 디지털 시대에 들어 미디어 리터러시가 여러 능력(정보 출처 확인, 사실과 의견 구분, 메시지 의도 파악)으로 확장되었다고 설명하는데, 이를 통해 디지털 시대 이전에도 미디어 리터러시는 존재했음을 추론할 수 있다. 따라서 ①의 설명은 적절하지 않다.

② 3문단에서 미디어 리터러시 교육은 정보 접근성뿐만 아니라 정보 분별력을 키우는 데 초점을 맞춰야 한다고 설명함을 알 수 있다. 따라서 미디어 리터러시 교육의 핵심이 단순히 정보 접근 기술을 향상시키는 것이라는 ②의 설명은 적절하지 않다.

④ 2문단에서 소셜 미디어 알고리즘은 이용자의 기존 관점을 강화하는 정보를 우선적으로 노출해 필터 버블 현상을 심화시킨다는 것을 알 수 있다. 이는 소셜 미디어 알고리즘이 다양한 관점의 정보를 균형 있게 제공하는 것이 아니라, 오히려 사용자의 기존 관점을 강화하는 정보만 제공하여 편향을 심화시킨다는 의미이므로, ④의 설명은 적절하지 않다.

08 논리 | 명제의 결론 추론하기 난이도 중 ●●○

정답 설명

③ 제시된 진술을 기호화하면 다음과 같다.

> (가) 기술 혁신 ∨ 대규모 투자
> (나) 기술 혁신 → (생산성 향상 ∧ 시장 경쟁력 강화)
> (다) 대규모 투자 → (고용 증가 ∧ 시장 경쟁력 강화)

(가)에서 '기술 혁신'이 이루어지거나 '대규모 투자'가 이뤄짐을 알 수 있다. '기술 혁신'이 이루어질 경우, (나)에 의해 '생산성 향상'과 '시장 경쟁력 강화'가 도출된다. '대규모 투자'가 이루어질 경우, (다)에 의해 '고용 증가'와 '시장 경쟁력 강화'가 도출된다. 두 경우 모두 '시장 경쟁력 강화'가 공통적으로 도출되므로, 정답은 ③이다.

오답 분석

① (가)에 의해 '기술 혁신'이 이루어지고 '대규모 투자'가 이루어지지 않을 가능성이 있다. 이 경우 (나)에 의해 '생산성 향상'과 '시장 경쟁력 강화'가 도출되지만, '고용 증가'가 참인지 거짓인지 여부는 알 수 없다. 따라서 '고용이 증가한다'는 빈칸에 들어갈 말로 적절하지 않다.

② (가)에 의해 '대규모 투자'가 이루어지고 '기술 혁신'이 이루어지지 않는 경우도 가능하다. 이 경우 (다)에 의해 '고용 증가'와 '시장 경쟁력 강화'는 참이지만, '생산성 향상'이 참인지 거짓인지 여부는 알 수 없다. 따라서 '생산성이 향상된다'는 빈칸에 들어갈 말로 적절하지 않다.

④ '기술 혁신'만 이루어지는 경우 '생산성 향상'은 참이지만 '고용 증가'는 알 수 없고, '대규모 투자'만 이루어지는 경우 '고용 증가'는 참이지만 '생산성 향상'은 알 수 없다. '기술 혁신'과 '대규모 투자'가 모두 이루어지는 경우에만 '생산성 향상'과 '고용 증가'가 동시에 참이 된다. 그러나 (가)는 '기술 혁신'과 '대규모 투자' 모두 이루어지는 것을 보장하지 않는다. 따라서 '생산성이 향상되고 고용이 증가한다'는 빈칸에 들어갈 말로 적절하지 않다.

09 독해 | 숨겨진 내용 추론하기   난이도 하 ●○○

정답 설명

④ 2문단 3~6번째 줄을 통해 '롱테일 이론'에 따르면, 소수의 인기 상품이 높은 판매량을 보여도 다수의 틈새 상품들의 판매량의 총합이 인기 상품의 판매량을 능가할 수 있다는 것을 알 수 있다. 또한 2문단 7~9번째 줄에서 온라인 플랫폼의 경우 전체 매출에서 틈새 상품이 차지하는 비중이 상당히 높은 것으로 나타났음을 알 수 있다. 이를 통해 온라인 전자상거래는 인기 상품에 집중하는 것보다 다양한 상품을 구비하는 것이 더 유리하다는 것을 추론할 수 있다. 따라서 ④의 추론은 적절하다.

오답 분석

① 1문단 1~4번째 줄을 통해 '파레토 법칙'은 오프라인 매장에서 적용된다고 언급하고 있으며, 2문단에서는 온라인 플랫폼은 오히려 '롱테일 이론'을 활용한다고 설명하고 있다. 따라서 파레토 법칙이 온라인 플랫폼에서 더 효과적으로 적용된다는 ①의 추론은 적절하지 않다.

② 1문단 마지막 문장에서 오프라인 매장은 상품 구색을 제한적으로 유지하며, 소비자의 다양한 취향을 모두 충족시키지 못함을 알 수 있다. 또한 2문단 첫 문장에서 온라인 전자상거래는 물리적 진열 공간의 제약이 없어 틈새 상품까지 폭넓게 제공할 수 있음을 알 수 있다. 따라서 소비자들이 온라인보다 오프라인 매장에서 더 다양한 상품을 접할 수 있다는 ②의 추론은 제시문의 내용과 반대되므로 적절하지 않다.

③ 1문단 끝에서 3~6번째 줄을 통해 오프라인 매장에서는 재고 관리 비용에 따른 이익률의 감소로 인해 회전율이 낮은 틈새 상품보다 빠르게 판매되는 대중적 상품을 선호함을 알 수 있다. 따라서 오프라인 매장이 재고 관리의 효율성을 위해 틈새 상품 위주로 진열 공간을 구성한다는 ③의 추론은 제시문의 내용과 반대되므로 적절하지 않다.

10 어휘 | 다의어의 의미   난이도 하 ●○○

정답 설명

② 나는 그 일을 관련 법에 따라 처리했다: ②와 ⊙의 기본형 '따르다'는 문맥상 '어떤 경우, 사실이나 기준 따위에 의거하다'의 의미로 사용되었다. 따라서 ⊙과 의미가 가장 가까운 것은 ②이다.

오답 분석

① 그 아이는 유난히 나를 잘 따른다: 이때 '따르다'는 '좋아하거나 존경하여 가까이 좇다'의 의미로 사용되었다.

③ 모든 일에는 언제나 책임이 따르는 법이다: 이때 '따르다'는 '어떤 일이 다른 일과 더불어 일어나다'의 의미로 사용되었다.

④ 아무리 노력해도 그녀의 춤 실력을 따를 수 없었다: 이때 '따르다'는 '앞선 것을 좇아 같은 수준에 이르다'의 의미로 사용되었다.

4일 하프모의고사 04 정답·해설

■ 정답
p.28

01	③ 독해	06	② 독해
02	② 논리	07	① 독해 + 문법
03	④ 논리	08	③ 독해
04	④ 독해	09	④ 어휘
05	② 논리	10	③ 독해 + 문학

■ 취약영역 분석표

영역	틀린 답의 개수
독해	/ 4
독해 + 문법	/ 1
독해 + 문학	/ 1
논리	/ 3
어휘	/ 1
TOTAL	10

* 취약영역 분석표를 이용해 1개라도 틀린 문제가 있는 영역은 그 영역의 문제만 골라 해설을 다시 한번 꼼꼼히 학습하세요.

01 독해 | 공공언어 바로 쓰기   난이도 하 ●○○

정답 설명

③ 사전 예비 준비 계획서(×) → 사전 계획서 / 준비 계획서(○): '사전'은 '일이 일어나기 전. 또는 일을 시작하기 전'을 의미하므로 '필요할 때 쓰기 위하여 미리 마련하거나 갖추어 놓음'을 의미하는 '예비'와 '미리 마련하여 갖춤'을 의미하는 '준비'의 의미가 중복된다. 따라서 '사전', '예비', '준비'가 모두 유사한 의미를 가지므로, 이 세 단어가 함께 사용된 '사전 예비 준비 계획서'는 중복 표현이다. 참고로 이는 공공언어 바로 쓰기 첫 번째 원칙에 따라 '사전 계획서' 또는 '준비 계획서'로 수정하는 것이 적절하다.

오답 분석

① 첨단과학 컨소시엄(×) → 첨단과학 연합체(○): ⊙의 '컨소시엄(consortium)'은 생소한 외래어에 해당한다. 따라서 이를 공공언어 바로 쓰기 세 번째 원칙에 따라 '연합체'라는 우리말로 바꾼 것은 적절하다.

② 4차 산업혁명 시대 대응과 첨단기술을 선도하기 위한(×) → 4차 산업혁명 시대에 대응하고 첨단기술을 선도하기 위한(○): ⓒ은 대등한 것끼리 접속하는 경우이지만 구조가 다른 표현이 사용되었다. 따라서 이를 공공언어 바로 쓰기 네 번째 원칙에 따라 '4차 산업혁명 시대에 대응하고 첨단기술을 선도하기 위한'으로 수정하는 것은 적절하다.

④ 정부 관계자들과 인공지능 기술에 대해 논의할 예정입니다(×) → 정부 관계자들을 만나 인공지능 기술에 대해 논의할 예정입니다(○): 수정 전 문장은 '각 대학의 대표자들이 정부 관계자들, 인공지능 기술에 대해 논의하다' 또는 '각 대학의 대표자들이 정부 관계자들을 만나 인공지능 기술에 대해 논의하다'와 같이 두 가지 뜻으로 해석될 수 있다. 따라서 이를 공공언어 바로 쓰기 두 번째 원칙에 따라 하나의 뜻으로만 해석되도록 '정부 관계자들을 만나 인공지능 기술에 대해 논의할 예정입니다'로 수정하는 것은 적절하다.

02 논리 | 명제의 전제 추론하기   난이도 중 ●●○

정답 설명

② A의 진술을 기호화하면 아래와 같다.

```
(1) 배 ∨ 다리
(2) 다리 → ~요금 ≡ 요금 → ~다리 (대우)
(3) 현금 → 요금
[결론] 배
```

결론인 '배'는 (1)에서 선언 삼단 논법에 의해 '~다리'가 확정되면 도출할 수 있다. 또한 '~다리'는 (2)의 대우에서 '요금'이 확정되면 도출할 수 있고, '요금'은 (3)에서 '현금'이 확정되면 도출할 수 있다. 따라서 (가)에 들어갈 말로 적절한 것은 ② 'C는 현금을 준비했다(현금)'이다.

오답 분석

① 'C는 다리를 건넜다(다리)'가 확정되더라도 결론은 도출할 수 없다.
③ 'C는 현금을 준비하지 않았다(~현금)'가 확정되더라도 결론은 도출할 수 없다.
④ 'C에게 요금이 발생하지 않았다(~요금)'가 확정되더라도 결론은 도출할 수 없다.

✌ 이것도 알면 합격

선언 삼단 논법(선언지 제거)	
개념	선언 명제를 통해 결론을 도출하는 방법으로, 어느 하나의 명제를 부정하여 다른 하나를 긍정하는 방식이다.
논증 방법	[전제 1] P이거나 Q이다. (P∨Q) 　예 해가 뜨거나 달이 뜬다. [전제 2] P가 아니다. (~P) 　예 해가 뜨지 않았다. [결론] 따라서 Q이다. (Q) 　예 따라서 달이 뜰 것이다.

03 논리 | 논증의 강화 및 약화 평가하기   난이도 중 ●●○

정답 설명

④ D는 고대 안데스 문명인들이 발달된 지식 체계를 가지고 있었으며, 그들의 천문학적 이해가 과소평가되어 왔다고 주장했다. 만약 나스카 지역에서 고대 안데스 문명의 천문학 문헌이 발견된다면, 이는 그들이 실제로 발달된 천문학적 지식을 보유하고 있었다는 것을 의미한다. 따라서 D의 주장을 직접적으로 뒷받침하여 D의 주장이 강화하므로 ④는 윗글에 대한 평가로 적절하다.

오답 분석

① A는 나스카 라인이 천체 관측과 관련된 천문 달력이라고 주장했다. 나스카 문명인들이 별자리를 묘사한 도자기가 발견된다면 이는 나스카 문명인들이 천문학적 지식을 가졌다는 것을 입증하므로 A의 주장을 약화하는 것이 아니라 강화할 것이다. 따라서 나스카 문명인들이 별자리를 묘사한 도자기를 제작했다는 증거가 발견되면 A의 주장이 약화된다는 ①은 윗글에 대한 평가로 적절하지 않다.

② B는 A의 의견에 동의하며 나스카 라인의 특정 도형들이 동지와 하지를 표시한다고 주장했다. B는 특정 천문학적 기능만을 강조하였으므로 나스카 라인의 목적이 천문학적, 종교적, 실용적 기능이 복합적으로 작용했다는 것이 밝혀진다면, B의 주장이 약화될 수 있다. 따라서 나스카 라인의 복합적 기능이 발견되었을 때 B의 주장이 강화된다는 ②는 윗글에 대한 평가로 적절하지 않다.

③ C는 나스카 라인이 물과 관련된 종교 의식을 위한 순례 경로라고 주장했으므로 물 의식과 관련된 종교 용품이 발견된다면 그의 주장은 약화되지 않고 강화될 것이다. 따라서 물 의식과 관련된 종교 용품이 발견된다면 C의 주장이 약화된다는 ③은 윗글에 대한 평가로 적절하지 않다.

04 독해 | 세부 내용 파악하기   난이도 하 ●○○

정답 설명

④ ㉣, ㉤은 모두 '나스카 문명인들'을 의미하므로 지시 대상이 같은 것은 ④ '㉣, ㉤'이다.
- ㉣: ㉣은 앞에서 언급한 나스카 문명의 구성원, 즉 '나스카 문명인들'을 지칭한다.
- ㉤: ㉤이 포함된 문장에서 '이들'은 지상화를 만든 주체를 의미하므로 '나스카 문명인들'을 지칭한다.

오답 분석
- ㉠: ㉠은 앞서 천문학적 해석을 주장한 인물들인 '천문학자 A와 물리학자 B'를 지칭한다.
- ㉡: ㉡은 지상화인 '나스카 라인' 자체를 지칭한다.
- ㉢: ㉢은 바로 앞 문장에 등장하는 '인류학자 D'를 지칭한다.

05 논리 | 명제의 결론 추론하기   난이도 하 ●○○

정답 설명

② 제시된 전제를 기호화하면 다음과 같다.

> (가) ~디지털 기기 활용도 → ~정보 검색 능력
>   ≡ 정보 검색 능력 → 디지털 기기 활용도 (대우)
> (나) 정보 검색 능력 ∧ 외국어 능통

(가)의 대우와 (나)를 결합하면 '디지털 기기 활용도가 높은 어떤 사람은 외국어에 능통하다(디지털 기기 활용도 ∧ 외국어 능통)'가 성립한다. 이는 '외국어에 능통한 어떤 사람은 디지털 기기 활용도가 높다(외국어 능통 ∧ 디지털 기기 활용도)'와 동치이므로 결론에 들어갈 말로 적절한 것은 ②이다.

오답 분석

① (나)를 통해 외국어에 능통한 어떤 사람이 정보 검색 능력이 뛰어남(외국어 능통 ∧ 정보 검색 능력)은 알 수 있으나, 외국어에 능통한 사람 중 정보 검색 능력이 뛰어나지 않은 사람이 있을 수 있으므로 적절하지 않다.

③ (나)를 통해 '정보 검색 능력이 뛰어난 어떤 사람은 외국어에 능통하다(정보 검색 능력 ∧ 외국어 능통)'는 것을 알 수 있다. 따라서 '외국어에 능통한 모든 사람은 정보 검색 능력이 뛰어나지 않다(외국어 능통 → ~정보 검색 능력)'는 주어진 전제와 직접 모순되기 때문에 결론에 들어갈 말로 적절하지 않다.

④ 제시된 전제를 통해 '정보 검색 능력이 뛰어나지 않은 모든 사람은 외국어에 능통하다(~정보 검색 능력 → 외국어 능통)'는 알 수 없으므로 결론에 들어갈 말로 적절하지 않다.

06 독해 | 개요 작성하기   난이도 하 ●○○

정답 설명

② 'Ⅲ'에는 'Ⅱ'의 '노인 복지 문제의 원인'에 대응하는 개선 방안이 제시되어야 한다. ② '생산 인구 증대를 위한 출산 장려 정책 강화'는 'Ⅱ'의 노인 복지 문제의 원인에 제시된 소득 보장 미흡, 의료 서비스 부재, 노인 소외 문제 중 어떤 원인에도 직접 대응하지 않아 '원인 - 개선 방안'이라는 구조적 일관성에 맞지 않는다. 따라서 ②는 〈개요〉의 빈칸에 들어갈 내용으로 적절하지 않다.

오답 분석

① ① '국민연금 제도 개선과 노인 일자리 창출'은 'Ⅱ-1'의 '노후 소득 보장 제도의 미흡'에 대응하는 개선 방안에 해당한다.

③ ③ '노인 맞춤형 의료 서비스 확대와 접근성 개선'은 'Ⅱ-2'의 '고령자 맞춤형 의료 서비스 체계 부재'에 대응하는 개선 방안에 해당한다.

④ ④ '노인 공동체 활성화와 세대 간 교류 프로그램 확대'는 'Ⅱ-3'의 '노인 소외와 우울증 등 정신 건강 문제'에 대응하는 개선 방안에 해당한다.

07 독해+문법 | 빈칸 내용 추론하기, 의미 관계　난이도 중 ●●○

정답 설명

① (가)와 (나)에 들어갈 말로 적절한 것은 '부분 관계'와 '상하 관계'이므로 답은 ①이다.

- (가): 1문단에 의하면 부분 관계는 구성적 측면에서의 관계이며 하나의 대상과 그것을 구성하는 요소들 간의 관계를 말한다. 2문단에 의하면 (가)는 물리적 포함 관계로 구성적 성격을 띠며, 구성 요소들끼리 서로 이질적인 성격을 지닐 수 있다. '학교'에 대하여 '교실, 교무실, 학생'의 관계를 살펴보면 '교실, 교무실, 학생'은 '학교'라는 물리적 공간의 구성 요소에 해당하며, '교실'과 '교무실'이 공간적 성격을 띤다. 그러나 '학생'은 유기체적 성격을 띤다는 점에서 이질적인 성격을 지닌다. 따라서 (가)에 들어갈 말로 적절한 것은 '부분 관계'이다.

- (나): 1문단에 의하면 상하 관계는 분류학적 체계와 유사하며 포괄적 개념과 구체적 개념 간의 관계가 성립한다. 2문단에 의하면 (나)는 개념적 포함 관계로 분류학적 성격을 띠며, 하위 항목들은 서로 의미적 자질을 공유하는 경향이 있다. '식물'에 대하여 '나무, 꽃'의 관계를 살펴보면, '나무'와 '꽃'은 '식물'로 분류할 수 있다. 또한 '나무'와 '꽃'은 모두 '식물'이라는 의미적 자질을 공유한다. 따라서 (나)에 들어갈 말로 적절한 것은 '상하 관계'이다.

👆이것도 알면 합격

단어의 의미 관계

종류	설명	예
상하 관계	한 단어가 의미상 다른 단어의 의미를 포함하는 의미 관계	조류 : 제비
부분 관계	한 단어가 지시하는 대상이 다른 단어가 지시하는 대상의 일부분인 의미 관계	코 : 얼굴
유의 관계 (동의 관계)	서로 다른 단어가 매우 비슷하거나 같은 의미를 가지고 있는 관계	흉내 : 시늉
반의 관계	서로 대립되거나 반대되는 의미를 가진 단어 사이의 의미 관계	참 : 거짓

08 독해 | 중심 내용 및 핵심 논지 파악하기　난이도 하 ●○○

정답 설명

③ 1문단을 통해 에피쿠로스학파는 마음의 평화와 고요함을 진정한 행복으로 여겼음을 알 수 있다. 또한 3문단에서 그들은 행복을 위해서는 욕구를 잘 관리해야 하며, 필수적인 욕구만을 최소한으로 충족하고 불필요한 욕구는 자제하는 소박한 삶을 살아야 한다고 주장했음을 알 수 있다. 따라서 제시문의 중심 내용으로 가장 적절한 것은 ③이다.

오답 분석

① 2문단 1~2번째 줄에서 에피쿠로스학파는 사람들이 불행한 이유를 죽음, 운명, 신에 대한 잘못된 두려움 때문으로 설명했다. 즉 그들은 죽음, 운명에 대한 두려움을 부정적인 것으로 인식하였음을 알 수 있다. 따라서 에피쿠로스학파가 죽음, 운명에 대한 두려움은 필요악이라고 주장하였다는 것은 제시문의 중심 내용으로 적절하지 않다.

② 5문단에서는 에피쿠로스학파가 지나치게 개인주의적 성향을 보이고 쾌락을 최고의 가치로 삼았다는 점에서 한계가 있으나, 단순한 삶과 마음의 평화를 통해 행복을 찾으려 했던 그들의 삶의 태도는 오늘날에도 의미가 있음을 언급하고 있다. 따라서 ②는 제시문의 중심 내용으로 적절하지 않다.

④ 2문단 끝에서 1~3번째 줄에서 에피쿠로스학파는 신들이 인간사에 간섭하지 않음을 주장하며 신에 대한 두려움에서 벗어나야 한다고 주장했다. 또한 4문단을 통해 에피쿠로스학파가 중세에는 오해를 받고 배척을 당했으나, 르네상스와 계몽주의 시대에 재평가되었음을 알 수 있다. 하지만 이는 제시문의 일부분에 불과하므로 제시문의 중심 내용으로 적절하지 않다.

09 어휘 | 고유어와 한자어의 대응　난이도 하 ●○○

정답 설명

④ ⓔ '중시(重視)했다'의 기본형 '중시(重視)하다'는 '가볍게 여길 수 없을 만큼 매우 크고 중요하게 여기다'를 뜻하는 말이다. 하지만 '가늠하다'는 '목표나 기준에 맞고 안 맞음을 헤아려 보다' 또는 '사물을 어림잡아 헤아리다'를 뜻하므로 바꿔 쓰기에 적절하지 않다.

오답 분석

① · 간섭(干涉)하다: 직접 관계가 없는 남의 일에 부당하게 참견하다.
　· 끼어들다: 자기 순서나 자리가 아닌 틈 사이를 비집고 들어서다.

② · 충족(充足)하다: 일정한 분량을 채워 모자람이 없게 하다.
　· 채우다: 만족하게 하다.

③ · 자제(自制)하다: 자기의 감정이나 욕망을 스스로 억제하다.
　· 참다: 1. 웃음, 울음, 아픔 따위를 억누르고 견디다. 2. 충동, 감정 따위를 억누르고 다스리다.

10 독해+문학 | 숨겨진 내용 추론하기, 문학의 이해　난이도 하 ●○○

정답 설명

③ 2문단을 통해 경기체가와 고려 가요가 모두 3음보 율격을 지닌다는 것을 알 수 있다. 또한 경기체가는 음수율이 3-3-4조로 나타나지만, 고려 가요는 음수율이 자유롭다는 것을 알 수 있다. 따라서 경기체가와 고려 가요는 모두 3음보의 율격을 지니지만, 음수율이 규칙적인 경기체가와 달리 고려 가요는 음수율이 규칙적이지 않다는 것을 추론할 수 있다.

> 오답 분석

① 3문단을 통해 경기체가의 의문형 종결 어미는 확신과 단정 기능으로 사용된다는 것을 알 수 있다. 따라서 경기체가의 의문형 종결 어미가 실제로 질문을 던지며 독자와 소통하려는 의도를 담고 있다는 추론은 적절하지 않다.

② 3문단을 통해 경기체가는 한자와 이두 표현이 주를 이룬다는 것을 알 수 있다. 그러나 경기체가에서 사용된 이두 표현이 계층 간의 소통 장치였다는 내용은 제시문을 통해 알 수 없다. 또한 5문단을 통해 경기체가의 향유 계층은 한문학에 능한 귀족과 사대부였다는 것을 알 수 있으므로, 경기체가의 표현이 평민 계층과의 언어적 소통을 위한 장치였다고 볼 수 없다. 따라서 경기체가에 사용된 이두 표현이 당시 귀족 계층과 평민 계층의 언어적 소통을 위한 장치였다는 추론은 적절하지 않다.

④ 1문단을 통해 경기체가와 고려 가요가 비슷한 시기에 창작되었다는 것을 알 수 있을 뿐, 두 장르 간의 선후 관계는 제시문을 통해 알 수 없다. 따라서 고려 가요는 경기체가보다 시간적으로 먼저 출현한 문학 갈래라는 추론은 적절하지 않다. 또한 4·5문단을 통해 향유 계층의 지긍심을 표출한 것은 고려 가요가 아닌 경기체가라는 것을 알 수 있다. 따라서 고려 가요가 향유 계층의 자긍심을 표출한다는 추론은 적절하지 않다.

이것도 알면 합격

경기체가와 고려 가요

설명		경기체가	고려 가요
공통점		3음보의 율격	
차이점	향유 계층	귀족 및 사대부	평민
	표현	· 한자 표현, 이두 표현으로 창작됨 · 의문형 종결 어미가 나타남 · 3-3-4조의 규칙적인 음수율이 나타남	· 순수 우리말 표현으로 창작됨 · 평서형 종결 어미가 나타남 · 자유로운 음수율이 나타남
	주제 및 내용	· 관념적이고 교술적인 내용을 담고 있음 · 귀족층의 생활상과 흥취를 노래함	· 하층민의 정서와 보편적인 공감 상황을 담고 있음

5일 하프모의고사 05 정답·해설

■ 정답   p.34

01	① 독해	06	② 독해 + 문법
02	② 논리	07	③ 논리
03	③ 독해	08	④ 어휘
04	② 독해	09	① 독해
05	① 논리	10	① 독해 + 문학

■ 취약영역 분석표

영역	틀린 답의 개수
독해	/ 4
독해 + 문법	/ 1
독해 + 문학	/ 1
논리	/ 3
어휘	/ 1
TOTAL	10

* 취약영역 분석표를 이용해 1개라도 틀린 문제가 있는 영역은 그 영역의 문제만 골라 해설을 다시 한번 꼼꼼히 학습하세요.

01 독해 | 주장 및 견해 파악하기   난이도 하 ●○○

정답 설명

① 준영은 예술의 경제적 가치를 긍정하는 민호의 입장을 일부 인정하고 있다. 그러나 준영은 예술의 문화적 의미와 경제적 가치를 모두 고려해야 한다고 주장하고 있다. 따라서 준영이 예술의 경제적 가치만을 긍정한다는 설명은 적절하지 않다.

오답 분석

② 지수는 두 번째 발화에서 값비싼 작품들이 소수 부유층에 의해 독점되면 예술의 공공성이 위협받을 수 있다는 점을 지적하고 있다. 따라서 지수가 예술 작품이 소수에게 독점되는 현상에 대하여 부정적인 견해를 드러낸다는 ②의 설명은 적절하다.

③ 하연은 예술의 가치가 화폐 가치로 환산될 수 없다고 주장한다. 지수 역시 예술의 가치를 돈으로 측정하는 것이 예술의 본질을 훼손하는 일임을 주장한다. 따라서 하연과 지수가 예술 작품의 가치가 시장에 의해 결정되는 것을 부정적으로 보는 점에서 견해를 같이한다는 ③의 설명은 적절하다.

④ 민호는 작품의 가치는 궁극적으로 시장이 결정한다고 주장하며, 하연은 예술의 본질적 가치는 미적 경험과 문화적 영향력에 있음을 주장한다. 따라서 민호가 하연과 달리 작품의 가치가 시장의 수요와 공급 원리에 따라 결정된다고 주장하며 견해를 달리한다는 ④의 설명은 적절하다.

02 논리 | 명제의 결론 추론하기   난이도 하 ●○○

정답 설명

② 제시된 진술들을 기호화하면 다음과 같다.

> (가) 보안 문제 해결 ∨ 시스템 업데이트
> (나) 시스템 업데이트 → ~신규 프로그램 설치
>   ≡ 신규 프로그램 설치 → ~시스템 업데이트 (대우)
> (다) 신규 프로그램 설치

(다)에 의해 '신규 프로그램 설치'가 확정되므로 (나)의 대우에서 '~시스템 업데이트'가 확정된다. 이를 (가)에 대입하면 선언지 제거에 의해 '보안 문제 해결'을 도출할 수 있으므로, 빈칸에 들어갈 말로 적절한 것은 '전산팀이 보안 문제를 해결했다(보안 문제 해결)'이다.

오답 분석

① (다)에 의해 (나)의 대우에서 '~시스템 업데이트'가 확정되므로 '시스템이 업데이트 되었다(시스템 업데이트)'는 거짓이다.

③ (다)에 의해 '신규 프로그램 설치'가 확정되므로 '~신규 프로그램 설치'는 거짓이다. 또한 (다)에 의해 (나)의 대우에서 '~시스템 업데이트'를 도출할 수 있으므로 '시스템 업데이트' 역시 거짓이다. 따라서 '시스템이 업데이트 되거나 신규 프로그램이 설치되지 않았다(시스템 업데이트 ∨ ~신규 프로그램 설치)'는 거짓이다.

④ (다)에 의해 (나)의 대우에서 '~시스템 업데이트'가 확정되므로 '~시스템 업데이트'는 참이다. 그러나 이에 따라 (가)에서 선언지 제거에 의해 '보안 문제 해결'이 확정되므로 '~보안 문제 해결'은 거짓이다. 따라서 '전산팀이 보안 문제를 해결하지 않았고 시스템이 업데이트 되지 않았다(~보안 문제 해결 ∧ ~시스템 업데이트)'는 거짓이다.

03 독해 | 숨겨진 내용 추론하기   난이도 하 ●○○

정답 설명

③ 제시문 3문단 1~2번째 줄을 통해 바다거북이 해수의 화학적 성분 차이를 감지한다는 것을 알 수 있다. 또한 3문단 3~5번째 줄에서 많은 바다거북이 거대한 해류 시스템을 따라 이동하는 모습이 관찰되었다는 것도 확인할 수 있다. 이는 바다거북이 해수의 화학적 성분 차이를 감지하고 해류를 따라 이동한다는 것을 의미한다. 그러므로 바다거북이 해류의 흐름 변화에 따라 이동 경로를 조정할 것이라는 ③의 추론은 적절하다.

오답 분석

① 제시문을 통해 바다거북의 이동 시간이 밤인지 낮인지에 대해 알 수 없다. 또한 포식자를 피하기 위해 특정 시간대에 이동한다는 내용도 제시되어 있지 않다. 따라서 바다거북이 주로 밤에만 이동하여 포식자를 피할 것이라는 ①의 추론은 적절하지 않다.

② 제시문 2문단 5~7번째 줄을 통해 바다거북이 흐린 날에 빛의 편광 현상을 감지하여 태양의 위치를 간접적으로 파악한다는 것을 알 수 있다. 따라서 바다거북이 흐린 날에는 태양의 위치를 파악하지 못할 것이라는 ②의 추론은 제시문의 내용과 반대되므로 적절하지 않다.

④ 제시문 2문단 1~4번째 줄을 통해 바다거북의 머리에 작은 자석 입자들이 있어 나침반처럼 작용한다는 것을 알 수 있다. 또한 그것이 뇌의 특정 부위와 연결되어 지구 자기장의 미세한 변화도 감지할 수 있게 한다는 것을 알 수 있다. 이는 자석 입자들이 지구 자기장을 감지하는 데 핵심적인 역할을 한다는 의미이므로, 이 입자들이 손상되면 지구 자기장 감지 능력에 문제가 생길 것임을 추론할 수 있다. 따라서 바다거북이 머리의 자석 입자들이 손상되어도 지구 자기장의 변화를 감지할 수 있을 것이라는 ④의 추론은 적절하지 않다.

04 독해 | 세부 내용 파악하기   난이도 하 ●○○

정답 설명

② ㉠, ㉣은 모두 문맥상 '바다거북'을 의미하므로 지시 대상이 같은 것으로 묶인 것은 ② '㉠, ㉣'이다.

- ㉠: ㉠이 포함된 문장에서 '이들'은 수천 킬로미터를 이동하면서도 자신이 태어난 해변으로 돌아가는 행위의 주체이다. 이는 앞 문장에서 놀라운 항해 능력의 소유자로 언급된 '바다거북'을 지칭한다.
- ㉣: ㉣이 포함된 문장에서 '그들'의 눈은 바다의 파도 패턴을 인식해 해안선 방향을 파악한다. 이는 앞 문장에 이어서 바다거북에 대한 연구 결과를 제시하는 것으로 '그들'은 '바다거북'을 지칭한다.

오답 분석

- ㉡: ㉡이 포함된 문장에서 '그들'은 15년간 여러 해변에서 바다거북의 이동을 위성 추적 장치로 관찰한 행위의 주체이다. 이는 바다거북에 대한 연구를 진행한 'A 연구진'을 지칭한다.
- ㉢: ㉢의 앞 문장에서 바다거북의 머리에는 작은 자석 입자들이 있어 나침반처럼 작용한다는 것이 밝혀졌음을 서술하고 있다. 또한 ㉢이 포함된 문장에서는 '이것들'이 뇌의 특정 부위와 연결되어 지구 자기장의 변화를 감지할 수 있게 해준다고 서술하고 있다. 따라서 '이것들'은 '바다거북의 머리에 있는 작은 자석 입자들'을 지칭한다.
- ㉤: ㉤이 포함된 문장에서 '그들'은 바다거북이 어떻게 여러 감각을 복합적으로 활용하여 길을 찾는지 설명할 수 있었다고 서술하고 있다. 이는 바다거북에 대해 관찰하고 이에 대해 설명하는 주체인 'A 연구진'을 지칭한다.

05 논리 | 명제의 전제 추론하기   난이도 상 ●●●

정답 설명

① 제시된 전제를 기호화하면 다음과 같다.

> (1) 금융 불안정성 증가 → 기준 금리 인상
> (2) (기준 금리 인상 ∨ 재정 지출 감소) → 시중 유동성 감소
> [결론] 금융 불안정성 증가 → 부동산 가격 하락

(2)는 전건 분리에 따라 '(기준 금리 인상 → 시중 유동성 감소) ∧ (재정 지출 감소 → 시중 유동성 감소)'와 논리적으로 동치이다. 따라서 '기준 금리 인상 → 시중 유동성 감소'와 '재정 지출 감소 → 시중 유동성 감소'가 확정된다. 이때 (2)를 통해 도출한 '기준 금리 인상 → 시중 유동성 감소'와 (1)을 결합하여 '금융 불안정성 증가 → 기준 금리 인상 → 시중 유동성 감소'를 도출할 수 있다. 이에 따라 '금융 불안정성 증가 → 시중 유동성 감소'를 확정할 수 있다. 이때 결론을 이끌어 내기 위해서는 '시중 유동성 감소'와 '부동산 가격 하락'을 연결하는 전제가 필요하다. 따라서 정답은 ① '시중 유동성이 감소하면 부동산 가격이 하락한다(시중 유동성 감소 → 부동산 가격 하락)'이다.

오답 분석

② '기준 금리가 인상되면 정부의 재정 지출이 감소한다(기준 금리 인상 → 재정 지출 감소)'를 추가해도 결론을 도출할 수 없다.

③ '정부의 재정 지출이 감소하면 금융 시장의 불안정성이 증가한다(재정 지출 감소 → 금융 불안정성 증가)'를 추가해도 결론을 이끌어 낼 수 없다.

④ '부동산 가격이 하락하면 금융 시장의 불안정성이 증가하지 않는다(부동산 가격 하락 → ~금융 불안정성 증가)'는 '금융 불안정성 증가 → ~부동산 가격 하락'과 논리적으로 동치이다. '금융 불안정성 증가 → ~부동산 가격 하락'이 전제로 추가되면 제시된 결론인 '금융 불안정성 증가 → 부동산 가격 하락'이 성립하지 않으므로 결론을 도출할 수 없다.

이것도 알면 합격

전건 분리와 후건 분리

	명제의 기호화	예문
전건 분리	• (P ∧ Q) → R ≡ (P → R) ∨ (Q → R) • (P ∨ Q) → R ≡ (P → R) ∧ (Q → R)	• 운동을 하고 영양분을 섭취하면, 건강해진다. ≡ 운동을 하면 건강해지거나, 영양분을 섭취하면 건강해진다. • 비가 오거나 눈이 내리면 외출을 취소한다. ≡ 비가 오면 외출을 취소하고, 눈이 내려도 외출을 취소한다.

후건 분리	• P → (Q ∧ R) ≡ (P → Q) ∧ (P → R) • P → (Q ∨ R) ≡ (P → Q) ∨ (P → R)	• 운동을 하면, 체력이 늘고 체중이 준다. ≡ 운동을 하면 체력이 늘고, 운동을 하면 체중이 준다. • 배가 고프면, 밥이나 빵을 먹는다. ≡ 배가 고프면 밥을 먹거나, 배가 고프면 빵을 먹는다.

06 독해 + 문법 | 사례 추론하기, 자음 체계   난이도 중 ●●○

정답 설명

② 1문단에 따르면 'ㅂ, ㅃ, ㅍ, ㅁ'이 양순음에 속하며 치조음은 'ㄷ, ㄸ, ㅌ, ㅅ, ㅆ, ㄴ, ㄹ'이다. 또한 2문단에 따르면 'ㄷ'은 공기의 흐름을 막 았다가 터뜨리면서 내는 소리이다. 따라서 '파도'의 두 번째 자음 'ㄷ'은 양순 파열음이 아닌 치조 파열음이므로, ②의 추론은 적절하지 않다.

오답 분석

① 1문단과 4문단에 따르면 'ㄴ'은 치조음에 해당하고, 목청이 울리는 유성음에 속한다. 따라서 '소나기'의 두 번째 자음 'ㄴ'을 치조음이면서 발음할 때 목청이 울리는 소리라고 추론하는 것은 적절하다.

③ 1문단과 2문단에 따르면 'ㅊ'은 경구개음(센입천장소리)에 해당하고, 파찰음(파열음과 마찰음의 두 가지 성질을 모두 가진 소리)이다. 따라서 '채소'의 첫 자음 'ㅊ'이 경구개음이면서 파열음과 마찰음의 두 가지 성질을 모두 가지고 있다고 추론하는 것은 적절하다.

④ 3문단에 따르면 'ㅂ'은 예사소리에 해당하고, 예사소리와 비교할 때 된소리는 성대가 긴장되어 발음된다. 또한 거센소리는 예사소리와 비교할 때 숨이 거세게 나오며 발음된다. 따라서 '바람'의 첫 자음 'ㅂ'을 된소리와 거센소리에 비해 발음할 때 성대가 긴장되거나 숨이 거세게 발음되지 않는다고 추론하는 것은 적절하다.

이것도 알면 합격

국어의 자음 체계

1. 조음 위치에 따른 분류

입술소리 (양순음)	두 입술 사이에서 나는 소리 예 ㅂ, ㅃ, ㅍ, ㅁ
혀끝소리 (설단음, 치조음)	혀끝이 윗니의 뒷부분이나 윗잇몸에 닿아서 나는 소리 예 ㄷ, ㄸ, ㅌ, ㅅ, ㅆ, ㄴ, ㄹ
센입천장소리 (경구개음)	혓바닥과 센입천장 사이에서 나는 소리 예 ㅈ, ㅉ, ㅊ
여린입천장소리 (연구개음)	혀의 뒷부분과 여린입천장 사이에서 나는 소리 예 ㄱ, ㄲ, ㅋ, ㅇ
목청소리 (후음)	목청 사이에서 나는 소리 예 ㅎ

2. 조음 방법에 따른 분류

파열음	허파에서 나오는 공기의 흐름을 일단 막았다가, 그 막은 자리를 터뜨리면서 내는 소리 예 ㅂ, ㅃ, ㅍ, ㄷ, ㄸ, ㅌ, ㄱ, ㄲ, ㅋ
파찰음	허파에서 나오는 공기를 막았다가 서서히 터뜨리면서 마찰을 일으켜 내는, 즉 파열음과 마찰음의 두 가지 성질을 모두 가지고 있는 소리 예 ㅈ, ㅉ, ㅊ
마찰음	입안이나 목청 사이의 통로를 좁히고, 공기를 그 좁은 틈 사이로 내보내 마찰을 일으키면서 내는 소리 예 ㅅ, ㅆ, ㅎ
비음	입안의 통로를 막고, 코로 공기를 내보내면서 내는 소리 예 ㅁ, ㄴ, ㅇ
유음	혀끝을 윗잇몸에 댄 채 공기를 그 양옆으로 흘려보내면서 내는 소리 예 ㄹ

3. 목청의 울림 여부에 따른 분류

울림소리 (유성음)	발음할 때 목청이 울리는 소리 예 국어의 모든 모음, ㄴ, ㄹ, ㅁ, ㅇ
안울림소리 (무성음)	발음할 때 목청이 울리지 않는 소리 예 'ㄴ, ㄹ, ㅁ, ㅇ' 외의 모든 자음

4. 소리의 세기에 따른 분류

예사소리	입안의 기압과 발음 기관의 긴장도를 낮춤으로써 강하지 않게 발음하는 소리 예 ㄱ, ㄷ, ㅂ, ㅅ, ㅈ
된소리	성대가 긴장되며 발음하는 소리 예 ㄲ, ㄸ, ㅃ, ㅆ, ㅉ
거센소리	숨이 거세게 나오며 발음하는 소리 예 ㅋ, ㅌ, ㅍ, ㅊ

07 논리 | 논증의 강화 및 약화 평가하기   난이도 하 ●○○

정답 설명

③ (가)는 팬덤을 문화 산업이 제공하는 상품을 맹목적으로 소비하는 수동적 존재로 보는 관점이고, (나)는 팬덤을 2차 창작물을 만들고 문화 산업의 의사결정 과정에 영향력을 행사하는 능동적 문화 생산자로 보는 관점이다. 미디어 기업들이 팬들의 요구를 콘텐츠 제작에 적극 반영하는 것은 팬들을 문화 콘텐츠 생산 과정에 영향력을 행사하는 능동적 주체로 보는 사례에 해당한다. 따라서 이는 팬들이 문화 산업의 의사결정 과정에 영향력을 행사한다는 (나)의 주장을 뒷받침하므로 (나)를 강화한다.

오답 분석

① 팬들의 소비 활동이 자본주의 시스템 내에서 이루어진다는 사실은 팬들의 소비적 측면을 강조하는 것이다. 따라서 이는 팬들이 능동적 문화 생산자라는 (나)의 주장을 뒷받침하지 않으므로 (나)의 관점을 강화한다고 볼 수 없다.

② (가)는 팬덤을 진정한 문화적 주체성을 발휘하지 못하는 수동적 소비자로 본다. 팬들의 자발적 기부활동이 사회적으로 의미 있는 변화를 이끌어 낸다는 것은 팬들이 단순한 소비자를 넘어 능동적인 사회 참여자로 기능함을 의미한다. 이는 팬들이 주체적인 행동을 통해 사회에 영향을 미친다는 것을 보여주므로, (가)의 주장과 상반되는 사례에 해당한다. 따라서 이는 (가)의 관점을 강화하지 않고 약화한다.

④ (나)는 팬덤을 문화 산업의 의사결정 과정에 영향력을 행사하는 능동적 문화 생산자로 본다. 하지만 팬덤의 규모가 커질수록 팬덤이 기업의 마케팅 수단으로 전락하는 경향이 있다는 것은 팬덤이 능동적으로 문화 산업의 의사결정 과정에 영향력을 행사하는 것이 아니라 오히려 기업에 이용을 당하는 것이므로 이는 수동적인 면모라고 할 수 있다. 따라서 (나)를 강화하지 않는다.

08 어휘 | 다의어의 의미   난이도 하 ●○○

정답 설명

④ ⊙의 '보다'는 '대상을 어떠하다고 평가하다'를 뜻하며 이와 같은 의미로 사용된 것은 ④ '나는 그들이 말한 내용이 모두 거짓말이라 보고 있다'의 '보다'이다.

오답 분석

① 그는 창밖을 보며 깊은 생각에 잠겼다: 이때 '보다'는 '눈으로 대상의 존재나 형태적 특징을 알다'의 의미로 사용되었다.

② 그는 새해가 되자 점쟁이에게 운세를 보러 갔다: 이때 '보다'는 '점 따위로 운수를 알아보다'의 의미로 사용되었다.

③ 우리는 이번 회의에서 어느 정도 진전을 보게 됐다: 이때 '보다'는 '어떤 결과나 관계를 맺기에 이르다'의 의미로 사용되었다.

09 독해 | 글 고쳐쓰기 (문맥에 맞게 수정하기)   난이도 하 ●○○

정답 설명

① 1문단에서는 생태계 회복력이라는 개념이 환경 과학과 생태학에서 중요해졌음을 설명하고 있다. 이는 환경 파괴가 가속화되면서 생태계 회복력 개념의 중요성이 커졌다는 의미이다. 이때 '부수적'은 '주된 것이나 기본적인 것에 붙어서 따르는 것'이라는 의미로 사용되므로 문맥과 맞지 않는다. 따라서 ⊙을 '부수적인'에서 사물의 가장 중심이 되는 것을 의미하는 '핵심적인'으로 수정하는 것이 적절하다.

오답 분석

② 2문단에서는 ⓒ의 근거로 다양한 생물종이 존재하는 생태계일수록 교란 후 안정 상태로 복귀하는 능력이 뛰어나다는 연구 결과를 제시하고 있다. 이때 ⓒ을 '아직 명확하게 입증되지 못하고 있다'로 수정하면 이어지는 연구 결과와 논리적으로 모순된다. 따라서 ⓒ을 '아직 명확하게 입증되지 못하고 있다'로 수정하는 것은 적절하지 않다.

③ 2문단에서는 다양한 생물종이 존재하는 생태계일수록 교란 후 안정 상태로 복귀하는 능력이 뛰어남을 설명하고 있다. 이를 통해 식물 종의 다양성이 높은 지역이 가뭄과 같은 기후 변화에 더 저항력이 강할 것임을 추측할 수 있다. 따라서 ⓒ을 '취약한'으로 수정하는 것은 적절하지 않다.

④ 마지막 문단에서는 생태계 적응 관리 개념을 설명하면서 불확실성을 인정하고 지속적인 모니터링과 피드백을 통해 관리한다고 언급하고 있다. '유연하게 조정하는'은 상황에 맞게 관리 방식을 변경한다는 의미이므로 적응 관리의 특성을 잘 나타낸다. 따라서 ⓔ을 차지한 물건이나 형세 따위를 굳게 지킨다는 뜻의 '고수하는'으로 바꾸어 '일관성 있게 고수하는'으로 수정하는 것은 적절하지 않다.

10 독해+문학 | 세부 내용 파악하기, 작품의 종합적 감상   난이도 하 ●○○

정답 설명

① 2문단을 통해 임춘의 「국순전」과 이규보의 「국선생전」은 동일한 소재(술)를 다루는 가전 문학이지만, 주제 의식에서 차이가 있다는 것을 알 수 있다. 또한 2문단 마지막 문장을 통해 전자는 간신배들과 방탕한 군주를 비판하고 풍자하려는 의도를 반영하고 있음을, 3문단 마지막 문장을 통해 후자는 사회적 교화를 의도하고 있음을 알 수 있다. 따라서 가전 문학은 동일한 소재를 다루더라도 작가의 의도에 따라 다양한 주제 의식을 표현할 수 있다는 설명은 적절하다.

오답 분석

② 1문단을 통해 가전은 사물을 역사적 인물처럼 의인화한 전기 형식의 문학이며, 간접적이고 우회적인 수법으로 비평한다는 것을 알 수 있다. 따라서 가전 문학이 역사적 인물의 전기를 기록한 형식으로, 주로 직접적인 사회 비판 의식을 표현한다는 설명은 적절하지 않다.

③ 2~3문단을 통해 「국순전」은 술을 통해 부정적 인물형을, 「국선생전」은 술을 통해 긍정적 인물형을 그려내고 있음을 알 수 있다. 따라서 두 작품이 모두 술의 긍정적 기능을 강조하였다는 설명은 적절하지 않다.

④ 4문단을 통해 「국순전」, 「국선생전」과 같은 가전 문학은 조선 시대에도 계승되었음을 알 수 있다. 따라서 두 작품과 같은 가전 문학이 조선 시대에 계승되었다는 설명은 적절하다. 그러나 4문단의 마지막 문장을 통해 가전 문학이 조선 시대에 계승된 이후에도 당대 사회의 모순을 비판하였음을 알 수 있다. 따라서 작품의 비판적인 성격은 약화되었다는 설명은 적절하지 않다.

✌ 이것도 알면 합격

1. 임춘, '국순전'의 주제 및 특징
 (1) 주제: 벼슬아치의 간사함에 대한 풍자
 (2) 특징
  • '도입-전개-비평'으로 나타남.
  • 술을 의인화한 일대기 및 전기적 구성으로 표현됨.
  • 현전하는 가전 문학의 효시로, 현실에 대한 우회적인 비판을 드러냄.

2. 이규보, '국선생전'의 주제 및 특징
 (1) 주제: 군자의 처신에 대한 경계와 바람직한 인간상
 (2) 특징
  • 술을 의인화하여 바람직한 인간상을 나타냄.
  • 임춘의 <국순전>에 영향을 받았으나, 주인공을 긍정적으로 묘사했다는 점에서 차별화됨.
  • 초기 가전에 비해 고사를 줄이고, 주인공에 대해 서술과 묘사를 하는 세련된 표현 기법이 나타남.

6일 하프모의고사 06 정답·해설

■ 정답   p.40

01	③ 독해	06	④ 어휘
02	① 논리	07	③ 독해
03	④ 독해	08	③ 논리
04	④ 독해 + 문법	09	③ 독해
05	③ 논리	10	② 어휘

■ 취약영역 분석표

영역	틀린 답의 개수
독해	/ 4
독해 + 문법	/ 1
독해 + 문학	/ -
논리	/ 3
어휘	/ 2
TOTAL	10

*취약영역 분석표를 이용해 1개라도 틀린 문제가 있는 영역은 그 영역의 문제만 골라 해설을 다시 한번 꼼꼼히 학습하세요.

---

01 독해 | 숨겨진 내용 추론하기   난이도 하 ●○○

정답 설명

③ 2문단에서는 임계점 현상은 단일 사건으로 발생하는 것이 아니라, 여러 임계점이 서로 영향을 주고받으며 발생할 수 있다고 설명하고 있다. 또한 북극 해빙 감소가 그린란드 빙하 용해를 가속하고 이것이 다시 북대서양 해류에 영향을 미칠 수 있다는 예를 들고 있다. 이는 하나의 기후 시스템이 임계점을 넘으면 다른 시스템의 임계점들도 연쇄적으로 초과되는 현상이 나타남을 의미한다. 따라서 하나의 기후 시스템이 임계점을 넘으면 다른 시스템에도 연쇄적으로 효과를 일으킬 수 있다는 ③의 추론은 적절하다.

오답 분석

① 1문단에서는 임계점을 넘으면 원래 상태로 돌아갈 수 없는 급격한 변화가 일어날 수 있음을 설명하고 있다. 또한 3문단에서는 위험 신호를 식별하고 사전에 대응 조치를 취하는 것이 중요함을 강조하고 있다. 이는 임계점 연구의 목적이 위험 신호 식별과 사전적 대응 조치에 있음을 의미한다. 따라서 임계점 연구의 목적이 자연적 회복 가능성을 입증하는 것이라는 ①의 추론은 적절하지 않다.

② 제시문에서 온난화로 인한 변화가 완만하고 예측 가능한지는 설명하고 있지 않다. 또한 3문단의 첫 문장에서는 임계점을 정확히 예측하는 것이 어렵다고 설명하고 있다. 따라서 온난화로 인한 변화는 완만하고 예측 가능하며, 임계점에 도달하는 시점을 확정할 수 있다는 ②의 추론은 적절하지 않다.

④ 3문단에서는 임계점 현상의 예방 조치로 온실가스 배출 감소와 같은 완화 전략뿐만 아니라, 임계점을 넘었을 때의 영향에 대비하는 적응 전략도 포함됨을 설명하고 있다. 이는 온실가스 감축만으로는 모든 임계점 현상을 예방하는 데 한계가 있음을 의미한다. 따라서 온실가스 감축만으로 모든 임계점 현상을 예방할 수 있으므로 사전적인 조치만이 요구되고 있다는 ④의 추론은 적절하지 않다.

02 논리 | 명제의 전제 추론하기   난이도 상 ●●●

정답 설명

① 갑의 진술을 기호화하면 아래와 같다.

> (1) 작곡 전공자 ∨ 연주 전공자
> (2) 연주 전공자 → 전공 입증 자료 제출
> (3) 전공 입증 자료 제출 → 테스트 무대 공연
> [결론] (작곡 전공자 ∨ 연주 전공자) → 테스트 무대 공연

(2)와 (3)을 결합하면 '연주 전공자 → 전공 입증 자료 제출 → 테스트 무대 공연'이므로 '연주 전공자 → 테스트 무대 공연'임은 알 수 있다. 이때 결론은 '(작곡 전공자 ∨ 연주 전공자) → 테스트 무대 공연'이므로 '작곡 전공자 → 테스트 무대 공연'이 추가되면 결론을 도출할 수 있음을 알 수 있다. 따라서 답은 ① '작곡 전공자는 모두 테스트 무대에서 공연을 해야 한다'이다.

오답 분석

② '테스트 무대에서 공연한 사람 중 일부는 연주 전공자이다(테스트 무대 공연 ∧ 연주 전공자)'는 '연주 전공자 → 테스트 무대 공연'을 통해 이미 알 수 있는 정보이므로 ②는 (가)에 들어갈 말로 적절하지 않다.

③ '전공 입증 자료를 제출하지 않은 사람은 작곡 전공자이다(~전공 입증 자료 → 작곡 전공자)'가 추가되더라도 결론을 도출할 수 없으므로 ③은 (가)에 들어갈 말로 적절하지 않다.

④ '작곡 전공자가 아닌 사람은 전공 입증 자료를 제출하지 않는다(~작곡 전공자 → ~전공 입증 자료)'가 추가되더라도 도출할 수 없으므로 ④는 (가)에 들어갈 말로 적절하지 않다.

03 독해 | 개요 작성하기   난이도 하 ●○○

정답 설명

④ 세 번째 지침에 따라 결론은 본론 'Ⅱ'와 'Ⅲ'의 내용을 요약 및 정리해야 한다. 'Ⅱ'는 디지털 헬스케어의 현재와 한계에 대한 내용을, 'Ⅲ'은 디지털 헬스케어의 미래 발전 방향에 대한 내용을 다루고 있다. 그러나 ④ '인공지능 기술 접목을 통한 디지털 헬스케어의 한계 극복 가능성'은 본론에서 다룬 세 가지 핵심 영역(웨어러블 기기와 앱, 원격의료 시스템, 의료 빅데이터)을 고루 반영하지 못하고, 인공지능 기술이라는 특정 측면만 강조하고 있다. 본론 'Ⅱ-3'에서 인공지능 활용이 시도되는 의료 빅데이터라는 내용이 언급되었지만, 이것만을 결론의 중심 주제로 부각시키는 것은 균형 잡힌 요약이라고 볼 수 없다. 따라서 ④는 빈칸에 들어갈 내용으로 적절하지 않다.

오답 분석

① 첫 번째 지침에 따라 서론은 중심 소재의 개념과 필요성을 각각 1개의 장으로 작성해야 한다. 'Ⅰ-1'에서 디지털 헬스케어의 정의가 이미 제시되어 있으므로 ㉠에 중심 소재의 필요성에 해당하는 '의료 패러다임 변화와 디지털 헬스케어의 중요성'과 같은 내용이 들어가는 것은 적절하다.

② 두 번째 지침에 따라 본론은 상위 항목의 하위 내용으로 구성되어야 하며, 각 장의 하위 항목끼리는 대응하도록 작성되어야 한다. 그러므로 ㉡은 상위 항목인 'Ⅱ. 디지털 헬스케어의 현재와 한계'의 하위 내용이어야 하며, 'Ⅲ-2'인 원격 의료의 법적 기반 마련과 접근성 향상 기술 개발과 연결되어야 한다는 점에서 원격의료 시스템의 현재 상황과 한계를 다루어야 한다. 따라서 ㉡에 '비대면 진료 서비스로 확대되는 원격의료 시스템의 법적·기술적 제약 존재'와 같은 내용이 들어가는 것은 적절하다.

③ 두 번째 지침에 따라 본론은 상위 항목의 하위 내용으로 구성되어야 하며, 각 장의 하위 항목끼리는 대응하도록 작성되어야 한다. 그러므로 ㉢은 상위 항목인 'Ⅲ. 디지털 헬스케어의 미래 발전 방향'의 하위 내용이어야 하며, 'Ⅱ-3'과 관련된 미래 발전 방향이어야 한다. 따라서 ㉢에 '의료 빅데이터의 표준화 체계 구축과 보안 강화 전략'이 들어가는 것은 적절하다.

04 독해 + 문법 | 사례 추론하기, 합성어   난이도 중 ●●○

정답 설명

④ 제시문에 따르면 용언의 어간이 용언에 직접 결합하는 경우는 비통사적 합성어이고, '어간 + 연결 어미 + 용언'으로 결합한 형태는 통사적 합성어이다. 이때 '굳세다'는 '굳-'과 '세다'가 연결 어미 없이 직접 결합한 비통사적 합성어이다. 반면 '붉어지다'는 어간 '붉-'에 연결 어미 '-어'와 용언 '지다'가 결합한 통사적 합성어이다. 따라서 ④의 추론은 적절하다.

오답 분석

① 2문단에 따르면 '어간 + 용언' 형태의 합성어는 비통사적 합성어이다. 이때 '나가다'는 어간 '나-'와 용언 '가다'가 직접 결합한 형태의 합성어이므로 비통사적 합성어이다. 따라서 '나가다'가 통사적 합성어라는 추론은 적절하지 않다.

② 제시문에 따르면 '명사 + 명사'로 형성된 합성어는 통사적 합성어이고, '어간 + 명사'로 형성된 합성어는 비통사적 합성어이다. 이때 '밥그릇'은 '명사 + 명사' 형태로 통사적 합성어이지만, '꺾쇠'는 어간 '꺾-'에 명사 '쇠'가 결합한 '어간 + 명사' 형태이므로 비통사적 합성어이다. 따라서 '밥그릇'과 '꺾쇠'가 모두 '명사 + 명사' 형태로 결합한 통사적 합성어라는 추론은 적절하지 않다.

③ 2문단에 따르면 우리말의 일반적인 단어 배열법과 일치하지 않는 합성어는 비통사적 합성어이다. '접칼'은 어간 '접-'과 명사 '칼'이 결합한 '어간 + 명사' 형태로 비통사적 합성어이지만, '씻어바르다'는 어간 '씻-'에 연결 어미 '-어'와 용언 '바르다'가 결합한 '어간 + 연결 어미 + 용언' 형태의 통사적 합성어이다. 따라서 '씻어바르다'가 우리말의 일반적인 단어 배열법과 일치하지 않는 비통사적 합성어로 분류된다는 추론은 적절하지 않다.

🔍 이것도 알면 합격

통사적 합성어와 비통사적 합성어의 형성 방법

구분	형성 방법
통사적 합성어	• 명사 + 명사 예 논밭, 소나무 • 주어 + 서술어(조사 생략 인정) 예 바람나다, 수많다 • 목적어 + 서술어(조사 생략 인정) 예 본받다, 수놓다 • 관형어 + 명사 예 새해, 작은집 • 부사 + 용언 예 가로눕다, 잘생기다 • 부사 + 부사 예 이리저리, 비틀비틀 • 감탄사 + 감탄사 예 얼씨구절씨구 • 용언의 어간 + 연결 어미 + 용언 예 들어가다, 알아보다
비통사적 합성어	• 어간 + 명사(관형사형 어미 생략) 예 먹거리, 접칼 • 어간 + 용언(연결 어미 생략) 예 검붉다, 날뛰다 • 부사 + 명사 예 부슬비, 산들바람, 척척박사, 촐랑개 • 한자어 어순이 우리말과 다른 경우 예 독서(讀書), 등산(登山)

05 논리 | 논증의 강화 및 약화 평가하기   난이도 중 ●●○

정답 설명

③ (가)는 원문 중심주의 관점으로 원문의 의미와 형식을 최대한 충실하게 번역하는 것을 이상적으로 간주한다. 여러 나라에 동시 출간되는 소설을 번역할 때 원문의 내용을 그대로 번역한 결과, 세계 각국의 독자들로부터 소설 속 문화적 요소에 공감하기 어렵다는 항의가 쏟아졌다는 것은 원문의 내용과 형식만을 보존한 결과, 목표 언어권의 독자들의 이해를 고려하지 못한 것이다. 이는 (가)를 반박하는 사례에 해당한다. 따라서 (가)를 약화하는 것으로 적절하다.

오답 분석

① 고전 문학 작품의 번역에서 원문의 운율과 리듬을 정확히 재현하는 번역이 원작자의 의도를 잘 보존하는 데 중요하다는 연구 결과는 번역의 언어적, 형식적 충실성을 강조하고 있으므로 원문의 형식적 특성(운율, 리듬)을 중시하는 원문 중심주의 관점에 해당한다. 따라서 (가)의 관점을 강화한다.

② 기업이 제품을 수출할 때 제품명이나 마케팅 문구를 현지화하지 않고 원문의 의미 그대로 번역해 수출할 때 현지 판매량이 높았다는 것은 번역할 때 원문의 의미와 형식을 최대한 유지하는 원문 중심주의의 긍정적인 효과에 해당한다. 따라서 (가)의 관점을 강화한다.

④ 최근 전문 번역가들이 사용하는 번역 소프트웨어가 원문의 언어적 특성을 보존하는 것에 초점을 맞추어 개발되어 언어 간 형식적 동등성을 높인다는 내용은 언어적 정확성과 형식적 충실성을 강조하는 원문 중심주의 관점에 해당하는 내용이다. 따라서 (가)의 관점을 강화한다.

06 어휘 | 다의어의 의미   난이도 하 ●○○

정답 설명

④ ⊙의 '가깝다'는 '성질이나 특성이 기준이 되는 것과 비슷하다'를 뜻하며 이와 같은 의미로 사용된 것은 ④ '그의 태도는 무례함보다는 솔직함에 가깝다'의 '가깝다'이다.

오답 분석

① 가까운 마트에 장을 보러 갔다: 이때 '가깝다'는 '어느 한곳에서 다른 곳까지의 거리가 짧다'의 의미로 사용되었다.

② 나는 외할머니와 아주 가깝게 지낸다: 이때 '가깝다'는 '서로의 사이가 다정하고 친하다'의 의미로 사용되었다.

③ 출발 시간이 가까워져 모두가 긴장했다: 이때 '가깝다'는 '어떤 시간이나 날짜까지의 간격이 짧다'의 의미로 사용되었다.

07 독해 | 중심 내용 및 핵심 논지 파악하기   난이도 하 ●○○

정답 설명

③ 제시문은 대중문화가 다양한 매체를 통해 빠르게 확산되며 많은 사람들이 쉽게 접하고 즐기는 문화로 자리 잡았음을 설명한다. 특히 3문단에서는 대중문화의 상업성과 획일화로 인한 부정적인 영향에 대해 비판적으로 바라보는 태도와 매체 이해력의 중요성을 강조하고 있다. 이를 통해 대중문화의 상품성과 미디어 영향력을 비판적으로 바라볼 필요가 있다는 것이 이 글의 핵심 논지임을 알 수 있다. 따라서 정답은 ③이다.

오답 분석

① 제시문의 1문단에서는 대중문화가 대중매체와 결합되어 빠르게 확산된다고 설명하고 있다. 확산 속도가 느려진다는 내용은 제시문의 내용과 정반대의 내용이므로 ①은 이 글의 핵심 논지로 적절하지 않다.

② 제시문의 2문단에서는 대중문화가 기업의 이윤 추구와 결합된다고 설명한다. 따라서 대중문화가 산업과 무관하게 자율적 예술로 기능한다는 ②는 이 글의 핵심 논지로 적절하지 않다.

④ 제시문의 3문단에서는 대중문화를 무조건 수용하지 말고 비판적으로 해석하고 평가해야 한다고 서술한다. 대중문화가 항상 긍정적인 가치만을 전달하므로 적극적으로 수용해야 한다는 주장은 제시문 전체의 논지와 어긋나므로 ④는 이 글의 핵심 논지로 적절하지 않다.

08 논리 | 명제의 결론 추론하기   난이도 하 ●○○

정답 설명

③ 제시된 진술을 기호화하면 아래와 같다.

> (1) 지식 습득 → 문제 해결 능력
> (2) 독서 → 창의적 사고
> (3) 지식 습득 ∧ 독서

(3)을 통해 '지식 습득'과 '독서'가 확정되었으므로 (1)과 (2)의 전건을 긍정하여 각각의 후건인 '문제 해결 능력'과 '창의적 사고'를 결론으로 도출할 수 있다. 따라서 ③ '문제 해결 능력이 향상되고 창의적 사고가 증진된다(문제 해결 능력 ∧ 창의적 사고)'는 반드시 참이 된다.

오답 분석

① (3)을 통해 '지식 습득'이 확정되므로, ① '지식을 많이 습득하지 않는다(~지식 습득)'는 거짓이다.

② (3)을 통해 '독서'가 확정되었으므로 (2)의 전건을 긍정하여 '창의적 사고'를 도출할 수 있다. 따라서 '창의적 사고가 증진되지 않는다(~창의적 사고)'는 거짓이다.

④ (3)을 통해 '지식 습득'과 '독서'가 확정되었으므로 (1)과 (2)의 전건을 긍정하여 '문제 해결 능력 ∧ 창의적 사고'를 결론으로 도출할 수 있다. 따라서 '문제 해결 능력'은 참이지만 '~창의적 사고'는 거짓이다. 따라서 '문제 해결 능력은 향상되고 창의적 사고는 증진되지 않는다(문제 해결 능력 ∧ ~창의적 사고)'는 거짓이다.

09 독해 | 숨겨진 내용 추론하기   난이도 하 ●○○

정답 설명

③ 2문단을 통해 젠트리피케이션은 도시 재생과 경제적, 문화적 활력을 가져옴과 동시에 상업화로 인해 사회적 불평등을 심화시키고 지역사회의 정체성을 훼손하기도 한다는 것을 알 수 있다. 또한 4문단을 통해 젠트리피케이션은 문화적 창의성, 경제적 이익, 사회적 형평성이 복잡하게 얽힌 도시 정책의 중요한 과제임을 알 수 있다. 이를 종합해 볼 때, 젠트리피케이션은 문화적 활력과 사회적 형평성 사이의 균형 문제를 내포하고 있음을 추론할 수 있다.

오답 분석

① 1문단 4~6번째 줄에 의하면 젠트리피케이션의 첫 단계는 예술가들의 유입으로, 상업적 투자는 두 번째 단계에서 나타난다. 따라서 상업적 투자의 확대로 예술가들이 유입되어 젠트리피케이션이 시작된다는 ①의 추론은 적절하지 않다.

② 3문단 1~2번째 줄에 의하면 젠트리피케이션 방지 정책은 젠트리피케이션의 부정적 영향을 최소화하기 위한 노력의 일환이다. 따라서 젠트리피케이션 방지 정책이 도시의 자연스러운 발전을 저해하므로 지양해야 한다는 ②의 추론은 적절하지 않다.

④ 1문단 끝에서 1~3번째 줄과 2문단 끝에서 1~3번째 줄에 의하면 젠트리피케이션은 지역 임대료의 급등을 유발해 초기 예술가들과 원주민들의 이주 문제를 야기한다. 또한 사회적 불평등을 심화시키고 지역사회의 정체성을 훼손시킨다. 이를 통해 도시 정책이 젠트리피케이션을 바탕으로 경제적 이익을 극대화하는 방향으로 수립될 경우, 지역에 긍정적인 영향보다는 부정적인 영향을 미치게 될 가능성이 크므로 ④의 추론은 적절하지 않다.

10 어휘 | 고유어와 한자어의 대응   난이도 하 ●○○

정답 설명

② (가) '여겨지고'의 기본형 '여기다'는 '마음속으로 그러하다고 인정하거나 생각하다'를 뜻하는 말이고, ⓒ '인식(認識)되며'의 기본형 '인식(認識)되다'는 '사물이 분간되고 판단되어 이해되다'를 뜻하므로 (가)와 문맥상의 의미가 가장 가깝다. 따라서 답은 ②이다.

오답 분석

① ㉠ 유입(流入)되다: 사람이 어떤 곳으로 모여들게 되다.
③ ㉢ 전망(展望)하다: 앞날을 헤아려 내다보다.
④ ㉣ 참여(參與)하다: 어떤 일에 끼어들어 관계하다.

7일 하프모의고사 07 정답·해설

■ 정답   p.46

01	③ 독해	06	④ 논리
02	① 독해+문법	07	④ 독해
03	① 독해+문학	08	① 독해
04	③ 논리	09	③ 어휘
05	② 논리	10	② 독해

■ 취약영역 분석표

영역	틀린 답의 개수
독해	/ 4
독해+문법	/ 1
독해+문학	/ 1
논리	/ 3
어휘	/ 1
TOTAL	10

* 취약영역 분석표를 이용해 1개라도 틀린 문제가 있는 영역은 그 영역의 문제만 골라 해설을 다시 한번 꼼꼼히 학습하세요.

01 독해 | 공공언어 바로 쓰기 난이도 하 ●○○

정답 설명

③ 공공언어 바로 쓰기 세 번째 원칙에 따라 문맥에 맞는 정확한 용어를 사용해야 한다. 이때 ⓒ은 '남에게 부탁하다'를 의미하는 '의뢰하여'와 같이 정확한 용어를 사용하였다. 따라서 이를 '주문을 받다'를 의미하는 '수주하여'로 수정하는 것은 적절하지 않다.

오답 분석

① 공공언어 바로 쓰기 첫 번째 원칙에 따라 생소한 외래어는 우리말로 다듬어야 한다. 이때 ㉠은 '퍼포먼스 인디케이터(performance indicator)'라는 생소한 외래어이다. 따라서 ①은 공공언어 바로 쓰기 원칙에 따라 '성과 지표'와 같이 우리말로 수정하였으므로 적절하다.

② 공공언어 바로 쓰기 두 번째 원칙에 따라 주어와 서술어의 호응을 명확히 해야 한다. 이때 ⓒ은 주어인 '본 교육원에서는'과 피동 표현인 서술어 '연구되었습니다'가 호응하지 않는 문장이다. 따라서 ②는 공공언어 바로 쓰기 원칙에 따라 능동 표현인 서술어 '연구했습니다'로 수정하였으므로 적절하다.

④ 공공언어 바로 쓰기 네 번째 원칙에 따라 지나친 명사 나열을 피하고 적절한 조사를 활용해야 한다. 이때 ⓔ은 '학교', '시설', '현대화', '기반'과 같은 명사들이 지나치게 나열된 경우이다. 따라서 ④는 공공언어 바로 쓰기 원칙에 따라 조사 '의'와 '을'을 추가하여 수정하였으므로 적절하다.

02 독해+문법 | 빈칸 내용 추론하기, 동작상 난이도 하 ●○○

정답 설명

① (가)와 (나)에 들어갈 말로 적절한 것은 (가) '진행상', (나) '완료상'이다.

- (가): 제시문에 따르면 (가)는 동작이 이루어지고 있음을 표현하는 동작상으로, '-고 있다'와 같이 동작이 진행 중임을 의미하는 표지를 통해 나타난다. 따라서 (가)에 들어갈 말로 적절한 것은 '진행상'이다.
- (나): 제시문에 따르면 (나)는 동작이 종료되어 그 결과 상태가 지속됨을 표현하는 동작상으로, '-아/-어 있다'와 같은 표지를 통해 나타난다. 따라서 (나)에 들어갈 말로 적절한 것은 '완료상'이다.

🔖 이것도 알면 합격

동작상

발화시를 기준으로 동작이 나타나는 모습을 표현하는 것으로, 진행상과 완료상이 대표적이다.

진행상	• 개념: 시간의 흐름 속에서 동작이 진행되고 있음을 나타냄 • 표지: -고 있다, -어 가다 예 바람이 세게 불고 있다.
완료상	• 개념: 시간의 흐름 속에서 동작이 완료되었음을 나타냄 • 표지: -아/-어 있다, -아/-어 버리다 예 아이가 밥솥에 있던 밥을 다 먹어 버렸다.

03 독해+문학 | 세부 내용 파악하기, 문학의 이해 난이도 하 ●○○

정답 설명

① 3문단을 통해 정치적 선택에 따라 조선 문학가 동맹 작가들이 대거 월북하였다는 것을 알 수 있다. 또한 이들의 월북으로 이념적 갈등이 표면적으로는 종료되었으나, 이는 이후 남과 북에 이질적인 문학사가 공존하게 되는 원인이 되었다는 것을 알 수 있다. 따라서 조선 문학가 동맹 작가들의 월북은 남북 문학사가 이질적으로 존재하는 계기가 되었다는 것은 적절한 설명이다.

오답 분석

② 1문단을 통해 문학에서의 이념적 갈등은 일제 강점기에 계급 이념 문학을 주도했던 조선 문학가 동맹과, 민족주의 이념을 내세운 전조선 문필가 협회의 대립으로 표면화되었다는 것을 알 수 있다. 이는 광복 이후 문학계의 이념적 대립이 일제 강점기 문단 갈등과 연속성을 가짐을 보여 준다. 따라서 광복 이후 문학계의 이념적 대립은 일제 강점기 문단 갈등과는 무관하게 새롭게 형성되었다는 설명은 적절하지 않다.

③ 4문단을 통해 남한에 남은 작가들은 혼란스러운 현실을 직시하였다는 것을 알 수 있다. 또한 이들은 일제 강점기의 상처를 극복하고 민족 정체성을 회복하기 위한 문학을 모색하였다는 것을 알 수 있다. 이는 남한 작가들이 현실 문제에 적극적으로 관여했음을 보여 준다. 따라서 남한에 남은 작가들이 주로 순수 예술성만을 추구하며 현실 문제에서 벗어난 작품을 창작했다는 설명은 적절하지 않다.

④ 1문단을 통해 민족 문학 건설의 방향에 대해서 조선 문학가 동맹과 전조선 문필가 협회 간의 이념적 갈등이 첨예하게 대립하였다는 것을 알 수 있다. 또한 7문단을 통해 양측이 상이한 문학적 지향점을 가지고 있었음을 알 수 있다. 따라서 민족 문학 건설의 방향에 대해 상호 협력적 관계를 유지했다는 설명은 적절하지 않다.

04 논리 | 명제의 결론 추론하기   난이도 중 ●●○

정답 설명

③ 제시된 진술을 기호화하면 다음과 같다.

(가) 영희 〈수학〉 ∨ 철수 〈수학〉
(나) 철수 〈수학〉 → 민호 〈과학〉
   ≡ ~민호 〈과학〉 → ~철수 〈수학〉 (대우)
(다) 민호 〈과학〉 → 지혜 〈역사〉
   ≡ ~지혜 〈역사〉 → ~민호 〈과학〉 (대우)
(라) ~지혜 〈역사〉
[결론]

(라)에 의해 '~지혜 〈역사〉'가 확정되고, 이를 (다)의 대우에 적용하면 '~민호 〈과학〉'이 확정된다. '~민호 〈과학〉'을 (나)의 대우에 적용하면 '~철수 〈수학〉'을 확정할 수 있으므로 (가)에서 선언지 제거에 의해 '영희 〈수학〉'을 도출할 수 있다. 따라서 빈칸에 들어갈 결론으로 가장 적절한 것은 '영희가 수학 경시대회에 참가한다(영희 〈수학〉)'이다.

오답 분석

① (라)에 의해 '~지혜 〈역사〉'가 확정되고, 이를 (다)의 대우에 적용하면 '~민호 〈과학〉'이 확정되므로 '민호가 과학 실험을 한다(민호 〈과학〉)'는 빈칸에 들어갈 결론으로 적절하지 않다.

② (라)에 의해 '~지혜 〈역사〉'가 확정되므로 '지혜가 역사 에세이를 제출한다(지혜 〈역사〉)'는 빈칸에 들어갈 결론으로 적절하지 않다.

④ (라)에 의해 '~지혜 〈역사〉'가 확정되고, 이를 (다)의 대우에 적용하면 '~민호 〈과학〉'이 확정된다. 이를 (나)의 대우에 적용하면 '~철수 〈수학〉'을 확정할 수 있으므로 '철수가 수학 경시대회에 참가한다(철수 〈수학〉)'는 빈칸에 들어갈 결론으로 적절하지 않다.

05 논리 | 명제의 결론 추론하기   난이도 하 ●○○

정답 설명

② 제시된 진술을 기호화하면 다음과 같다.

(1) 경기 승리 → (상금 ∨ 랭킹 포인트 상승)
(2) 상금 → 기부 행사 참여 ≡ ~기부 행사 참여 → ~상금 (대우)
(3) ~기부 행사 참여
(4) 경기 승리

(3) '~기부 행사 참여'가 확정이므로 (2)의 대우에서 '~상금'이 확정된다. 또한 (4) '경기 승리'가 확정되었으므로 (1)에 의해 '(상금 ∨ 랭킹 포인트 상승)'이 확정된다. 여기에 '~상금'이 확정되었으므로 선언지 제거에 의해 '랭킹 포인트 상승'이 확정된다. 따라서 제시된 진술이 모두 참일 때 반드시 참인 것은 ② '랭킹 포인트가 상승했고 상금은 받지 않았다(랭킹 포인트 상승 ∧ ~상금)'이다.

오답 분석

① (2)를 통해 '상금 → 기부 행사 참여'는 알 수 있으나 '기부 행사 참여 → 상금'이 반드시 참인지는 알 수 없다.

③ (3)과 (2)의 대우에 의해 '~상금'이 확정되므로 '상금 ∧ ~기부 행사 참여'는 참이 아니다.

④ (3)과 (2)의 대우를 통해 '~기부 행사 참여 → ~상금'은 알 수 있으나, 제시된 진술만으로 '~기부 행사 참여 → ~경기 승리'는 알 수 없다.

06 논리 | 논증의 강화 및 약화 평가하기   난이도 중 ●●○

정답 설명

④ (가)는 특정 지역이나 민족의 고유한 전통과 정체성이 명확히 드러나는 음악만을 세계 음악으로 인정하고, 융합된 형태는 세계 음악이 아니라고 본다. 음악 교육과정이 세계 음악으로서 전통적 형태의 음악이 아닌 융합된 형태의 음악을 가르치도록 개정되었다는 것은 (나)에 근거해 세계 음악을 정의한 것으로, 이는 (가)의 주장과 상반된 사례에 해당한다. 따라서 (가)의 주장을 강화하는 것이 아닌 약화한다.

오답 분석

① 세계 음악의 정의를 '문화적 정체성을 표현하는 모든 형태의 비주류 음악'으로 확장하면 더 다양한 음악 형태를 포함하게 되므로 특정 지역이나 민족의 고유한 전통 음악만을 세계 음악으로 인정하는 (가)의 제한적 접근이 약화될 것이다.

② 세계 음악의 진정한 가치는 전통 음악 원형의 보존에 있다는 음악 전문가의 주장은 다양한 음악적 실험과 융합을 중시하는 (나)의 주장과 상반된다. 따라서 (나)의 주장이 약화될 것이다.

③ 여러 문화권 음악가들의 공동 작업이 새로운 음악적 가치를 창출하는 등 긍정적인 영향을 미친 사례는 다양한 문화적 요소들의 융합과 실험을 강조하는 (나)의 주장을 뒷받침한다. 따라서 (나)의 주장이 강화될 것이다.

07 독해 | 세부 내용 파악하기 난이도 하 ●○○

정답 설명

④ 지시하는 바가 같은 것끼리 짝지은 것은 ④ 'ⓒ, ⓔ, ⓗ'으로, 이는 모두 다양한 문화적 요소가 융합된 형태의 음악인 '파생적 세계 음악'을 가리킨다.

- ⓒ: ⓒ이 포함된 문장에서 ⓒ은 음악학자들이 세계 음악을 구분하는 분류 중 '파생적 세계 음악'임을 직접 지칭하고 있다.
- ⓔ: ⓔ은 ⓔ이 포함된 문장의 앞 문장에서 언급한 '핵심적 세계 음악'과 '파생적 세계 음악' 중 후자를 지칭하고 있으므로 '파생적 세계 음악'을 의미함을 알 수 있다.
- ⓗ: ⓗ은 ⓗ이 포함된 문장의 앞 문장에서 언급한 '핵심적'인 것과 '파생적'인 것 중 후자를 지칭하고 있으므로 '파생적 세계 음악'을 의미함을 알 수 있다.

오답 분석

- ㉠: ㉠이 포함된 문장에서 ㉠은 음악학자들이 세계 음악을 구분하는 분류 중 '핵심적 세계 음악'임을 직접 지칭하고 있다.
- ㉢: ㉢은 ㉢이 포함된 문장의 앞 문장에서 언급한 '핵심적 세계 음악'과 '파생적 세계 음악' 중 전자를 지칭하고 있으므로 '핵심적 세계 음악'을 의미함을 알 수 있다.
- ㉤: ㉤은 ㉤이 포함된 문장의 앞 문장에서 언급한 '핵심적'인 것과 '파생적'인 것 중 전자를 지칭하고 있으므로 '핵심적 세계 음악'을 의미함을 알 수 있다.

08 독해 | 숨겨진 내용 추론하기 난이도 중 ●●○

정답 설명

① 3문단을 통해 다양한 출처의 데이터를 통합할 때 서로 다른 형식과 구조를 가진 데이터들 사이에서 일관성을 유지하는 것이 중요하므로 데이터를 공통된 규격과 형식으로 정규화하는 작업이 중요해질 것임을 알 수 있다. 따라서 다양한 출처의 데이터를 통합하는 과정에서 데이터 표준화의 필요성이 더욱 증가할 것이라는 ①의 추론은 적절하다.

오답 분석

② 2문단에서는 기업들이 중요한 정보를 여러 서버에 분산하여 복제함으로써 데이터 손실 위험을 최소화하고 이러한 백업 시스템은 재해 복구 계획의 필수 요소가 되었다고 서술한다. 즉, 클라우드 컴퓨팅 환경에서도 백업 시스템의 필요성은 여전히 중요하게 강조되고 있으므로, 데이터 백업 시스템을 구축할 필요성이 줄어든다는 ②의 추론은 적절하지 않다.

③ 마지막 문단에서는 인공지능과 머신러닝 기술의 발전이 개인정보 보호와 데이터 보안이라는 새로운 과제를 제기하고 있다고 언급한다. 이는 인공지능 기술의 발전이 오히려 데이터 보안 문제를 유발할 가능성이 있다는 의미이므로, 데이터 보안 문제가 자동화된 시스템에 의해 완전히 해결될 것이라는 ③의 추론은 윗글에서 추론한 내용으로 적절하지 않다.

④ 제시문에서 빅데이터 분석에서 데이터의 무결성이 데이터 처리 속도보다 덜 중요해진다는 내용은 언급하고 있지 않다. 오히려 3문단을 통해 빅데이터 분석 과정에서 데이터의 무결성을 유지하는 것이 중요한 과제로 부각되었으며, 다양한 출처의 데이터를 통합할 때 서로 다른 형식과 구조를 가진 데이터들 사이에서 일관성을 유지하는 것이 중요하다고 강조하고 있다. 따라서 빅데이터 분석에서 데이터의 무결성과 일관성이 더 중요해질 것임을 추론할 수 있으므로 ④의 추론은 윗글에서 추론한 내용으로 적절하지 않다.

09 어휘 | 고유어와 한자어의 대응 난이도 하 ●○○

정답 설명

③ (가) '보내는'의 기본형 '보내다'는 '사람이나 물건 따위를 다른 곳으로 가게 하다'를 뜻하는 말이고, ㉢ '전송하는'의 기본형 '전송(電送)하다'는 '글이나 사진 따위를 전류나 전파를 이용하여 먼 곳에 보내다'를 뜻하므로 (가)와 문맥상의 의미가 가깝다. 따라서 답은 ③이다.

오답 분석

① ㉠ 변환(變換)되다: 달라져서 바뀌게 되다.
② ㉡ 구조화(構造化)하다: 부분적 요소나 내용이 서로 관련되어 통일된 조직으로 만들어지다. 또는 그렇게 만들다.
④ ㉣ 복제(複製)하다: 본디의 것과 똑같은 것을 만들다.

10 독해 | 글 고쳐쓰기 (문맥에 맞게 수정하기) 난이도 하 ●○○

정답 설명

② '문자'는 지식과 경험을 시간과 공간의 제약을 넘어 전달하게 해 주는 수단으로, 인류가 문명을 이루는 데 핵심적인 역할을 한 요소이다. 제시문에서는 문자의 탄생 이후 인류가 지식을 보다 체계적으로 축적하고 분석하며 새로운 아이디어로 확장해 나갈 수 있었다고 설명하고 있다. 따라서 ㉡을 '인류가 문자보다 구술을 통해 지식을 저장해 왔다고 설명했다'로 수정하는 것은 적절하지 않다.

오답 분석

① ㉠에서 '즉흥적으로 말하거나 전달하는 데 집중할 수 있었다'라는 내용은 인간이 기억해야 하는 부담에서 벗어났다는 앞 문장의 흐름과 맞지 않으며, 복잡한 사고가 가능해졌다는 다음 문장과도 자연스럽게 연결되지 않는다. 따라서 ㉠을 '생각할 수 있는 여유를 가질 수 있었다'로 수정하는 것이 적절하다.

③ ㉢에서 '문자 사용을 포기하게 된 것이다'라는 내용은 제시문 내용의 흐름과 맞지 않는다. 앞서 언급된 문자 발전의 결과로 문명사회가 가능해졌다는 내용이 이어지는 것이 자연스럽기 때문에 ㉢을 '지금의 문명사회로 진입하게 된 것이다'로 수정하는 것이 적절하다.

④ ㉣의 '동물과의 생물학적 유사성을 바탕으로 문명사회를 형성했다'라는 내용은 제시문에서 강조한 문자의 역할과 무관하며, 문자가 인간과 동물의 차이를 만드는 결정적인 요소라고 설명한 내용과도 어긋난다. 따라서 ㉣을 '문자를 바탕으로 문명사회를 형성했다'로 수정하는 것이 적절하다.

8일 하프모의고사 08 정답·해설

■ 정답   p.52

01	④ 독해	06	③ 독해
02	④ 독해 + 문학	07	③ 독해 + 문법
03	② 독해	08	② 어휘
04	② 논리	09	① 논리
05	④ 독해	10	① 논리

■ 취약영역 분석표

영역	틀린 답의 개수
독해	/ 4
독해 + 문법	/ 1
독해 + 문학	/ 1
논리	/ 3
어휘	/ 1
TOTAL	10

* 취약영역 분석표를 이용해 1개라도 틀린 문제가 있는 영역은 그 영역의 문제만 골라 해설을 다시 한빈 꼼꼼히 학습하세요.

---

01 독해 | 개요 작성하기   난이도 하 ●○○

정답 설명
④ 'Ⅱ'에는 'Ⅲ'의 '교통 체증 해결 방안'에 대응하는 문제의 원인이 제시되어야 한다. ④ '첨단 교통 시스템 도입을 위한 예산 확보 필요'는 문제를 유발하는 원인이 아니라 해결책 실행을 위한 조건에 해당하므로 ④는 〈개요〉의 빈칸에 들어갈 내용으로 적절하지 않다.

오답 분석
① ① '도로 노후화 및 낙후된 교통 시스템'은 'Ⅲ-1'의 '스마트 교통 시스템 도입 및 도로 인프라 개선'에 대응하는 문제의 원인에 해당한다.
② ② '주차 공간 부족 및 불법 주정차 증가'는 'Ⅲ-3'의 '카풀 및 차량 공유 서비스 활성화 지원'에 대응하는 문제의 원인에 해당한다.
③ ③ '대중교통 인프라 부족 및 서비스 질 저하'는 'Ⅲ-2'의 '대중교통 서비스 품질 향상 및 네트워크 확대'에 대응하는 문제의 원인에 해당한다.

02 독해 + 문학 | 숨겨진 내용 추론하기, 작품의 종합적 감상   난이도 중 ●●○

정답 설명
④ 2문단에 따르면 「지귀 설화」는 여왕과 평민의 대립과 같은 대립 구조를 보인다. 또한 이러한 대립은 신분제 사회의 갈등과 해소를 보여주는 작품의 특징이라고 설명하고 있다. 따라서 「지귀 설화」에서 나타나는 신분의 대립은 당대 신분제 사회의 갈등과 그 해소 방식을 보여준다는 추론은 적절하다.

오답 분석
① 1문단에 따르면 설화가 오래 전승된 이유는 설화의 주인공이 겪는 결핍과 해결 과정이 인간의 근원적 욕망을 반영하기 때문이다. 또한 설화가 지배층의 이데올로기 강화를 위한 수단이라는 내용은 제시문을 통해 알 수 없다. 따라서 ①의 추론은 적절하지 않다.

② 1문단에 따르면 전설은 인물이나 사건을 증거물과 함께 다루고, 민담은 흥미 위주의 이야기를 다룬다. 이때 증거물을 통해 이야기의 진실성을 강조하는 것은 민담이 아닌 전설의 특징이라는 것을 알 수 있다. 따라서 ②의 추론은 적절하지 않다.

③ 2문단의 마지막 문장에 따르면 지귀가 불귀신이 된 것은 억압된 욕망과 그 욕망의 승화를 의미한다. 또한 3문단 첫 번째 문장에 따르면 「지귀 설화」에서 불귀신은 화재의 원인으로 나타난다. 이때 지귀가 화재의 원인인 불귀신이 된 것은 억압되어 있는 한과 울분을 드러낸 것이 아닌, 욕망의 승화를 의미한다는 것을 알 수 있다. 따라서 ③의 추론은 적절하지 않다.

🖐이것도 알면 합격

작자 미상, '지귀 설화'의 주제 및 특징
1. 주제: 선덕 여왕을 향한 지귀의 사랑과 선덕 여왕의 품성
2. 특징
   - 전기적(傳奇的)이고 환상적인 요소가 나타남.
   - 신분, 성별 등에서 다양한 대립 관계가 나타남.
   - 화재의 원인인 불귀신을 퇴치하는 방법에 대한 당대인들의 인식을 드러냄.

03 독해 | 글의 순서 파악하기 난이도 하 ●○○

정답 설명

② 맥락에 맞게 순서대로 나열한 것은 ② (가) - (라) - (다) - (마) - (나)이다.

순서	중심 내용	순서 판단의 단서와 근거
(가)	세계 해양환경 보호 기구의 해양 플라스틱 오염 연구 시작	지시어나 접속어로 시작하지 않으면서 '해양의 플라스틱 오염이 생태계에 미치는 영향 연구'라는 중심 화제를 제시함
(라)	연구 대상과 연구 방법에 대한 설명	키워드 '연구 대상으로는': (가)에서 소개된 연구의 구체적인 대상(북태평양, 남대서양, 지중해, 동남아시아 해역)과 연구 방법(다양한 깊이의 샘플 채취, 인근 해안의 폐기물 종류와 양 조사)을 설명함
(다)	조사가 진행된 해역의 미세플라스틱 분석 결과	키워드 '조사 결과': (라)의 해역에서 발견된 미세플라스틱의 분석 결과를 제시하고, 동남아시아 해역의 미세플라스틱 농도가 높은 이유를 제시함
(마)	특정 지역에 대한 추가 분석 결과와 미래 예측	키워드 '추가 분석을 실시한 결과': (다)에서 제시한 분석 결과 이후의 추가 분석임을 나타냄
(나)	미세플라스틱 농도 증가로 인한 영향과 장기적 전망	• 키워드 '이러한 미세플라스틱 농도 증가': 앞서 (다)와 (마)에서 설명한 여러 해역의 미세플라스틱 오염 농도 증가를 가리킴 • 연구의 최종 결론으로 오염 추세가 지속될 경우, 2040년까지 생물 다양성이 감소할 수 있음을 제시함

04 논리 | 명제의 결론 추론하기 난이도 중 ●●○

정답 설명

② 제시된 전제를 기호화하면 아래와 같다.

```
(가) ~(스마트폰 사용 ∧ ~SNS 이용)
    ≡ ~스마트폰 사용 ∨ SNS 이용 (드모르간의 법칙)
    ≡ 스마트폰 사용 → SNS 이용
(나) SNS 이용 → 온라인 쇼핑
```

(가)는 드모르간의 법칙에 따라 '~스마트폰 사용 ∨ SNS 이용'으로 나타낼 수 있고, 이는 '스마트폰 사용 → SNS 이용'과 논리적으로 동치이다. 이를 (나)와 결합하면 '스마트폰 사용 → SNS 이용 → 온라인 쇼핑'을 도출할 수 있다. 따라서 빈칸에 들어갈 말로 가장 적절한 것은 '스마트폰을 사용하는 모든 사람은 온라인 쇼핑을 한다(스마트폰 사용 → 온라인 쇼핑)'이다.

오답 분석

① (가)에 의해 '스마트폰 사용 → SNS 이용'은 항상 참이므로, '스마트폰 사용 → ~SNS 이용'은 거짓이다.

③ (가)는 드모르간의 법칙에 따라 '~스마트폰 사용 ∨ SNS 이용'으로 나타낼 수 있고, 이는 '스마트폰 사용 → SNS 이용'과 논리적으로 동치이다. 이를 (나)와 결합하면 '스마트폰 → 온라인 쇼핑'을 도출할 수 있으므로 '스마트폰 → ~온라인 쇼핑'은 거짓이다.

④ (가)는 드모르간의 법칙에 따라 '~스마트폰 사용 ∨ SNS 이용'으로 나타낼 수 있고, 이는 '스마트폰 사용 → SNS 이용'과 논리적으로 동치이다. 따라서 대우인 '~SNS 이용 → ~스마트폰 사용'은 항상 참이므로 '~SNS 이용 → 스마트폰 사용'은 거짓이다.

이것도 알면 합격

조건문의 동치

설명	조건문(가언 명제) 'P → Q'가 참일 경우에, 전건(P)이 참이면서 후건(Q)이 거짓인 경우는 성립하지 않는다. 이에 따라 참인 조건문 'P → Q'는 연언문 '~(P ∧ ~Q)'와 선언문 '~P ∨ Q'는 진리값이 모두 같다. 이와 같이 명제 간의 진리값이 모두 같을 때, 해당 명제들은 논리적으로 동일한 의미를 갖는다. 이와 같은 관계의 명제를 동치라고 하며, 'P → Q ≡ ~(P ∧ ~Q) ≡ ~P ∨ Q'와 같이 기호화할 수 있다.

기호화	• [조건문] P이면 Q이다. (P → Q)
	  예 사람이면 동물이다.
	• [연언문] P이면서 Q가 아닌 경우는 없다. [~(P ∧ ~Q)]
	  예 사람이면서 동물이 아닌 경우는 없다.
	• [선언문] P가 아니거나 Q이다. (~P ∨ Q)
	  예 사람이 아니거나 동물이다.

05 독해 | 숨겨진 내용 추론하기 난이도 중 ●●○

정답 설명

④ 제시문을 통해 파킨슨병 환자에게는 기저핵과 소뇌를 통한 리듬 청각 자극을, 알츠하이머 환자에게는 편도체 중심의 정서적 기억 체계를, 실어증 환자에게는 우뇌의 음악 처리 영역을 활용한 멜로디 억양 치료를 활용한다는 점을 알 수 있다. 이처럼 음악 요법은 각 신경학적 질환마다 각기 다른 뇌 기능과 구조의 특성을 활용하여 치료 효과를 보인다는 것을 추론할 수 있다.

오답 분석

① 3문단 3~4번째 줄에서 음악에 대한 기억이 편도체를 중심으로 별도의 체계에 저장된다는 것을 알 수 있다. 또한 3문단 끝에서 4~5번째 줄에서 음악과 관련된 감정적 기억이 비교적 오래 보존된다는 것을 알 수 있다. 따라서 알츠하이머 환자의 음악 기억의 보존 기간이 길다는 설명은 적절하나, 이러한 기억이 주로 해마를 통해 저장된다는 추론은 적절하지 않다.

② 2문단에서 파킨슨병 환자의 운동 체계가 리듬이 명확한 음악과 직접 상호작용을 한다는 것을 알 수 있다. 또한 환자가 자신의 보폭에 맞춘 리듬에 동조한다는 것을 알 수 있다. 이를 통해 파킨슨병 환자에게는 단순히 음악을 듣는 것이 아니라, 특정 리듬과 환자의 보폭이 맞추어져야 효과가 있음을 알 수 있다. 따라서 파킨슨병 환자는 리듬의 속도와 관계없이 음악을 들으면 보행 능력이 향상된다는 추론은 적절하지 않다.

③ 4문단에서 멜로디 억양 치료가 실어증으로 좌뇌의 언어 중추가 손상된 환자의 우뇌의 음악 처리 영역을 활용하여 언어 기능을 회복할 수 있게 한다는 것을 알 수 있다. 이는 손상된 뇌 대신, 손상되지 않은 뇌를 통해 언어 능력을 우회적으로 회복한 것임을 의미한다. 따라서 실어증에 걸린 환자의 손상된 뇌를 회복하여 언어 재활의 효과를 보인 음악 요법이 있다는 추론은 적절하지 않다.

② 3문단 1~4번째 줄에 의하면 중의성은 의사소통 과정에서 화자가 전달하려는 메시지를 청자가 파악하지 못하는 상황을 초래할 수 있으며, 맥락이나 추가 정보가 없다면 여러 해석 중 하나를 골라야 한다. 이는 곧 중의성을 해소하기 위해서는 맥락이나 추가 정보가 필요함을 의미한다. 하지만 어휘적 중의성과 구조적 중의성 중에서 어느 것이 더 중의성을 해소하기 쉬운지는 제시문을 통해 알 수 없으므로 ②의 설명은 적절하지 않다.

④ 3문단 끝에서 1~3번째 줄에 의하면 모호성은 일반적인 의사소통에서는 맥락을 통해 대략적인 이해가 가능하다. 따라서 의사소통 과정에서 모호성은 맥락이 있어도 항상 장애 요소로 작용한다는 ④의 설명은 적절하지 않다.

이것도 알면 합격

문장의 중의성
1. 개념: 한 문장이 두 가지 이상의 의미를 나타내는 특성
2. 유형

수식의 범위에 따른 중의성	예 내가 좋아하는 친구의 여동생을 만났다. → '좋아하는'이 '친구'를 수식할 수도 있고 '친구의 여동생'을 수식할 수도 있음.
주어와 목적어의 범위에 따른 중의성	예 철수가 보고 싶은 친구들이 많다. → '철수가 보고 싶어 하는 친구들이 많다'와 '철수를 보고 싶어 하는 친구들이 많다'의 두 가지 의미로 해석할 수 있음.
부정의 범위에 따른 중의성	예 이번 시험에서 몇 문제 풀지 못했다. → '몇 문제를 못 풀었다'와 '몇 문제밖에 못 풀었다'의 두 가지 의미로 해석할 수 있음.
동작의 진행과 완료에 따른 중의성	예 당시 그는 외투를 입고 있었다. → 입고 있는 동작의 진행과 완료 상태를 모두 나타냄.

06 독해 | 말하기 전략 파악하기   난이도 하 ●○○

정답 설명

③ 지하도시 건설에 반대하던 갑은 병의 의견을 들은 후 지하도시가 당장의 공간 문제에 대응하는 실질적 대안이 될 것 같다고 말한다. 이는 논점인 '지하도시 건설'에 대해 반대 입장을 보이던 갑이 찬성 입장으로 바뀌었음을 의미한다. 따라서 대화가 진행되면서 논점에 대한 찬반 입장이 바뀌는 사람이 있다는 ③의 분석은 적절하다.

오답 분석

① 제시된 발화에서 참가자들은 논점에 대한 각자 다른 입장과 이유를 제시하고 있을 뿐, '인구 과밀화로 인한 지상 공간 부족'이라는 문제의 근본 원인에 대해 합의하고 있지 않다. 따라서 ①의 분석은 적절하지 않다.

② 제시된 발화에서 자신의 주장에 대한 반론을 예상하여 미리 대응하는 사람은 찾아볼 수 없다. 따라서 ②의 분석은 적절하지 않다.

④ 제시된 발화에서 갑은 지하도시 건설에 대해 반대에서 찬성으로 입장을 수정했지만, 을과 병은 각각 반대와 찬성의 입장을 유지한다. 따라서 모든 참가자가 대화 과정에서 상대방의 의견에 동의하며 입장을 수정한다는 ④의 분석은 적절하지 않다.

08 어휘 | 동음이의어와 다의어   난이도 하 ●○○

정답 설명

② 적당한 단어를 골라: ⊙ '골라야'의 기본형 '고르다'는 문맥상 '여럿 중에서 가려내거나 뽑다'를 뜻하며, 이와 가장 가까운 의미로 사용된 것은 ②의 '고르다'이다.

오답 분석

① 가쁜 숨을 고르며 말을 이었다: 이때 '고르다'는 '붓이나 악기의 줄 따위가 제 기능을 발휘하도록 다듬거나 손질하다'를 뜻한다.

③ 모두에게 고르게 나눠라: 이때 '고르다'는 '여럿이 다 높낮이, 크기, 양 따위의 차이가 없이 한결같다'를 뜻한다.

④ 밭을 평평하게 고를 수 있겠느냐: 이때 '고르다'는 '울퉁불퉁한 것을 평평하게 하거나 들쭉날쭉한 것을 가지런하게 하다'를 뜻한다.

07 독해 + 문법 | 세부 내용 파악하기, 의미 관계   난이도 하 ●○○

정답 설명

③ 1문단 끝에서 1~6번째 줄에 의하면 구조적 중의성은 "어제 거리에서 멋진 옷을 입은 철수와 영희를 보았다"에서와 같이 문장의 구조가 둘 이상으로 분석될 수 있을 때 발생한다. 이는 수식어인 관형어 '멋진 옷을 입은'이 수식하는 피수식어의 범위를 '철수'로 볼지 또는 '철수와 영희'로 볼지에 따라 문장의 해석이 달라지는 것이다. 따라서 구조적 중의성이 문장 내 문장 성분의 수식 범주에 의해 발생할 수 있다는 ③의 설명은 적절하다.

오답 분석

① 2문단 4~5번째 줄에 의하면 모호성은 형용사나 정도 부사처럼 정도성을 지니는 표현에서 많이 나타난다. 따라서 모호성이 주로 명사와 동사에서 많이 발생하는 언어 현상이라는 ①의 설명은 적절하지 않다.

09 논리 | 명제의 전제 추론하기   난이도 하 ●○○

정답 설명

① 제시된 진술을 기호화하면 아래와 같다.

> (1) 인공지능 기술 발전 → 의사결정 시스템 자동화
> (2) 의사결정 시스템 자동화 → 데이터 투명성 요구
> [결론] 인공지능 기술 발전 → 개인정보 보호 정책 강화

(1)과 (2)를 결합하면 '인공지능 기술 발전 → 의사결정 시스템 자동화 → 데이터 투명성 요구'를 도출할 수 있으므로 '인공지능 기술 발전 → 데이터 투명성 요구'가 확정된다. 이때 (1)과 (2)를 통해 도출한 전제의 후건 '데이터 투명성 요구'와 결론의 후건 '개인정보 보호 정책 강화'를 연결시키는 전제가 추가되면, '인공지능 기술 발전 → 데이터 투명성 요구 → 개인정보 보호 정책 강화'에 따라 결론을 이끌어 낼 수 있다. 따라서 결론을 이끌어 내기 위해 추가해야 할 것은 ① '데이터의 투명성이 요구되면 개인정보 보호 정책이 강화된다(데이터 투명성 요구 → 개인정보 보호 정책 강화)'이다.

오답 분석

② '인공지능 기술이 발전하지 않으면 개인정보 보호 정책이 강화되지 않는다(~인공지능 기술 발전 → ~개인정보 보호 정책 강화)'를 추가해도 결론을 이끌어 낼 수 없다.

③ '데이터의 투명성이 요구되지 않으면 개인정보 보호 정책이 강화되지 않는다(~데이터 투명성 요구 → ~개인정보 보호 정책 강화)'를 추가해도 결론을 이끌어 낼 수 없다.

④ '의사결정 시스템이 자동화되지 않으면 개인정보 보호 정책이 강화되지 않는다(~의사결정 시스템 자동화 → ~개인정보 보호 정책 강화)'의 대우는 '개인정보 보호 정책 강화 → 의사결정 시스템 자동화'이다. 이를 전제로 추가하면 (2)와 연결하여 '개인정보 보호 정책 강화 → 데이터 투명성 요구'는 도출할 수 있을 뿐, 결론을 이끌어 낼 수는 없다.

10 논리 | 논증의 강화 및 약화 평가하기   난이도 하 ●○○

정답 설명

① ㉠은 학생이 비판적 사고력을 갖추기 위해서는 자료 분석 능력, 논리적 추론 능력, 다양한 관점의 포용 능력이라는 세 가지 측면에서 모두 높은 수준을 보이는 것이 필수적임을 설명한다. 이때 ①은 비판적 사고력이 뛰어난 모든 학생들이 세 가지 측면에서 모두 높은 수준을 보였다고 하였다. 이는 ㉠을 뒷받침하는 사례에 해당하므로 ㉠을 강화한다. 따라서 답은 ①이다.

오답 분석

② ②는 비판적 사고력이 부족한 학생 중에 세 가지 측면(자료 분석 능력, 논리적 추론 능력, 다양한 관점의 포용 능력) 중 한 가지에서만 높은 수준을 보인 사례를 제시하고 있다. 이는 ㉠의 주장과 모순되지 않으므로 ㉠을 약화하지 않는다.

③ ㉡은 세 가지 측면(자료 분석 능력, 논리적 추론 능력, 다양한 관점의 포용 능력)에서 모두 높은 수준을 보인다고 해서 반드시 비판적 사고력을 갖춘 것은 아님을 설명한다. 즉, 세 가지 측면에서 높은 수준을 보이는 것은 비판적 사고력을 위한 필요조건이지만, 충분조건은 아니라는 것이다. 이때 ③은 세 가지 측면 중 한 가지 이상에서 낮은 수준을 보였지만 비판적 사고력이 뛰어난 사례를 제시하고 있다. 이는 ㉡과는 직접적인 관련이 없으므로 ㉡을 강화하지 않는다.

④ ④는 세 가지 측면(자료 분석 능력, 논리적 추론 능력, 다양한 관점의 포용 능력)에서 모두 높은 수준을 보였지만, 비판적 사고력이 부족한 사례를 제시하고 있다. 이는 ㉡의 주장을 뒷받침하는 사례이므로 ㉡을 약화하지 않고 강화한다.

9일 하프모의고사 09 정답·해설

■ 정답   p.58

01	③ 독해	06	③ 어휘
02	① 독해+문학	07	② 독해
03	③ 논리	08	① 독해
04	④ 독해+문법	09	② 논리
05	④ 독해	10	④ 논리

■ 취약영역 분석표

영역	틀린 답의 개수
독해	/ 4
독해 + 문법	/ 1
독해 + 문학	/ 1
논리	/ 3
어휘	/ 1
TOTAL	10

* 취약영역 분석표를 이용해 1개라도 틀린 문제가 있는 영역은 그 영역의 문제만 골라 해설을 다시 한번 꼼꼼히 학습하세요.

---

01 독해 | 글 고쳐쓰기 (문맥에 맞게 수정하기)   난이도 하 ●○○

정답 설명
③ 1문단에 따르면 귀납적 추론은 개별 사례나 관찰에서 일반적인 결론을 이끌어 내는 방식이라는 것을 알 수 있다. 이때 '개별 관찰에서 일반 법칙을 이끌어 내는 확률적 추론'은 연역적 추론이 아닌 귀납적 추론에 해당한다. 따라서 ⓒ의 '연역적 추론'을 '귀납적 추론'으로 수정하는 것은 적절하다.

오답 분석
① 1문단에 따르면 연역은 전제가 참이라면 결론도 참이고, 귀납은 전제가 참이라도 결론이 거짓일 수 있다는 것을 알 수 있다. 이때 ㉠의 뒤 문장에 따르면 뿌리에서 가지로의 성장은 확실하지만, 가지만 보고 뿌리를 추측하는 일은 불확실하다. 따라서 연역을 '나뭇가지에서 뿌리를 찾아가는 것'에, 귀납을 '뿌리에서 나뭇가지로 뻗어가는 것'에 비유하도록 수정하는 것은 적절하지 않다.
② 제시문에 따르면 연역은 전제가 참이라면 결론도 참이므로, 결론이 전제에서 필연적으로 도출되는 확실한 추론 방식이라는 것을 알 수 있다. 따라서 연역을 '확률적으로 나오는 불확실한 추론 방식'으로 수정하는 것은 적절하지 않다.
④ 3문단에 따르면 연역과 귀납은 각각 분석적 사고, 그리고 종합적 사고와 대응한다. 따라서 연역을 '종합적 사고'에, 귀납을 '분석적 사고'에 대응한다로 수정하는 것은 적절하지 않다.

02 독해 + 문학 | 빈칸 내용 추론하기, 작품의 종합적 감상   난이도 하 ●○○

정답 설명
① ㉠~ⓒ에 들어갈 말을 적절하게 나열한 것은 ①이다.
- ㉠ 후렴구: ㉠의 앞 문장을 통해 대부분의 고려 가요는 각 분절마다 특정 후렴구가 반복되는 형식을 갖추고 있다는 것을 알 수 있다. 또한 ㉠이 포함된 문장에서는 앞의 내용과 뒤의 내용이 상반될 때 쓰는 접속 부사인 '그러나'를 통해 작품에서 이러한 특징이 나타나지 않음을 설명한다. 따라서 ㉠에 들어갈 말로 적절한 것은 고려 가요에서 각 분절마다 나타나는 '후렴구'이다.
- ㉡ 임에 대한 뜨거운 사랑: 1문단을 통해 고려 가요는 평민들의 사랑과 같은 정서를 담아내고 있음을 알 수 있다. 또한 ㉡의 앞 문장에는 1연에서 차가운 소재인 '얼음'과 '댓잎 자리'를 사용해 '죽음'이라는 극한 상황을 묘사했다는 내용이 제시되어 있고, ㉡이 포함된 문장에서는 그것과 대비되는 ㉡을 표현했다고 하였다. 그러므로 ㉡에 들어가야 할 내용은 '차가움'과 대비되면서도 임에 대한 사랑과 관련된 것이어야 한다. 따라서 ㉡에 들어갈 말로 적절한 것은 '임에 대한 뜨거운 사랑'이다.
- ⓒ 시조: ⓒ의 앞 문장을 통해 작품이 시조의 기원으로 평가받는다는 것을 알 수 있다. 또한 ⓒ이 포함된 문장에서는 작품이 시조의 기원으로 평가받는 이유가 ⓒ과 유사한 특징을 보이기 때문이라고 설명한다. 따라서 ⓒ에 들어갈 말로 적절한 것은 '시조'이다.

이것도 알면 합격

작자 미상, '만전춘별사(滿殿春別詞)'의 주제 및 특징
1. 주제: 임에 대한 변치 않는 사랑과 소망
2. 특징
   - 고려 가요의 특징인 후렴구가 나타나지 않음.
   - 남녀의 사랑을 비유, 역설과 같은 다양한 표현 방법을 통해 형상화함.
   - 시조의 양식과 유사한 특징을 가지고 있어 시조의 기원으로 평가 받음.

03 논리 | 논증의 강화 및 약화 평가하기 난이도 중 ●●○

정답 설명
③ ㉠에 의하면 초기 도시화의 주된 원동력은 관개 농업이 아니라 장거리 교역이었으며, 부족한 자원 확보를 위한 교역이 발달하여 교역로 중심지에 도시가 성장했다.
- ㄴ: 메소포타미아의 우르 유적에서 발견된 가장 오래된 건축물에서 무역 기록 일지가 발견되었다는 것은 메소포타미아 지역에서 교역이 발달했음을 보여주는 증거로, 활발한 교역 활동이 이루어졌음을 알 수 있다. 따라서 이는 ㉠을 강화한다.
- ㄷ: 초기 도시 유적지에서 발견된 도구와 장신구에 사용된 원자재가 수백 킬로미터 떨어진 지역에서 온 것이라는 기록은 장거리 교역이 활발했다는 증거로, 교역을 통해 부족한 자원을 확보했다는 ㉠의 주장을 강화한다.

오답 분석
ㄱ: 초기 도시 유적지에서 관개용 물과 수로 관리를 위한 인력 동원에 대한 기록이 발견되었다는 사실은 도시 행정의 핵심이 교역 네트워크 관리가 아니라 관개 시설 관리에 있었음을 시사한다. 따라서 이는 교역보다 관개 농업이 도시 발전의 원동력이었다는 '수력 가설'을 지지하므로 ㉠을 약화한다.

이것도 알면 합격

언어의 특징

종류	설명
기호성	언어는 음성과 뜻이 결합하여 나타나는 기호체계임
자의성	언어의 의미(내용)와 말소리(형식)에는 필연적인 관계가 없음
역사성	언어는 시간이 지나면서 새로 만들어지기도 하고(생성), 변하기도 하며(발전), 없어지기도 함(소멸)
분절성	• 형태의 분절성: 언어는 여러 단위로 나누어지거나 결합할 수 있음 • 의미의 분절성: 언어는 외부 세계를 반영할 때, 있는 그대로를 반영하지 않고 연속적으로 이루어져 있는 세계를 불연속적인 것처럼 끊어서 표현함
추상성	구체적인 대상으로부터 공통적인 요소를 뽑아 일반적인 개념으로 파악하는 것이며, 대부분의 단어들은 상당한 수준의 추상화 과정을 거쳐 형성된 개념을 전달함
규칙성	언어를 이루는, 음운, 단어, 문장, 이야기는 각각의 구조를 가지며, 그 구조는 일정한 규칙과 체계로 짜여 있음
창조성	언어는 상황에 따라 새로운 말들을 만들어 표현할 수 있음

04 독해 + 문법 | 세부 내용 파악하기, 언어의 본질 난이도 하 ●○○

정답 설명
④ 2문단 1~6번째 줄에 의하면 언어의 분절성은 연속적인 세계를 불연속적 단위로 나누어 표현하는 특성으로 이 분절 방식은 인간의 사고 구조를 형성하는 근본적 틀로 작용하며, 인간이 세계를 인식하고 범주화하는 방식을 결정하도록 한다. 따라서 ④의 설명은 적절하다.

오답 분석
① 2문단 끝에서 4~5번째 줄에 의하면 언어의 분절성과 관련해 각 언어권마다 세계를 분절하는 방식은 다르다. 따라서 대상을 분절하는 방식이 모든 문화권에서 동일하다는 ①의 설명은 적절하지 않다.
② 3문단 1~4번째 줄에 의하면 사피어-워프 가설은 언어가 사고에 선행한다고 보고, 촘스키는 사고가 언어에 선행한다고 본다. 따라서 사피어-워프 가설과 촘스키 모두 언어가 사고에 선행한다고 주장한다는 ②의 설명은 적절하지 않다.
③ 1문단 2~5번째 줄에 의하면 언어의 추상성은 구체적 대상이나 개념을 추상화하여 표현하는 특성으로, 어떠한 대상의 공통 속성만을 추출한 추상적 기호이다. 따라서 언어의 추상성이 구체적 대상의 개별적인 특성을 포함하는 재현 방식이라는 ③의 설명은 적절하지 않다.

05 독해 | 중심 내용 및 핵심 논지 파악하기 난이도 하 ●○○

정답 설명
④ 제시문은 수면이 단순한 휴식이 아니라 뇌가 활발하게 활동하는 시간이라는 점을 도입부에서 제시한 후, 비렘수면과 렘수면의 각 단계별 특징과 기능(기억 강화, 신체 회복, 감정 처리, 창의적 사고 등)을 설명하고 있다. 마지막 문단에서도 수면은 단순한 휴식이 아닌 신체와 정신 건강의 핵심 요소로, 각 단계의 기능이 다양한 이점을 제공한다는 점을 언급하고 있으므로 '수면은 단순한 휴식이 아니라 다양한 생리적, 심리적 기능을 수행하는 활동이다'는 윗글의 중심 내용으로 적절하다.

오답 분석
① 제시문의 마지막 문장에서 현대인들이 질 좋은 수면을 충분히 취하는 것은 건강한 삶을 위한 필수 요소라고 언급했으나, 현대인들이 실제로 충분한 수면을 취하고 있다는 내용은 찾아볼 수 없으므로 윗글의 중심 내용으로 적절하지 않다.
② 제시문은 렘수면과 비렘수면의 특징과 기능을 설명하고 있지만, 이 두 유형이 수면의 질을 결정하는 가장 중요한 요소라고 강조하지는 않았으므로 윗글의 중심 내용으로 적절하지 않다.
③ 제시문의 4문단에서 연령에 따라 수면 구조가 변화한다는 것을 설명하고 있으나, 렘수면 비율 감소가 수면의 질 저하의 직접적 원인이라고 설명하지는 않았으므로 윗글의 중심 내용으로 적절하지 않다.

06 어휘 | 고유어와 한자어의 대응 난이도 하 ●○○

정답 설명

③ ⓒ의 기본형 '저하(低下)되다'는 '정도, 수준, 능률 따위가 떨어져 낮아지다'라는 뜻이지만 '흐려지다'는 '흐린 상태로 되다'라는 의미이므로 바꿔 쓰기 적절하지 않다.

오답 분석

① • 바뀌다: 원래 있던 것이 없어지고 다른 것으로 채워지거나 대신하게 되다.
  • 전환(轉換)되다: 다른 방향이나 상태로 바뀌다.
② • 풀어지다: 뭉친 것이나 단단한 것 따위가 엉길 힘이 없이 느슨하게 되다.
  • 이완(弛緩)되다: 굳어서 뻣뻣하게 된 근육 따위가 원래의 상태로 풀어지게 되다.
④ • 주다: 남에게 어떤 자격이나 권리, 점수 따위를 가지게 하다.
  • 제공(提供)하다: 무엇을 내주거나 갖다 바치다.

07 독해 | 숨겨진 내용 추론하기 난이도 하 ●○○

정답 설명

② 제시문 4문단을 통해 퓨전 디저트를 만드는 현대의 파티시에들이 전통적 방식을 존중하면서도 새로운 맛과 모양을 창조해내는 데 열정을 쏟는다는 것을 알 수 있다. 이를 통해 전통 방식을 존중하면서도 창의적인 변화를 추구하는, 즉 전통 방식의 유지와 변화 사이에서 균형을 유지하려 노력하는 파티시에들이 있다는 것을 추론할 수 있다.

오답 분석

① 제시문에 따르면 서양 제빵의 장인들은 반죽의 발효 과정과 굽는 온도를 철저히 관리하여 빵의 풍미와 텍스처를 최적화했음을 알 수 있다. 이를 통해 서양 제빵 전통은 오히려 반죽 발효 과정을 중시했음을 추론할 수 있으며, 다양한 필링 개발에 중점을 둔 것은 동양의 제과 전통이라고 서술하고 있으므로 ①은 윗글에서 추론한 내용으로 적절하지 않다.
③ 제시문의 마지막 문단에서는 최근 건강과 환경을 고려한 제과제빵이 주목받고 있는 추세는 소비자들의 건강에 대한 관심과 환경 보호 의식이 높아진 것과 관련이 있다고 설명하고 있다. 따라서 지속가능한 제과제빵을 위한 노력이 소비자의 환경 의식 증가와 무관하게 발전했다는 내용은 글의 내용과 상반되므로 ③은 윗글에서 추론한 내용으로 적절하지 않다.
④ 제시문 3문단을 통해 동아시아의 제과 전통은 찌거나 찐 후 굽는 방식이 주를 이루며 이 방식은 효모 발효에 의존하기보다 다양한 필링과 반죽의 식감을 중시한다는 것을 알 수 있다. 따라서 동양 제과의 특징은 효모 발효를 적극적으로 활용하는 것이 아니라 오히려 그에 의존하지 않는 것이므로 ④는 윗글에서 추론한 내용으로 적절하지 않다.

08 독해 | 세부 내용 파악하기 난이도 하 ●○○

정답 설명

① 지시하는 바가 같은 것끼리 짝지은 것은 ① 'ⓐ, ⓑ'으로, 이는 모두 '서양 제빵의 장인들'을 가리킨다.
  • ⓐ: ⓐ이 포함된 문장에서 ⓐ '이들'은 반죽의 발효 과정과 굽는 온도를 철저히 관리하여 빵의 풍미와 텍스처를 최적화한 주체인, 바로 앞 문장에서 언급된 '서양 제빵의 장인들'을 지칭한다.
  • ⓑ: ⓑ이 포함된 문장에서 ⓑ '그들'은 앞 문장에서 언급된 '서양 제빵의 장인들'을 지칭하고 있다.

오답 분석

• ⓒ: ⓒ이 포함된 문장에서 ⓒ '이것'은 앞 문장에서 언급한 '동아시아의 제과 전통으로, 찌거나 찐 후 굽는 방식'을 가리킨다.
• ⓓ: ⓓ이 포함된 문장에서 ⓓ '그들'은 전통적 방식을 존중하면서도 새로운 맛과 모양을 창조해내는 데 열정을 쏟는 주체인, 바로 앞 문장에서 언급한 '퓨전 디저트를 만드는 파티시에들'을 가리킨다.
• ⓔ: ⓔ이 포함된 문장에서 ⓔ '이들'은 학생들에게 다양한 문화권의 기술을 배울 것을 강조하며, 창의성과 전통의 조화를 중요시하는 주체인, 바로 앞 문장에서 언급한 '제과제빵 교육기관들'을 지칭하고 있다.
• ⓕ: ⓕ이 포함된 문장에서 ⓕ '이들'은 식품 산업 전반에 긍정적인 변화를 가져오는 노력을 하는 주체인, 앞 문장에서 언급한 '지속가능한 제과제빵을 추구하는 전문가들'을 가리킨다.

09 논리 | 명제의 결론 추론하기 난이도 하 ●○○

정답 설명

② 제시된 진술을 기호화하면 다음과 같다.

> (가) 피아노 연주 → 악보 읽기
> (나) 피아노 연주 ∧ 작곡

(가) '피아노 연주 → 악보 읽기'와 (나) '피아노 연주∧작곡'을 결합하면 '악보를 읽을 수 있는 어떤 사람은 작곡을 할 수 있다(악보 읽기 ∧ 작곡)'가 성립한다. 따라서 빈칸에 들어갈 말로 적절한 것은 ②이다.

오답 분석

① 제시된 전제들로는 '작곡을 할 수 있는 모든 사람은 악보를 읽을 수 있다(작곡 → 악보 읽기)'를 도출할 수 없다.
③ 제시된 전제들을 통해 피아노를 연주할 수 없는 사람들에 대한 정보는 알 수 없기 때문에 '피아노를 연주할 수 없는 어떤 사람은 작곡을 할 수 없다(~피아노 연주 ∧ ~작곡)'를 이끌어 낼 수 없다.
④ (가)를 통해 악보를 읽을 수 있는 사람 중 피아노를 연주할 수 있는 사람이 있을 가능성이 있음을 알 수 있다. 따라서 '악보를 읽을 수 있는 모든 사람은 피아노를 연주할 수 없다(악보 읽기 → ~피아노 연주)'는 거짓이다.

10 논리 | 명제의 결론 추론하기   난이도 하 ●○○

정답 설명

④ 제시된 진술을 기호화하면 다음과 같다.

> (1) (심 사장 ∨ 홍 대리) → 윤 대리
> (2) 윤 대리 → 최 과장
> (3) 심 사장

(3)에 의해 '심 사장'이 확정이므로 이를 (1)과 결합하여 '심 사장이 회식에 가므로 윤 대리가 회식에 간다(심 사장 → 윤 대리)'가 확정된다. 또한 이를 (2)와 결합하면 '심 사장 → 윤 대리 → 최 과장'에 따라 '최 과장'을 확정할 수 있다. 따라서 '최 과장과 윤 대리 모두 회식에 간다(최 과장 ∧ 윤 대리)'는 ④의 진술은 반드시 참이다.

오답 분석

① 제시된 진술을 통해 홍 대리가 회식에 가는지의 여부는 알 수 없으므로 ①의 진술이 참인지 알 수 없다.

② (1)과 (3)에 의해 '윤 대리가 회식에 간다(윤 대리)'는 참이 되고, 이를 (2)와 결합하여 '최 과장이 회식에 간다(최 과장)'도 참이 된다. 따라서 최 과장이 회식에 간다는 것은 반드시 참이므로 '최 과장이 회식에 가지 않는다(~최 과장)'는 거짓이다.

③ (1)과 (3)에 의해 '윤 대리가 회식에 간다(윤 대리)'는 반드시 참이 된다. 따라서 '윤 대리가 회식에 가지 않는다(~윤 대리)'는 거짓이다.

10일 하프모의고사 10 정답·해설

■ 정답
p.64

01	④ 독해	06	② 어휘
02	③ 논리	07	④ 독해
03	④ 독해	08	④ 논리
04	① 독해+문법	09	③ 독해
05	④ 독해	10	① 논리

■ 취약영역 분석표

영역	틀린 답의 개수
독해	/ 5
독해+문법	/ 1
독해+문학	/ -
논리	/ 3
어휘	/ 1
TOTAL	10

* 취약영역 분석표를 이용해 1개라도 틀린 문제가 있는 영역은 그 영역의 문제만 골라 해설을 다시 한번 꼼꼼히 학습하세요.

---

01 독해 | 말하기 전략 파악하기 난이도 중 ●●○

정답 설명

④ 병이 프랑스의 구체적인 사례를 제시한 후 을은 시간대별 차등 규제를 하는 건 상점들도 수용할 수 있을 것 같다며 처음의 규제 반대 입장에서 조건부 수용으로 전환했다. 갑 역시 시간대별, 지역별 차등 규제는 좋은 방안이 될 수 있겠다며 초기의 강경한 규제를 주장하는 입장에서 물러나 절충적 해결책에 동의한다. 따라서 병이 제시한 프랑스의 구체적 사례가 다른 참여자의 인식 전환에 결정적 역할을 하고 있으므로 ④의 분석은 적절하다.

오답 분석

① 병은 처음부터 끝까지 적정 수준을 찾는 게 관건이라는 중재적 입장을 일관되게 유지하고 있다. 갑과 을은 각자의 입장을 다소 완화하기는 하지만, 처음의 입장과 완전히 다른 입장으로 변화했다고 보기는 어렵다. 따라서 대화가 진행될수록 모든 참여자들이 처음의 입장과 반대 입장을 보이고 있다는 ①의 분석은 적절하지 않다.

② 처음부터 논쟁의 초점은 빛 공해의 존재 여부가 아니라 빛 공해와 조명의 필요성 사이에서 균형점을 어떻게 찾을 것인가였다. 갑은 빛 공해의 심각성을, 을은 조명의 필요성을 주장했으나, 빛 공해 자체의 존재를 부정하지는 않았다. 따라서 논쟁의 초점이 빛 공해의 존재 여부에서 해결 방안의 실효성으로 변화하고 있다는 ②의 분석은 적절하지 않다.

③ 대화 후반부에 새로운 쟁점이 등장했다기보다는, 병이 제시한 구체적 사례를 통해 초기부터 논의되던 적절한 균형점 찾기라는 쟁점에 대한 구체적 해결책이 제시된 것이다. 따라서 대화 후반부에 새로운 쟁점이 등장하면서 기존의 의견 대립 구도가 완전히 바뀌고 있다는 ③의 분석은 적절하지 않다.

02 논리 | 논증의 강화 및 약화 평가하기 난이도 하 ●○○

정답 설명

③ 박물관 전시에 관한 국제 컨퍼런스에서 관람객과의 직접적 상호작용을 최소화하는 방향으로의 전시 설계를 권고했다는 것은 관람객과의 상호작용을 중시하는 참여형 전시를 강조하는 제시문의 논지와 반대되는 사례이므로 이를 약화시킨다. 따라서 제시문의 논지를 약화한다.

오답 분석

① 최근 관련 연구에서 증강 현실 기술을 활용한 체험형 전시가 실물 유물 전시보다 학습 효과가 더 뛰어났다는 결론이 도출된 것은 체험형 전시가 풍부한 학습 경험을 제공한다는 제시문의 주장을 뒷받침하므로, 제시문의 주장을 강화한다. 따라서 제시문의 논지를 약화하는 것으로 적절하지 않다.

② 전통적 전시 방식과 참여형 전시 방식을 병행한 후 설문 조사를 한 결과 참여형 전시 방식에서 주제에 대한 후속 탐구 의지가 2.5배 높게 나타났다는 것은 체험형 전시가 관람객의 호기심을 자극하고 능동적 탐구를 촉진한다는 제시문의 주장을 뒷받침하므로, 제시문의 주장을 강화한다. 따라서 제시문의 논지를 약화하는 것으로 적절하지 않다.

④ 미국의 한 과학관에서 참여형 전시를 도입한 후 관람객의 체류 시간이 평균 30분에서 90분으로 증가했으며, 전시 내용에 대한 이해도 평가에서도 높은 점수를 기록했다는 사례는 참여형 전시가 관람객의 관심과 참여를 유도하고 학습 효과를 높인다는 제시문의 주장을 뒷받침한다. 따라서 제시문의 논지를 강화한다.

03 독해 | 빈칸 내용 추론하기 난이도 하 ●○○

정답 설명

④ 제시문에서는 브루너의 연구를 통해 문화 유산이 관광지로 변화하는 과정을 설명하고 있다. 마추픽추를 비롯한 세계 각지의 유명 문화유적지에서 현지인들은 관광객의 기대에 부응하는 '전통적' 모습을 연출하고, 그 과정에서 실제 전통문화는 관광객들이 기대하는 이미지에 맞게 재구성되었다는 내용은 단순히 전통 문화가 사라지는 것이 아니라, 관광객의 인식과 현지 문화가 상호작용하면서 새로운 문화적 실천이 만들어진다는 것을 보여 준다. 따라서 브루너의 연구 결론으로 가장 적절한 것은 ④이다.

오답 분석

① 제시문에서는 관광객 증가와 문화 유산의 역사적 가치 상승 간의 관계에 대해 언급하지 않았다.

② 제시문에서는 문화 유산과 관광 개발이 분리되어야 한다는 주장을 하고 있지 않으며, 오히려 상호작용하는 현상에 대해 설명하고 있다.

③ 제시문에서는 전통 문화가 사라지는 것이 아니라 재구성된다고 설명한다. 이는 전통의 소멸이 아닌 변형과 적응의 과정을 의미한다.

04 독해 + 문법 | 사례 추론하기, 표준 발음법 난이도 중 ●●○

정답 설명

① 1문단에 따르면 사이시옷은 합성어에서 앞말이 모음으로 끝나는 경우에 받치어 적는다. 또한 순우리말로 된 합성어의 경우 뒷말의 첫소리 'ㄴ, ㅁ' 앞에서 'ㄴ' 소리가 덧날 때 사이시옷이 나타난다. 이때 '비 + 물'은 순우리말 합성어로, 앞말이 모음으로 끝나고 뒷말의 첫소리 'ㅁ' 앞에서 'ㄴ' 소리가 덧나 [빈물]로 발음된다. 따라서 '빗물'과 같이 사이시옷을 받치어 적어야 하므로 ①의 추론은 적절하지 않다.

오답 분석

② 2문단에 따르면 한자어로만 된 합성어에서는 원칙적으로 사이시옷을 받치어 적지 않는다. 이때 '장미(薔薇) + 과(科)'는 한자어로만 된 합성어이며, 사이시옷을 받치어 적는 6개 한자어(곳간, 셋방, 숫자, 찻간, 툇간, 횟수)에 해당하지 않으므로 '장미과'로 표기해야 한다. 따라서 ②의 추론은 적절하다.

③ 1문단에 따르면 순우리말로 된 합성어의 경우 앞말이 모음으로 끝나고 뒷말의 첫소리가 된소리로 날 때 사이시옷이 나타난다. 이때 '매 + 돌'은 순우리말 합성어이면서 [매똘/맫똘]과 같이 뒷말의 첫소리 'ㄷ'이 [ㄸ]으로 발음되므로 '맷돌'로 표기해야 한다. 따라서 ③의 추론은 적절하다.

④ 1문단에 따르면 순우리말로 된 합성어의 경우 앞말이 모음으로 끝나고 뒷말의 첫소리가 된소리로 날 때 사이시옷이 나타난다. 이때 '바람 + 개비'는 '바람'과 '개비'가 결합한 순우리말 합성어이지만, 앞말이 자음 'ㅁ'으로 끝나고 뒷말의 첫소리 'ㄱ'이 된소리로 발음되지 않으므로 사이시옷 표기 규정이 적용되지 않는다. 따라서 ④의 추론은 적절하다.

🔖 이것도 알면 합격

사이시옷

순우리말 + 순우리말	(1) 앞말이 모음으로 끝나고, 뒷말의 첫소리가 된소리로 나는 경우 예 귓밥[귀빱/귇빱], 나룻배[나루빼/나룯빼], 나뭇가지[나무까지/나묻까지], 냇가[내까/낻까], …
	(2) 앞말이 모음으로 끝나고, 뒷말의 첫소리 'ㄴ, ㅁ' 앞에서 'ㄴ' 소리가 덧나는 경우 예 아랫니[아랜니], 빗물[빈물], 잇몸[인몸], 냇물[낸:물], …
	(3) 앞말이 모음으로 끝나고, 뒷말의 첫소리 모음 앞에서 'ㄴㄴ' 소리가 덧나는 경우 예 뒷일[된:닐], 나뭇잎[나문닙], 깻잎[깬닙], 베갯잇[베갠닏], …
순우리말 + 한자어	(1) 앞말이 모음으로 끝나고, 뒷말의 첫소리가 된소리로 나는 경우 예 귓병[귀뼝/귇뼝], 자릿세[자리쎄/자릳쎄], 전셋집[전세찝/전섿찝], 텃세[터쎄/턷쎄], …
	(2) 앞말이 모음으로 끝나고, 뒷말의 첫소리 'ㄴ, ㅁ' 앞에서 'ㄴ' 소리가 덧나는 경우 예 훗날[훈:날], 제삿날[제:산날], 툇마루[퇸:마루/퉨:마루], 곗날[곈:날/겐:날], …
	(3) 앞말이 모음으로 끝나고, 뒷말의 첫소리 모음 앞에서 'ㄴㄴ' 소리가 덧나는 경우 예 예삿일[예:산닐], 훗일[훈:닐], 사삿일[사:산닐], 가욋일[가왼닐/가웬닐], …
두 음절로 된 한자어	예 곳간(庫間), 셋방(貰房), 숫자(數字), 찻간(車間), 툇간(退間), 횟수(回數)

05 독해 | 중심 내용 및 핵심 논지 파악하기 난이도 하 ●○○

정답 설명

④ 제시문은 조리법 전수 방식을 묵시적 전수와 명시적 전수로 나누어 설명한다. 묵시적 전수는 미묘한 감각과 기술 터득이 가능하나 시간이 오래 걸리고, 명시적 전수는 단기간에 많은 사람에게 기술 전수가 가능하나 대응력과 창의성이 부족할 수 있다. 마지막 문단에서 최근 유명 셰프들이 두 가지 전수 방식의 장점을 결합하려는 시도를 긍정적으로 소개하며 통합적 접근법이 새로운 방향을 제시할 것이라고 결론짓고 있다. 즉, 현대 교육 방식이 전통적 도제 교육의 장점을 완전히 대체할 수 없으며, 두 방식의 장점을 결합한 통합적 교육법이 필요하다는 것이 핵심 논지이다. 따라서 정답은 ④이다.

오답 분석

① 제시문에서는 전통적인 요리 교육(묵시적 전수)이 직관적 감각을 중시한다는 점은 언급하고 있으나, 이것이 현대적인 요리 교육(명시적 전수)보다 더 효과적이라고 주장하지는 않는다. 오히려 두 방식 모두 장단점이 있음을 균형 있게 제시하고, 마지막 문단에서 두 방식의 장점을 결합한 통합적 접근법을 강조하고 있다. 따라서 ①은 이 글의 핵심 논지로 적절하지 않다.

② 제시문에서는 일본의 전통 요리사들이 손으로 생각한다는 표현 등과 같은 요리 교육의 문화적 배경과 전통에 대해 언급하고 있으나, 동서양의 요리 교육 방식이 근본적으로 통합될 수 없다는 내용은 제시하지 않는다. 오히려 마지막 문단에서 최근 유명 셰프들이 두 가지 전수 방식의 장점을 결합하려는 시도를 긍정적으로 소개하며 통합 가능성을 시사하고 있다. 따라서 ②는 이 글의 핵심 논지로 적절하지 않다.

③ 제시문에서는 명시적 전수 방식이 단기간에 많은 사람들에게 일정 수준의 기술을 전수할 수 있다는 효율성을 언급하고 있으며, 묵시적 전수 방식이 미묘한 감각과 기술을 터득하는 데 도움이 된다고 설명한다. 그러나 마지막 문단에서는 두 방식을 대등하게 결합한 통합적 접근을 강조하고 있으며, 기본적인 조리 원리와 정확한 계량법은 명시적으로 전수하면서도, 재료의 상태를 감각적으로 판단하는 능력과 창의적 응용력은 장기간의 경험을 통해 체득하도록 유도한다고 설명한다. 이는 어느 한 방식을 집중적으로 활용하지 않고, 두 방식을 대등하게 통합해야 한다는 관점을 나타낸다. 따라서 ③은 이 글의 핵심 논지로 적절하지 않다.

06 어휘 | 다의어의 의미   난이도 하 ●○○

정답 설명

② ㉠의 기본형 '쓰다'는 문맥상 '어떤 말이나 언어를 사용하다'를 뜻하며 이와 같은 의미로 사용된 것은 ② '그녀는 학교에서 표준어를 쓰려고 노력한다'의 '쓰다'이다.

오답 분석

① 시험을 볼 때 볼펜 대신 연필을 써야 한다: 이때 '쓰다'는 '어떤 일을 하는 데에 재료나 도구, 수단을 이용하다'의 의미로 사용되었다.
③ 부모님은 언제나 그에게 마음을 많이 쓰고 계신다: 이때 '쓰다'는 '어떤 일에 마음이나 관심을 기울이다'의 의미로 사용되었다.
④ 아이는 다친 손을 쓰지 않으려고 조심스럽게 일어났다: 이때 '쓰다'는 '몸의 일부분을 제대로 놀리거나 움직이다'의 의미로 사용되었다.

07 독해 | 글 고쳐쓰기 (문맥에 맞게 수정하기)   난이도 하 ●○○

정답 설명

④ 1문단과 4문단에 따르면 선천성 면역은 출생 시부터 갖추고 있는 즉각적인 방어 기능으로 기본적인 보안 역할을 하며, 후천성 면역은 특정 항원에 노출된 후 습득되는 특이적 방어 기능으로 고급 보안 역할을 한다. 따라서 ㉣은 '선천성 면역이 기본 보안에 해당한다면, 후천성 면역은 고급 보안에 해당'으로 수정하는 것이 적절하다.

오답 분석

① 1문단과 ㉠의 뒤 문장에 따르면 선천성 면역은 즉각적인 방어 기능을 담당하므로 동일한 방식으로 즉시 대응하는 일선 방어병으로 비유하는 것이 적절하다. 반면 후천성 면역은 특이적인 방어 기능을 담당하므로 특정 위협에 맞춰 훈련된 정교한 대응을 하는 전문 특수부대에 비유하는 것이 적절하다. 따라서 ㉠은 적절하지 않다.
② ㉡의 앞 문장에 따르면 선천성 면역은 모든 위협에 대해 동일한 방식으로 대응한다. 따라서 선천성 면역이 특정 병원체에 대해 특이적으로 반응한다는 것은 적절하지 않다.
③ 1문단에 따르면 후천성 면역은 항원에 노출된 후 습득되는 특이적 방어 기능이다. 따라서 병원체의 특정 항원을 인식하고 기억하여 재감염 시 빠르게 대응하는 것이 선천성 면역의 특징이라는 것은 적절하지 않다.

08 논리 | 명제의 결론 추론하기   난이도 하 ●○○

정답 설명

④ 제시된 진술을 기호화하면 다음과 같다.

> (1) 경제학자 → 통계학 공부
> ≡ ~통계학 공부 → ~경제학자 (대우)
> (2) 통계학 공부 → 데이터 분석 능력
> ≡ ~데이터 분석 능력 → ~통계학 공부 (대우)
> (3) 금융 시장 연구 → 경제학자
> ≡ ~경제학자 → ~금융 시장 연구 (대우)

(3)을 (1)과 결합하면 '금융 시장 연구 → 경제학자 → 통계학 공부'이므로 '금융 시장 연구 → 통계학 공부'를 도출할 수 있다. 또한 이를 (2)와 결합하면 '금융 시장 연구 → 통계학 공부 → 데이터 분석 능력'이므로 '금융 시장 연구 → 데이터 분석 능력'을 확정할 수 있다. 따라서 '금융 시장을 연구하는 모든 사람은 데이터 분석 능력이 있다(금융 시장 연구 → 데이터 분석 능력)'는 항상 참이다.

오답 분석

① (1)의 대우 '~통계학 공부 → ~경제학자'에 따라 '통계학을 공부하지 않는 모든 사람은 경제학자이다(~통계학 공부 → 경제학자)'는 거짓이다.
② (2)의 대우 '~데이터 분석 능력 → ~통계학 공부'와 (1)의 대우 '~통계학 공부 → ~경제학자'를 결합하면 '~데이터 분석 능력 → ~경제학자'가 도출되고, 이를 (3)의 대우 '~경제학자 → ~금융 시장 연구'와 결합하면 '~데이터 분석 능력 → ~금융 시장 연구'가 도출된다. 따라서 '데이터 분석 능력이 없는 모든 사람은 금융 시장을 연구한다(~데이터 분석 능력 → 금융 시장 연구)'는 거짓이다.
③ '데이터 분석 능력이 있는 모든 사람은 통계학을 공부한다(데이터 분석 능력 → 통계학 공부)'는 (2)의 역이다. 그러나 이는 제시된 전제를 통해 반드시 참이 되는 지 알 수 없다.

09 독해 | 세부 내용 파악하기   난이도 하 ●○○

정답 설명

③ 3문단에서는 현대 사회의 복잡성과 파편화된 경험을 반영하기 위해 작가들이 표현 방식을 모색하였으며, 장르 융합이 이러한 시대적 요구에 대한 문학적 응답이었음을 설명하고 있다. 따라서 장르 간 융합은 현대 사회의 경험을 반영하기 위한 문학적 응답이라는 설명은 적절하다.

오답 분석

① 2문단에서는 20세기 이후 문학적 실험과 혁신으로 문학의 전통적 경계가 흐려지기 시작했음을 설명하고 있다. 따라서 전통적 문학 장르 구분이 큰 변화 없이 유지되었다는 설명은 적절하지 않다.

② 4문단에서는 디지털 시대의 도래로 하이퍼텍스트 문학이나 인터랙티브 스토리텔링 등이 등장했으며, 독자가 수동적 수용자가 아닌 공동 창작자로 변모했음을 설명하고 있다. 따라서 디지털 시대의 새로운 문학 형식이 독자를 수동적 수용자로 제한한다는 설명은 적절하지 않다.

④ 4문단에서는 문학 장르의 변화가 문학의 쇠퇴가 아닌 지속적 재생과 확장을 의미하고 있음을 설명하고 있다. 따라서 문학 장르의 경계 허물기가 문학의 쇠퇴를 보여 주는 현상에 해당한다는 설명은 적절하지 않다.

10 논리 | 명제의 전제 추론하기   난이도 하 ●○○

정답 설명

① 제시된 진술을 기호화하면 아래와 같다.

(1) 학생회장 출마 → 교내 선거
(2) 학생회장 출마 ∨ 동아리 회장
[결론] 교내 선거 ∨ 학업 집중

(1)과 (2)를 결합하면 '(학생회장 출마 → 교내 선거) ∨ 동아리 회장'을 통해 '교내 선거 ∨ 동아리 회장'을 도출할 수 있다. 이때 결론인 '교내 선거 ∨ 학업 집중'을 이끌어 내기 위해서는 (1)과 (2)에서 도출한 '교내 선거 ∨ 동아리 회장'의 '동아리 회장'을 결론의 '학업 집중'과 연결해야 한다. 따라서 결론을 이끌어 내기 위해 추가해야 할 것은 '동아리 회장에 입후보하는 사람은 학업에 집중할 것이다(동아리 회장 → 학업 집중)'이다.

오답 분석

② '학업 집중 → ~학생회장 출마'의 대우는 '학생회장 출마 → ~학업 집중'이다. 이를 (2)와 결합하면 '~학업 집중 ∨ 동아리 회장'을 도출할 수 있고, 이는 '학업 집중 → 동아리 회장'과 논리적으로 동치이다. 그러나 이를 통해 결론을 이끌어 낼 수 없으므로 적절하지 않다.

③ '~학생회장 출마 → ~학업 집중'의 대우는 '학업 집중 → 학생회장 출마'이다. 이를 (1)과 결합하면 '학업 집중 → 교내 선거'를 도출할 수는 있으나, 결론을 이끌어 낼 수는 없으므로 적절하지 않다.

④ '교내 선거 → ~동아리 회장'을 (1)과 결합하여 '학생회장 출마 → ~동아리 회장'을 도출할 수 있고, 이는 '~학생회장 출마 ∨ ~동아리 회장'과 논리적으로 동치이다. 그러나 이를 통해 결론을 이끌어 낼 수는 없으므로 적절하지 않다.

11일 하프모의고사 11 정답·해설

■ 정답   p.70

01	③ 독해	06	② 어휘
02	② 논리	07	② 독해
03	② 독해	08	④ 독해
04	④ 독해 + 문법	09	① 논리
05	④ 독해	10	④ 논리

■ 취약영역 분석표

영역	틀린 답의 개수
독해	/ 5
독해 + 문법	/ 1
독해 + 문학	/ -
논리	/ 3
어휘	/ 1
TOTAL	10

* 취약영역 분석표를 이용해 1개라도 틀린 문제가 있는 영역은 그 영역의 문제만 골라 해설을 다시 한번 꼼꼼히 학습하세요.

---

01 독해 | 공공언어 바로 쓰기   난이도 하 ●○○

정답 설명

③ 세 번째 지침에 의하면 공문서를 작성할 때는 과도한 피동 표현을 삼가야 한다. ⓒ '전문가들에게 검증받은 프로그램입니다'에서 '검증받은'은 피동 접미사 '-받다'가 한 번 사용된 문장으로 피동 표현이 과도하게 사용되지 않았다. 하지만 ③의 '전문가들에게 검증되어진 프로그램입니다'에서 '검증되어진'은 피동 접미사 '-되다'에 피동 표현 '-어지다'가 결합된 이중 피동 표현으로 '검증받은'을 '검증되어진'으로 수정하는 것은 적절하지 않다.

오답 분석

① 첫 번째 지침에 의하면 공문서를 작성할 때는 생소한 외래어나 외국어는 우리말로 다듬어 써야 한다. 따라서 ㉠ '세미나'를 우리말인 '연구회'로 다듬은 것은 적절하다. 참고로 '세미나'는 '발표회', '토론회', '연구회'로 다듬어 쓸 수 있다.

② 두 번째 지침에 의하면 공문서를 작성할 때는 대등한 것끼리 접속할 경우 구조가 같은 표현을 사용해야 한다. ㉡ '교육 프로그램 개발과 농업인들의 역량 강화를 도모해 왔습니다'는 접속 조사 '과'의 앞뒤 문장 구조가 각각 구와 절로 구성되어 있어 문장 구조가 대등하지 않다. 따라서 ㉡을 절과 절이 접속되도록 '교육 프로그램을 개발하고 농업인들의 역량 강화를 도모해 왔습니다'로 수정한 것은 적절하다.

④ 네 번째 지침에 의하면 지나치게 긴 문장은 나누어 작성해야 한다. ㉢ '농산물 보관 방법 및 유통 시장 분석 자료를 제공하고 해외 연구 사례를 제공하며, 농가 소득 향상을 위한 판매 전략 수립에 도움을 드릴 예정입니다'는 세 개의 절이 하나의 문장으로 이어져 있다. 따라서 ㉢을 '농산물 보관 방법, 유통 시장 분석 자료, 해외 연구 사례를 제공할 예정입니다. 또한 농가 소득 향상을 위한 판매 전략 수립에 도움을 드릴 예정입니다'와 같이 서술어가 동일한 첫 번째, 두 번째 절은 합치고, 세 번째 절은 다른 문장으로 분리하는 것은 적절하다.

---

02 논리 | 명제의 결론 추론하기   난이도 하 ●○○

정답 설명

② 제시된 진술을 기호화하면 아래와 같다.

> (1) (재고 부족 ∨ 주문량 증가) → 추가 생산
> (2) 추가 생산 → 배송 지연
> (3) ~재고 부족

(1)에 의해 '주문량 증가'가 확정되면 '추가 생산'을 도출할 수 있음을 알 수 있다. 이를 (2)와 결합하면 '주문량 증가 → 추가 생산 → 배송 지연'을 도출할 수 있으므로, '주문량 증가 → 배송 지연'을 도출할 수 있다. 따라서 제시된 진술이 모두 참일 때 반드시 참이 되는 것은 '주문량이 평소보다 증가하면 제품 배송이 지연될 것이다(주문량 증가 → 배송 지연)'이다.

오답 분석

① 제시된 진술을 통해 '추가 생산을 진행하면 제품의 재고가 부족한 것이다(추가 생산 → 재고 부족)'는 도출할 수 없다.

③ (1)을 통해 '주문량 증가 → 추가 생산'을 도출할 수 있고, 이것의 대우는 '~추가 생산 → ~주문량 증가'이다. 따라서 '추가 생산을 진행하지 않으면 주문량이 평소보다 증가한 것이다(~추가 생산 → 주문량 증가)'는 거짓이다.

④ 제시된 진술을 통해 '~재고 부족'과 '주문량 증가' 사이의 인과 관계는 도출할 수 없다.

03 독해 | 글의 순서 파악하기 난이도 하 ●○○

정답 설명

② (나) - (가) - (다)의 순서가 가장 자연스럽다.

순서	중심 내용	순서 판단의 단서와 근거
(나)	세계적으로 인정받는 우리나라 전통 도예 기술은 일제 강점기를 겪으며 급격히 쇠퇴하였음	키워드 '전통 도예': 지시어나 접속어로 시작하지 않으면서, 글의 중심 화제인 '전통 도예'의 발전 및 일제강점기 속 쇠퇴 과정을 시간순으로 소개함
(가)	1960년대 중요무형문화재 제도를 도입하며 전통 도예의 맥이 이어질 수 있었음	지시 표현 '이처럼': (나)의 마지막 문장에서 언급된 일제강점기 전통 도예 기술의 급격한 쇠퇴를 가리킴
(다)	전통 도예는 현대적 가치를 지닌 문화자산이며, 전통 기법을 현대적으로 재해석하는 것은 한국 도자기의 세계화에도 기여함	지시 표현 '이러한 노력': (가)에서 정부가 중요무형문화재 제도를 통해 도예 장인들을 보호한 것을 의미함

04 독해 + 문법 | 숨겨진 내용 추론하기, 음운의 변동 난이도 중 ●●○

정답 설명

④ '독립을 위한 협력'에는 비음동화가 2번, 'ㄹ'의 비음화가 2번 일어나므로 ④의 추론은 적절하지 않다.

- 독립을[독니블 → 동니블]: 받침 'ㄱ'과 'ㄹ'이 인접하므로 'ㄹ'의 비음화가 적용되어 [독니블]로 발음된다. 이때 'ㄱ'과 'ㄴ'이 인접하므로 비음동화가 적용되어 'ㄱ'이 연구개음 비음 'ㅇ'으로 바뀐다. 즉 '독립을'은 [동니블]로 발음해야 하므로 'ㄹ'의 비음화가 1번, 비음동화가 1번 일어난다.
- 협력[협녁 → 혐녁]: 받침 'ㅂ'과 'ㄹ'이 인접하므로 'ㄹ'의 비음화가 적용되어 [협녁]으로 발음된다. 이때 'ㅂ'과 'ㄴ'이 인접하므로 비음동화가 적용되어 'ㅂ'이 양순음 비음 'ㅁ'으로 바뀐다. 즉 '협력'은 [혐녁]으로 발음해야 하므로 'ㄹ'의 비음화가 1번, 비음동화가 1번 일어난다.

오답 분석

① '국민을 믿는'에는 비음동화가 2번 일어나므로 ①의 추론은 적절하다.
- 국민을[궁미늘]: 받침 'ㄱ'과 'ㅁ'이 인접하므로 비음동화가 적용되어 'ㄱ'이 연구개음 비음 'ㅇ'으로 바뀐다. 즉 '국민을'은 [궁미늘]로 발음해야 하므로 비음동화가 1번 일어난다.
- 믿는[민는]: 받침 'ㄷ'과 'ㄴ'이 인접하므로 비음동화가 적용되어 'ㄷ'이 치조음 비음 'ㄴ'으로 바뀐다. 즉 '믿는'은 [민는]으로 발음해야 하므로 비음동화가 1번 일어난다.

② '종로에서 밥 먹어'에는 비음동화가 1번, 'ㄹ'의 비음화가 1번 일어나므로 ②의 추론은 적절하다.

- 종로에서[종노에서]: 받침 'ㅇ'과 'ㄹ'이 인접하므로 'ㄹ'의 비음화가 적용되어 'ㄹ'이 'ㄴ'으로 바뀐다. 즉 '종로에서'는 [종노에서]로 발음해야 하므로 'ㄹ'의 비음화가 1번 일어난다.
- 밥 먹어[밤머거]: 2문단 끝에서 1~2번째 줄에 의하면 비음동화는 단어와 단어 사이에도 적용된다고 하였다. '밥 먹어'는 받침 'ㅂ'과 'ㅁ'이 인접하므로 비음동화가 적용되어 'ㅂ'이 양순음 비음 'ㅁ'으로 바뀐다. 즉 '밥 먹어'는 [밤머거]로 발음해야 하므로 비음동화가 1번 일어난다.

③ '백로야 울지 마라'에는 비음동화가 1번, 'ㄹ'의 비음화가 1번 일어나므로 ③의 추론은 적절하다.
- 백로야[백노야 → 뱅노야]: 받침 'ㄱ'과 'ㄹ'이 인접하므로 'ㄹ'의 비음화가 적용되어 [백노야]로 발음된다. 이때 'ㄱ'과 'ㄴ'이 인접하므로 비음동화가 적용되어 'ㄱ'이 연구개음 비음 'ㅇ'으로 바뀐다. 즉 '백로야'는 [뱅노야]로 발음해야 하므로 비음동화가 1번, 'ㄹ'의 비음화가 1번 일어난다.

🖖 이것도 알면 합격

비음동화와 'ㄹ'의 비음화

음운 변동	정의	기호화
비음동화	비음이 아닌 자음이 비음을 만나 비음으로 발음되는 현상	[ㄱ, ㄷ, ㅂ]+[ㄴ, ㅁ] → [ㅇ, ㄴ, ㅁ]+[ㄴ, ㅁ] 예 국물[궁물], 닫는[단는], 돕는[돕는]
'ㄹ'의 비음화	'ㄱ, ㅁ, ㅂ, ㅇ' 뒤에서 'ㄹ'이 'ㄴ'으로 변하는 현상	1. [ㅁ, ㅇ]+[ㄹ] → [ㅁ, ㅇ]+[ㄴ] 예 담력[담:녁] 2. [ㄱ, ㅂ]+[ㄹ] → [ㄱ, ㅂ]+[ㄴ] 예 독립[독닙 → 동닙]

05 독해 | 빈칸 내용 추론하기 난이도 중 ●●○

정답 설명

④ 이 실험은 사람들의 위험 선호도가 이익과 손실 상황에서 비대칭적으로 나타난다는 것을 보여 준다. 첫 번째 시나리오(이익 상황)에서는 대다수(84%)가 확실한 이득(B)을 선택했지만, 두 번째 시나리오(손실 상황)에서는 대다수(70%)가 위험을 감수하는 선택(C)을 했다. 이는 사람들이 이익 상황에서는 위험을 회피하고, 손실 상황에서는 위험을 감수하는 경향이 있음을 보여 준다. 이는 카네만의 전망이론(Prospect Theory)의 핵심 내용으로, 답은 ④이다.

오답 분석

① 실험에서는 금액의 크기 변화에 따른 위험 선호도 변화를 다루지 않았다.
② 제시문에서는 감정적 요소와 합리적 판단의 중요도 비교를 다루지 않았다.
③ 제시문의 실험 결과는 사람들이 상황에 따라 다른 선택을 한다는 것을 보여주므로 항상 변동성이 낮은 쪽을 선호한다는 주장은 적절하지 않다.

06 어휘 | 다의어의 의미 난이도 중 ●●○

정답 설명
② 돈을 노름으로 모두 잃었다: ㉠ '잃지'의 기본형 '잃다'는 문맥상 '경기나 도박에서 져서 돈을 빼앗기거나 손해를 보다'를 의미하며 ②의 '잃다' 또한 동일한 의미로 쓰였다. 따라서 ㉠의 의미와 가장 가까운 것은 ②이다.

오답 분석
① 균형을 잃고 말았다: 이때 '잃다'는 '어떤 대상이 본디 지녔던 모습이나 상태를 유지하지 못하게 되다'를 뜻한다.
③ 방향 감각을 잃으면: 이때 '잃다'는 '길을 못 찾거나 방향을 분간 못 하게 되다'를 뜻한다.
④ 한 팔을 잃은 뒤로: 이때 '잃다'는 '몸의 일부분이 잘려 나가거나 본래의 기능을 발휘하지 못하다'를 뜻한다.

07 독해 | 개요 작성하기 난이도 하 ●○○

정답 설명
② 개요의 제목은 '세대 간 갈등의 원인과 해소 방안'으로, 결론 부분의 빈칸에는 전체 내용을 종합하면서 핵심적인 해결 방향을 제시하는 내용이 들어가야 한다. 개요 전체가 세대 간 갈등의 원인과 해소 방안을 균형 있게 다루고 있으며 결론의 첫 번째 항목이 '세대 공존을 위한 사회적 합의 도출의 시급성'이므로, 두 번째 항목에는 이를 실현하기 위한 구체적인 방향성인 '상호 존중과 이해를 바탕으로 한 세대 통합적 사회문화 조성'이 들어가는 것이 가장 적절하다.

오답 분석
① '고령층 위주의 사회복지 제도 확충을 통한 세대 균형 회복'은 '고령층 위주'라는 표현이 세대 간 갈등 해소라는 주제와 부합하지 않으므로 빈칸에 들어갈 내용으로 적절하지 않다.
③ '청년층의 경제적 부담 완화를 위한 노인 복지 지출 축소 필요성'은 해당 주제를 청년층 입장에서만 바라보는 내용으로, 세대 간 갈등을 오히려 심화시킬 수 있으므로 빈칸에 들어갈 내용으로 적절하지 않다.
④ '세대 간 문화적 차이를 인정하고 각자의 영역을 분리하는 정책 추진'은 세대 간 통합이 아닌 분리를 강조하고 있어, 개요 전체에서 제시하고 있는 방향성(통합, 격차 해소) 등과 부합하지 않으므로 빈칸에 들어갈 내용으로 적절하지 않다.

08 독해 | 숨겨진 내용 추론하기 난이도 하 ●○○

정답 설명
④ 제시문의 2문단 6~8번째 줄에서 전문 음악가는 복잡한 음악적 구조를 더 정교하게 예측하므로, 비전문가가 인지하지 못하는 미세한 변화에도 민감하게 반응한다고 설명하고 있다. 또한 2문단 4~5번째 줄에서 전문 음악가와 비전문가 사이의 뇌 활성화 패턴에 뚜렷한 차이가 있다고 언급하고 있다. 이를 통해 전문 음악가는 비전문가가 인지하지 못하는 음악적 구조의 변화에도 뇌의 활성화 패턴이 달라질 수 있다는 내용을 추론할 수 있다.

오답 분석
① 제시문의 2문단 1~4번째 줄에서 기대에 부합하는 음악의 진행은 뇌의 보상 중추인 선조체를 활성화시키는 반면, 예상을 벗어나는 진행은 전전두엽의 활동을 증가시킨다고 설명하고 있다. 따라서 기대감이 충족되지 않을 때는 전전두엽의 활동이 증가하는 것이지, 선조체의 활동이 증가하는 것이 아니므로, ①의 추론은 적절하지 않다.
② 제시문의 2문단 끝에서 1~4번째 줄에 따르면 비전문가는 주로 음악의 표면적 특성에 기초하여 기대감을 형성하는 반면, 전문 음악가는 화성 진행이나 대위법적 구조와 같은 추상적 특성까지 고려한다고 설명하고 있다. 따라서 비전문가가 음악의 추상적 특성에 더 민감하게 반응한다는 추론은 적절하지 않다.
③ 제시문의 2문단 4~5번째 줄에서 전문 음악가와 비전문가 사이의 뇌 활성화 패턴에서 뚜렷한 차이가 나타난다고 언급하고 있으므로, 음악 교육 수준과 무관하게 동일한 뇌 활동 패턴을 보인다는 추론은 적절하지 않다.

09 논리 | 명제의 전제 추론하기 난이도 하 ●○○

정답 설명
① 제시된 진술을 기호화하면 다음과 같다.

```
(1) 자료 구조 → 알고리즘
(2) 
(3) 자료 구조
[결론] ~데이터베이스
```

(3)에 의해 '자료 구조'가 확정된 상태이다. 따라서 결론인 '~데이터베이스'를 이끌어 내기 위해서는 '자료 구조'와 '~데이터베이스'를 연결할 수 있는 전제를 추가해야 한다. 이때 ① '데이터베이스 → ~알고리즘'을 전제로 추가하면, 이것의 대우는 '알고리즘 → ~데이터베이스'이고, 이를 (1)과 결합하여 '자료 구조 → 알고리즘 → ~데이터베이스'이므로 '~데이터베이스'를 도출할 수 있다. 따라서 빈칸에 들어갈 말로 가장 적절한 것은 ① '데이터베이스 강의를 들으면 알고리즘 강의를 들을 수 없습니다(데이터베이스 → ~알고리즘)'이다.

오답 분석
② '데이터베이스 강의를 들으면 자료 구조 강의도 들을 수 있습니다(데이터베이스 → 자료 구조)'를 전제로 추가해도 결론을 도출할 수 없다.

③ '데이터베이스 강의를 듣지 않으면 알고리즘 강의를 들을 수 없습니다(~데이터베이스 → ~알고리즘)'를 전제로 추가해도 결론을 도출할 수 없다.

④ '데이터베이스 강의를 듣지 않으면 자료 구조 강의를 들을 수 있습니다(~데이터베이스 → 자료 구조)'를 전제로 추가해도 결론을 도출할 수 없다.

10 논리 | 논증의 강화 및 약화 평가하기 난이도 하 ●○○

정답 설명

④ ㉠은 체구 크기보다 각 종의 먹이 자원의 확보 능력과 생태적 지위가 적응 전략을 결정하는 데 중요한 요인이라는 내용이다. 이때 ㉠을 강화하는 것으로 적절한 것은 ④ 'ㄱ, ㄴ, ㄷ'이다.

- ㄱ: 계절에 따라 식생활이 변화하는 중간 크기의 포유류들이 부분적 동면과 활동기를 번갈아 가며 생존하는 현상은 체구 크기보다 먹이 자원과 생태적 지위가 적응 전략을 결정하는 주요 요인임을 보여준다. 이는 포유류가 환경에 따른 먹이 자원의 확보 능력에 따라 적응 전략을 결정한 사례이므로 ㉠과 일치한다. 따라서 ㄱ은 ㉠을 뒷받침하므로 ㉠을 강화한다.

- ㄴ: 같은 크기의 북극 포유류 중에서도 육식성 종은 체온 유지형으로, 초식성 종은 체온 변화형으로 적응한 사례는 체구 크기가 아닌 식성에 따른 생태적 지위가 적응 전략을 결정하는 주요 요인임을 보여준다. 이는 포유류가 체구의 크기보다 생태적 지위가 환경에서의 적응 전략을 결정한다는 ㉠과 일치한다. 따라서 ㄴ은 ㉠을 뒷받침하므로 ㉠을 강화한다.

- ㄷ: 풍부한 먹이가 있는 지역의 소형 포유류는 겨울에도 동면하지 않고, 먹이가 부족한 지역의 대형 포유류는 부분적 동면을 하는 사례는 체구 크기보다 먹이 자원이 적응 전략을 결정하는 주요 요인임을 보여준다. 이는 포유류가 먹이 자원 확보 능력에 따라 환경에서의 적응 전략을 결정한 사례이므로 ㉠과 일치한다. 따라서 ㄷ은 ㉠을 뒷받침하므로 ㉠을 강화한다.

12일 하프모의고사 12 정답·해설

■ 정답 p.76

01	③ 독해	06	② 어휘
02	② 독해	07	③ 논리
03	④ 논리	08	④ 독해
04	④ 독해 + 문법	09	② 독해 + 문학
05	④ 독해	10	① 논리

■ 취약영역 분석표

영역	틀린 답의 개수
독해	/ 4
독해 + 문법	/ 1
독해 + 문학	/ 1
논리	/ 3
어휘	/ 1
TOTAL	10

* 취약영역 분석표를 이용해 1개라도 틀린 문제가 있는 영역은 그 영역의 문제만 골라 해설을 다시 한번 꼼꼼히 학습하세요.

---

01 독해 | 공공언어 바로 쓰기 난이도 하 ●○○

정답 설명

③ 우리 문화산업에게 도움이 되는 신규 사업의 발굴(×) → 우리 문화산업에 도움이 되는 신규 사업의 발굴(○): 두 번째 원칙에 의하면 공문서를 작성할 때는 조사를 정확히 사용해야 한다. ⓒ '우리 문화산업으로 도움이 되는 신규 사업의 발굴'은 부사격 조사 '으로'의 쓰임이 문맥상 자연스럽지 않다. 또한 '문화산업'은 무정물이므로 ③에서 '으로'를 사람이나 동물 등, 유정물에만 결합하여 사용되는 부사격 조사 '에게'로 수정한 것은 적절하지 않다. 따라서 ⓒ의 '으로'는 앞말이 목표나 목적의 대상이 되는 부사어임을 나타내는 격 조사인 '에'로 수정하는 것이 적절하다.

오답 분석

① 안내 알림(×) → 안내/알림(○): 네 번째 원칙에 의하면 공문서를 작성할 때 중복되는 표현은 삼가야 한다. ⊙ '안내 알림'은 '안내'와 '알림'이 그 의미가 중복되므로 둘 중 하나만 사용하는 것이 적절하다. 따라서 ①의 수정은 적절하다.
  • 안내(案內): 어떤 내용을 소개하여 알려 줌. 또는 그런 일
  • 알림: 알게 하는 일. 또는 그 내용
② 개최하오니(×) → 제3차 위원회를 개최하오니(○): 첫 번째 원칙에 의하면 공문서를 작성할 때 문장 성분의 과도한 생략은 지양해야 한다. ⓒ '문화산업 진흥을 위해 개최하오니'에는 목적어가 생략되어 있어 서술어 '개최하다'의 대상이 불분명해 문장의 의미를 파악하기 어렵다. 따라서 목적어 '제3차 위원회를'을 추가하는 것은 적절하다. 따라서 ②의 수정은 적절하다.
④ 회의 자료를 첨부되었으니(×) → 회의 자료를 첨부하였으니(○): 세 번째 원칙에 의하면 공문서를 작성할 때는 문장 성분 간의 관계를 분명히 표현해야 한다. ⓔ '회의 자료를 첨부되었으니'는 목적어를 가지지 않는 자동사 '첨부되다'에 목적어가 존재해 목적어와 서술어의 호응이 적절하지 않다. 따라서 서술어를 목적어를 가지는 타동사 '첨부하다'로 수정한 것은 적절하다. 따라서 ④의 수정은 적절하다.

---

02 독해 | 글 고쳐쓰기 (문맥에 맞게 수정하기) 난이도 하 ●○○

정답 설명

② ⓒ의 뒤에는 명반응이라는 이름처럼 명반응 과정은 빛에 반응해서 일어나는 반응이라는 내용이 제시되어 있다. 따라서 문맥상 ⓒ의 명반응이 빛이 없어도 진행된다는 설명은 ⓒ 뒤의 내용과 모순되므로 ⓒ을 ②와 같이 '명반응은 빛이 있어야 진행되며'로 수정하는 것이 적절하다.

오답 분석

① ⊙의 뒤에서는 식물이 우리 눈에 녹색으로 보이는 이유를 설명하며, 그 이유가 녹색 빛이 엽록소에서 반사되어 우리 눈에 들어오기 때문임을 제시하고 있다. 따라서 ⊙을 ①과 같이 '엽록소는 주로 녹색 파장의 빛을 걸러낸다'로 수정하는 것은 문맥상 적절하지 않다.
③ ⓒ의 앞에서 명반응은 빛에 반응하여 일어남을 제시하고 있으므로 '반면'으로 이어지는 ⓒ은 이와 반대일 것임을 추론할 수 있다. 따라서 ⓒ을 ③과 같이 '암반응은 직접적으로 빛이 필요하며'로 수정하는 것은 문맥상 적절하지 않다.
④ ⓔ의 뒤에는 식물의 세포벽이 대부분 셀룰로오스로 구성되어 있다는 내용이 제시되어 있다. 즉 셀룰로오스는 식물 세포벽을 이루는 주요 성분이라는 것이다. 따라서 ⓔ을 ④와 같이 '셀룰로오스와 같은 구조물질의 제거에도 쓰인다'로 수정하는 것은 문맥상 적절하지 않다.

03 논리 | 논증의 강화 및 약화 평가하기   난이도 하 ●○○

정답 설명

④ 제시문에서는 '성공의 함정'으로 불리는 현상을 기업의 시장 지위를 잃게 하는 원인으로 제시한다. 이에 따라 지속적인 성공을 위해서는 현재의 비즈니스 모델을 끊임없이 재검토하고 자기 파괴적 혁신을 수용할 것을 주장한다. 따라서 제시문의 핵심 논지는 '초기 성공으로 안주하여 근본적 혁신을 시도하지 않으면, 기업은 시장 지위를 잃게 된다'이다. 이때 ④에서 핸드폰 시장을 주도하던 B사가 기존 물리 키패드 방식을 고수하다가 경쟁에서 밀려난 것은 제시문에서 언급한 '성공의 함정'을 보여준다. 이는 기존의 성공 모델(기존 물리 키패드 방식)에 안주하며 혁신을 시도하지 않은 기업이 급격히 쇠퇴하는 과정을 보여주므로, 제시문의 논지를 강화하는 것으로 적절하다.

오답 분석

① 근본적인 혁신을 시도하는 기업들이 장기적 전략 실행에 어려움을 겪는다는 기술 전문가들의 주장은 혁신을 수용한 기업이 시장에서 불리한 위치에 놓일 수 있음을 보여준다. 이는 기존 기업들이 현재의 성공 모델에 안주하지 않고 혁신을 수용해야 한다는 제시문의 논지와 상충되므로 논지를 약화한다.

② 기존의 서비스 품질 개선에 집중하여 고객 만족도 1위를 유지하는 A사의 사례는 점진적 개선으로도 성공할 수 있음을 보여준다. 이는 기존 제품과 서비스에 안주하며 점진적 개선에 집중하는 기업이 시장에서 주도적인 위치를 유지하는 것을 보여준다. 이는 제시문의 논지와 상충되므로 논지를 약화한다.

③ 시장 점유율이 높은 기존 기업이 내부 혁신 팀을 통해 기존 성공 모델을 근본적으로 변화시키는 경향이 있다는 것은 기존 기업들이 인지적·조직적 관성에서 벗어나 혁신적인 변화를 수용하고 있음을 보여준다. 이는 기존 기업들이 성공 모델에 안주하며 혁신을 소홀히 한다는 제시문의 논지와 상충되므로 논지를 약화한다.

04 독해 + 문법 | 사례 추론하기, 국어의 특질   난이도 중 ●●○

정답 설명

④ 영어 'cream'은 모음 'ea' 앞에 자음군 'cr'을 발음하는 것이 가능하다. 하지만 1문단 3~6번째 줄에서 설명한 바와 같이 한국어에서는 음절 초성에 둘 이상의 자음이 올 수 없으므로 자음군을 분리하고 사이에 'ㅡ'를 첨가하여 발음한다. 따라서 'cream'이 [크림]으로 발음되는 것은 한국어에서 초성에 'cr'과 같은 자음군이 허용되지 않기 때문이라는 ④의 추론은 적절하다.

오답 분석

① 1문단 끝에서 1~3번째 줄에 의하면 한국어 음절 초성에는 'ㅇ'이 올 수 없으며, 초성에 위치한 'ㅇ'은 표기상으로만 존재하고 발음되지 않는다. 이때 '아이'의 '아'와 '이' 모두 'ㅇ'이 초성에 위치하고 있으므로, 'ㅇ'은 표기상으로 존재할 뿐 발음되지 않는다. 따라서 ①의 추론은 적절하지 않다.

② '쏙'의 'ㅆ'은 하나의 자음이므로 한국어에서 음절 초성에 둘 이상의 자음이 오지 못한다는 음절 구조 제약에 해당하지 않는다. 따라서 ②의 추론은 적절하지 않다.

③ 2문단에 의하면 한국어의 종성에서는 'ㄱ, ㄴ, ㄷ, ㄹ, ㅁ, ㅂ, ㅇ'만 발음할 수 있으나, 그 뒤에 모음으로 시작하는 형식 형태소가 오는 경우에는 연음으로 인해 후행 음절로 이동하여 음가 그대로 발음한다. 이때 '솥으로'는 '솥'과 모음으로 시작하는 형식 형태소 '으로'가 결합한 것이므로 연음에 의해 [소트로]로 발음해야 한다. 따라서 종성 제약을 받는다는 ③의 추론은 적절하지 않다.

이것도 알면 합격

한국어의 음운론적 특질

특질	설명	예
어두 자음군과 초성의 'ㅇ'	단어의 첫소리에 둘 이상의 자음이 올 수 없으며, 'ㅇ'이 올 수 없다.	• stroke → 스트로크 • 영어, 아이
음운의 대립	예사소리, 된소리, 거센소리의 음운 대립이 존재함	ㄱ, ㄲ, ㅋ / ㄷ, ㄸ, ㅌ, ㅂ, ㅃ, ㅍ / ㅈ, ㅉ, ㅊ
마찰음의 수	국어의 마찰음은 'ㅅ, ㅆ, ㅎ'으로, 다른 언어에 비해 많지 않다.	ㅅ, ㅆ, ㅎ
음절의 끝소리 규칙	음절 말에는 하나의 자음만 오는데, 특정 자음만 올 수 있으며, 파열음의 경우 파열의 과정이 생략된다.	ㄱ, ㄴ, ㄷ, ㄹ, ㅁ, ㅂ, ㅇ
모음 조화	두 음절 이상의 단어에서 양성 모음은 양성 모음끼리, 음성 모음은 음성 모음끼리 결합하려는 현상이 있다.	깡충깡충 – 껑충껑충 반짝반짝 – 번쩍번쩍

05 독해 | 중심 내용 및 핵심 논지 파악하기   난이도 하 ●○○

정답 설명

④ 제시문은 음악 산업의 디지털 스트리밍 전환으로 인한 변화를 다루고 있다. 2문단에서는 음악 스트리밍 서비스로 인한 변화가 음악의 상품적 가치에 큰 영향을 미쳤다고 언급하고, 3문단에서는 앨범 단위보다 개별 트랙 제작이 중요해진 제작 방식의 변화를 설명한다. 4문단에서는 K-pop이나 라틴음악 같은 장르의 글로벌 성공을 언급하며 스트리밍으로 인한 음악 접근성 향상이 문화 교류에 미치는 영향을 다룬다. 따라서 전체 내용은 스트리밍 시대가 음악의 상품적 가치, 제작 방식, 글로벌 문화 교류에 미친 다양한 영향을 종합적으로 설명하는 것이므로 답은 ④이다.

오답 분석

① 제시문의 3문단에서 알고리즘 추천 시스템이 곡 구성에 영향을 미친다고 언급하고 있으나, 특정 유형의 음악만 강조하여 음악적 다양성을 위협한다는 내용은 찾아볼 수 없다. 오히려 4문단에서는 스트리밍 시대가 문화적 영향력과 다양성은 확대시키는 양면성을 가져왔다고 언급하고 있다. 따라서 ①은 이 글의 중심 내용으로 적절하지 않다.

② 제시문은 제작 방식의 변화를 언급할 뿐, 창작의 질적 향상이나 아티스트의 성공 기회 증가에 대해서는 다루지 않는다. 따라서 ②는 이 글의 중심 내용으로 적절하지 않다.

③ 제시문의 2문단에서 스트리밍 서비스가 청취자들에게 전례 없는 다양성과 편의성을 제공했다고 하였으므로 음악 소비의 편의성 증가에 대한 서술은 적절하지만, 창작자의 경제적 보상이 감소했다는 내용은 제시되어 있지 않다. 음악의 상품적 가치 변화는 언급하지만 이것이 창작자의 경제적 보상 감소를 의미함을 알 수 없다. 또한 제시문 전체 내용을 종합적으로 설명하고 있지 않으므로 ③은 이 글의 중심 내용으로 적절하지 않다.

06 어휘 | 고유어와 한자어의 대응   난이도 하 ●○○

정답 설명

② ⓒ의 '판매(販賣)되다'는 '상품 따위가 팔리다'라는 뜻이지만 '구하다'는 '필요한 것을 찾다. 또는 그렇게 하여 얻다'라는 의미이므로 바꿔 쓰기 적절하지 않다. 참고로, ⓒ과 바꿔 쓸 수 있는 유사한 표현으로는 '값을 받고 물건이나 권리 따위가 남에게 넘겨지거나 노력 따위가 제공되다'라는 뜻의 '팔리다' 등이 있다.

오답 분석

① • 등장(登場)하다: 어떤 사건이나 분야에서 새로운 제품이나 현상, 인물 등이 세상에 처음으로 나오다.
• 나오다: 새 상품이 시장에 나타나다.

③ • 포함(包含)되다: 어떤 사물이나 현상 가운데 함께 들어가거나 함께 넣어지다.
• 들어가다: 일정한 범위나 기준 안에 속하거나 포함되다.

④ • 접근(接近)하다: 가까이 다가가다.
• 다가가다: 어떤 대상 쪽으로 가까이 가다.

07 논리 | 명제의 전제 추론하기   난이도 하 ●○○

정답 설명

③ 제시된 진술을 기호화하면 다음과 같다.

(1) 아침 운동 건너뜀 → ~생활 패턴 규칙적임
(2)
[결론] 생활 패턴 규칙적임 → 식습관 좋음

(1)의 대우를 통해 '생활 패턴이 규칙적인 사람은 아침 운동을 건너뛰지 않는 사람이다(생활 패턴 규칙적임 → ~아침 운동 건너뜀)'를 알 수 있다. 이때 결론을 도출하기 위해서는 '~아침 운동 건너뜀'과 '식습관 좋음'을 연결해 주어야 하므로 '아침 운동을 건너뛰지 않는 사람은 식습관이 좋다(~아침 운동 건너뜀 → 식습관 좋음)'가 추가되어야 한다. 따라서 답은 ③이다.

오답 분석

① '아침 운동을 건너뛰는 사람은 식습관이 좋지 않다(아침 운동 건너뜀 → ~식습관 좋음)'는 추가되더라도 결론을 이끌어 낼 수 없다.

② '생활 패턴이 규칙적인 사람은 식습관이 좋지 않다(생활 패턴 규칙적임 → ~식습관 좋음)'는 결론과 모순되므로 추가되더라도 결론을 이끌어 낼 수 없다.

④ '생활 패턴이 규칙적이지 않은 사람은 식습관이 좋지 않다(~생활 패턴 규칙적임 → ~식습관 좋음)'는 (1)에 대입하면 '아침 운동을 건너뛰는 사람은 식습관이 좋지 않다(아침 운동 건너뜀 → ~식습관 좋음)'를 도출할 수 있을 뿐, 추가되더라도 결론을 이끌어 낼 수 없다.

08 독해 | 세부 내용 파악하기   난이도 하 ●○○

정답 설명

④ 제시문의 2문단 3~5번째 줄에서 '색채 어휘가 다른 언어 사용자들은 색채 인식 과정에서 뇌의 서로 다른 영역이 활성화된다는 점'과 같은 예시를 통해 언어가 인지 과정에 영향을 미침을 보여주고 있다. 또한 2문단 끝에서 3~4번째 줄의 내용을 통해 언어가 인지 과정에 미치는 영향은 제한적이고 특정 맥락에 따라 달라질 수 있음을 알 수 있다. 따라서 특정 언어의 어휘 체계는 해당 언어 사용자의 인지 과정에 영향을 미칠 수 있지만 그 영향은 상황과 맥락에 따라 달라질 수 있다는 ④의 설명은 적절하다.

오답 분석

① 제시문 1문단 끝에서 1~2번째 줄을 통해 언어상대성에 관한 초기 주장은 강한 형태의 언어상대성 주장이었으며, 이는 경험적 증거 부족과 방법론적 문제로 비판을 받았음을 알 수 있다. 또한 언어상대성 가설의 초기 주장이 경험적 증거를 통해 강화되어 현대 언어학의 기본 원리로 자리 잡았다는 내용도 제시문을 통해 확인할 수 없으므로 ①의 설명은 적절하지 않다.

② 제시문 2문단 1~2번째 줄을 통해 최근 인지심리학과 신경과학 연구에서 약한 형태의 언어상대성을 지지하는 증거들이 발견되고 있음을 알 수 있다. 따라서 현대 인지심리학 연구는 언어와 사고 간의 관계가 존재하지 않음을 증명하여 언어상대성 가설을 완전히 반박했다는 ②의 설명은 적절하지 않다.

③ 제시문 2문단 끝에서 5~6번째 줄을 통해 인간의 사고는 언어에 의해 완전히 결정되지 않으며 보편적인 인지 능력이 존재함을 알 수 있다. 따라서 인간의 사고는 언어에 의해서만 형성되므로 서로 다른 언어를 사용하는 사람들은 근본적으로 다른 현실을 경험한다는 ③의 설명은 적절하지 않다.

09 독해 + 문학 | 빈칸 내용 추론하기, 작품의 종합적 감상   난이도 하 ●○○

정답 설명

② 3문단에서는 조선 후기에 현실 생활을 사실적으로 그린 작품들이 등장했다고 설명하고 있다. 또한 부녀자들이 지은 규방 가사가 등장하고, 신분제 동요와 상공업 발달로 인하여 조선 후기의 평민 문화가 성장하며 창작 계층이 확대되었다고 설명하고 있다. 이를 통해 조선 후기 가사 문학의 가장 두드러진 특징은 '사실적 묘사와 문학 창작층의 다양화'임을 추론할 수 있다.

[오답 분석]

① 제시문을 통해 조선 후기에 유교적 이념이 강화되었는지는 알 수 없다. 또한 3문단을 통해 조선 후기에는 산문화 경향이 뚜렷해졌음을 알 수 있으므로, 조선 후기에는 가사 형식이 오히려 자유로워졌음을 추론할 수 있다. 따라서 '유교적 이념의 강화와 형식의 엄격화'는 빈칸에 들어갈 내용으로 적절하지 않다.

③ 2문단을 통해 자연에서 유유자적한 심회를 그려낸 것은 「면앙정가」, 「상춘곡」과 같은 조선 전기 가사의 특징임을 알 수 있다. 따라서 '자연에서의 안빈낙도와 유유자적한 삶의 추구'는 빈칸에 들어갈 내용으로 적절하지 않다.

④ 2문단을 통해 임금의 은총을 노래하거나 임금에 대한 충성심을 노래한 것은 「사미인곡」, 「속미인곡」과 같은 조선 전기 가사의 특징임을 알 수 있다. 따라서 '임금에 대한 충성심을 우회적으로 표현하는 경향'은 빈칸에 들어갈 내용으로 적절하지 않다.

[오답 분석]

② (4)에서 '합창단 가입'이 확정되어 (1)의 전건을 긍정할 수 있으므로 '음악 좋아함'을 도출할 수 있다. 따라서 '음악을 좋아하지 않는다(~음악 좋아함)'는 거짓이다.

③ (4)에서 '미술반 가입'이 확정된 상태이므로 '미술반에 가입하지 않았다(~미술반 가입)'는 거짓이다.

④ (4)에서 '미술반 가입'이 확정되어 (3)의 전건을 긍정할 수 있으므로 '그림 실기 시험 합격'을 도출할 수 있다. 따라서 '그림 실기 시험에 합격하지 않았다(~그림 실기 시험 합격)'는 거짓이다.

이것도 알면 합격

가사 문학

조선 초기에 나타난 시가와 산문의 중간 형태의 문학으로, 4음보의 3·4조 또는 4·4조를 형식의 기조로 삼은 문학 갈래이다.

발생	사대부들이 이념과 정서를 자유로운 형식으로 길게 표현하기 위해 창작한 문학 갈래
특징	1. 내용적 특징 • 안빈낙도(安貧樂道) • 충신연주지사(忠臣戀主之詞) • 자연 친화 2. 형식적 특징 • 3(4)·4조의 4음보 연속체 시가 • 행수에 제한이 없는 자유로운 형식 • '서사-본사-결사'로 구성
유형	은일 가사, 유배 가사, 기행 가사, 규방 가사, 도학 가사, 전쟁 가사 등
의의	조선 시대의 대표적인 문학 양식으로, 정서를 표현하는 운문 문학과 이야기 구조를 담은 산문 문학의 중간 형태를 가진 교술 시가

10 논리 | 명제의 결론 추론하기   난이도 하 ●○○

[정답 설명]

① 제시된 진술을 기호화하면 다음과 같다.

> (1) 합창단 가입 → 음악 좋아함
> (2) 음악 좋아함 → 음악 시험 합격
> (3) 미술반 가입 → 그림 실기 시험 합격
> (4) 합창단 가입 ∧ 미술반 가입

(4)에서 '합창단 가입'과 '미술반 가입'이 확정된 상태이므로 (1)의 전건을 긍정하여 '음악 좋아함'을 도출할 수 있다. 이에 따라 (2)의 전건을 긍정하여 '음악 시험 합격'을 도출할 수 있으므로, '음악 시험에 합격했다(음악 시험 합격)'를 결론으로 도출할 수 있다.

13일 하프모의고사 13 정답·해설

■ 정답   p.82

01	③ 독해	06	③ 독해
02	④ 독해 + 문법	07	② 논리
03	① 논리	08	② 독해 + 문학
04	① 어휘	09	③ 독해
05	① 논리	10	④ 독해

■ 취약영역 분석표

영역	틀린 답의 개수
독해	/ 4
독해 + 문법	/ 1
독해 + 문학	/ 1
논리	/ 3
어휘	/ 1
TOTAL	10

* 취약영역 분석표를 이용해 1개라도 틀린 문제가 있는 영역은 그 영역의 문제만 골라 해설을 다시 한번 꼼꼼히 학습하세요.

01 독해 | 공공언어 바로 쓰기   난이도 하 ●○○

정답 설명

③ 우리 시에서는 ~ 목적으로 기획하였습니다(×) → 우리 시에서는 ~ 목적으로 본 캠페인을 기획하였습니다(○): ⓒ의 서술어 '기획하다'는 타동사로 목적어를 요구하는 서술어이다. 수정 전 문장은 목적어 '본 캠페인을'과 적절히 호응하나, 수정 후 문장에는 목적어가 생략되어 있어, 목적어와 서술어가 호응하지 않는다. 따라서 공공언어 바로 쓰기 두 번째 원칙에 따라 수정한 것으로 적절하지 않다.

오답 분석

① 실시 진행(×) → 실시(○): ㉠은 '실제로 시행함'을 의미하는 '실시'와 '일 따위를 처리하여 나감'을 의미하는 '진행'이 의미상 중복되므로 하나만 사용하도록 수정해야 한다. 따라서 ①은 공공언어 바로 쓰기 원칙의 첫 번째 원칙에 따라 수정한 것으로 적절하다.

② 시민들의 환경 의식 고취, 쾌적한 생활 환경 만들기 위해(×) → 시민들의 환경 의식을 고취하고, 쾌적한 생활 환경을 만들기 위해(○): ㉡은 조사, '-하다' 등이 과도하게 생략된 문장이므로, 이를 추가하여 수정해야 한다. 따라서 ②는 공공언어 바로 쓰기 원칙의 네 번째 원칙에 따라 수정한 것으로 적절하다.

④ 환경오염 방지와 생태계를 보전하고자(×) → 환경오염을 방지하고 생태계를 보전하고자(○): ㉣은 대등한 것끼리 접속하는 경우지만 서로 구조가 다른 표현을 사용하고 있으므로, 구조가 같은 표현으로 수정해야 한다. 따라서 ④는 공공언어 바로 쓰기 원칙의 세 번째 원칙에 따라 수정한 것으로 적절하다.

02 독해 + 문법 | 숨겨진 내용 추론하기, 대명사의 쓰임   난이도 중 ●●○

정답 설명

④ 2문단 1~3번째 줄에 의하면 '저희'는 3인칭 재귀 대명사로 사용될 때 앞에 나온 사람들을 다시 가리키는 기능을 한다. ④ "그 부부는 잘못을 부인했지만 저희가 잘못한 것은 확실했다"의 '저희'는 '그 부부'를 다시 가리키고 있음을 알 수 있으므로 3인칭 재귀 대명사에 해당한다. 또한 이 문장에서 '저희'는 화자를 포함한 다수를 가리키지 않으므로 1인칭 대명사로 볼 수 없다. 따라서 ④의 '저희'가 1인칭 대명사이면서 동시에 3인칭 재귀 대명사라는 추론은 적절하지 않다.

오답 분석

① 1문단 4~6번째 줄에 의하면 직접적인 대면 상황에서 높임의 의미가 있는 경우의 '당신'은 2인칭 대명사이다. ① "사장님, 당신의 결정을 지지합니다"의 '당신'은 '사장님'과 직접 대면한 상황에서 사장님에 대한 높임의 의미가 있음을 알 수 있으므로 2인칭 대명사에 해당한다. 따라서 ①의 추론은 적절하다.

② 1문단 끝에서 3~4번째 줄에 의하면 한 문장 안의 체언을 다시 가리킬 때의 '당신'은 3인칭 재귀 대명사이다. ② "어머니께서는 당신의 청춘을 자식들에게 바치셨다"에서 '당신'은 체언 '어머니'를 다시 가리키고 있음을 알 수 있으므로 3인칭 재귀 대명사에 해당한다. 따라서 ②의 추론은 적절하다.

③ 2문단 1~2번째 줄과 2문단 4~5번째 줄에 의하면 '우리'의 겸양형으로, 화자를 포함한 다수를 가리킬 때의 '저희'는 1인칭 대명사이다. ③ "사장님, 저희가 만든 음식에 손님들께서 감동하셨습니다"의 '저희'는 화자가 높임의 대상인 청자, '사장님'에 대하여 자신들을 겸손하게 지칭하는 표현이므로 1인칭 대명사에 해당한다. 따라서 ③의 추론은 적절하다.

이것도 알면 합격

대명사의 분류

인칭 대명사	1인칭	예 나, 저, 우리, 저희 …
	2인칭	예 너, 자네, 당신, 그대, 너희 …
	3인칭	예 이이, 그이, 저이, 이분, 그분, 저분 …
지시 대명사	사물	예 이것, 그것, 저것 …
	장소	예 여기, 거기, 저기 …

03 논리 | 논증의 강화 및 약화 평가하기 난이도 중 ●●○

정답 설명

① (가)는 선천적 언어 능력이 다양한 언어 환경에서 나타나는 언어 습득의 보편적 패턴을 더 적절하게 설명한다는 생득주의적 주장이다. 표준적인 언어 교육을 받지 못한 청각장애인 아동들이 자발적으로 개발한 수화에서도 복잡한 문법 구조와 규칙성이 발견되었다는 사례는 언어 입력이 제한된 상황에서도 복잡한 언어 구조를 습득할 수 있다는 것을 보여 준다. 이는 인간에게 언어의 기본 원리를 담은 선천적 장치가 존재한다는 생득주의 이론의 주장을 뒷받침하므로 (가)의 주장을 강화한다.

오답 분석

② 언어 학습 환경이 풍부한 가정의 아동들은 그렇지 않은 가정의 아동들보다 어휘력과 문법 이해도가 통계적으로 유의미하게 높게 나타난 사례는 언어 학습 환경의 차이가 언어 습득 결과에 직접적인 영향을 미친다는 것을 보여 준다. 이는 언어 학습에서 환경적 자극의 중요성을 강조하는 경험주의적 관점을 지지하므로 (가)의 생득주의적 주장을 약화한다.

③ 어린이들을 대상으로 한 연구에서 집중적인 훈련과 언어 환경 노출을 통해 제한적이지만 의미 있는 수준의 언어 능력 발달이 가능했다는 결과는 언어 능력이 환경적 요인을 통해 발달할 수 있음을 시사한다. 이는 언어 습득에서 경험적 요인이 중요하다는 경험주의적 관점을 지지하므로 (가)의 생득주의적 주장을 약화한다.

④ 다국어 환경에서 자란 아동들은 단일 언어 환경의 아동들보다 새로운 언어 구조를 더 빠르게 학습하며 언어 간 전이 능력이 뛰어난 것으로 나타났다는 통계 결과는 언어 환경의 다양성이 언어 학습 능력에 영향을 준다는 점을 보여 준다. 이는 언어 습득에서 환경적 요인의 중요성을 부각하는 경험주의적 관점을 지지하므로 (가)의 생득주의적 주장을 약화한다.

04 어휘 | 고유어와 한자어의 대응 난이도 하 ●○○

정답 설명

① ㉠의 기본형 '담다'는 '어떤 내용이나 사상을 그림, 글, 말, 표정 따위 속에 포함하거나 반영하다'라는 뜻이지만 '결합(結合)하다'는 '둘 이상의 사물이나 사람이 서로 관계를 맺어 하나가 되다. 또는 그렇게 되게 하다'의 의미이므로 바꿔 쓰기에 적절하지 않다. 참고로, ㉠과 바꿔 쓸 수 있는 표현으로는 '어떤 사물이나 현상 가운데 함께 들어가게 하거나 함께 넣다'라는 의미의 '포함(包含)하다' 등이 있다.

오답 분석

② ・내세우다: 주장이나 의견 따위를 내놓고 주장하거나 지지하다.
  ・주장(主張)하다: 자기의 의견이나 주의를 굳게 내세우다.

③ ・드러내다: 알려지지 않은 사실을 보이거나 밝히다.
  ・시사(示唆)하다: 어떤 사실을 넌지시 드러내거나 간접적으로 예고하다.

④ ・지니다: 바탕으로 갖추고 있다.
  ・보유(保有)하다: 가지고 있거나 간직하고 있다.

05 논리 | 명제의 결론 추론하기 난이도 하 ●○○

정답 설명

① 제시된 진술을 기호화하면 아래와 같다.

(1) 영어 공부 ∧ 해외 유학
(2) ~대학생 → ~영어 공부 ≡ 영어 공부 → 대학생 (대우)
(3) 해외 유학 → 외국어 시험 ≡ ~외국어 시험 → ~해외 유학 (대우)

(1)과 (2)의 대우 '영어 공부 → 대학생'을 결합하여 '(영어 공부 → 대학생) ∧ 해외 유학'을 도출할 수 있으므로 '대학생 ∧ 해외 유학'이 확정된다. 이를 (3)과 결합하여 '대학생 ∧ (해외 유학 → 외국어 시험)'을 도출할 수 있으므로, '대학생 ∧ 외국어 시험'이 확정된다. 따라서 제시된 진술이 모두 참일 때 반드시 참인 것은 '어떤 대학생은 외국어 시험을 본다(대학생 ∧ 외국어 시험)'이다.

오답 분석

② (2)의 대우와 (1)을 결합하여 '대학생 ∧ 해외 유학'이 확정되므로, '대학생은 모두 해외 유학을 가지 않는다(대학생 → ~해외 유학)'는 거짓이다.

③ (3)의 대우를 통해 '~외국어 시험 → ~해외 유학'이 확정되므로, '외국어 시험을 보지 않는 사람은 모두 해외 유학을 간다(~외국어 시험 → 해외 유학)'는 거짓이다.

④ (1)과 (3)을 결합하여 '영어 공부 ∧ (해외 유학 → 외국어 시험)'을 통해 '영어 공부 ∧ 외국어 시험'이 확정되므로, '영어를 공부하는 사람은 모두 외국어 시험을 보지 않는다(영어 공부 → ~외국어 시험)'는 거짓이다.

06 독해 | 숨겨진 내용 추론하기 　　　난이도 하 ●○○

정답 설명

③ 제시문에서 '장소'는 그 공간에 사람들의 기억, 문화, 역사, 감정이 더해진 것이라고 설명한다. 대형 쇼핑몰은 많은 사람들이 방문하여 쇼핑, 식사, 만남 등 다양한 활동을 하는 공간으로, 사람들의 경험과 기억이 축적될 수 있는 환경을 제공한다. 즉, 대형 쇼핑몰은 물리적 공간을 넘어 사람들에게 의미 있는 장소로 경험될 가능성이 있으므로 ③의 추론은 적절하다.

오답 분석

① 제시문에 따르면 '장소'는 인간의 경험과 의미가 부여된 공간으로 사람들의 기억, 문화, 역사, 감정이 더해진 곳이다. 문화재로 지정된 역사적 건물은 오히려 역사적, 문화적 의미와 사람들의 기억이 축적된 대표적인 '장소'라고 볼 수 있으므로, 이 추론은 적절하지 않다.

② 제시문에서는 도시 재생 프로젝트에 대한 구체적인 언급이 없으며, 공간 개선과 장소성 회복 중 어느 것이 더 중요한지에 대한 내용도 확인할 수 없다. 또한 장소는 공간에 의미가 더해진 것이므로 물리적 공간의 개선 없이 장소성만 회복하는 것은 불가능할 수 있다.

④ 제시문에서 '장소'는 시간의 흐름에 따라 그 의미가 변화하기도 한다고 언급하였지만, 이것이 반드시 원래 의도한 장소성이 약화된다는 의미는 아니다. 또한 지속적인 물리적 보수가 장소성 유지에 필수적이라는 내용도 제시문에서 확인할 수 없다.

07 논리 | 명제의 결론 추론하기　　　난이도 중 ●●○

정답 설명

② 제시된 진술을 기호화하면 다음과 같다.

> (1) 높은 연봉 → (전문 자격증 ∨ 타 회사 근무)
> (2) 타 회사 근무 → 컴퓨터 활용 능력
> (3) 김 대리 → (높은 연봉 ∧ ~전문 자격증)

(3)에 의해 김 대리는 '높은 연봉'과 '~전문 자격증'이 확정된 상태이므로, (1)의 전건을 긍정하여 '전문 자격증 ∨ 타 회사 근무'를 확정할 수 있다. 이때 (3)에서 김 대리는 '~전문 자격증'이므로 '타 회사 근무'가 확정된다. 또한 '김 대리 → 타 회사 근무'가 확정이므로 이를 (2)와 결합하여 '김 대리 → 컴퓨터 활용 능력'을 도출할 수 있다. 따라서 제시된 진술을 통해 반드시 참이 되는 것은 '김 대리는 컴퓨터 활용 능력이 뛰어나다(김 대리 → 컴퓨터 활용 능력)'이다.

오답 분석

① (1)과 (3)에 의해 '김 대리 → 타 회사 근무'가 확정되므로 '김 대리는 타 회사 근무 경험이 없다(김 대리 → ~타 회사 근무)'는 거짓이다.

③ (3)에 의해 '김 대리 → ~전문 자격증'이 확정되므로 이는 참이다. 그러나 (1)과 (3)에 의해 '김 대리 → 타 회사 근무'가 확정되므로 '김 대리 → ~타 회사 근무'는 거짓이다. 따라서 '김 대리는 전문 자격증과 타 회사 근무 경험이 모두 없다[김 대리 → (~전문 자격증 ∧ ~타 회사 근무)]'는 거짓이다.

④ (3)에 의해 '김 대리 → ~전문 자격증'이 확정되므로 이는 참이다. 그러나 (1)과 (3)에 의해 '김 대리 → 타 회사 근무'가 확정되고, 이를 (2)와 결합하여 '김 대리 → 컴퓨터 활용 능력'을 도출할 수 있으므로 '김 대리 → ~컴퓨터 활용 능력'은 거짓이다. 따라서 '김 대리는 전문 자격증이 없고 컴퓨터 활용 능력도 뛰어나지 않다[김 대리 → (~전문 자격증 ∧ ~컴퓨터 활용 능력)]'는 거짓이다.

08 독해 + 문학 | 세부 내용 파악하기, 작품의 종합적 감상　난이도 중 ●●○

정답 설명

② 2문단에 따르면 향가 〈처용가〉는 고려 가요 〈처용가〉의 모태가 되었으며, 우리 고유 글자인 향찰로 쓰여 향가 해독에 중요한 단서를 제공한다. 따라서 〈처용가〉는 고려 가요로 계승되었으며, 향찰로 쓰인 문학 작품 해독에 중요한 단서를 제공한다는 설명은 적절하나.

오답 분석

① 1문단에 따르면 향가는 글자 수와 구조에 따라 4구체, 8구체, 10구체로 나눌 수 있으므로 향가에는 3가지 종류가 있다는 설명은 적절하다. 그러나 1문단 마지막 문장과 2문단 첫 문장에 따르면 가장 완성된 형태의 향가는 10구체이나, 〈처용가〉는 8구체 향가로 과도기적 형태의 향가이다. 따라서 〈처용가〉가 가장 완성된 형태의 향가에 해당한다는 설명은 적절하지 않다.

③ 4문단에 따르면 향가 〈처용가〉는 고려 가요로 계승되며 희곡적 성격이 강화되는 변용을 보이므로 작품의 희곡적 성격이 강화되는 변용을 보인다는 설명은 적절하다. 그러나 〈처용가〉가 시간의 흐름에 따라 주술성이 사라진다는 내용은 제시문을 통해 알 수 없다. 따라서 〈처용가〉가 시간의 흐름에 따라 주술성이 사라지는 변용을 보인다는 설명은 적절하지 않다.

④ 3문단에 따르면 처용을 동해 용왕을 모시던 무격(巫覡)으로 보는 관점에서 〈처용가〉를 역병을 치료하는 무가(巫歌)의 성격을 띠는 것으로 해석할 수 있다. 그러나 〈처용가〉의 노래와 춤이 신라 왕실의 제례 의식에서 유래한 것이라는 내용은 제시문을 통해 알 수 없다. 따라서 〈처용가〉에서 처용의 노래와 춤은 신라 왕실의 제례 의식에서 유래한 것이라는 설명은 적절하지 않다.

이것도 알면 합격

작자 미상, '처용가'의 주제 및 특징

1. 주제: 노래와 춤으로 아내를 범한 역신에 대응함
2. 특징
   - 〈구지가〉, 〈해가〉로 이어지는 주술 시가를 계승함
   - 우리 고유 글자인 향찰로 쓰여 향가 해독에 중요한 단서를 제공함
   - 신라 향가 중 현재 전해지는 마지막 작품으로, 고려 가요 〈처용가〉의 모태가 됨

09 독해 | 세부 내용 파악하기 난이도 하 ●○○

정답 설명

③ 문맥상 지시 대상이 같은 것끼리 묶인 것은 ㉠, ㉡, ㉢이다.
- ㉠: ㉠ 앞에서는 향가 〈처용가〉의 문학사적 가치에 대해 설명하고 있고 ㉠이 포함된 문장에서는 ㉠이 향가 해독의 중요한 단서를 제공한다고 설명하고 있다. 이를 통해 ㉠이 가리키는 것이 '향가 〈처용가〉'임을 알 수 있다.
- ㉡: ㉡ 앞에서는 향가 〈처용가〉의 문학사적 가치와 향가 해독의 단서를 제공하는 역사적 사료로서의 가치에 대해 설명하고 있고 ㉡의 뒤에는 ㉡의 작품 내용에 대한 해설이 제시되어 있다. 이를 통해 ㉡이 가리키는 것이 '향가 〈처용가〉'임을 알 수 있다.
- ㉢: ㉢ 앞에서는 향가 〈처용가〉의 작품 해설이 제시되어 있고 ㉢이 포함된 문장에서는 그것을 종합하여 ㉢이 무가의 성격을 띠고 있음을 설명하고 있다. 이를 통해 ㉢이 가리키는 것이 '향가 〈처용가〉'임을 알 수 있다.

오답 분석

㉣: 이때 '이 작품'은 문맥상 '고려 가요 〈처용가〉'를 가리킨다.

10 독해 | 주장 및 견해 파악하기 난이도 하 ●○○

정답 설명

④ 정우는 장기 기증 결정에 대해 가족의 역할도 중요하므로 개인의 의사를 존중하되, 가족과의 사전 논의와 합의를 장려하는 제도적 장치가 필요하다고 주장한다. 이는 서영이 주장한 추정 동의제에 부합하지 않으며, 가족 동의 제도를 주장하는 것이므로 ④의 내용은 적절하지 않다.

오답 분석

① 서영은 추정 동의제를 도입한 국가들의 장기 기증률이 급증한 사례를 근거로 들어 생명 구제라는 실용적 측면을 강조하고 있다. 따라서 ①의 내용은 적절하다.
② 재민은 장기 기증에 있어 인간의 존엄성과 자기 결정권을 존중하기 위해서는 장기 기증에 명시적으로 동의한 사람만 기증자가 되는 명시적 동의제가 적절하다고 하였다. 따라서 ②의 내용은 적절하다.
③ 하나는 장기 기증에 있어 개인의 자기 결정권이 중요하다고 하는 점에서 재민의 주장에 동의한다. 또한 하나는 장기 기증 교육과 캠페인, 기증자와 가족에게 예우와 혜택을 제공하는 정책과 같은 추가적인 노력이 필요하다고 주장하고 있다. 따라서 ③의 내용은 적절하다.

14일 하프모의고사 14 정답·해설

■ 정답   p.88

01	③ 독해	06	③ 어휘
02	④ 논리	07	③ 독해
03	③ 논리	08	② 논리
04	② 독해 + 문법	09	③ 독해
05	① 독해 + 문학	10	① 독해

■ 취약영역 분석표

영역	틀린 답의 개수
독해	/ 4
독해+문법	/ 1
독해+문학	/ 1
논리	/ 3
어휘	/ 1
TOTAL	10

* 취약영역 분석표를 이용해 1개라도 틀린 문제기 있는 영역은 그 영역의 문세만 골라 해설을 다시 한번 꼼꼼히 학습하세요.

---

01 독해 | 공공언어 바로 쓰기   난이도 하 ●○○

정답 설명
③ 세 번째 지침에 의하면 공문서를 작성할 때는 문맥에 맞는 정확한 어휘를 사용해야 한다. ⓒ의 '재배하고자'의 기본형 '재배하다'는 '식물을 심어 가꾸다'를 의미하므로 능력을 기른다는 의미로 사용되기에 적절하지 않다. 따라서 ⓒ을 '능력을 재배하고자 합니다'로 수정하는 것은 적절하지 않다.

오답 분석
① 첫 번째 지침에 의하면 공문서를 작성할 때는 중복되는 표현을 삼가야 한다. '참여 기회 제공 및 부여'에서 '제공'과 '부여'는 의미가 중복되므로, '참여 기회 제공'으로 간결하게 수정한 것은 적절하다.
- 제공(提供): 무엇을 내주거나 갖다 바침
- 부여(賦與): 나누어 줌

② 두 번째 지침에 의하면 공문서를 작성할 때는 지나치게 긴 문장은 여러 문장으로 나누어 작성해야 한다. ⓒ에서는 한 문장이 긴 문장으로 작성되었으므로, 이를 두 문장으로 나누어 '학생들이 문화예술을 접할 수 있는 기회를 늘리고, 학생들의 창의성을 기르고자 합니다. 이를 위해 학생 문화예술 프로그램을 운영하고 있습니다'와 같이 수정하는 것은 적절하다.

④ 네 번째 지침에 의하면 공문서를 작성할 때는 대등한 것끼리 접속할 때 구조가 같은 표현을 사용해야 한다. ⓔ에서 '창의적 표현 기법 개발과 예술적 감수성을 향상시키는'은 명사의 나열인 구와 문장 형태인 절이 서로 다른 구조로 접속되어 있다. 따라서 '창의적 표현 기법을 개발하고 예술적 감수성을 향상시키는'으로 수정하여 구조를 일치시키는 것은 적절하다.

---

02 논리 | 명제의 결론 추론하기   난이도 하 ●○○

정답 설명
④ 제시된 진술을 기호화하면 다음과 같다.

> (가) 과학자 → 분석적 사고력
> (나) 과학자 ∧ ~연구 윤리
> (다) 혁신적 연구 → 연구 윤리 ≡ ~연구 윤리 → ~혁신적 연구 (대우)

(다)의 대우인 '~연구 윤리 → ~혁신적 연구'와 (나)를 결합하면 '과학자 ∧ ~혁신적 연구'를 도출할 수 있다. (가)에 의하면 모든 과학자는 분석적 사고력을 갖추고 있다. 이를 정리하면 과학자 중에 분석적 사고력을 갖추고 있으면서 혁신적 연구를 수행하지 않는 사람이 있다는 의미이므로, 빈칸에 들어갈 말로 가장 적절한 것은 ④ '어떤 과학자는 분석적 사고력을 갖추고 있으면서, 혁신적 연구를 수행하지 않는다(과학자 ∧ 분석적 사고력 ∧ ~혁신적 연구)'이다.

오답 분석
① (다)의 대우를 (나)에 적용하여 어떤 과학자는 혁신적 연구를 수행하지 않음(과학자 ∧ ~혁신적 연구)을 알 수 있으나, 어떤 과학자가 혁신적 연구를 수행하는지(과학자 ∧ 혁신적 연구)는 알 수 없다.

② (나)를 통해 어떤 과학자는 연구 윤리를 준수하지 않음(과학자 ∧ ~연구 윤리)을 알 수 있으나, 모든 과학자가 연구 윤리를 준수하지 않는지(과학자 → ~연구 윤리)는 알 수 없다.

③ (가)와 (나)를 통해 어떤 분석적 사고력을 갖춘 사람은 연구 윤리를 준수하지 않음(분석적 사고력 ∧ ~연구 윤리)을 알 수 있으나, 어떤 분석적 사고력을 갖춘 사람이 연구 윤리를 준수하는지(분석적 사고력 ∧ 연구 윤리)는 알 수 없다.

03 논리 | 논증의 강화 및 약화 평가하기 난이도 중 ●●○

정답 설명

③ 제시문에서는 실용성과 입시 효율성 간 괴리에 의해 발생하는 영어 교육의 딜레마에 대해 설명하고 있다. 이에 따라 (가)는 대학 입시의 핵심 평가 요소가 독해와 문법 능력인 이상, 실용 영어 중심의 전환은 구조적으로 불가함을 주장한다. 이때 대학수학능력시험의 출제 경향에 부합하는 현재의 교수법을 유지하겠다는 현직 고등학교 영어 교사들의 응답은 교사들이 입시 경쟁력과 효율성을 고려할 수밖에 없는 제약을 받고 있음을 보여준다. 이는 입시 평가 요소로 인해 실용 영어 교육의 전환이 구조적으로 불가함을 주장하는 (가)의 주장을 뒷받침하므로 (가)를 강화한다.

오답 분석

① (가)는 독해와 문법 능력이 대학 입시에서 핵심 평가 요소이므로 실용 영어 중심의 전환이 구조적으로 불가함을 주장한다. 이때 원어민 교사와의 토론 수업과 영어 프레젠테이션 수업을 도입한 외국어 고등학교 학생들의 독해 능력이 높은 수준으로 나타난 것은 실용 영어 교육이 독해와 문법 능력을 향상시킬 수 있음을 보여준다. 이는 대학 입시의 평가 요소로 인해 실용 영어로의 전환이 불가하다는 (가)의 주장을 반박하므로 (가)를 약화한다.

② (가)는 대학 입시의 제도적 제약으로 인해 실용 영어가 도입되기 어려움을 주장한다. 이때 최상위권 대학 진학률이 높은 학교에서 의사소통 능력 향상을 강조하는 영어과 개정 교육과정의 현장 적용률이 높은 것은 실용 영어 교육이 입시에 효과적일 수 있음을 보여준다. 이는 실용 영어가 대학 입시의 평가 요소를 고려하여 도입되기 어렵다는 (가)의 주장을 반박하므로 (가)를 약화한다.

④ (가)는 추가적인 교육 자원과 시간 없이는 실용 영어 교육의 보편화가 어려움을 주장한다. 이때 정부 지원과 행정 인센티브를 받지 못한 고등학교들이 실용 영어 교육에 할애하는 시간이 전체 영어 수업의 65%를 넘은 것은 정부의 교육 지원이 이뤄지지 못하는 상황에서도 실용 영어 교육이 활성화될 수 있음을 보여준다. 이는 의사소통 중심의 영어 교육으로의 보편화를 위해 추가적인 교육 자원과 시간이 필요하다는 (가)의 주장을 반박하므로 (가)를 약화한다.

04 독해 + 문법 | 빈칸 내용 추론하기, 높임 표현 난이도 하 ●○○

정답 설명

② (가)와 (나)에 들어갈 말로 적절한 것은 '간접 주체 높임법'과 '직접 주체 높임법'이므로 답은 ②이다.

- (가): 1문단에 의하면 간접 주체 높임법은 주체의 소유물, 신체 일부 등을 간접적으로 높이는 경우이다. '선생님은 귀가 아주 작으시다'라는 문장은 선어말 어미 '-(으)시-'를 통해 주체인 '선생님'의 신체 일부인 '귀'를 높이고 있으므로 '간접 주체 높임법'이 실현되었음을 알 수 있다.
- (나): 1문단에 의하면 직접 주체 높임법은 문장의 주체가 직접적으로 높임의 대상이 되는 경우이다. '할아버지께서 씨를 뿌리신다'는 주격 조사 '께서'와 선어말 어미 '-시-'를 통해 주체인 '할아버지'를 높이고 있으므로 '직접 주체 높임법'이 실현되었음을 알 수 있다.

05 독해 + 문학 | 숨겨진 내용 추론하기, 작품의 종합적 감상 난이도 하 ●○○

정답 설명

① 2~4문단을 통해 이색은 '백설', '구름', '매화', '석양'을 통해, 원천석은 '만월대'와 '추초'를 통해, 길재는 '산천'과 '인걸'의 대비를 통해 변화하는 역사적 현실에 대한 한탄과 안타까움을 드러냈음을 알 수 있다. 따라서 고려 유신들의 시조에서 자연물은 변화하는 역사적 현실에 대한 한탄과 안타까움을 드러낸다는 추론은 적절하다.

오답 분석

② 제시문을 통해 고려 유신들은 자연물을 통해 정치적 상황과 작가의 심정을 상징적으로 드러내고 있음을 알 수 있다. 따라서 화자가 자연의 아름다움에 몰입함으로써, 정치적 혼란에서 벗어나려는 도피적 성향을 보인다는 추론은 적절하지 않다.

③ 2문단을 통해 이색의 시조는 자연 현상(백설, 구름, 매화, 석양)을 통해 정치적 상황을 암시하고 있음을 알 수 있다. 또한 3~4문단을 통해 원천석은 '만월대'와 '추초'라는 상징적 소재를 통해, 길재는 '산천'과 '인걸'의 대비를 통해 고려 멸망의 상황을 표현하고 있음을 알 수 있다. 따라서 이색의 시조는 자연 현상을 통해 정치적 상황을 암시한다는 추론은 적절하다. 그러나 원천석과 길재 역시 상징과 대조를 통해 정치적 상황을 드러내고 있으므로, 이들의 시조가 직설적인 표현으로 저항 의식을 드러낸다는 추론은 적절하지 않다.

④ 5문단을 통해 고려 유신들의 시조가 상징과 대조를 통해 역사적 격변기를 살았던 지식인들의 내면 심리와 우국충정을 보여주고 있음을 알 수 있다. 따라서 고려 유신들의 시조는 상징과 대조적 표현을 통해 망국의 정서를 효과적으로 형상화한다는 추론은 적절하다. 그러나 이들의 시조가 후대 애국가사의 창작 모델로 활용되었다는 내용은 제시문을 통해 알 수 없다. 따라서 고려 유신들의 시조가 후대 애국가사의 창작 모델로 활용되었다는 추론은 적절하지 않다.

이것도 알면 합격

1. 이색, '백설이 잦아진 골에~'의 주제 및 특징

(1) 주제: 쇠퇴한 고려에 대한 한탄과 우국충정

(2) 특징
- 정치적 현실에 대한 화자의 안타까움과 고뇌가 드러남.
- 나라를 걱정하는 우국충정의 마음을 상징적으로 표현함.
- 자연물의 상징적 대비를 통해 혼란스러운 현실을 나타냄.

2. 원천석, '흥망이 유수하니~'의 주제 및 특징

(1) 주제: 고려 왕조의 멸망에 대한 화자의 탄식과 인생무상

(2) 특징
- 감각적인 이미지를 통해 인생무상의 정서를 드러냄.
- 종장에서 화자의 주관적 정서를 객관화하여 드러냄.
- 비유적이고 중의적인 표현으로 작품의 주제를 형상화함.

3. 길재, '오백 년 도읍지를~'의 주제 및 특징

(1) 주제: 고려 멸망에 대한 한탄과 인생에 대한 무상감

(2) 특징
- 고려 왕조의 멸망에 대한 한탄을 드러냄.
- 화자의 감회를 노래한 회고가(懷古歌)의 대표작임.
- 비유, 대구, 영탄, 대조와 같은 다양한 표현법을 활용함.

06 어휘 | 다의어의 의미   난이도 하 ●○○

정답 설명

③ ㉠의 기본형 '담다'는 문맥상 '어떤 내용이나 사상을 그림, 글, 말, 표정 따위 속에 포함하거나 반영하다'의 의미로 사용되었으며, ③의 기본형 '담다' 역시 같은 의미로 사용되었다. 따라서 문맥상 ㉠의 의미와 가장 가까운 것은 ③이다.

오답 분석

① ② ④ 아이는 접시에 나물을 가득 담았다 / 참기름을 병에 담자 고소한 향기가 퍼졌다 / 어머니께서는 그릇에 뜨거운 국을 담아 내오셨다: 이때 '담다'는 문맥상 '어떤 물건을 그릇 따위에 넣다'의 의미로 사용되었다.

07 독해 | 글의 순서 파악하기   난이도 하 ●○○

정답 설명

③ (나) - (라) - (가) - (다)의 순서가 가장 자연스럽다.

순서	중심 내용	순서 판단의 단서와 근거
(나)	프레젠테이션 준비와 목표 설정	지시 표현이나 접속 표현으로 시작하지 않으면서, 발표 전 계획 단계를 설명함
(라)	도입부에서 청중의 관심을 사로잡는 것의 중요성	접속 표현 '한편': 화제를 전환해 도입부에서 청중의 관심을 사로잡는 것의 중요성을 강조함
(가)	발표 중 청중의 관심을 사로잡기 위한 방법	지시 표현 '이를 위해': (라)에 언급된 청중의 관심을 사로잡기 위한 방법을 가리킴
(다)	발표의 마무리 전략	키워드 '마무리': 효과적으로 발표를 마무리하기 위한 방법을 제시하며, 발표의 마지막 단계에 해당함

08 논리 | 명제의 결론 추론하기   난이도 하 ●○○

정답 설명

② 제시된 전제를 기호화하면 아래와 같다.

```
(가) 야간 근무 ∧ ~건강 식단
(나) 헬스장 → 건강 식단 ≡ ~건강 식단 → ~헬스장 (대우)
```

이때 (가)와 (나)의 대우를 결합하면 '야간 근무 ∧ (~건강 식단 → ~헬스장)'이므로 '야간 근무 ∧ ~헬스장'을 도출할 수 있다. 따라서 (가)와 (나)를 전제로 결론을 이끌어 낼 때 반드시 참이 되는 것은 '야간 근무를 하는 사람 중 일부는 헬스장에 등록하지 않은 사람이다(야간 근무 ∧ ~헬스장)'이다.

오답 분석

① 제시된 전제를 통해 '헬스장 → ~야간 근무'는 알 수 없다.
③ (나)의 대우를 통해 '~건강 식단 → ~헬스장'을 알 수 있으므로, '~건강 식단 → 헬스장'은 거짓이다.
④ (나)의 대우를 통해 '~건강 식단 → ~헬스장'은 알 수 있으나, '건강 식단 ∧ ~헬스장'은 알 수 없다.

09 독해 | 숨겨진 내용 추론하기   난이도 하 ●○○

정답 설명

③ 2문단에서는 디지털 격차로 인한 참여 불평등이라는 새로운 문제가 발생하고 있음을 설명하고 있다. 특히 취약계층이나 고령층은 디지털 기술 접근성과 활용 능력이 낮아 전자 거버넌스 체계에서 소외될 가능성이 높다. 따라서 거버넌스가 디지털 격차로 특정 계층에게 불평등 문제를 야기할 수 있다는 추론은 적절하다.

오답 분석

① 3문단에서는 전자 거버넌스가 단순한 행정 효율성을 넘어 사회적 형평성, 투명성, 책무성이라는 가치를 실현하는 것을 목표로 한다고 언급하고 있다. 이는 전자 거버넌스의 주요 목표가 가치 실현에 있음을 의미한다. 따라서 전자 거버넌스의 주요 목표가 행정의 효율성을 높이는 것이라는 추론은 적절하지 않다.
② 1문단에서는 수직적 거버넌스가 다양한 행정 기관 간의 위계적 관계에 기반한 협력 체계임을 설명하고 있다. 이는 수직적 거버넌스가 다양한 행정 기관들의 위계를 바탕으로 구성되어 있음을 의미한다. 따라서 수직적 거버넌스가 다양한 행정 기관들의 대등한 참여를 추구한다는 추론은 적절하지 않다.
④ 2문단에서는 디지털 기술의 발달로 시민 참여가 확대되었지만, 디지털 격차로 인해 소외되는 계층이 발생하였음을 설명하고 있다. 이는 시민 중에는 정책 참여 기회를 얻지 못하는 사람이 있다는 것을 의미한다. 따라서 디지털 기술의 발달이 모든 시민들의 정책 참여 기회를 균등하게 확대했다는 추론은 적절하지 않다.

10 독해 | 세부 내용 파악하기   난이도 하 ●○○

정답 설명

① ㉠과 ㉣ 모두 '전자 거버넌스'를 가리키므로, 지시 대상이 같은 것은 ① '㉠, ㉣'이다.
- ㉠: ㉠의 앞 문장에서는 디지털 기술의 발달로 급부상한 전자 거버넌스에 대해서 소개하고 있다. 또한 ㉠이 포함된 문장에서는 전자 거버넌스의 기능에 대해서 설명하고 있다. 따라서 ㉠이 지시하는 대상은 '전자 거버넌스'이다.

- ㉣: 3문단에서는 디지털 기술의 발달로 급부상한 전자 거버넌스가 공공가치의 창출이라는 궁극적 목표를 향해 나아가고 있음을 설명하고 있다. 또한 ㉣이 포함된 문장에서는 ㉣이 가치 실현의 중요한 수단이나, 기술적 격차 해소를 위해 정책이 병행되어야 함을 언급하고 있다. 가치 실현을 목표로 하는 것은 전자 거버넌스이다. 따라서 ㉣이 지시하는 대상은 '전자 거버넌스'이다.

오답 분석

- ㉡: ㉡의 앞 문장에서는 디지털 격차로 인해 발생하는 취약계층이나 고령층 참여의 불평등 문제에 대해서 설명하고 있다. 또한 ㉡이 포함된 문장에서는 취약계층과 고령층이 전자 거버넌스 체계에서 소외되는 이유에 대해서 설명하고 있다. 따라서 ㉡이 지시하는 대상은 '취약계층이나 고령층'이다.
- ㉢: ㉢의 앞 문장에서는 현대 행정의 중요한 과제로 사회적 형평성, 투명성, 책무성을 제시하고 있다. 또한 ㉢이 포함된 문장에서는 ㉢을 실현하기 위한 방안에 대해서 설명하고 있다. 따라서 ㉢이 지시하는 대상은 '사회적 형평성, 투명성, 책무성'이다.

15일 하프모의고사 15 정답·해설

■ 정답 p.94

01	① 독해 + 문법	06	① 어휘
02	④ 논리	07	③ 논리
03	③ 독해	08	④ 독해 + 문학
04	③ 논리	09	③ 독해
05	② 독해	10	④ 논리

■ 취약영역 분석표

영역	틀린 답의 개수
독해	/ 3
독해 + 문법	/ 1
독해 + 문학	/ 1
논리	/ 4
어휘	/ 1
TOTAL	10

* 취약영역 분석표를 이용해 1개라도 틀린 문제가 있는 영역은 그 영역의 문제만 골라 해설을 다시 한번 꼼꼼히 학습하세요.

01 독해 + 문법 | 사례 추론하기, 의미론   난이도 중 ●●○

정답 설명

① 제시문에 따르면 외연은 언어 표현이 실제로 지칭하는 대상이나 범위를 의미하며, 내포는 언어 표현이 함축하는 속성이나 의미의 집합을 의미한다. 이에 따르면 '청년'이라는 표현은 '신체적·정신적으로 한창 성장하거나 무르익은 시기에 있는 사람'이라는 내포를 가진다. 그러나 연령대와 성별이 명시되지 않으면 20대만 포함하는지, 30대까지 포함하는지, 혹은 더 넓은 범위인지, 남성인지, 여성인지 그 범위가 불분명해진다. 따라서 누구를 지칭하는지 그 외연이 모호해지므로, '청년'이라는 용어의 연령대와 성별을 명시하지 않으면 외연이 모호해진다는 추론은 적절하다.

오답 분석

② 제시문 2문단 1~3번째 줄을 통해 내포가 많을수록 외연은 줄어들고, 내포가 적을수록 외연은 늘어난다는 것을 알 수 있다. 그러나 '포유류'는 '고래'를 포함한 많은 종류의 동물을 지칭하는 넓은 외연을 가지지만, '고래'는 특정 포유류만을 지칭하는 좁은 외연을 갖기 때문에 '고래'의 외연이 '포유류'보다 더 넓다는 것은 잘못된 추론이다.

③ 제시문에서는 '아침의 별'과 '저녁의 별'은 모두 금성을 가리키므로 외연이 같지만, 각각이 함축하는 내포는 서로 다르다고 명시하고 있다. 즉, 두 표현이 지칭하는 천체는 동일한 금성이지만(외연 동일), 각 표현이 함축하는 속성(새벽과 시작, 황혼과 마무리)이 다른 것이다. 따라서 내포가 다른 이유는 지칭하는 천체가 다르기 때문이라는 설명은 제시문의 내용과 상반되므로 잘못된 추론이다.

④ 제시문에서는 '아침의 별'과 '저녁의 별'의 예를 들어 외연이 같더라도 내포는 다를 수 있음을 설명하고 있다. 즉, 같은 대상을 가리키더라도 (외연 동일) 그것을 제시하는 방식과 맥락에 따라 다른 의미(내포)가 생성될 수 있다. '저명한 수학자'와 '페르마의 마지막 정리를 증명한 사람'이 같은 인물을 지칭한다는 것은 두 표현이 같은 외연을 가진다는 것을 의미한다. 그러나 '저명한 수학자'의 내포는 '수학 분야에서 뛰어난 업적을 이룬 사람'이고, '페르마의 마지막 정리를 증명한 사람'의 내포는 '특정 수학적 증명을 완성한 사람'이다. 따라서 두 표현이 같은 인물을 지칭한다면 두 표현의 내포는 동일할 것이라는 것은 잘못된 추론이다.

이것도 알면 합격

외연과 내포
1. 외연(extension): 개념이 적용되는 대상의 집합
2. 내포(intension): 개념의 의미를 구성하는 속성들의 집합

구분	의미	예 고양이
외연 (extension)	개념이 적용되는 대상의 범위, 즉 예시들의 집합	세상의 모든 고양이를 포함함
내포 (intension)	개념의 의미를 구성하는 속성, 즉 개념을 정의하는 속성이나 특징들의 집합	'포유류', '육식동물' 등의 속성을 포함함

02 논리 | 논증의 강화 및 약화 평가하기 난이도 하 ●○○

정답 설명

④ 제시문은 전기차 보급 확대를 위해 금전적 인센티브 제공보다는 충전소 네트워크 구축 및 배터리 교체 시설 확충이 중요함을 주장한다. ④의 '충전소 부족'과 '장거리 여행 시 충전 불안'이 M국의 전기차 사용의 큰 불편 사항으로 꼽혔다는 설문 조사 결과는 제시문의 주장을 뒷받침하는 사례에 해당한다. 따라서 ④는 제시문의 논지를 강화하는 것으로 적절하다.

오답 분석

① 제시문 끝에서 1~3번째 줄을 통해 소비자들은 구매 비용에 대한 부담보다는 실제 사용에 대한 문제로 인해 전기차 구매를 망설임을 알 수 있다. ①의 M국 소비자들이 전기차 구매를 망설이는 가장 큰 이유로 '높은 가격'이 꼽혔다는 것은 제시문의 주장을 약화하는 사례에 해당한다. 따라서 ①은 제시문의 논지를 강화하는 것으로 적절하지 않다.

② 제시문 2~5번째 줄을 통해 전기차 구매 시 25%의 세금을 감면하는 것과 같은 정책은 전기차 보급 확대를 위한 장기적인 해결책이 되기 어려움을 알 수 있다. ②의 M국과 비슷한 상황이었던 A국에서 세금 감면 혜택을 늘린 결과, 전기차 판매량이 꾸준히 증가했다는 것은 제시문의 주장을 약화하는 사례에 해당한다. 따라서 ②는 제시문의 논지를 강화하는 것으로 적절하지 않다.

③ 제시문 끝에서 3~4번째 줄을 통해 전기차 보급 확대를 위해서는 전국적으로 충분한 충전소 네트워크를 구축하고 배터리 교체 시설을 확충하는 것이 핵심임을 알 수 있다. ③의 전기차 충전소가 많은 B국과 상대적으로 적은 C국의 전기차 등록 대수에 차이가 없었다는 것은 충전 인프라가 전기차 보급 확대에 기여하지 않음을 의미하므로 제시문의 주장을 약화하는 사례에 해당한다. 따라서 ③은 제시문의 논지를 강화하는 것으로 적절하지 않다.

03 독해 | 개요 작성하기 난이도 하 ●○○

정답 설명

③ 두 번째 지침에 따르면 본론은 제목의 하위 내용으로 구성하되, 각 장의 하위 항목끼리 대응하도록 작성해야 한다. 따라서 ⓒ은 제목의 하위 내용인 'Ⅲ. 야생 동물 서식지 보전 방안'에 해당하는 내용이어야 하며 'Ⅱ-2'와 대응하는 야생 동물 서식지 보전 방안이어야 한다. 하지만 '생태관광 활성화를 통한 관광 수익 증대'는 자연을 활용한 경제적 수익 창출에 초점을 맞춘 내용으로 'Ⅱ-2'의 '농경지 확대를 위한 산림 파괴 및 무분별한 개발' 문제를 해결하는 방안에 해당하지 않는다. 따라서 ⓒ에 들어갈 내용으로 적절하지 않다. 참고로, ⓒ에 들어갈 만한 내용으로는 '산림 보호 구역 지정 및 생태계 복원 사업 추진'이 있다.

오답 분석

① 첫 번째 지침에 따르면 서론은 주제의 중요성과 문제 상황을 제시해야 한다. 'Ⅰ-1'에 주제의 중요성이 이미 제시되어 있으므로 'Ⅰ-2'에 문제 상황이 들어가야 한다. 따라서 ㉠에 '전 세계적 야생 동물 서식지 감소 현황'이 들어가는 것은 적절하다.

② 두 번째 지침에 따르면 본론은 제목의 하위 내용으로 구성하되, 각 장의 하위 항목끼리 대응하도록 작성되어야 한다. 따라서 ⓒ은 제목의 하위 내용인 'Ⅱ. 야생 동물 서식지 파괴의 원인'에 해당하는 내용이어야 하며, 'Ⅲ-1'과 대응하는 야생 동물 서식지 파괴의 원인이어야 한다. 따라서 ⓒ에 '도시화 및 산업화로 인한 자연 환경 훼손'이 들어가는 것은 적절하다.

④ 세 번째 지침에 따르면 결론은 기대 효과와 향후 과제를 제시해야 한다. 'Ⅳ-1'에 이미 기대 효과가 제시되어 있으므로 ⓔ에 향후 과제인 '관련 예산안 발의 및 서식지 마련을 위한 지역 주민 동의 확보'가 들어가는 것은 적절하다.

04 논리 | 논증의 강화 및 약화 평가하기 난이도 하 ●○○

정답 설명

③ 제시문에 따르면 위기 단계에서는 문화적 차이로 인한 좌절과 혼란이 발생하며, 회복 단계에서는 새로운 문화의 규범과 가치를 점차 이해하고 적응하기 시작한다. (가)는 일부 이민자나 유학생들은 시간이 지나도 새로운 문화에 적응하지 못하고 문화적 차이에 좌절하며, 심리적 어려움을 지속적으로 경험한다고 언급하고 있다. 위기 단계에서 충분한 지지 체계와 적절한 대처 전략이 없으면 회복 단계로 진입하기 어렵다는 연구 결과는 일부 이민자나 유학생들이 시간이 지나도 새로운 문화에 적응하지 못하는지에 대한 구체적인 원인을 제시한다. 이는 (가)에서 언급된 문화 적응 실패와 지속적인 심리적 어려움의 발생 메커니즘을 과학적으로 설명함으로써 (가)의 주장을 직접적으로 뒷받침한다. 따라서 (가)를 강화하는 것으로 적절하다.

오답 분석

① (가)는 문화에 적응하지 못하고 좌절하는 사람들에 대한 내용인 반면, ①은 적응에 성공했지만 정체성 혼란을 겪는 사람들에 대한 내용이다. 적응 단계에 도달했다는 것은 회복 단계를 거치며 이미 문화 적응에 성공했음을 의미하므로 (가)의 적응하지 못하고 좌절하는 상황과는 본질적으로 다르다. 따라서 (가)를 강화하는 내용으로 적절하지 않다.

② 허니문 단계가 길게 지속되면 위기 단계의 충격이 완화되어 회복 단계로 쉽게 진입한다는 내용은 적응의 성공 요인을 설명하는 것이다. 이는 (가)에서 언급한 시간이 지나도 새로운 문화에 적응하지 못하고 좌절하는 상황과는 반대되는 내용으로, 오히려 (가)의 주장을 약화하는 내용이다. 따라서 (가)를 강화하는 것으로 적절하지 않다.

④ 회복 단계에 들어선 이민자들이 문화적 차이를 긍정적으로 수용하여 적응 단계에 빠르게 도달했다는 내용은 성공적인 문화 적응 사례를 설명하는 것이다. 이는 (가)에서 언급한 시간이 지나도 새로운 문화에 적응하지 못하고 좌절하는 상황과는 반대되는 내용으로, 오히려 (가)의 주장을 약화하는 내용이다. 따라서 (가)를 강화하는 것으로 적절하지 않다.

05 독해 | 숨겨진 내용 추론하기　　　난이도 하 ●○○

정답 설명

② 2문단 끝에서 4~7번째 줄에 의하면 레지스트레이션은 가상 객체를 현실 세계의 적절한 위치에 정확히 놓는 과정이며, 이때 트래킹이 정확할수록 가상 객체가 현실 세계에 더 자연스럽게 통합될 수 있다. 따라서 트래킹의 정확도가 높을수록 증강현실 기술에서 가상 객체가 현실 세계의 사용자들에게 자연스럽게 나타날 것이므로, 현실감 있는 사용자 경험을 제공할 것임을 추론할 수 있다. 따라서 증강현실 기술은 트래킹의 정확도가 높을수록 현실감 있는 사용자 경험을 제공할 것이라는 추론은 적절하다.

오답 분석

① 2문단 첫 번째와 마지막 문장에 의하면 콘텐츠 생성은 증강현실 시스템의 핵심 구성요소로, 증강현실 환경에서 나타나는 디지털 요소를 개발한다. 이때 제시문을 통해 콘텐츠 생성이 다른 구성요소인 디스플레이, 트래킹, 레지스트레이션과 독립적으로 이루어지는 과정인지는 알 수 없다. 따라서 증강현실의 콘텐츠 생성은 다른 구성요소와 독립적으로 이루어지는 과정이라는 추론은 적절하지 않다.

③ 1문단 끝에서 1~2번째 줄에 의하면 증강현실(AR)은 현실 세계를 기반으로 디지털 요소를 추가한다. 따라서 증강현실이 현실 세계의 정보를 기반으로 한다는 추론은 적절하다. 그러나 1문단 끝에서 2~3번째 줄에 의하면 가상현실(VR)은 사용자를 완전한 가상 환경에 몰입시키는 기술이다. 따라서 가상현실이 현실 세계의 정보를 기반으로 한다는 추론은 적절하지 않다.

④ 2문단 3~5번째 줄에 따르면 증강현실 디스플레이는 헤드마운트 디스플레이(HMD), 스마트폰, 프로젝션 시스템 등이 있다고 했으므로, 헤드마운트 디스플레이가 증강현실 구현에 필수적이라는 추론은 적절하지 않다. 또한 단지 헤드마운트 디스플레이의 장점으로 양손을 자유롭게 사용할 수 있다는 점이 제시되고 있을 뿐, 이것이 다른 디스플레이 장치보다 우수하다는 내용은 제시문을 통해 나타나지 않는다. 따라서 헤드마운트 디스플레이가 다른 디스플레이 장치보다 우수하다는 추론은 적절하지 않다.

06 어휘 | 다의어의 의미　　　난이도 하 ●○○

정답 설명

① ㉠의 기본형 '놓다'는 문맥상 '잡거나 쥐고 있던 물체를 일정한 곳에 두다'의 의미로 사용되었으며, ①의 기본형 '놓다' 역시 같은 의미로 사용되었다. 따라서 문맥상 ㉠의 의미와 가장 가까운 의미로 사용된 것은 ①이다.

오답 분석

② 의사는 환자의 팔에 마취 주사를 놓고 수술 준비를 시작했다: 이때 '놓다'는 문맥상 '치료를 위하여 주사나 침을 찌르다'의 의미로 사용되었다.

③ 하루 종일 바쁘게 일하던 농부들이 저녁이 되자 일손을 놓았다: 이때 '놓다'는 문맥상 '계속해 오던 일을 그만두고 하지 아니하다'의 의미로 사용되었다.

④ 어머니는 베갯잇에 꽃무늬를 놓아 방 분위기를 화사하게 만들었다: 이때 '놓다'는 문맥상 '무늬나 수를 새기다'의 의미로 사용되었다.

07 논리 | 명제의 전제 추론하기　　　난이도 하 ●○○

정답 설명

③ 제시된 진술을 기호화하면 아래와 같다.

> [전제] 환경 문제 관심 → 친환경 제품 구매
> [결론] 환경 문제 관심 → 세금 감면

결론을 이끌어 내기 위해서는 제시된 전제의 후건 '친환경 제품 구매'와 결론의 후건 '세금 감면'을 연결하는 전제가 추가되어야 한다. 이때 '친환경 제품을 구매하는 사람들은 모두 세금 감면 혜택을 받을 수 있다(친환경 제품 구매 → 세금 감면)'를 추가하면, '환경 문제 관심 → 친환경 제품 구매'와 결합하여 '환경 문제 관심 → 친환경 제품 구매 → 세금 감면'을 도출할 수 있다. 따라서 결론인 '환경 문제 관심 → 세금 감면'을 확정할 수 있으므로, 결론을 이끌어 내기 위해 추가해야 할 것은 ③이다.

오답 분석

① '친환경 제품을 구매하지 않는다(~친환경 제품 구매)'를 추가해도 결론을 이끌어 낼 수 없다.

② '세금 감면 혜택을 받는 사람들은 모두 친환경 제품을 구매한다(세금 감면 → 친환경 제품 구매)'를 추가해도 결론을 이끌어 낼 수 없다.

④ '환경 문제에 관심이 없는 사람들은 모두 세금 감면 혜택을 받을 수 있다(~환경 문제 관심 → 세금 감면)'를 추가해도 결론을 이끌어 낼 수 없다.

08 독해 + 문학 | 빈칸 내용 추론하기, 작품의 종합적 감상　　　난이도 하 ●○○

정답 설명

④ 2문단에 따르면 도시 출신 남자에게 모욕을 당한 '나'는 어두운 밤길을 걸어가며 외국인 노동자들을 만나자 그들을 경계하는 태도를 보인다. 그러나 고향을 그리워하고 악독한 사장을 연민하는 그들의 모습에 '나'는 감동을 받고 눈물을 흘린다. 이를 통해 작품에서는 '나'의 심리 변화가 나타남을 알 수 있다. 또한 '나'가 외국인 노동자들과 같이 '노래'를 부르며 '명랑하게' 집으로 돌아가는 것은, 상처 받은 주인공이 현실을 극복하려는 의지를 가지고 나아가는 모습을 보여 준다. 이때 빈칸의 뒤에서는 작품의 제목이 현실에서 소외되며 상처받은 사람들이 현실을 받아들이며 견뎌 나가는 것을 보여 준다고 하였으므로, 빈칸에 들어갈 말로 적절한 것은 ④이다.

오답 분석

① 제시문을 통해 작품이 해외 이주 노동자를 다루고 있다는 것은 알 수 있지만, 작품은 이들이 겪는 문제에 대한 대안을 제시하고 있지 않다. 따라서 '명랑한 밤길'이 한국 사회의 이주 노동자들이 겪는 문제에 대한 정책적 대안을 의미한다고 추론하는 것은 적절하지 않다.

② 1문단을 통해 이주 노동자 문제를 다룬 '다문화 문학'이 형성되었음을 알 수 있으나, 작품은 다문화 가정의 혼란과 갈등에 대해 다루고 있지 않다. 따라서 '명랑한 밤길'이 다문화 가정의 혼란과 갈등을 해소하기 위한 사회적 노력의 필요성을 의미한다고 추론하는 것은 적절하지 않다.

③ 2문단을 통해 도시 출신 남자가 나타나고 있음을 알 수 있으나, 작품은 도시와 농촌 간의 문화적 격차를 다루고 있지 않다. 따라서 '명랑한 밤길'이 도시와 농촌 간의 문화적 격차로 인한 심리적 고립감과 그 해소 과정을 의미한다고 추론하는 것은 적절하지 않다.

이것도 알면 합격

공선옥, '명랑한 밤길'의 주제 및 특징
1. 주제: 소외된 사람들에 대한 연민과 현실에 대한 극복 가능성
2. 특징
   - 날씨를 통해 간접적으로 인물의 심리를 나타냄.
   - 인물들의 말과 행동을 통해 인물의 성격을 간접적으로 제시함.
   - 해학적인 표현을 통해 참담한 현실 속 고통을 극복하는 방식을 드러냄.

09 독해 | 세부 내용 파악하기   난이도 하 ●○○

정답 설명

③ 2~3문단을 통해 기억의 재구성 특성이 감정 상태나 사회적 요인에 영향을 받기 때문에 가짜 기억을 형성하여 신뢰성 문제와 연관된다는 것임을 알 수 있다. 그러나 이러한 특성이 지닌 한계를 기억력 향상 훈련을 통해 극복할 수 있다는 내용은 제시문을 통해 확인할 수 없다. 제시문은 기억력 향상 훈련에 대해 다루고 있지 않으므로, 적절하지 않은 것은 ③이다.

오답 분석

① 1문단을 통해 기억이 경험의 단편들을 현재 상황에 맞춰 재구성하는 것임을 알 수 있다. 따라서 기억은 단편적인 경험을 현재에 맞게 다시 새롭게 구성한다는 설명은 적절하다.
② 2문단을 통해 기억의 재구성 과정은 현재의 감정 상태에 영향을 받으며, 우울한 상태에서는 부정적 기억이 더 쉽게 떠오름을 알 수 있다. 따라서 우울한 사람은 긍정적인 기억보다 부정적인 기억을 먼저 떠올릴 수 있다는 설명은 적절하다.
④ 2~3문단을 통해 기억의 재구성 특성은 가짜 기억을 형성하여 실제 보지 않은 사건의 세부 정보를 '기억한다'고 확신하게 만듦을 알 수 있다. 이러한 특성은 법정 증언이나 목격자 진술의 신뢰성 문제에 밀접하게 연관되므로, 신뢰성에 영향을 준다는 설명은 적절하다.

10 논리 | 명제의 결론 추론하기   난이도 하 ●○○

정답 설명

④ 제시된 진술을 기호화하면 다음과 같다.

> (가) 유기농 → ~육류 ≡ 육류 → ~유기농 (대우)
> (나) 배달 ∧ 육류

(가)의 대우와 (나)를 결합하면 '식품 배달 서비스를 제공하는 상점 중 일부는 유기농 채소를 판매하지 않는 상점이다(배달 ∧ ~유기농)'를 도출할 수 있다. 이는 ④ '유기농 채소를 판매하지 않는 상점 중 일부는 식품 배달 서비스를 제공한다(~유기농 ∧ 배달)'와 동치이므로 빈칸에 들어갈 말로 가장 적절한 것은 ④이다.

오답 분석

① (가)의 대우를 통해 '육류를 판매하는 상점은 모두 유기농 채소를 판매하지 않는다(육류 → ~유기농)'는 것을 알 수 있으므로 '육류를 판매하는 상점은 모두 유기농 채소를 판매한다(육류 → 유기농)'는 결론으로 적절하지 않다.
② 제시된 전제들을 통해 '유기농 채소를 판매하지 않는 상점은 모두 육류를 판매한다(~유기농 → 육류)'는 결론은 도출할 수 없다.
③ 제시된 전제들을 통해 '유기농 채소를 판매하는 상점은 모두 식품 배달 서비스를 제공한다(유기농 → 배달)'는 결론은 도출할 수 없다.

16일 하프모의고사 16 정답·해설

■ 정답   p.100

01	③ 독해	06	④ 독해+문법
02	② 독해	07	① 논리
03	① 독해	08	③ 논리
04	② 어휘	09	③ 독해
05	② 논리	10	③ 어휘

■ 취약영역 분석표

영역	틀린 답의 개수
독해	/ 4
독해+문법	/ 1
독해+문학	/ -
논리	/ 3
어휘	/ 2
TOTAL	10

* 취약영역 분석표를 이용해 1개라도 틀린 문제가 있는 영역은 그 영역의 문제만 골라 해설을 다시 한번 꼼꼼히 학습하세요.

01 독해 | 공공언어 바로 쓰기   난이도 하 ●○○

정답 설명

③ 종료하고(×) → 착수하고(○): ⓒ의 기본형 '착수하다'는 '어떤 일을 시작하다'라는 의미로, 문맥상 적절한 어휘이다. 따라서 이를 '어떤 행동이나 일 따위가 끝나다'를 뜻하는 '종료하고'로 수정하는 것은 문맥에 맞는 정확한 어휘를 사용한다는 원칙에 어긋난다. 공문서의 내용을 보면, 교육 환경 개선 사업을 처음 시작한다는 맥락이므로 '착수하고'가 더 적절하다.

오답 분석

① 가이드라인(×) → 지침(○): 첫 번째 원칙에 따라 외래어인 '가이드라인'을 우리말 '지침'으로 수정한 것은 적절하다.

② 시설 노후화가 심각한 학교를 정합니다(×) → 시설 노후화가 심각한 학교를 대상으로 정합니다(○): ⓒ의 서술어 '정하다'는 '여럿 가운데 선택하거나 판단하여 결정하다'의 뜻으로 사용될 경우 목적어와 부사어를 요구한다. 수정 전 문장은 부사어가 생략되어 있어, 문장의 의미를 정확하게 파악하기 어렵다. 따라서 부사어를 추가해 두 번째 원칙에 따라 '시설 노후화가 심각한 학교를 대상으로 정합니다'로 수정한 것은 적절하다.

④ 학생 중심 학습 공간 구성 환경 조성 및(×) → 학생 중심의 학습 공간을 구성하는 환경을 조성하고(○): 네 번째 원칙에 따라 명사가 지나치게 나열된 '학생 중심 학습 공간 구성 환경 조성 및'을 '학생 중심의 학습 공간을 구성하는 환경을 조성하고'로 수정하여 조사와 '-하다'를 활용한 것은 적절하다.

02 독해 | 글의 순서 파악하기   난이도 하 ●○○

정답 설명

② (다) - (가) - (나) - (라)의 순서가 가장 자연스럽다.

순서	중심 내용	순서 판단의 단서와 근거
(다)	여행은 일상 탈출과 스트레스 해소의 수단이지만, 그 진정한 가치는 단순한 휴식을 넘어섬	지시어나 접속어로 시작하지 않으면서 글의 중심 화제인 '여행'을 언급함
(가)	여행의 진정한 가치는 새로운 시각과 통찰력을 제공하고 인내심과 적응력을 키워주는 데 있음	키워드 '여행의 진정한 가치': (다)에서 언급한 '여행의 진정한 가치'에 대해 구체적으로 설명함
(나)	의미 있는 여행을 위해서는 목적지에 대한 사전 조사, 현지인과의 적극적 교류, 그리고 열린 마음가짐이 필요함	접속 표현 '그렇다면': (다)와 (가)에서 여행의 진정한 가치에 대해 언급한 것과 달리 의미 있는 여행을 위한 방법이라는 새로운 화제를 제시함
(라)	의미 있는 여행 방식은 단순한 관광을 넘어 자기 성장과 자아 발견을 통해 삶을 풍요롭게 함	지시 표현 '이러한 여행 방식': (나)에서 제시한 여행 방식을 가리킴

03 독해 | 세부 내용 파악하기   난이도 하 ●○○

정답 설명

① 2문단 1~4번째 줄에서는 남부 지역은 비가 많아 처마가 길고, 북부 지역은 겨울철 일조량 확보를 위해 처마가 짧게 설계되었음을 설명하고 있다. 따라서 남부 지역의 처마는 비가 많이 오는 지역의 기후 특성에 따라 설계되어 북부 지역보다 길이가 길다는 설명은 적절하다.

[오답 분석]
② 1문단 첫 번째 문장에서는 전통 건축물의 처마는 단순한 장식이 아닌 실용적 기능을 담당한다고 설명하고 있다. 또한 2문단에서는 지역별 차이가 미적 취향이 아닌 지역별 기후 특성에 따라 달라졌다고 설명하고 있다. 따라서 전통 처마는 장식적 아름다움이 주된 목적이었으며, 지역별 차이는 미적 취향의 차이에서 비롯되었다는 설명은 적절하지 않다.
③ 4문단 1~3번째 줄에서는 현대 건축에서 전통 처마의 원리를 차양 시스템에 응용하고 있으며, 에너지 효율성과 친환경 건축의 중요한 요소로 재평가되고 있다고 설명하고 있다. 따라서 현대 건축에서는 에너지 효율 저하를 방지하기 위해 전통 처마의 원리를 적용하지 않는 방향으로 발전했다는 설명은 적절하지 않다.
④ 3문단 첫 번째 문장에서는 처마의 각도가 햇빛의 확산과 집중에도 영향을 미친다고 설명하고 있다. 또한 2문단에서는 지역별 기후에 따라 처마의 각도와 길이를 조정했다고 설명하고 있다. 따라서 처마의 각도는 일조량과 무관하게 일정하게 유지되었으며, 주로 건축물의 구조적 안정성을 고려해 결정되었다는 설명은 적절하지 않다.

04 어휘 | 고유어와 한자어의 대응 난이도 하 ●○○

[정답 설명]
② ㉡의 기본형 '불다'는 문맥상 '바람이 일어나서 어느 방향으로 움직이다'를 의미하나, ②의 기본형 '흡입(吸入)하다'는 '기체나 액체 따위를 빨아들이다'를 의미하므로 문맥상 바꿔 쓰기에 적절하지 않다.
- 불다: 바람이 일어나서 어느 방향으로 움직이다.
- 흡입(吸入)하다: 기체나 액체 따위를 빨아들이다.

[오답 분석]
① · 막다: 강물, 추위, 햇빛 따위가 어떤 대상에 미치지 못하게 하다.
   · 방지(防止)하다: 어떤 일이나 현상이 일어나지 못하게 막다.
③ · 뛰어나다: 남보다 월등히 훌륭하거나 앞서 있다.
   · 탁월(卓越)하다: 남보다 두드러지게 뛰어나다.
④ · 줄이다: 수나 분량을 본디보다 적게 하거나 무게를 덜 나가게 하다.
   · 절감(節減)하다: 아끼어 줄이다.

05 논리 | 명제의 전제 추론하기 난이도 하 ●○○

[정답 설명]
② 제시된 진술을 기호화하면 다음과 같다.

| (1) 웃김 ∧ 감동적 |
| (2) 추천작 → 상영 기간 연장 |
| (3) |
| [결론] 상영 기간 연장 |

'상영 기간 연장'이 결론으로 도출되기 위해서는 (2)의 전건인 '추천작'이 확정되어야 한다. 이때 (1)에서 '웃김 ∧ 감동적'이 확정된 상태이므로, '웃김 → 추천작'이나 '감동적 → 추천작'이 전제로 추가되면 이를 (2)와 결합하여 '상영 기간 연장'을 결론으로 도출할 수 있다. 따라서 빈칸에 들어갈 말로 가장 적절한 것은 ② '감동적인 영화는 모두 추천작입니다(감동적 → 추천작)'이다.

[오답 분석]
① '웃긴 영화는 모두 감동적입니다(웃김 → 감동적)'가 전제로 추가되어도 (2)의 전건인 '추천작'이 확정되지 않으므로 결론을 도출할 수 없다.
③ '상영 기간이 연장되는 영화는 모두 웃기고 감동적입니다[상영 기간 연장 → (웃김 ∧ 감동적)]'가 전제로 추가되어도 (2)의 전건인 '추천작'이 확정되지 않으므로 결론을 도출할 수 없다.
④ '웃기지 않는 영화는 모두 상영 기간이 연장되지 않습니다(~웃김 → ~상영 기간 연장)'가 전제로 추가되어도 (2)의 전건인 '추천작'이 확정되지 않으므로 결론을 도출할 수 없다.

06 독해 + 문법 | 빈칸 내용 추론하기, 국어의 어미 난이도 하 ●○○

[정답 설명]
④ 3문단 2~4번째 줄을 통해 '-아서/-어서'는 종속적 연결 어미로 '원인/이유'의 의미를 나타내면서도 부사형 전성 어미로도 쓰인다는 것을 알 수 있다. 또한 4~6번째 줄에서 '-게'는 보조적 연결 어미로도 쓰이면서 동시에 부사형 전성 어미로도 사용된다는 것을 알 수 있다. 이는 형태는 동일하지만 서로 다른 문법적 기능을 수행하는 어미의 특성을 보여주는 예시이므로, ④ '동일한 형태의 어미가 서로 다른 문법적 기능을 수행하는'은 빈칸에 들어갈 내용으로 가장 적절하다.

[오답 분석]
① 2문단 1~3번째 줄을 통해 전성 어미는 용언이 명사, 관형사, 부사의 역할을 할 수 있도록 용언의 서술 기능을 다른 기능으로 바꾸어 주는 어미임을 알 수 있다. 따라서 '전성 어미가 품사 전환의 기능을 상실하는'은 지문의 내용과 일치하지 않으므로 빈칸에 들어갈 내용으로 적절하지 않다.
② 제시문의 빈칸 이후 제시된 예시는 연결 어미와 전성 어미의 기능 중복에 관한 것으로, 제시문에서는 연결 어미가 종결 어미로 전환되는 것에 대한 내용이 언급되지 않았으므로 빈칸에 들어갈 내용으로 적절하지 않다.
③ 제시문의 빈칸 이후 제시된 예시는 어말 어미 내에서 연결 어미와 전성 어미의 기능 중첩을 설명하고 있으며, 선어말 어미와 어말 어미 사이의 경계 문제를 다루고 있지 않으므로 빈칸에 들어갈 내용으로 적절하지 않다.

이것도 알면 합격

어미의 종류

어미		종류	
종결어미		평서형	-다, -네, -(으)오, -습니다
		의문형	-느냐, -오(소), -(으)ㅂ니까, -니
		명령형	-아라/-어라, -게, -(으)오, -(으)십시오
		청유형	-자, -세, -(으)ㅂ시다
		감탄형	-(는)구나, -(는)구려
어말어미	연결어미	대등적	[나열] -고, -(으)며
			[상반] -(으)나, -지만
		종속적	[원인/이유] -니, -아서/-어서, -느라고, -(으)니까, -(으)므로
			[목적/의도] -(으)러, -(으)려고
			[양보] -(으)ㄴ들, -더라도
		보조적	-아/-어, -게, -지, -고
	전성어미	명사형	-(으)ㅁ, -기
		관형사형	-(으)ㄴ, -는, -(으)ㄹ, -던
		부사형	-게, -도록, -(아)서 등
선어말어미	시제	현재	-는-/-ㄴ-
		과거	-았-/-었-
		회상	-더-
		추측/미래	-겠-
		의지	-리-
	높임	주체 높임	-(으)시-
		공손법	-삽-/-옵-

07 논리 | 논증의 강화 및 약화 평가하기 난이도 하 ●○○

정답 설명

① ㉠을 평가한 내용으로 적절한 것은 ① 'ㄱ, ㄴ'이다.
- ㄱ: 스포츠 팬들이 자신이 응원하는 팀의 승리는 능력 때문이라고 여기고, 패배는 운이 나빴기 때문이라고 여기는 현상은 자신의 집단에 유리한 방향으로 평가하는 편향을 보여준다. 이는 사람들이 자신의 집단을 다른 집단보다 우월하게 평가하려는 경향을 입증하는 사례이므로, ㉠을 강화한다는 평가는 적절하다.
- ㄴ: 집단주의적 문화권의 사람들과는 반대로 개인주의적 문화권의 사람들에게서는 내집단 편향이 나타나지 않았다는 연구 결과는 내집단 편향이 문화적 배경에 따라 나타나지 않을 수 있음을 보여준다. 이는 언제나 자신의 집단을 우월하게 평가한다는 ㉠의 주장에 반하는 증거이므로, ㉠을 약화한다는 평가는 적절하다.

오답 분석

ㄷ: 낮은 사회적 지위를 가진 소수 집단 구성원들이 때로는 자신의 집단보다 우세한 다수 집단에 더 호의적인 태도를 보이며 자신이 속한 집단보다 우월함을 인정하는 현상은 사람들이 언제나 자신의 집단을 더 우월하게 평가한다는 ㉠의 주장과 상반된 사례이다. 이는 내집단 편향이 항상 나타나지 않음을 보여주므로, ㉠을 약화한다. 따라서 ㉠을 강화한다는 평가는 적절하지 않다.

08 논리 | 명제의 결론 추론하기 난이도 하 ●○○

정답 설명

③ 제시된 진술을 기호화하면 아래와 같다.

> (1) 진정한 리더 → 책임감 ≡ ~책임감 → ~진정한 리더 (대우)
> (2) ~소통 능력 → ~책임감 ≡ 책임감 → 소통 능력 (대우)
> (3) 정치인 → 진정한 리더 ≡ ~진정한 리더 → ~정치인 (대우)

(1)과 (2)의 대우를 결합하면 '진정한 리더 → 책임감 → 소통 능력'에 따라 '진정한 리더 → 소통 능력'을 도출할 수 있다. 또한 이를 (3)과 결합하면 '정치인 → 진정한 리더 → 소통 능력'을 도출하여 '정치인 → 소통 능력'을 확정할 수 있다. 이때 '정치인 → 소통 능력'이 참이므로 대우인 '~소통 능력 → ~정치인'도 참이다. 따라서 제시된 진술이 모두 참일 때 반드시 참인 것은 ③ '소통 능력이 없는 사람은 모두 정치인이 아니다(~소통 능력 → ~정치인)'이다.

오답 분석

① (1)의 대우와 (3)의 대우를 결합하면 '~책임감 → ~진정한 리더 → ~정치인'을 통해 '~책임감 → ~정치인'을 도출할 수 있다. 따라서 '책임감이 없는 사람은 모두 정치인이다(~책임감 → 정치인)'는 거짓이다.

② (2)와 (1)의 대우를 결합하면 '~소통 능력 → ~책임감 → ~진정한 리더'를 통해 '~소통 능력 → ~진정한 리더'를 도출할 수 있다. 따라서 '소통 능력이 없는 사람은 모두 진정한 리더이다(~소통 능력 → 진정한 리더)'는 거짓이다.

④ 후건 분리에 의해 '정치인 → (진정한 리더 ∧ ~소통 능력)'는 '(정치인 → 진정한 리더) ∧ (정치인 → ~소통 능력)'과 논리적으로 동치이다. 이때 (3)에 따라 '정치인 → 진정한 리더'는 항상 참이다. 그러나 (3)과 (1), (2)의 대우를 순서대로 결합하여 '정치인 → 진정한 리더 → 책임감 → 소통 능력'을 도출할 수 있고, 이를 통해 '정치인 → 소통 능력'이 확정되므로 '정치인 → ~소통 능력'은 거짓이다. 따라서 '정치인은 모두 진정한 리더이고 소통 능력이 없다[정치인 → (진정한 리더 ∧ ~소통 능력)]'는 거짓이다.

이것도 알면 합격

전건 분리와 후건 분리
전건 분리와 후건 분리는 '동치(≡)'의 유형 중 하나로, 전건이나 후건을 분리한다는 것은 복잡한 전건이나 후건을 각각의 독립된 명제로 분리하는 것이다. 이때 '동치(≡)'는 표현은 달라도 내용적으로 동일한 명제를 의미한다.

1. 전건 분리
   - (A ∧ B) → C ≡ (A → C) ∨ (B → C)
   - (A ∨ B) → C ≡ (A → C) ∧ (B → C)
2. 후건 분리
   - C → (A ∧ B) ≡ (C → A) ∧ (C → B)
   - C → (A ∨ B) ≡ (C → A) ∨ (C → B)

오답 분석
① ㉠ '분류할'은 문맥상 종류나 범주를 나누는 의미로, (가) '얻으려는'과 의미적 연관성이 없다.
② ㉡ '인식하여'는 사물을 분별하고 판단하여 안다는 의미로, (가) '얻으려는'과 의미적 연관성이 없다.
④ ㉣ '기능한다'는 어떤 역할이나 작용을 한다는 의미로, (가) '얻으려는'은 목표를 추구하는 의미로 사용되었다.

09 독해 | 숨겨진 내용 추론하기 난이도 하 ●○○

정답 설명
③ 2문단에서 절차적 합리성이 완벽한 결정보다는 규칙과 절차에 충실한 의사결정을 강조한다고 설명하고 있다. 또한 이러한 절차적 합리성이 특히 정책결정 과정의 투명성과 책임성을 높이는 데 기능한다고 명시하고 있다. 따라서 절차적 합리성이 정책결정 과정의 투명성과 책임성 향상에 기여할 수 있다는 추론은 적절하다.

오답 분석
① 3문단에서는 참여적 합리성이 의사결정 과정이 지연되거나 합의에 이르지 못할 가능성이라는 도전에 직면하기도 한다고 설명하고 있다. 이는 참여적 합리성이 의사결정의 신속성과 효율성을 갖지 못하는 경우도 있음을 의미한다. 따라서 참여적 합리성이 신속하고 효율적인 의사결정을 보장한다는 추론은 적절하지 않다.
② 제시문에서는 참여적 합리성이 정책의 수용성과 정당성을 높일 수 있다고 설명하고 있을 뿐, 절차적 합리성이 현대 행정에서 정책의 수용성을 높일 수 있는 합리성이라는 내용은 언급하고 있지 않다. 따라서 절차적 합리성이 정책의 수용성을 높일 수 있는 합리성이라는 추론은 적절하지 않다.
④ 1문단에서는 실제 정책결정 환경에서는 정보의 불완전성, 인지적 한계 등으로 인해 완전한 실질적 합리성을 달성하기 어렵다고 언급하고 있다. 이는 실질적 합리성이 정책결정 상황에서 불완전성을 갖고 있음을 의미한다. 따라서 실질적 합리성이 정책결정 상황에서의 불완전성을 극복할 수 있는 최적의 접근법이라는 추론은 적절하지 않다.

10 어휘 | 고유어와 한자어의 대응 난이도 하 ●○○

정답 설명
③ (가)의 '얻으려는'의 기본형 '얻다'는 문맥상 '구하거나 찾아서 가지다'의 의미로 사용되었다. ㉢ '확보된다고'의 기본형 '확보되다'는 '확실히 보증되거나 갖추지고 있다'를 뜻하는 말로 '얻다'와 그 의미가 유사하다. 따라서 문맥상 (가)의 의미와 가장 가까운 것은 ㉢이다.

17일 하프모의고사 17 정답·해설

■ 정답   p.106

01	① 독해 + 문학	06	① 독해
02	② 논리	07	① 논리
03	③ 독해	08	② 독해 + 문법
04	③ 독해	09	② 독해
05	④ 논리	10	② 논리

■ 취약영역 분석표

영역	틀린 답의 개수
독해	/ 4
독해 + 문법	/ 1
독해 + 문학	/ 1
논리	/ 4
어휘	/ -
TOTAL	10

* 취약영역 분석표를 이용해 1개라도 틀린 문제가 있는 영역은 그 영역의 문제만 골라 해설을 다시 한번 꼼꼼히 학습하세요.

---

01 독해 + 문학 | 빈칸 내용 추론하기, 문학의 이해   난이도 하 ●○○

정답 설명

① ㉠~㉢에 들어갈 말을 적절하게 나열한 것은 ①이다.

- ㉠ 언어적 갈등성: 2문단에 의하면, 『삼대』는 조의관과 덕기의 서로 다른 언어 사용을 통해 세대와 가치관의 충돌을 보여준다. 이때 1문단에 의하면 작품 속 인물들이 서로 다른 언어 양식을 사용하며 가치관과 세대 간 갈등을 표출할 때 언어적 갈등성이 확보된다. 따라서 조의관은 한자어와 어려운 표현을 사용하고, 덕기는 현대적이고 쉬운 표현을 사용하며 가치관의 충돌을 언어적으로 보여줌으로써 '언어적 갈등성'을 확보하였다.
- ㉡ 언어적 사실성: 2문단에 의하면 『삼대』는 1930년대 일제강점기 조선사회의 실제 언어와 표현방식을 충실히 재현하였다. 이때 1문단에 의하면 특정 시대와 사회의 실제 언어를 선택하여 작품 속 인물과 배경에 적용할 때 언어적 사실성이 확보된다. 따라서 당시 시대 속 사회의 실제 언어와 표현 방식을 통해 '언어적 사실성'을 확보하였다.
- ㉢ 언어적 상징성: 2문단에 의하면 『삼대』에서 조의관의 한자 중심 어휘는 구시대적 권위를, 덕기의 현대적 표현은 새로운 시대정신을 상징적으로 표현한다. 이때 1문단에 의하면 소설 속 언어가 인물의 심리와 사회적 상황을 상징적으로 드러내며 작품의 주제 의식을 강화할 때 언어적 상징성이 확보된다. 따라서 조의관은 언어를 통해 구시대적 권위를, 덕기는 새로운 시대정신을 드러내고 있으므로 '언어적 상징성'을 확보하였다.

02 논리 | 명제의 결론 추론하기   난이도 하 ●○○

정답 설명

② 제시된 전제를 기호화하면 다음과 같다.

(가) ~수학 → 물리학 ≡ ~물리학 → 수학 (대우)
(나) 수학 → ~문학 ≡ 문학 → ~수학 (대우)

이때 (나)의 대우 '문학 → ~수학'에 (가) '~수학 → 물리학'을 결합하면 '문학 → ~수학 → 물리학'을 도출할 수 있으므로 '문학 → 물리학'을 도출할 수 있다. 따라서 빈칸에 들어갈 결론으로 가장 적절한 것은 ② '문학을 좋아하는 사람은 물리학을 좋아한다(문학 → 물리학)'이다.

오답 분석

① 제시된 전제를 통해 물리학을 좋아하는 사람이 수학을 좋아하는지는 알 수 없다. 따라서 ① '물리학을 좋아하는 사람은 수학을 좋아한다(물리학 → 수학)'는 결론으로 적절하지 않다.

③ (가)의 대우 '~물리학 → 수학'과 (나) '수학 → ~문학'의 결합을 통해 '~물리학 → 수학 → ~문학'을 도출할 수 있다. 이를 통해 '~물리학 → ~문학'을 도출할 수 있으므로, '~물리학 → 문학'은 거짓이다. 따라서 ③ '물리학을 좋아하지 않는 사람은 문학을 좋아한다(~물리학 → 문학)'는 결론으로 적절하지 않다.

④ 제시된 전제를 통해 수학을 좋아하는 사람이 물리학을 좋아하는지는 알 수 없으며, (나)를 통해 '수학 → ~문학'을 도출할 수 있으므로 '수학 → 문학'은 거짓이다. 따라서 ④ '수학을 좋아하는 사람은 문학을 좋아하거나 물리학을 좋아한다[수학 → (문학 ∨ 물리학)]'는 결론으로 적절하지 않다.

03 독해 | 글 고쳐쓰기 (문맥에 맞게 수정하기) 난이도 하 ●○○

정답 설명
③ 제시문 3문단을 통해 가용성 편향은 쉽게 떠올릴 수 있는 사례나 정보에 근거하여 판단하는 경향임을 알 수 있다. 즉 가용성 편향은 쉽게 기억나는 사건의 발생 확률을 과대평가하는 오류를 의미하므로, 해당 부분을 '이는 특정 사건이 언론에 크게 보도되면, 그 사건의 실제 발생 확률과 관계없이 사람들은 그 사건이 매우 흔하게 발생한다고 판단하게 되는 것과 같다'로 수정하는 것이 적절하다.

오답 분석
① ㉠ 앞의 내용에서는 인지 편향을 의사결정 과정에서 발생하는 오류로 정의하고 있다. 따라서 ㉠에는 인지 편향이 의사결정 과정에서 오류를 범하는 내용이 들어가는 것이 적절하다. 이때 ㉠은 인지 편향이 객관적이고 합리적인 판단을 방해하여 비합리적 결정을 초래하기도 한다는 내용으로, 인지 편향의 부정적 영향을 적절히 설명하고 있다. 이를 '인지 편향은 비합리적이고 감정적인 판단을 억제하여 합리적 결정을 초래한다'로 수정하는 것은 인지 편향의 본질과 반대되는 내용이므로 적절하지 않다.

② ㉡ 앞의 내용을 통해 확증 편향은 자신의 기존 신념이나 가설과 일치하는 정보만 선택적으로 수용하고 그렇지 않은 정보는 무시하거나 평가 절하하는 경향임을 알 수 있다. 따라서 ㉡은 확증 편향의 개념을 적절히 설명하고 있다. 이를 '자신의 기존 견해를 약화시키는 정보는 적극적으로 찾고 수용하는 반면, 기존 견해를 지지하는 정보는 비판적으로 검토하는 것을 말한다'로 수정하는 것은 확증 편향의 개념을 반대로 설명하는 것이므로 적절하지 않다.

④ ㉣의 뒤에는 의사결정 과정에서 체계적인 분석과 다양한 의견을 수렴해야 한다는 내용이 제시되어 있다. 이는 인지 편향을 극복하는 방법에 해당하므로, ㉣에는 인지 편향을 극복하는 것이 가능하다는 내용이 제시되어야 한다. 이때 ㉣은 인지 편향의 극복 가능성과 대처 방법을 적절히 설명하고 있다. 이를 '인지 편향은 극복할 수 있는 방법이 없으므로, 단일 관점에서 정보를 검토하며 맹목적으로 수용하는 방법을 연구해야 한다'로 수정하는 것은 제시문의 내용과 정반대의 주장을 제시하는 것이므로 적절하지 않다.

04 독해 | 중심 내용 및 핵심 논지 파악하기 난이도 하 ●○○

정답 설명
③ 1~2문단에 따르면 문화적 지표로 기능해 온 음식 문화는 세계화에 따라 국가 정체성과의 관계가 복잡해졌다는 것을 알 수 있다. 그러나 3문단을 통해 음식 문화와 국가 정체성은 여전히 밀접한 관련을 맺고 있음을 알 수 있다. 또한 세계화의 물결 속에서도 전통 음식의 가치가 재조명되고 고유한 식문화를 보존하려는 노력이 강화되고 있음을 알 수 있다. 따라서 제시문의 핵심 논지로 가장 적절한 것은 ③이다.

오답 분석
① 2문단을 통해 세계화 시대에 접어들며 전통적인 음식 경계가 흐려지고, 음식 문화와 국가 정체성 간의 관계가 복잡해졌다는 것을 알 수 있다. 그러나 세계화로 인해 국가별 고유한 음식 문화가 사라졌다는 내용은 제시문을 통해 확인할 수 없다. 또한 3문단을 통해 고유한 식문화를 보존하려는 노력이 강화되고 있음을 알 수 있으므로, ①은 핵심 논지로 적절하지 않다.

② 3문단을 통해 각국의 정부가 자국 요리의 문화유산 등록, 식품 산업에서의 지역 특산품 보호 등을 통해 음식을 통한 문화적 자긍심을 지키려고 노력한다는 것을 알 수 있다. 그러나 각국의 정부가 세계화에 대응하여 외국 음식의 유입을 제한한다는 내용은 제시문을 통해 확인할 수 없다. 또한 각국의 정부가 음식 문화를 보존하려는 노력을 하고 있으나 자국의 전통 음식만을 장려하고 있지는 않으므로, ②는 핵심 논지로 적절하지 않다.

④ 3문단을 통해 음식은 세계화로 인한 변화 속에서도 여전히 국가 정체성과 밀접한 관련을 맺고 있다는 것을 알 수 있다. 또한 현대 사회에서 음식이 개인의 취향과 건강에만 영향을 미친다는 내용은 제시문을 통해 확인할 수 없다. 따라서 ④는 핵심 논지로 적절하지 않다.

05 논리 | 논증의 강화 및 약화 평가하기 난이도 하 ●○○

정답 설명
④ 제시문은 최근 공공 도서관들이 디지털 장서 확충에 집중하는 추세에 대해 비판적 시각을 제시하며, 도서관은 단순한 정보 제공 기관을 넘어 다양한 사회적 상호작용과 평생학습의 공간으로 변화해야 한다는 논지를 펼치고 있다. 미국 도서관 협회의 조사에서 커뮤니티 프로그램과 대면 서비스를 확대한 도서관들이 단순히 디지털 자원만 강화한 도서관들보다 방문자 수 증가율이 평균 35% 더 높았다는 결과는 물리적 공간 기반 프로그램의 확대가 이용자 수와 만족도를 향상시킨다는 제시문의 주장을 구체적인 통계로 뒷받침한다. 따라서 제시문의 논지를 강화하는 것으로 적절하다.

오답 분석
① 스웨덴에서 실시한 설문조사 결과, 도서관 이용자의 78%가 도서관 방문의 주된 목적으로 '디지털 자료 접근'을 꼽았다는 내용은 디지털 자료 접근의 중요성을 강조하는 것이다. 이는 디지털 중심 전략의 한계를 지적하고 물리적 공간 기반의 사회적 상호작용을 강조하는 제시문의 논지와 상반된다. 따라서 제시문의 논지를 강화하는 것으로 적절하지 않다.

② 호주의 한 도서관에서 최신 태블릿과 VR 장비를 도입한 후 10대와 20대 이용자의 방문 빈도가 이전보다 2배 증가했다는 내용은 첨단 디지털 장비 도입의 효과를 강조하는 것이다. 이는 디지털 기술에 대한 과도한 투자보다 도서관을 다양한 사회적 상호작용의 공간으로 변화시키는 것이 중요하다는 제시문의 논지와 상반된다. 따라서 제시문의 논지를 강화하는 것으로 적절하지 않다.

③ 캐나다의 한 연구에 따르면 전자책 대출 서비스를 도입한 도서관의 이용자들이 기존 종이책보다 더 다양한 장르의 도서를 접하게 되었다는 내용은 전자책과 같은 디지털 자원의 장점을 부각하는 것이다. 이는 디지털 중심 전략의 한계를 지적하고 있는 제시문의 논지와 상반된다. 따라서 제시문의 논지를 강화하는 것으로 적절하지 않다.

06 독해 | 글의 순서 파악하기 난이도 중 ●●○

정답 설명

① 맥락에 맞게 순서대로 나열한 것은 ① '(나) - (라) - (가) - (다)'이다.

순서	중심 내용	순서 판단의 단서와 근거
(나)	공공 장소의 개념과 의미	'공공 장소는 도시 생활의 중심이자 시민 사회의 기반이다'라는 문장으로 중심 화제를 명확히 제시함
(라)	공공 장소의 역사적 맥락과 사례	키워드 '역사적으로도 살펴보면': (나)에서 언급한 공공 장소의 중요성을 고대 그리스의 아고라, 로마의 포럼, 중세 유럽의 시장 광장 등 역사적 사례를 통해 확장하여 설명함
(가)	현대 도시의 공공 공간 문제점	접속어 '그러나': (라)에서 언급한 역사적 공공 장소의 중요성과 대비되는 현대 도시의 문제점을 제시함
(다)	공공 공간 되살리기 위한 대응 방안	지시 표현 '이러한 변화': (가)에서 제시한 현대 도시의 공공 공간 부족과 사유화를 가리킴

07 논리 | 명제의 전제 추론하기 난이도 하 ●○○

정답 설명

① 제시된 진술을 기호화하면 다음과 같다.

> [전제] 스포츠 센터 ∧ 건강식
> [결론] 건강식 ∧ 아침 운동

이때 ① '스포츠 센터를 이용하는 사람은 모두 아침 운동을 하는 사람이다(스포츠 센터 → 아침 운동)'를 전제로 추가하면 전제 '스포츠 센터 ∧ 건강식'에서 '스포츠 센터'를 '아침 운동'으로 변경하여 '아침 운동 ∧ 건강식'으로 바꿀 수 있다. 이는 결론인 '건강식 ∧ 아침 운동'과 동일한 의미이므로 답은 ①이다.

오답 분석

② '아침 운동을 하는 어떤 사람은 스포츠 센터를 이용하는 사람이다(아침 운동 ∧ 스포츠 센터)'를 추가하더라도 결론을 이끌어 낼 수 없다.
③ '건강식을 실천하는 사람은 모두 아침 운동을 하지 않는 사람이다(건강식 → ~아침 운동)'라는 전제는 '건강식을 실천하는 어떤 사람은 아침 운동을 하는 사람이다(건강식 ∧ 아침 운동)'라는 결론과 모순되므로 추가해야 할 전제로 적절하지 않다.
④ '아침 운동을 하지 않는 사람은 모두 스포츠 센터를 이용하는 사람이다(~아침 운동 → 스포츠 센터)'를 추가하더라도 결론을 이끌어 낼 수 없다.

08 독해 + 문법 | 숨겨진 내용 추론하기, 서술어의 자릿수 난이도 중 ●●○

정답 설명

② 2문단 6~8번째 줄에 의하면 두 자리 서술어는 주어 외에 목적어나 필수적 부사어 또는 보어를 요구하는 서술어이다. '나는 밥을 먹었다'라는 문장의 서술어 '먹었다'는 주어 '나는'과 목적어 '밥을'을 필요로 하므로 두 자리 서술어임을 알 수 있다. 따라서 '먹었다'가 두 자리 서술어라는 ②의 추론은 적절하다.

오답 분석

① 2문단 6~9번째 줄에 의하면 보어를 요구하는 '되다'와 '아니다'는 두 자리 서술어이다. '아이가 어른이 되었다'라는 문장의 서술어 '되었다'는 주어 '아이가'와 보어 '어른이'를 필요로 하는 두 자리 서술어임을 알 수 있다. 따라서 '되었다'가 주어만 필요로 하는 한 자리 서술어라는 ①의 추론은 적절하지 않다.
③ 2문단 2~4번째 줄에 의하면 한 자리 서술어는 주어만을 필요로 하며 주로 자동사나 형용사가 이에 해당한다. '그는 친구와 싸웠다'라는 문장의 서술어 '싸웠다'는 목적어를 요구하지 않는 자동사이다. 하지만 '친구와'는 의미상 생략이 불가능한 필수적 부사어이므로, '싸웠다'는 2문단 6~8번째 줄에서 언급한 바와 같이 두 자리 서술어에 해당한다. 따라서 '싸웠다'는 의미상 생략이 가능한 부사어를 가지는 한 자리 서술어라는 ③의 추론은 적절하지 않다.
④ 2문단 끝에서 5~6번째 줄에 의하면 세 자리 서술어는 주어, 목적어를 요구함과 동시에 필수적 부사어까지 필요로 한다. '선생님께서 학생들에게 상을 수여하셨다'라는 문장의 서술어 '수여하셨다'는 주어 '선생님께서', 필수적 부사어 '학생들에게', 목적어 '상을'을 필요로 하는 세 자리 서술어에 해당한다. 따라서 '수여하셨다'가 두 자리 서술어라는 ④의 추론은 적절하지 않다. 참고로 '께서'는 그 대상을 높임과 동시에 그 대상이 문장의 주어임을 나타내는 격 조사로 주격 조사 '가/이'의 높임말이다.

이것도 알면 합격

서술어의 자릿수
1. 정의: 주어, 목적어, 보어, 부사어 중에서 서술어의 성격에 따라 필수적으로 요구되는 문장 성분의 수
2. 유형

유형	설명	예
한 자리 서술어	주어 하나만 필요로 하는 서술어 → 주어 + 서술어(자동사, 형용사)	· 새가 운다. · 꽃이 붉다. · 날씨가 맑다. · 길이 매우 넓다.
두 자리 서술어	주어 이외에 또 하나의 필수적 문장 성분을 요구하는 서술어 → 주어 + 목적어/보어/부사어 + 서술어(타동사, 되다/아니다)	· 그녀는 책을 읽었다. · 그는 의사가 되었다. · 그림은 실물이 아니다.
세 자리 서술어	주어 이외에 두 개의 필수적 문장 성분을 요구하는 서술어 → 주어 + 목적어 + 부사어 + 서술어	· 부인은 친구의 딸을 며느리로 삼았다. · 할아버지께서 우리들에게 세뱃돈을 주셨다.

09 독해 | 세부 내용 파악하기　난이도 하 ●○○

정답 설명

② 문맥상 지시 대상이 같은 것끼리 묶인 것은 ② 'ⓒ, ⓒ'이다.
- ⓒ: ⓒ의 앞에는 이것(서술어)는 필요로 하는 논항의 개수에 따라 서술어의 자릿수가 결정된다는 내용이 제시되어 있고 ⓒ이 포함된 문장에는 ⓒ에 대한 정의가 제시되어 있다. 따라서 문맥상 ⓒ이 가리키는 것은 '논항'임을 알 수 있다.
- ⓒ: ⓒ의 앞에는 논항의 정의에 대한 내용이 제시되어 있고 ⓒ이 포함된 문장에는 ⓒ의 수에 따라 서술어 자릿수의 유형을 구분할 수 있다는 내용이 제시되어 있다. 이때 1문단에서 논항의 수에 따라 서술어의 자릿수가 결정된다고 하였으므로 문맥상 ⓒ이 가리키는 것은 '논항'임을 알 수 있다.

오답 분석
- ㉠: 이때 '이것'은 문맥상 '서술어'를 가리킨다.
- ㉢: 이때 '이것'은 문맥상 '두 자리 서술어'를 가리킨다.

10 논리 | 논증의 강화 및 약화 평가하기　난이도 하 ●○○

정답 설명

② ㉠을 강화하는 것만을 고른 것은 ② 'ㄱ, ㄷ'이다.
- ㄱ: 동일한 칼로리의 음식을 섭취하더라도, 저녁 늦게 먹은 그룹이 아침에 먹은 그룹보다 평균 혈당 수치가 유의미하게 높게 나타났다는 것은 동일한 칼로리라도 섭취 시간에 따라 대사 건강(혈당 조절)에 차이가 발생함을 보여준다. 이는 칼로리보다 식사 타이밍이 대사 건강에 더 중요한 영향을 미친다는 ㉠의 주장을 직접적으로 뒷받침한다. 따라서 ㉠을 강화한다.
- ㄷ: 하루 16시간 단식 후 8시간 동안에만 식사를 하는 패턴을 12주간 유지한 참가자들이 총 칼로리 섭취량에 변화가 없었음에도 복부 비만률이 평균 4% 감소했다는 것은 칼로리 제한 없이 식사 시간 패턴만 조절해도 대사 건강(복부 비만률 감소)에 긍정적 효과가 있음을 보여준다. 이는 칼로리보다 식사 타이밍이 대사 건강에 더 큰 영향을 미친다는 ㉠의 주장을 뒷받침한다. 따라서 ㉠을 강화한다.

오답 분석

ㄴ: 1년간 저칼로리 식단을 지속한 그룹과 정상 칼로리를 섭취하되 식사 시간을 제한한 그룹 중 체중 감량 효과는 전자에서 더 뚜렷하게 드러났다는 것은 식사 타이밍보다 칼로리 제한이 체중 감량에 더 효과적이라는 점을 시사한다. 이는 칼로리 제한보다 식사 타이밍이 대사 건강에 더 중요한 영향을 미친다는 ㉠의 주장과 상반된다. 따라서 ㉠을 약화한다.

18일 하프모의고사 18 정답·해설

■ 정답 p.112

01	③ 논리	06	③ 어휘
02	④ 독해 + 문학	07	④ 독해
03	③ 독해	08	④ 어휘
04	③ 독해 + 문법	09	② 논리
05	② 독해	10	③ 논리

■ 취약영역 분석표

영역	틀린 답의 개수
독해	/ 3
독해 + 문법	/ 1
독해 + 문학	/ 1
논리	/ 3
어휘	/ 2
TOTAL	10

* 취약영역 분석표를 이용해 1개라도 틀린 문제가 있는 영역은 그 영역의 문제만 골라 해설을 다시 한번 꼼꼼히 학습하세요.

---

01 논리 | 논증의 강화 및 약화 평가하기   난이도 하 ●○○

정답 설명

③ 제시문은 음악 교육이 단순히 학업 성취를 위한 도구나 기술 습득에 초점을 맞추는 현재의 접근법을 비판하고, 음악적 경험을 통한 창의적 사고와 사회적 협업 능력 개발과 같은 전인적 성장에 더 중요한 가치가 있다는 논지를 펼치고 있다. 관련 연구에서 협동적 음악 창작 활동에 정기적으로 참여한 청소년들이 그렇지 않은 또래들보다 갈등 해결 능력과 대인관계 만족도가 유의미하게 높았다는 결과는 창의적이고 협력적인 음악 활동이 사회적 능력 발달에 기여한다는 제시문의 주장을 뒷받침한다. 따라서 제시문의 논지를 강화하는 것으로 적절하다.

오답 분석

① 음악 이론과 연주 기술을 중점적으로 가르치는 특수학교 학생들의 수학 점수가 일반 학교 학생들보다 평균 15% 높게 나타났다는 것은 음악 교육이 수학적 성취에 도움이 된다는 '모차르트 효과'를 뒷받침하며 제시문에서 비판하고 있는 접근법을 지지한다. 따라서 제시문의 논지를 강화하는 것으로 적절하지 않다.

② 음악 교육 전문가들이 클래식 음악 훈련이 학생들의 집중력과 사고력을 자극해 다른 과목에서의 성취도 향상에도 기여한다고 주장하는 것은 음악 교육을 학업 성취의 도구로 인식하는 관점을 반영하는 것으로, 음악 교육의 본질적 가치보다 도구적 가치를 강조한다. 이는 제시문에서 비판하고 있는 접근법이므로 논지를 강화하는 것으로 적절하지 않다.

④ 관련 조사에서 어린 시절 피아노나 바이올린과 같은 악기를 5년 이상 배운 학생들이 그렇지 않은 학생들보다 국가 표준화 시험에서 더 높은 점수를 받은 것으로 나타났다는 결과는 음악 교육이 시험 성적 향상에 기여한다는 도구적 관점을 강화하는 것으로, 제시문에서 비판하는 접근법을 지지한다. 따라서 제시문의 논지를 강화하는 것으로 적절하지 않다.

---

02 독해 + 문학 | 빈칸 내용 추론하기, 작품의 종합적 감상   난이도 하 ●○○

정답 설명

④ 2문단에서는 화자가 '푸른 웃음(봄기운에서 느끼는 즐거움)'과 '푸른 설움(국토 상실에서 오는 서러움)'이라는 상반된 감정을 동시에 느끼고 있음을 설명하고 있다. 또한 3문단에서는 화자의 정서가 국토의 아름다움 발견과 애정으로 상승했다가 현실 재인식과 절망감으로 급격히 하강한다는 점을 설명하고 있다. 이는 화자가 자연의 아름다움을 보면서도 그것을 빼앗긴 현실 때문에 온전히 즐길 수 없는 심리적 갈등을 겪고 있음을 의미한다. 따라서 빈칸에 들어갈 말로 적절한 것은 '화자가 자연의 아름다움을 보면서도 그것을 온전히 즐길 수 없는 심리적 갈등을 겪고 있기'이다.

오답 분석

① 제시문에서는 화자가 고통스러운 현실을 인식하면서도 자연의 아름다움을 느끼는 복합적인 감정 상태를 보인다는 점을 설명하고 있다. 이는 화자가 현실을 도피하는 것이 아닌 직시하고 있음을 의미한다. 따라서 화자가 현실 도피와 현실 직시 사이에서 우유부단한 모습을 보이고 있다는 설명은 적절하지 않다.

② 제시문에서는 시의 형식적 실험이나 미학적 시도에 대한 내용을 설명하고 있지 않다. 따라서 시인이 전통적인 서정시의 형식을 파괴하고 새로운 미학적 실험을 시도한다는 설명은 적절하지 않다.

③ 제시문에서는 화자의 감정이 일제 강점기라는 특수한 시대적 상황과 직접 연관되어 있음을 설명하고 있다. 따라서 시대적 상황과 무관하게 모든 인간이 경험하는 보편적인 감정의 대립을 표현한다는 설명은 적절하지 않다.

이것도 알면 합격

이상화, '빼앗긴 들에도 봄은 오는가'의 주제 및 특징

1. 주제: 국토를 빼앗긴 민족의 울분과 비애
2. 특징
   - 향토적인 소재와 시어를 통해 민족의 현실과 국권 회복에 대한 염원을 서정적으로 그려냄.
   - 1연-11연, 2연-10연, 3연-9연의 대칭적 구조를 통해 화자의 의식이 변화하는 과정을 드러냄.

03 독해 | 글 고쳐쓰기 (문맥에 맞게 수정하기) 난이도 하 ●○○

정답 설명

③ ㉢의 앞에는 조선 시대 과거 제도에 응시하는 데 있어 신분 제한이 있었다는 내용이 제시되어 있고, ㉢의 뒤에는 16세기 이전에는 천민은 원칙적으로 과거 응시가 금지되어 있었으며, 16세기 이후에는 서얼의 과거 응시가 제한하는 법이 시행되었다는 내용이 제시되어 있다. 이를 통해 16세기 이전에는 서얼의 과거 응시가 가능했을 것임을 추론할 수 있으므로, ㉢을 '양반은 물론 서얼도 과거에 응시할 수 있었다'로 수정하는 것은 적절하다.

오답 분석

① ㉠의 앞에는 과거 제도가 문과, 무과, 잡과로 나뉘었다는 내용이 제시되어 있고 ㉠의 뒤에는 문과가 가장 많은 인재를 배출하고 국가 운영의 핵심을 담당했다는 내용이 제시되어 있다. 이를 통해 세 과 중 문과의 위상이 가장 높았을 것임을 추론할 수 있으므로 ㉠을 ①로 수정하는 것은 적절하지 않다.

② ㉡ 앞에는 유교 경전 이해와 응용 능력을 중시했다는 내용이 제시되어 있고, ㉡ 뒤에는 과거를 통해 선발된 문관들은 현실 문제 해결에 어려움을 겪었다는 내용이 제시되어 있다. 이를 통해 문관들이 배운 내용과 치른 시험의 내용은 이론 중심이었을 것이었음을 추론할 수 있으므로 ㉡을 ②로 수정하는 것은 적절하지 않다.

④ ㉣의 앞에는 조선 후기 과거 제도가 변질되기 시작했다는 내용이 제시되어 있고, ㉣의 뒤에는 과거의 공정성과 권위가 훼손되었다는 내용이 제시되어 있으므로 ㉣에는 과거 제도의 선발 과정에 대한 부정적인 내용이 제시되어야 한다. 따라서 ㉣을 ④로 수정하는 것은 적절하지 않다.

04 독해 + 문법 | 사례 추론하기, 단어의 의미 변화 난이도 하 ●○○

정답 설명

③ 제시문에 따르면 한 단어가 다른 단어와 자주 인접하여 나타남으로써 그 의미까지 변화하는 경우는 언어적 원인으로 인한 변화이다. 이때 '전혀'는 긍정문과 부정문에서 모두 사용되던 용어였으나, 부정 표현과 자주 인접하여 나타나면서 점차 부정문에서 사용되고 있으므로 언어적 원인으로 인한 변화가 나타난 사례에 해당한다. 따라서 ㉠의 사례로 적절하지 않다.

오답 분석

① 제시문에 따르면 ㉠의 사례에는 일반적인 단어가 특수 집단에서 특별한 의미로 사용되는 경우가 포함된다. 이때 '영감'은 법조계라는 특수 집단에서 '판사'나 '검사'를 가리키는 의미로 사용되고 있으므로 ㉠의 사례가 포함된 것으로 적절하다.

② 제시문에 따르면 ㉠의 사례에는 특수 집단에서 사용되던 단어가 일반 사회에 퍼지면서 의미가 바뀌는 경우가 포함된다. 이때 '공양'은 불교라는 특수 집단에서 사용되던 용어였으나, 일반 사회에 퍼지면서 '웃어른을 대접하는 행위'라는 의미로 사용되고 있으므로 ㉠의 사례에 해당한다.

④ 제시문에 따르면 ㉠의 사례에는 특수 집단에서 사용되던 단어가 일반 사회에 퍼지면서 의미가 바뀌는 경우가 포함된다. 이때 '묘수'는 바둑이라는 특수 집단에서 사용되던 용어였으나, 일반 사회에서 '묘한 기술이나 수'라는 의미로 사용되고 있으므로 ㉠의 사례가 포함된 것으로 적절하다.

이것도 알면 합격

의미 변화의 원인

언어적 원인	한 단어가 다른 단어와 자주 인접하여 나타남으로써 그 의미까지 변화된 경우
역사적 원인	단어가 가리키는 대상이 변모하였음에도 불구하고 단어는 그대로 남아 있어 의미에 변화가 일어나는 경우
사회적 원인	일반적인 단어가 특수 집단에서 사용되거나, 특수 집단에서 사용되던 단어가 일반 사회에 사용됨으로써 의미에 변화가 일어나는 경우
심리적 원인	비유적 용법, 완곡어 등에서 자주 사용되는 동안 해당 단어의 의미에 대한 인식이 변화하면서 단어의 의미까지 변화하게 된 경우

05 독해 | 세부 내용 파악하기 난이도 하 ●○○

정답 설명

② 마지막 문단에서는 많은 독자들이 상황에 따라 두 형태를 모두 활용하고 있음을 설명하고 있다. 이들은 여행이나 출퇴근 시에는 전자책을, 집에서는 종이책을 선호하는 경향과 '크로스 구매' 현상을 보인다. 따라서 제시문의 내용을 이해한 것으로 가장 적절한 것은 ②이다.

오답 분석

① 1문단에서는 종이책의 장점으로 촉각적 경험, 소장 가치, 전자기기 없이 읽을 수 있음, 눈의 피로도가 적음 등을 제시하고 있다. 다양한 부가 기능(글자 크기 조절, 사전 연동, 검색 기능 등)은 2문단에서 전자책의 장점으로 제시된 것이다. 따라서 종이책의 가장 큰 장점이 다양한 부가 기능을 제공한다는 것이라는 설명은 적절하지 않다.

③ 1문단의 첫 문장에서는 현대 사회에서 전통 출판과 전자 출판은 각각의 장단점을 가지고 공존하며 발전하고 있다고 설명하고 있다. 또한 마지막 문단에서도 독자들이 상황에 따라 두 형태를 모두 사용한다고 설명하고 있다. 따라서 전자책이 종이책을 완전히 대체한다는 설명은 적절하지 않다.

④ 제시문은 종이책의 단점으로 제작 과정에서 환경 부담이 크다는 점을 제시하고 있을 뿐, 전자책의 환경적 이점은 나타나지 않는다. 또한 출판 업계의 지속가능성에 대한 언급도 찾아볼 수 없다. 따라서 전자책의 환경적 이점으로 인해 출판 업계의 지속가능성이 크게 향상되고 있다는 설명은 적절하지 않다.

06 어휘 | 다의어의 의미   난이도 하 ●○○

정답 설명

③ 돈이 많이 든다: ㉠ '든다'의 기본형 '들다'는 '어떤 일에 돈, 시간, 노력, 물자 따위가 쓰이다'를 뜻하며, 이와 같은 의미로 사용된 것은 ③의 '들다'이다.

오답 분석

① 뒷산에도 이제 단풍이 들었다: 이때 '들다'는 '물감, 색깔, 물기, 소금기가 스미거나 배다'를 뜻한다.
② 우리 반에서 3등 안에 든다: 이때 '들다'는 '어떤 범위나 기준, 또는 일정한 기간 안에 속하거나 포함되다'를 뜻한다.
④ 작은 주머니에는 작은 밤이 들어 있었다: 이때 '들다'는 '안에 담기거나 그 일부를 이루다'를 뜻한다.

07 독해 | 중심 내용 및 핵심 논지 파악하기   난이도 하 ●○○

정답 설명

④ 제시문에서는 과학적 발견이 체계적인 실험만으로 이루어지지 않고, 우연과 준비된 지식이 함께 작용하는 과정임을 설명하고 있다. 이때 페니실린, X선, 포스트잇, 마이크로파 오븐 등의 사례를 통해 '우연'의 역할을 보여주지만, 동시에 파스퇴르의 "준비된 마음만이 우연을 포착할 수 있다"라는 말처럼 축적된 지식과 날카로운 관찰력이 필수적이었음을 강조한다. 이처럼 제시문은 우연적 요소와 준비된 지식 간의 상호작용을 통한 과학적 발견을 일관되게 설명하고 있다. 따라서 중심 내용으로 가장 적절한 것은 ④이다.

오답 분석

① 현대 과학이 직관보다 엄격한 방법론에 의존한다는 내용은 제시문을 통해 알 수 없는 내용이므로 적절하지 않다.
② 2문단 마지막 문장을 통해 우연과 체계적 연구 간의 조화가 강조되고 있다는 점을 알 수 있다. 또한 이 중 우연이 더 중요한지는 알 수 없으므로 적절하지 않다.
③ 2문단 마지막 문장을 통해 창의적 사고와 체계적인 검증이 모두 중요함을 알 수 있다. 또한 3문단 마지막 문장을 통해 과학의 본질을 이해하는 것이 과학 교육과 연구 방향 설정에 중요한 함의를 지닌다는 것을 알 수 있다. 그러나 과학 교육에서 창의적 사고를 더 강조해야 한다는 내용은 제시문에서 나타나지 않으므로 적절하지 않다.

08 어휘 | 고유어와 한자어의 대응   난이도 하 ●○○

정답 설명

④ ㉣ '이해하는'의 기본형 '이해(理解)하다'는 문맥상 '깨달아 알다'의 의미로 사용되었으나, '새기는'의 기본형 '새기다'는 '글씨나 형상을 파다' 또는 '잊지 아니하도록 마음속에 깊이 기억하다'라는 의미이므로 문맥상 바꿔 쓰기에 적절하지 않다.

오답 분석

① · 축적(蓄積)하다: 지식, 경험, 자금 따위를 모아서 쌓다.
  · 쌓다: 경험, 기술, 업적, 지식 따위를 거듭 익혀 많이 이루다.
② · 검증(檢證)하다: 검사하여 증명하다.
  · 밝히다: 진리, 가치, 옳고 그름 따위를 판단하여 드러내 알리다.
③ · 출현(出現)하다: 나타나거나 또는 나타나서 보이다.
  · 나타나다: 어떤 새로운 현상이나 사물이 발생하거나 생겨나다.

09 논리 | 명제의 결론 추론하기   난이도 하 ●○○

정답 설명

② 제시된 진술을 기호화하면 아래와 같다.

> (1) 스마트폰 가격 인상 → 소비자 불만 증가
> (2) (원자재 비용 상승 ∨ 환율 불안정) → 스마트폰 가격 인상
> (3) 원자재 비용 상승

(3)에 의해 '원자재 비용 상승'이 확정된 상태이므로, 이를 (2)와 결합하여 '원자재 비용 상승 → 스마트폰 가격 인상'을 도출할 수 있다. 이에 따라 (1)의 전건 '스마트폰 가격 인상'을 긍정할 수 있으므로 '소비자 불만 증가'를 결론으로 도출할 수 있다. 따라서 '소비자 불만이 증가한다(소비자 불만 증가)'는 항상 참이다.

오답 분석

① '환율이 불안정하지 않다(~환율 불안정)'는 제시된 진술을 통해 도출할 수 없다.
③ (3)에 의해 (2)의 전건을 긍정하여 '스마트폰 가격 인상'이 확정되었으므로 '스마트폰 가격이 인상되지 않는다(~스마트폰 가격 인상)'는 거짓이다.
④ (3)에 의해 '원자재 비용 상승'이 확정된 상태이므로 '~원자재 비용 상승'은 거짓이다. 또한 (3)에 의해 (2)의 전건을 긍정하여 (2)의 후건 '스마트폰 가격 인상'이 확정된다. 따라서 '~스마트폰 가격 인상'도 거짓이다. 그러므로 '원자재 비용이 상승하지 않고 스마트폰 가격이 인상되지 않는다(~원자재 비용 상승 ∧ ~스마트폰 가격 인상)'는 거짓이다.

10 논리 I 명제의 전제 추론하기 난이도 하 ●○○

정답 설명

③ 제시된 진술을 기호화하면 다음과 같다.

```
(1) (평균 학점 4.0 이상 ∨ 근로 학생) → 장학금
(2) 
(3) ~근로 학생
[결론] 평균 학점 4.0 이상 → 우수 학생
```

(3)에 의해 '~근로 학생'이 확정된 상태이므로 (1)의 전건을 긍정하여 '장학금'을 도출할 수 있다. 이때 결론인 '평균 학점 4.0 이상 → 우수 학생'을 도출하기 위해서는 (1)과 (3)을 통해 도출된 '장학금'과 결론의 '우수 학생'을 연결할 수 있는 전제가 추가되어야 한다. 따라서 빈칸에 들어갈 말로 가장 적절한 것은 ③ '장학금을 받는 학생은 모두 우수 학생입니다(장학금 → 우수 학생)'이다.

오답 분석

① '우수 학생은 모두 장학금을 받습니다(우수 학생 → 장학금)'가 전제로 추가되어도 주어진 전제들과 결합하여 결론을 도출할 수 없다.

② '우수 학생이면 평균 학점 4.0 이상입니다(우수 학생 → 평균 학점 4.0 이상)'가 전제로 추가되어도 주어진 전제들과 결합하여 결론을 도출할 수 없다.

④ '평균 학점 4.0 이상이 아닌 학생은 모두 장학금을 받습니다(~평균 학점 4.0 이상 → 장학금)'가 전제로 추가되어도 주어진 전제들과 결합하여 결론을 도출할 수 없다.

19일 하프모의고사 19 정답·해설

■ 정답 p.118

01	③ 독해	06	① 어휘
02	④ 독해	07	② 독해 + 문학
03	③ 독해	08	② 논리
04	③ 독해 + 문법	09	② 논리
05	③ 논리	10	④ 독해

■ 취약영역 분석표

영역	틀린 답의 개수
독해	/ 4
독해 + 문법	/ 1
독해 + 문학	/ 1
논리	/ 3
어휘	/ 1
TOTAL	10

* 취약영역 분석표를 이용해 1개라도 틀린 문제가 있는 영역은 그 영역의 문제만 골라 해설을 다시 한번 꼼꼼히 학습하세요.

01 독해 | 공공언어 바로 쓰기 난이도 하 ●○○

정답 설명

③ 3천만 원 상당의 나무 식재 지원(×) → 나무 식재를 위한 3천만 원 규모의 지원(○): 세 번째 원칙에 의하면 공문서를 작성할 때는 명료한 수식어구를 사용해야 한다. ⓒ '3천만 원 상당의 나무 식재 지원'은 '3천만 원 상당'이 수식하는 대상이 '나무'인지, '식재 지원'인지 명확하지 않다. 그러나 수정된 표현인 '3천만 원 상당의 나무의 식재를 위한 지원'은 여전히 명료한 수식어구를 사용하지 않아 모호한 표현이다. 명확하게 수정하려면 '나무 식재를 위한 3천만 원 규모의 지원'으로 표현해야 한다. 따라서 ③의 수정은 적절하지 않다.

오답 분석

① 리모델링(×) → 새 단장(○): 첫 번째 원칙에 의하면 공문서를 작성할 때는 외래어나 외국어는 가급적 우리말로 다듬어야 한다. 따라서 ⊙ '리모델링'을 우리말인 '새 단장'으로 다듬은 것은 적절하다.

② 도시 환경 문제를 논의한 결과 공원 및 녹지 공간을(×) → 도시 환경 문제를 논의하였습니다. 그 결과 공원 및 녹지 공간을(○): 두 번째 원칙에 의하면 공문서를 작성할 때는 지나치게 긴 문장은 삼가야 한다. ⓒ '시민단체와 전문가들을 초청하여 도시 환경 문제를 논의한 결과 공원 및 녹지 공간을 확충하는 것이 필요하다는 의견을 수렴하였습니다'는 지나치게 긴 문장이 사용되었다. 따라서 ⓒ을 '시민단체와 전문가들을 초청하여 도시 환경 문제를 논의하였습니다. 그 결과 공원 및 녹지 공간을 확충하는 것이 필요하다는 의견을 수렴하였습니다'와 같이 두 문장으로 나누어 수정하는 것은 적절하다.

④ 보행자 안전 확보와 자전거 이용을 활성화하는 정책을 수립(×) → 보행자의 안전을 확보하고 자전거 이용을 활성화하는 정책을 수립(○): 네 번째 원칙에 의하면 공문서를 작성할 때는 대등한 구조를 보여 주는 표현을 사용해야 한다. ② '보행자 안전 확보와 자전거 이용을 활성화하는 정책을 수립'에서 '보행자 안전 확보'와 '자전거 이용을 활성화하는 정책을 수립'은 구조적으로 대등하지 않다. 따라서 '보행자의 안전을 확보하고 자전거 이용을 활성화하는 정책을 수립'으로 수정하여 구조적으로 통일성을 갖도록 한 것은 적절하다.

02 독해 | 중심 내용 및 핵심 논지 파악하기 난이도 하 ●○○

정답 설명

④ 제시문은 응급의학의 본질과 특징에 대해 설명하고 있다. 1문단에서는 응급의학이 시간과의 싸움이라는 점에서 다른 의학 분야와 구별되며 골든 타임을 최대한 활용하는 데 초점을 맞춘다고 설명한다. 또한 2문단에서는 불확실성 속에서 의사결정을 해야 한다는 응급의학의 특징을 강조하며, 3문단에서는 의료 접근성의 최전선으로서 24시간 언제든지, 누구나 이용할 수 있는 응급실의 역할을 설명한다. 따라서 응급의학이 시간 제약과 불확실성 속에서 운영되며 의료 접근성의 핵심 역할을 한다는 것이 글의 핵심 논지임을 알 수 있다. 따라서 정답은 ④이다.

오답 분석

① 제시문은 응급의학의 중요성을 강조하고 있으며, 다른 의학 분야보다 중요도가 낮다는 내용은 제시문에 언급되지 않는다. 따라서 ①은 이 글의 핵심 논지로 적절하지 않다.

② 3문단에서 24시간 언제든지, 누구나 이용할 수 있는 응급실이라고 명시하고 있으므로 중증 환자 전용 시설이라는 주장은 글의 내용과 일치하지 않는다. 따라서 ②는 이 글의 핵심 논지로 적절하지 않다.

③ 4문단에서 응급의학의 발전을 위해서는 전문인력 양성, 시스템 개선, 대중 교육이 필수적이라고 언급하며, 의료진의 전문성, 시스템의 효율성, 그리고 사회 전반의 응급의료에 대한 이해와 참여가 조화롭게 작동할 때 효과적인 응급의료 체계가 완성될 수 있다고 설명한다. 이는 단순한 기술 발전만으로는 응급의학의 모든 문제를 해결할 수 없음을 시사하므로 기술 발전만으로 모든 문제를 해결할 수 있다는 주장은 글의 내용과 모순된다. 따라서 ③은 이 글의 핵심 논지로 적절하지 않다.

03 독해 | 세부 내용 파악하기 난이도 하 ●○○

(정답 설명)

③ 2문단 끝에서 3~7번째 줄에 의하면 성취동기는 부모의 양육 방식, 학교 환경, 문화적 배경 등에 의해 형성된다. 또한 교육 현장에서 학생들의 성취동기를 향상시키기 위해서는 적절한 난이도의 과제를 제공하고 노력에 대한 인정과 구체적인 피드백을 제공해야 한다고 하였다. 이를 통해 성취동기는 선천적으로 타고나는 것이 아닌 후천적인 요인에 영향을 받아 형성되는 것임을 알 수 있다. 따라서 성취동기가 선천적으로 타고난 것으로, 후천적인 요인에는 거의 영향을 받지 않는다는 ③의 설명은 적절하지 않다.

(오답 분석)

① 2문단 2~5번째 줄에 의하면 '성공 접근 동기'와 '실패 회피 동기'의 균형에 따라 개인의 행동 패턴이 달라진다고 하였다. 따라서 두 동기의 균형이 개인의 행동 양식에 영향을 준다는 ①의 설명은 적절하다.

② 2문단 끝에서 3~6번째 줄에 의하면 교육 현장에서 학생들의 성취동기를 높이기 위해서는 구체적인 피드백을 제공하는 것이 중요하다고 하였다. 따라서 교육 환경에서 구체적인 피드백 제공은 학생들의 성취동기 향상에 도움이 된다는 ②의 설명은 적절하다.

④ 1문단 4~6번째 줄에 의하면 성취동기가 높은 사람은 너무 쉬운 과제보다는 적당히 도전적인 것을 선호함을 알 수 있다. 따라서 성취동기가 높은 사람이 쉬운 난이도의 문제보다는 도전적인 수준의 문제를 선호한다는 ④의 설명은 적절하다.

04 독해 + 문법 | 숨겨진 내용 추론하기, 언어의 본질 난이도 하 ●○○

(정답 설명)

③ 2문단 1~3번째 줄에 의하면 언어의 창조성은 기존 단어의 의미 확장을 통해서도 나타나는데, 일상적 단어들이 새로운 맥락에서 전혀 다른 의미로 사용되면서 표현의 지평이 넓어진다고 하였다. 원래 생물학에서 사용되던 "바이러스"는 '동물, 식물, 세균 따위의 살아 있는 세포에 기생하고, 세포 안에서만 증식이 가능한 비세포성 생물'을 뜻한다. 이 용어가 "컴퓨터 바이러스"와 같이 디지털 영역으로 확장되어 '컴퓨터의 정상적인 동작에 나쁜 영향을 미치거나 저장된 데이터나 프로그램을 파괴하는 프로그램'이라는 전혀 다른 의미로 사용되는 것은 표현의 지평이 넓어진 것이다. 따라서 ③은 언어의 창조성의 사례에 해당한다.

(오답 분석)

① 외국어 단어를 한국어 발음으로 표기하는 것은 단순 번역에 해당한다. 이는 의미의 확장이나 변형 없이 소리를 다른 문자 체계로 옮기는 과정으로, 언어의 창조성과는 거리가 멀다. 따라서 ①은 언어의 창조성의 사례로 보기 어렵다.

② 사투리를 표준어로 변환하는 번역기 개발은 언어 번역이나 변환에 해당하며, 유한한 언어 요소로 무한한 표현을 만들어내는 언어의 창조성과는 거리가 멀다. 따라서 ②는 언어의 창조성의 사례로 보기 어렵다.

④ 동일한 뉴스 기사를 여러 언론사가 각자의 문체로 보도하는 것은 표현 방식의 차이일 뿐, 언어의 비유적 사용이나 현실의 재해석과는 직접적인 관련이 없다. 제시문에서 언급한 비유적 언어 사용은 문학과 예술 분야에서 은유, 직유 등을 통해 현실을 새롭게 인식하게 하는 창조적 과정을 의미하는 것이다. 따라서 ④는 언어의 창조성의 사례로 보기 어렵다.

05 논리 | 논증의 강화 및 약화 평가하기 난이도 중 ●●○

(정답 설명)

③ C는 미각 수용체의 유전적 변이는 맛 인식에 차이를 만들지만, 최종적인 선호도는 문화적 맥락에 의해 변형될 수 있다고 주장한다. 미각 수용체 유전자 변이가 있는 사람들이 다른 신경학적 반응을 보이지만 실제 선호도에는 차이가 없다는 연구 결과는 맛 인식과 선호도가 별개로 작용할 수 있다는 C의 설명을 직접 뒷받침한다. 따라서 이 연구는 C의 주장을 강화하므로 가장 적절한 평가이다.

(오답 분석)

① 글쓴이는 미각 선호도가 생애 전반에 걸쳐 진화하는 복합적 현상이라고 주장한다. 서로 다른 문화권 영아들의 기본 맛 반응이 유사하다는 연구는 생애 초기에는 유전적 요인이 우세함을 보여주는 것으로, 이는 오히려 유전적 요인과 환경적 요인이 복합적으로 상호작용한다는 글쓴이의 견해를 뒷받침하는 증거가 되므로 글쓴이의 견해를 약화시킨다고 볼 수 없다.

② B는 미각 선호도가 문화적 학습과 경험에 의해 형성된다고 주장한다. 성인기의 반복 노출이 선호도 변화를 일으키지 않는다는 연구 결과는 문화적 학습과 경험의 영향이 제한적일 수 있음을 시사하므로 B의 주장을 약화시킨다. 따라서 이 연구가 B의 주장을 강화한다는 평가는 적절하지 않다.

④ A는 미각 선호도가 선천적인 생물학적 요소에 의해 크게 결정된다고 주장한다. 유전적으로 동일한 쌍둥이가 다른 환경에서 자라 전혀 다른 선호도를 보인다는 연구는 환경적 요인의 중요성을 보여주므로 A의 유전적 결정론을 약화시킨다. 따라서 이 연구가 A의 주장을 강화한다는 평가는 적절하지 않다.

06 어휘 | 동음이의어와 다의어 난이도 중 ●●○

정답 설명

① ㉠의 기본형 '강하다'는 '수준이나 정도가 높다'를 뜻하며 이와 같은 의미로 사용된 것은 ① '그녀는 리더십이 강한 인물이다'의 '강하다'이다.

오답 분석

② 상대의 <u>강한</u> 주먹에 중심을 잃고 넘어졌다: 이때 '강하다'는 '물리적인 힘이 세다'의 의미로 사용되었다.
③ 그는 술에 <u>강해</u> 흐트러진 모습을 보인 적이 없다: 이때 '강하다'는 '무엇에 견디는 힘이 크거나 어떤 것에 대처하는 능력이 뛰어나다'의 의미로 사용되었다.
④ 이 나사는 <u>강한</u> 금속으로 제작되어 쉽게 마모되지 않는다: 이때 '강하다'는 '물체가 굳고 단단하다'의 의미로 사용되었다.

07 독해 + 문학 | 세부 내용 파악하기, 작품의 종합적 감상 난이도 하 ●○○

정답 설명

② 1~2문단에 따르면 「청포도」에서는 청포도의 색채 이미지, 2연과 3연에서의 의태어 사용, 푸른색과 흰색의 대비 등을 통해 감각적으로 고향의 모습을 형상화하고 있다. 또한 마지막 문단에 따르면 간접적이고 상징적인 표현은 당시의 검열을 피하면서도 민족의 염원을 효과적으로 전달하기 위한 시인의 전략이었음을 알 수 있다. 따라서 「청포도」에서는 색채 이미지와 의태어를 활용해 평화로운 세상에 대한 염원을 간접적으로 표현하고 있다는 ②의 설명은 적절하다.

오답 분석

① 2문단을 통해 '손님'은 화자의 고향을 찾아오는 실재의 인물이 아니라 시대적 맥락을 고려할 때 '조국의 광복'이나 '평화로운 세상'을 상징하는 것임을 알 수 있다. 또한 '청포'가 관리의 신분을 상징한다는 내용은 제시문에서 확인할 수 없다. 따라서 ①은 적절하지 않은 설명이다.
③ 3문단에 대한 설명에 따르면, '은쟁반'과 '하이얀 모시 수건'은 손님과 함께할 미래의 기쁨을 상상하며 준비하는 것으로, 과거를 회상하는 것이 아니라 광복과 평화의 시대를 준비하는 자세를 드러내는 것이다. 따라서 이들이 과거를 회상하며 느끼는 그리움의 정서를 강조한다는 ③의 설명은 적절하지 않다.
④ 마지막 문단에 따르면 「청포도」는 간접적이고 상징적인 표현을 통해 암울한 현실에 대비되는 밝은 미래에 대한 소망을 표현하고 있다. 또한 이러한 표현 방식은 당시의 검열을 피하면서도 민족의 염원을 효과적으로 전달하기 위한 것임을 알 수 있다. 따라서 시의 주제 의식이 직접적으로 드러나고 있다는 ④의 설명은 적절하지 않다.

이것도 알면 합격

이육사, '청포도'의 주제 및 특징
1. 주제: 평화로운 세상과 조국 광복에 대한 염원
2. 특징
   - 색채 이미지를 통해 이상적 세계의 모습을 그려냄
   - 상징적 대상을 통해 조국 광복과 평화로운 세상에 대한 희망을 표현함
   - 일제 강점기의 검열을 피하기 위해 간접적이고 상징적인 표현 방식을 활용함

08 논리 | 명제의 전제 추론하기 난이도 하 ●○○

정답 설명

② 제시된 진술을 기호화하면 아래와 같다.

```
(1) 온라인 강의 ∨ 대면 강의
(2) 온라인 강의 → ~주간 과제 제출
[결론] ~주간 과제 제출
```

결론이 '~주간 과제 제출'로 도출되기 위해서는 (2)의 전건 '온라인 강의'를 확정할 수 있는 전제가 추가되어야 한다. 이때 '~대면 강의'가 확정되면 (1)에서 선언지 제거를 통해 '온라인 강의'를 확정할 수 있다. 따라서 빈칸에 들어갈 말로 가장 적절한 것은 '대면 강의를 수강하지 않겠습니다(~대면 강의)'이다.

오답 분석

① '대면 강의를 수강하겠습니다(대면 강의)'가 전제로 추가되어도 '대면 강의 → ~주간 과제 제출'은 제시된 진술을 통해 알 수 없으므로 적절하지 않다.
③ '온라인 강의를 수강하지 않겠습니다(~온라인 강의)'가 전제로 추가되면 (2)의 전건 '온라인 강의'를 확정할 수 없으므로 '~주간 과제 제출'을 결론으로 도출할 수 없다. 또한 '~온라인 강의'가 전제로 추가되면 (1)에서 선언지 제거에 의해 '대면 강의'가 도출되는데, 제시된 진술을 통해 '대면 강의 → ~주간 과제 제출'인지는 알 수 없으므로 적절하지 않다.
④ '온라인 강의를 수강하지 않고 주간 과제를 제출하겠습니다(~온라인 강의 ∧ 주간 과제 제출)'가 전제로 추가되면 '~온라인 강의'와 '주간 과제 제출'이 확정되므로 '~주간 과제 제출'을 결론으로 도출할 수 없다.

09 논리 | 명제의 결론 추론하기 난이도 하 ●○○

정답 설명

② 제시된 진술을 기호화하면 아래와 같다.

```
(1) 숙소 예약 → ~국내 여행
  ≡ 국내 여행 → ~숙소 예약 (대우)
(2) 숙소 예약 ∨ 패키지 여행
(3) 국내 여행
```

(3)에 의해 '국내 여행'이 확정되었으므로 (1)의 대우에서 전건 '국내 여행'을 긍정하여 '~숙소 예약'을 확정할 수 있다. 또한 '~숙소 예약'이 확정되었으므로 (2)에서 선언지 제거를 통해 '패키지 여행'이 확정된다. 따라서 제시된 진술이 모두 참일 때 반드시 참인 것은 ② '패키지 여행을 간다(패키지 여행)'이다.

> 오답 분석

① (3)에 의해 (1)의 대우에서 '~숙소 예약'이 확정되므로 '숙소를 예약한다(숙소 예약)'는 거짓이다.
③ (3)에 의해 (1)의 대우에서 '~숙소 예약'이 확정되고, 이에 따라 (2)에서 선언지 제거를 통해 '패키지 여행'이 확정된다. 따라서 '패키지 여행을 가지 않는다(~패키지 여행)'는 거짓이다.
④ (3)에 의해 (1)의 대우에서 '~숙소 예약'이 확정되고, 이에 따라 (2)에서 선언지 제거를 통해 '패키지 여행'이 확정된다. 따라서 '숙소를 예약하고 패키지 여행을 가지 않는다(숙소 예약 ∧ ~패키지 여행)'는 거짓이다.

10 독해 | 주장 및 견해 파악하기   난이도 하 ●○○

> 정답 설명

④ 서연은 대화 초반 기술과 인간 심판의 균형점을 찾는 게 중요할 것 같다는 균형적 입장을 취했으며, 대화 후반에도 각 스포츠 특성에 맞게 적용하는 게 중요하다고 말하며 여전히 균형적 관점을 유지하고 있다. 서연이 기술 중심의 판정 시스템을 지지하게 되었다는 내용은 대화에서 확인할 수 없으므로, ④의 분석은 적절하지 않다.

> 오답 분석

① 준호는 첫 발언을 통해 인간 심판을 완전히 대체해야 한다고 생각함을 알 수 있고, 마지막 발언에서도 최종 판단은 기술에 맡기는 게 맞다고 말하며 일관된 입장을 보이고 있다. 따라서 준호가 심판 보조 기술이 인간 심판을 대체해야 한다는 입장을 일관되게 유지한다는 ①의 분석은 적절하다.
② 민지는 첫 발언에서 심판의 실수도 경기의 일부로 받아들이는 게 스포츠 관람의 묘미라며 인간의 불완전성을 강조했고, 두 번째 발언에서는 기술도 완벽하지 않다며 오작동이나 시스템 오류 등의 예시를 들어 기술의 한계를 지적했다. 따라서 민지가 인간의 불완전성도 경기의 일부라고 보며 기술이 완벽하지 않다는 점을 지적한다는 ②의 분석은 적절하다.
③ 태영은 첫 발언에서 정확한 판정이 무엇보다 중요하다고 기술 활용을 적극 지지했으나, 마지막 발언에서 100% 기계에만 의존보다는 인간 심판이 판정하고, 이의제기 시 기술적 판단을 참고하는 방식이 현실적이라고 말하는 것을 통해 입장이 변화했음을 알 수 있다. 따라서 태영이 기술 활용의 적극적 지지자였으나 인간 심판과 기술의 병행을 주장하는 쪽으로 입장이 변화한다는 ③의 분석은 적절하다.

20일 하프모의고사 20 정답·해설

■ 정답   p.124

01	① 독해	06	② 독해
02	④ 독해	07	④ 독해
03	③ 논리	08	① 어휘
04	④ 독해 + 문법	09	④ 독해
05	④ 논리	10	④ 논리

■ 취약영역 분석표

영역	틀린 답의 개수
독해	/ 5
독해 + 문법	/ 1
독해 + 문학	/ -
논리	/ 3
어휘	/ 1
TOTAL	10

* 취약영역 분석표를 이용해 1개라도 틀린 문제가 있는 영역은 그 영역의 문제만 골라 해설을 다시 한번 꼼꼼히 학습하세요.

01 독해 | 글의 순서 파악하기   난이도 중 ●●○

정답 설명

① 맥락에 맞게 순서대로 나열한 것은 (가) - (다) - (나) - (라)이다.

순서	중심 내용	순서 판단의 단서와 근거
(가)	인류의 직립 보행이라는 진화적 전환점 소개	지시어나 접속어로 시작하지 않으며 전체 주제인 '직립 보행의 진화'를 소개하는 내용으로 글을 시작함
(다)	직립 보행으로 인한 신체 구조 변화, 특히 골반 구조 변화	지시 표현 '이러한 진화적 선택은': (가)에서 언급한 직립 보행을 가리킴
(나)	골반 구조의 변화에 대한 설명	키워드 '골반이': (다)에서 언급한 '골반 구조 변화'에 대한 세부적인 변화 내용을 설명함
(라)	골반 구조 변화가 출산에 미친 영향과 적응 전략	지시 표현 '이와 같은 진화적 적응은': (나)에서 언급한 골반 구조의 세부적인 변화 내용을 가리킴

02 독해 | 빈칸 내용 추론하기   난이도 하 ●○○

정답 설명

④ 2문단에서는 문학 치료가 다양한 정신 건강 문제에 유의미한 효과를 보인다는 메타분석 연구 결과를 제시하고, 약물 치료나 인지 행동 치료와 병행할 시 더 높은 효과를 보이며, 치료 종료 후에도 지속적인 자기 관리가 가능하다는 장점을 설명하고 있다. 이는 문학이 정신 건강 증진과 자기 성장을 위한 효과적인 치유 매개체로 활용될 수 있음을 의미한다. 따라서 빈칸에 들어갈 말로 적절한 것은 '정신 건강 증진과 자기 성장을 위한 효과적인 치유 매개체로 활용될 수 있다'이다.

오답 분석

① 제시문에서는 문학이 단순한 여가 활동이 아닌 치료적 가치가 있음을 강조하고 있다. 따라서 '단순한 여가 활동으로만 기능하며 치료적 가치는 제한적이다'는 빈칸에 들어갈 말로 적절하지 않다.

② 2문단에서는 문학 치료가 전문적 치료를 대체하기보다 그것과 병행할 때 더 효과적이라고 설명하고 있다. 따라서 '전문적인 정신의학적 치료를 대체할 수 있는 대안 치료법이다'는 빈칸에 들어갈 말로 적절하지 않다.

③ 2문단에서는 문학 치료가 일시적 위안이 아닌 지속적 효과를 가진다고 설명하고 있다. 따라서 '심리적 고통의 근본 원인을 해결하기보다 일시적 위안만 제공한다'는 빈칸에 들어갈 말로 적절하지 않다.

03 논리 | 명제의 결론 추론하기   난이도 하 ●○○

정답 설명

③ 제시된 진술을 기호화하면 다음과 같다.

(1) 공연 티켓 예매 ∧ 좌석 선택 가능
(2) 좌석 선택 가능 → 모바일 확인증 제시
  ≡ ~모바일 확인증 제시 → ~좌석 선택 가능 (대우)
(3) 모바일 확인증 제시 → ~실물 티켓 소지
  ≡ 실물 티켓 소지 → ~모바일 확인증 제시 (대우)

이때 (2)와 (3)을 결합하면 '좌석 선택 가능 → 모바일 확인증 제시 → ~실물 티켓 소지'를 도출할 수 있으므로, '좌석 선택 가능 → ~실물 티켓 소지'를 확정할 수 있다. 이를 (1)과 결합하면 '공연 티켓 예매 ∧ (좌석 선택 가능 → ~실물 티켓 소지)'이므로 '공연 티켓 예매 ∧ ~실물 티켓 소지'를 확정할 수 있다. 따라서 제시된 진술이 모두 참일 때 반드시 참인 것은 '공연 티켓을 예매하는 사람 중 일부는 실물 티켓을 소지하지 않는다(공연 티켓 예매 ∧ ~실물 티켓 소지)'이다.

(오답 분석)

① (3)의 대우와 (2)의 대우를 결합하면 '실물 티켓 소지 → ~모바일 확인증 제시 → ~좌석 선택 가능'을 도출할 수 있으므로 '실물 티켓 소지 → ~좌석 선택 가능'이 도출된다. 따라서 '실물 티켓을 소지한 모든 사람은 좌석을 선택할 수 있다(실물 티켓 소지 → 좌석 선택 가능)'는 거짓이다.
② (3)에 따라 '모바일 확인증 제시 → ~실물 티켓 소지'는 확정할 수 있지만 '모바일 확인증을 제시해야 하는 모든 사람은 공연 티켓을 예매한다(모바일 확인증 제시 → 공연 티켓 예매)'는 제시된 진술을 통해 도출할 수 없다.
④ (1)에 따라 '공연 티켓 예매 ∧ 좌석 선택 가능'을 확정할 수 있고, 이를 (2)와 결합하여 '공연 티켓 예매 ∧ 모바일 확인증 제시'를 도출할 수 있다. 그러나 제시된 진술을 통해 '공연 티켓을 예매하는 사람 중 일부는 모바일 확인증을 제시하지 않아도 된다(공연 티켓 예매 ∧ ~모바일 확인증 제시)'는 도출할 수 없다.

이것도 알면 합격

'ㄴ' 첨가 현상

1. 정의
   합성어 또는 파생어에서, 앞 단어나 접두사가 자음으로 끝나고 뒤 단어나 접미사의 첫음절이 모음 'ㅣ'나 반모음 [j]로 시작하는 경우에는, 'ㄴ' 음이 첨가된다.

2. 유형

종류	예
합성어의 'ㄴ' 첨가	• 삯＋일 → 삯일[상닐] • 솜＋이불 → 솜이불[솜:니불] • 꽃＋잎 → 꽃잎[꼰닙]
파생어의 'ㄴ' 첨가	• 맨－＋입 → 맨입[맨닙] • 한－＋여름 → 한여름[한녀름] • 신－＋여성 → 신여성[신녀성]

04 독해 + 문법 | 숨겨진 내용 추론하기, 표준 발음법 난이도 하 ●○○

(정답 설명)

④ '불-여우'에서 '-' 표시를 확인할 수 있으므로 '불-여우'는 복합어임을 알 수 있다. 이때 앞 단어 '불'의 받침이 자음 'ㄹ'이고 뒤 단어 '여우'의 첫 음절이 '여'이므로 'ㄴ'이 첨가되므로 [불녀우]로 발음된다. 이때 2문단을 통해 앞말의 받침이 'ㄹ'일 경우에는 'ㄴ'이 첨가된 이후, [ㄹ]과 [ㄴ]이 인접하게 되므로 유음화가 발생하여 [ㄴ]이 [ㄹ]로 발음된다. 이를 통해 '불-여우'는 [불려우]로 발음해야 함을 추론할 수 있다. 따라서 '불-여우'가 복합어이므로 [불녀우]로 발음해야 한다는 ④의 추론은 적절하지 않다.

(오답 분석)

① '담-요'에서 '-' 표시를 확인할 수 있으므로 '담-요'는 복합어임을 알 수 있다. 이때 앞 단어 '담'의 받침이 자음 'ㅁ'이고 뒤 단어가 '요'이므로 'ㄴ'이 첨가되어 [담:뇨]로 발음해야 한다. 따라서 ①의 추론은 적절하다.
② '물-약'에서 '-' 표시를 확인할 수 있으므로 '물-약'은 복합어임을 알 수 있다. 이때 앞 단어 '물'의 받침이 'ㄹ'이고 뒤 단어가 '야'가 포함되어 있는 '약'이므로 'ㄴ'이 첨가되어 [물냑]으로 발음된다. 이때 2문단을 통해 앞말의 받침이 'ㄹ'일 경우에는 'ㄴ'이 첨가된 이후 [ㄹ]과 [ㄴ]이 인접하게 되므로 유음화가 발생하여 [ㄴ]이 [ㄹ]로 발음된다. 이를 통해 '물-약'은 [물략]으로 발음해야 함을 추론할 수 있다. 따라서 ②의 추론은 적절하다.
③ '눈-요기'에서 '-' 표시를 확인할 수 있으므로 '눈-요기'는 복합어임을 알 수 있다. 이때 앞 단어 '눈'의 받침이 자음 'ㄴ'이고 뒤 단어의 첫음절이 '요'이므로 'ㄴ'이 첨가되어 [눈뇨기]로 발음해야 한다. 따라서 ③의 추론은 적절하다.

05 논리 | 논증의 강화 및 약화 평가하기 난이도 하 ●○○

(정답 설명)

④ 제시문은 '목표 설정 이론'의 한계를 지적하며, 선수의 최고 수행에는 목표보다 수행 과정에서의 심리적 몰입 상태가 더 중요하다고 주장한다. 마라톤 우승 선수들이 기록이나 등수(목표)보다 달리는 과정 자체에 집중했을 때(몰입 상태) 가장 좋은 성과를 냈다는 사례는 몰입 상태의 중요성을 뒷받침하므로, 제시문의 논지를 강화한다.

(오답 분석)

① 구체적 목표 설정을 강조하는 코치들이 이끄는 팀이 그렇지 않은 팀보다 더 높은 승률을 기록했다는 연구 결과는 제시문에서 한계를 지적하고 있는 기존의 '목표 설정 이론'을 뒷받침한다. 이는 제시문의 핵심 논지와 상충되므로 논지를 강화하지 못한다.
② 응답자의 78%가 최고 수행 시기에 명확한 단계별 목표가 있었다고 응답한 설문 조사 결과는 목표 설정이 수행력 향상에 중요하다는 기존 이론을 뒷받침하는 것으로, 제시문에서 한계를 지적하고 있는 기존의 '목표 설정 이론'을 강화한다. 따라서 제시문의 논지를 강화하는 것으로 적절하지 않다.
③ 운동선수의 성공에 심리적 요인(25%)이 기술 훈련(45%)과 체력 관리(30%)보다 비중이 낮게 작용한다는 연구 결과는 심리적 요인의 중요성을 약화시키므로, 심리적 몰입 상태의 중요성을 강조하는 제시문의 논지를 강화하지 못한다.

06 독해 | 글 고쳐쓰기 (문맥에 맞게 수정하기) 난이도 하 ●○○

정답 설명

② 1문단에 의하면 형식은 작품의 시각적 요소와 구성 방식이며, 내용은 작품이 전달하고자 하는 내적 메시지를 의미한다. 2문단에 의하면 형식(그릇)이 변화하면 내용(액체)의 모양, 즉 표현 방식도 달라지지만, 내용의 본질은 변하지 않음을 알 수 있다. 또한 ⓒ의 뒤에는 작가마다 표현 방식이 달라, 그것들은 개성적일 수밖에 없다는 내용이 제시되어 있다. 이를 통해 형식은 가변적인 요소임을 알 수 있다. 따라서 ⓒ을 '형식은 시대와 문화에 따라 변화하는 가변적 요소'로 수정하는 것은 적절하다.

오답 분석

① ⊙ 앞에는 미술을 형식과 내용으로 구분할 수 있으며, 형식은 작품의 시각적 요소와 구성 방식이며, 내용은 작품이 전달하고자 하는 내적 메시지를 의미한다는 내용이 제시되어 있다. ⊙ 뒤에는 그릇은 담는 방식을 결정하지만 액체는 그릇에 따라 모양이 달라지기 마련이며, 그릇에 액체를 담아도 액체의 본질은 변하지 않는다는 내용이 제시되어 있다. 이를 통해 형식이 그릇, 내용이 액체에 해당함을 알 수 있으므로, ⊙을 ①로 수정하는 것은 적절하지 않다.

③ ⓒ 앞에는 작가마다 표현 방식이 다르기 때문에 개성적일 수밖에 없다는 내용이 제시되어 있다. 작가의 표현 방식은 시각적 요소로, 이는 형식에 해당하는 내용이므로 ⓒ을 ③으로 수정하는 것은 적절하지 않다.

④ ⓔ 앞에는 형식과 내용의 개념과 유사한 것으로 조형언어와 의미작용이 있으며, 시각적 구성 요소를 조형언어, 작품이 관객에게 의미를 전달하는 과정을 의미작용이라고 하였다. 이때 1문단에서 작품의 시각적 요소를 형식, 작품의 의미, 주제, 이야기 등을 이르는 내적 메시지를 내용이라고 하였으므로 ⓔ을 ④로 수정하는 것은 적절하지 않다.

07 독해 | 세부 내용 파악하기 난이도 하 ●○○

정답 설명

④ 제시문의 2문단 1~2번째 줄과 4~6번째 줄을 통해 동아시아 전통 사상에서 자연은 인간과 서로 조화를 이루며 공존하는 대상으로 여겨졌으며 유교에서는 천인합일(天人合一)을 통해 자연과 인간의 조화를 강조했음을 알 수 있다. 따라서 동아시아의 유교 사상에서 인간이 자연을 훼손하지 않는 선에서 변형할 권리가 있다고 보았다는 내용은 제시문에 대한 설명으로 적절하지 않다. 참고로 제시문 3문단을 통해 인간이 자연을 개발하고 변형할 권리가 있다고 보는 시각은 서양의 전통적 자연관에 가까움을 알 수 있다.

오답 분석

① 제시문의 2문단 2~4번째 줄을 통해 도가 사상에서는 자연의 흐름에 순응하며 인위적 간섭을 최소화하는 삶을 지향했음을 알 수 있다. 따라서 도가 사상에서는 자연의 흐름을 따르는 삶의 방식을 중시했다는 ①은 제시문에 대한 설명으로 적절하다.

② 제시문의 4문단을 통해 서양에서 전통적 자연관에 대한 반성으로 심층 생태학이나 생태중심주의와 같은 환경 철학이 등장하며 통합적 자연관에 주목하기 시작했음을 알 수 있다. 따라서 최근 서양에서 통합적 자연관에 주목하는 환경 철학이 등장하고 있다는 ②는 제시문에 대한 설명으로 적절하다.

③ 제시문의 3문단 1~2번째 줄과 3문단 6~8번째 줄을 통해 서양의 자연관은 인간과 자연을 분리하여 바라보며, 자연을 인간의 필요와 욕구를 충족시키는 도구로 보는 이원론적 관점을 지녔음을 알 수 있다. 따라서 서양의 전통적 자연관이 인간과 자연을 분리하는 이원론적 관점에 기반한다는 ③은 제시문에 대한 설명으로 적절하다.

08 어휘 | 고유어와 한자어의 대응 난이도 하 ●○○

정답 설명

① ⊙의 '지향(指向)하다'는 '어떤 목표로 뜻이 쏠리어 향하다'라는 뜻이지만 '멀리하다'는 '어떤 사물을 삼가거나 기피하다'라는 의미이므로 바꿔 쓰기 적절하지 않다.

오답 분석

② • 다스리다: 국가나 사회, 단체, 집안의 일을 보살펴 관리하고 통제하다.
• 지배(支配)하다: 어떤 사람이나 집단, 조직, 사물 등을 자기의 의사대로 복종하게 하여 다스리다.

③ • 맞닥뜨리다: 좋지 않은 일 따위에 직면하다.
• 직면(直面)하다: 어떠한 일이나 사물을 직접 당하거나 접하다.

④ • 찾다: 모르는 것을 알아내고 밝혀내려고 애쓰다. 또는 그것을 알아내고 밝혀내다.
• 모색(摸索)하다: 일이나 사건 따위를 해결할 수 있는 방법이나 실마리를 더듬어 찾다.

09 독해 | 숨겨진 내용 추론하기 난이도 하 ●○○

정답 설명

④ 제시문에서는 디지털 사진의 특징으로 '쉽게 복제되고 수정될 수 있는 특성'을 언급했고, 아날로그 사진의 단점으로 필름 현상 과정에서 시간과 비용이 많이 들고, 결과물을 확인하기까지 기다려야 한다는 점을 언급하였다. 즉각적인 결과 확인과 수정이 필요한 패션 화보 촬영에서는 촬영 결과를 바로 확인하고 필요시 즉시 수정할 수 있는 디지털 방식이 더 실용적이라는 추론이 가능하다.

오답 분석

① 제시문에서 디지털 이미지는 확대하면 픽셀이 드러나며 이미지의 선명도가 감소한다고 하였으므로 무한히 확대해도 선명도가 유지된다는 추론은 적절하지 않다.

② 제시문 마지막에 현대의 많은 예술 사진작가들은 작품의 특성에 따라 적절한 방식을 선택하는 경향을 보인다고 언급하므로, 다큐멘터리 사진작가가 진정성을 위해 아날로그 방식만 고집해야 한다는 추론은 적절하지 않다.
③ 제시문에 의하면 디지털 사진과 아날로그 사진 모두 장단점이 존재한다. 또한 현대의 많은 예술 사진작가들은 디지털 기술의 편리함과 아날로그 필름 특유의 미학적 가치를 인정하며 작품 특성에 따라 적절한 방식을 선택한다고 하였으므로 두 가지 방식 모두 오늘날 가치 있게 활용되는 방식임을 알 수 있다. 따라서 디지털 사진 기술의 발전으로 아날로그 사진의 예술적 가치는 점차 감소할 것이라는 추론은 적절하지 않다.

10 논리 | 명제의 전제 추론하기 난이도 중 ●●○

정답 설명

④ 제시된 진술을 기호화하면 다음과 같다.

> (1) 1등 → 아침 달리기 ≡ ~아침 달리기 → ~1등 (대우)
> (2) 아침 달리기 → (건강한 식단 ∧ 충분한 수면)
>   ≡ ~(건강한 식단 ∧ 충분한 수면) → ~아침 달리기 (대우)
>   ≡ ~건강한 식단 ∨ ~충분한 수면 → ~아침 달리기 (드모르간 법칙)
> [결론] ~1등

(1)의 대우 '~아침 달리기 → ~1등'과 (2)의 대우 '~(건강한 식단 ∧ 충분한 수면) → ~아침 달리기'를 통해 '~(건강한 식단 ∧ 충분한 수면) → ~1등'임을 알 수 있다. '~(건강한 식단 ∧ 충분한 수면)'은 '~건강한 식단 ∨ ~충분한 수면'이므로 '~1등'이 도출되기 위해선 '~건강한 식단' 혹은 '~충분한 수면'이 참이 되어야 한다. 따라서 답은 ④이다.

오답 분석

① '충분한 수면'이 추가되어도 '충분한 수면'만으로는 '건강한 식단' 유지 여부를 알 수 없어 '~건강한 식단 ∨ ~충분한 수면'을 도출할 수 없으므로, 결론을 이끌어 낼 수 없다.
② '건강한 식단'이 추가되어도 '건강한 식단'만으로는 충분한 수면 여부를 알 수 없어 '~건강한 식단 ∨ ~충분한 수면'을 도출할 수 없으므로, 결론을 이끌어 낼 수 없다.
③ '아침 달리기'가 추가된다면 오히려 '건강한 식단 ∧ 충분한 수면'이 참이 된다. 이는 결론을 이끌어 내기 위한 조건인 '~(건강한 식단 ∧ 충분한 수면)'과 반대되므로 결론을 이끌어 낼 수 없다.

MEMO

해커스공무원 gosi.Hackers.com

공무원 학원·공무원 인강·공무원 국어 무료 특강·
해커스 매일국어 어플·합격예측 온라인 모의고사